Das 1. Jugend-KulturBarometer

"Zwischen Eminem und Picasso ..."

herausgegeben von
Susanne Keuchel und Andreas Johannes Wiesand
(Zentrum für Kulturforschung)

mit einer ausführlichen Darstellung der Ergebnisse des Jugend-KulturBarometers sowie weiteren Fachbeiträgen zur empirischen Jugendforschung und Praxisbeispielen zur Jugend-Kulturarbeit

ARCult Media

Die Studie "Jugend-KulturBarometer – Zwischen Eminem und Picasso ...", über die hier berichtet wird, wurde durch Mittel des Bundesministeriums für Bildung und Forschung, der Kunststiftung NRW, der Stiftung Niedersachsen und des Sparkassen-Kulturfonds des Deutschen Sparkassen- und Giroverbands gefördert. Für den Inhalt der Buchpublikation sind allein das Zentrum für Kulturforschung und die Einzelautoren verantwortlich.

Zentrum für Kulturforschung
Dahlmannstr. 26
53113 Bonn
Tel.: (0228) 21 10 58
Fax: (0228) 21 74 93
E-mail: zentrum@kulturforschung.de
Internet: www.kulturforschung.de

Keuchel, Susanne und Wiesand, Andreas Johannes/Zentrum für Kulturforschung (Hg.):
"Das 1. Jugend-KulturBarometer – Zwischen Eminem und Picasso ..."
Redaktionelle Mitarbeit: Petra Aescht

Mit Beiträgen von Carola Anhalt, Katrin Bothe, Renate Breitig, Sabine Gabriele Breuer, Rainer O. Brinkmann, Cornelia Brüninghaus-Knubel, Ulrike Buchmann, Arnold Busch, Ralf Convents, Gabi dan Droste, Wilfried Ferchhoff, Werner Frömming, Kerstin Gabriel-Jeßke, Martina Gille, Henrike Grohs, Christoph Honig, Kerstin Hübner, Ursula Jenni, Martina Kessel, Franz Kröger, Gerald Mertens, Maria Nußer-Wagner, Gunnar Otte, Hans-Peter Pairott, Diane Rohlfs, Emine Tutucu, Ernst Wagner, Hans Walter, Petra Winkelmann und Peter Winkels.

Bibliografische Information der Deutschen Bibliothek

Die Deutsche Bibliothek verzeichnet diese Publikation in der Deutschen Nationalbibliografie; detaillierte bibliografische Daten sind im Internet über http://dnb.ddb.de abrufbar.

© ARCult Media, Verlagsbuchhandlung für Kultur & Wissenschaft
　　Dahlmannstr. 26, D-53113 Bonn
　　Tel.: (0228) 21 10 59, Fax: (0228) 21 74 93
　　E-Mail: info@arcultmedia.de, http//www.arcultmedia.de

Umschlaggestaltung: Sonja Corsten
Bildnachweise: Bundesvereinigung Kulturelle Jugendbildung, Haus der Kulturen der Welt Berlin, "Jugend musiziert"/Erich Malter, Kunst und Ausstellungshalle Bonn (Vorderseite), WDR/Schülerprojektwoche (Rückseite)

Druck: Medienhaus Plump
Bonn 2006. Printed in Germany
ISBN 3-930395-76-2

Dieses Forschungsprojekt
des Zentrums für Kulturforschung
wurde ermöglicht durch:

Bundesministerium für Bildung
und Forschung (BMBF)

Kunststiftung NRW

Sparkassen-Kulturfonds des Deutschen
Sparkassen- und Giroverbandes

Stiftung Niedersachsen

INHALTSVERZEICHNIS

I. Warum ein "Jugend-KulturBarometer"? Ziele, Anregungen, Kontexte ... 9
Andreas Johannes Wiesand

II. Das 1. Jugend-KulturBarometer – Zwischen Eminem und Picasso ... 19
Susanne Keuchel

2.1 Kulturpartizipation im Generationsvergleich – Wie interessiert sind die jungen Leute heute an Kunst und Kultur? ... 19

2.2 Künstlerische Hobbys in der Freizeit – Was ist "in" bei wem? ... 39

2.3 Eine Kulturtypologie der jungen Generation ... 51

2.4 Kulturpartizipation der Jugend im Spannungsfeld einer multikulturellen Gesellschaft ... 61

2.5 Ursachenforschung – Zum Einfluss von Eltern, sozialem Umfeld und Schule ... 75

2.6 Kulturelle Bildungswege optimal gestalten – Zum Netzwerk von schulischen und außerschulischen Bildungseinrichtungen ... 96

2.7 Mehr Jugendarbeit in Kultureinrichtungen – Welche Maßnahmen sind attraktiv? ... 108

2.8 Regionale Unterschiede berücksichtigen – Individuelle Wegweiser für Berlin, NRW und Niedersachsen ... 128

2.9 Zum kulturellen Kapital einer Gesellschaft – Warum lohnt es sich, in kulturelle Bildung zu investieren? ... 155

III. Weitere empirische Erhebungen rund um das Themenfeld Jugend, Kultur und Freizeit

3.1 Aktuelle Trends aus der Jugendforschung ... 172
Wilfried Ferchhoff

3.2 Werte, Rollenbilder und Lebensentwürfe der 12- bis 29-Jährigen in Deutschland – Ergebnisse aus dem DJI-Jugendsurvey ... 183
Martina Gille

3.3 "Don Giovanni ist doch auch Ausländer!" Zur Situation interkultureller Kulturarbeit in Deutschland ... 191
Emine Tutucu/Franz Kröger

3.4 Das Freiwillige Soziale Jahr in der Kultur – Motivationen, Hintergründe und Erwartungen junger Engagierter ... 202
Kerstin Hübner

3.5	Junge Leute im Klassikkonzert – Ergebnisse einer Jugendkonzertbefragung *Carola Anhalt*	212
3.6	Jugendkulturen in Clubs und Diskotheken – Ergebnisse empirischer Publikumsanalysen in Leipzig *Gunnar Otte*	222
IV.	**Eine Auswahl von Praxisbeispielen rund um das Themenfeld Jugend, Kunst und Kultur**	232
4.1	**Kultur allgemein**	
	Ganztagsschulen als Pilotschulen im Netzwerk von Schule, Kultur und Nachbarschaft *Werner Frömming*	234
	Experimentelle Jugendkulturarbeit "Düsseldorf ist ARTig" – Jugend macht Kunst *Petra Winkelmann*	237
	Vom Dialog zur Partizipation: Programme für junge Menschen im Haus der Kulturen der Welt *Peter Winkels*	239
	"Hauptschule in Bewegung" in der Stadt Hannover *Arnold Busch*	242
	"Pattevugel" – Ein Kulturherbst für Kinder, aber nicht für Jugendliche? *Ralf Convents*	244
4.2	**Musik**	
	Zukunft@BPhil – Zur Education-Arbeit der Berliner Philharmoniker *Henrike Grohs*	247
	Bläserklassen – Vernetzung zwischen Musikschulen und Schulen *Hans Walter*	250
	"gute noten!" – Das "Netzwerk Orchester & Schulen" *Gerald Mertens*	252
	Der Jugend-Opernclub "Rheingold" e.V. in Düsseldorf *Sabine Gabriele Breuer*	255
	Der Wettbewerb "Jugend musiziert" *Hans-Peter Pairott*	257

4.3 Bildende Kunst/Museen

Der DJ im Museum – Aktionen für junge Leute in der Kunst- und Ausstellungshalle ... 261
Maria Nußer-Wagner

Zielgruppe: Junge Erwachsene
Erfahrungen aus zwei Projekten der Stiftung Wilhelm Lehmbruck Museum ... 263
Cornelia Brüninghaus-Knubel/Andreas Benedict

Kunst in die Schulen – Die Artothek ... 266
Ernst Wagner

4.4 Theater und Tanz

"Augenblick mal!" – Das Deutsche Kinder- und Jugendtheatertreffen ... 269
Gabi dan Droste

TUSCH – Theater und Schule Berlin ... 272
Ursula Jenni

TanzZeit an Berliner Schulen ... 274
Renate Breitig

"Tanzen ist gut für meine Beine, aber noch viel besser für meinen Kopf."
Einblicke in das Pionierprojekt "tanzmaXX" am *tanzhaus nrw*, Düsseldorf ... 276
Martina Kessel

4.5 Musiktheater

op|erleben in der Staatsoper Unter den Linden ... 279
Rainer O. Brinkmann

Jugendkunstschule Akki im Ganztag – Tanz, Theater, Akrobatik und Musik in der Grundschule ... 282
Christoph Honig

4.6 Literatur

Jungs, ran an die Bücher! Leseförderung für Jungen ... 286
Ulrike Buchmann

Das "Literatur Labor Wolfenbüttel" ... 288
Kathrin Bothe

4.7 Kunst, Kultur und Neue Medien

"animato" [lat.-ital] Lebhaft, belebt, beseelt – Ein Medienprojekt der Kunstschule KLEX in Oldenburg — 291

Deliane Rohlfs

"Ich höre was, was du nur siehst." Gemälde werden zu Hörbildern – Ein Sonderschulprojekt im Museum und im Internet — 293

Kerstin Gabriel-Jeßke

V. Anhang

5.1	Methodenbeschreibung	296
5.2	Mitglieder der Expertengruppe	298
5.3	Teilnehmer der Fachtagung in der Bundesakademie Wolfenbüttel	299
5.4	Pressespiegel zum 1. Jugend-KulturBarometer (Auszug)	302
5.5	Literaturverzeichnis	313

I. Warum ein "Jugend-KulturBarometer"? Ziele, Anregungen, Kontexte
Andreas Joh. Wiesand

Keine andere empirische Studie des Zentrums für Kulturforschung (ZfKf) aus dem letzten Jahrzehnt verzeichnete ein so lebhaftes Echo wie das erste Jugend-KulturBarometer: Vom Fachblatt bis zur überregionalen Tageszeitung und von den ZDF-Nachrichten bis zu den News des Internet-Portals Yahoo reicht das Spektrum der Veröffentlichungen. "Oper ist uncool" titelte etwa die *Thüringer Allgemeine*, während die Wochenzeitung *Das Parlament* mit ihrer Überschrift "Kids da abholen, wo sie stehen" am 14.3.2005 schon einmal eine der Möglichkeiten andeutete, die genutzt werden können, um nicht nur Opern für junge Leute etwas "cooler" zu machen. Wie so etwas vielleicht anzustellen wäre, wird in dem Bericht mit einem Beispiel erläutert:

> "Wie erreicht man die Jugend? Per SMS. Also besorgte sich das Kulturamt Berlin-Neukölln eine Liste mit Handynummern, um auf seine Veranstaltungen für junge Menschen hinzuweisen. Drei Tage vorher erhalten sie die erste Einladung, eine weitere wenige Stunden vor dem Ereignis. 'Jugendliche entscheiden sich eben sehr spontan', weiß Amtsleiterin Dorothea Kolland. 'Und sie schätzen es, wenn sie so persönlich eingeladen werden.'"

Kolland referierte ihre Erfahrungen bei der Tagung "Zukunft gestalten mit Kultur" in der Bundesakademie für kulturelle Bildung in Wolfenbüttel – und dies war nur eine der zahlreichen öffentlichen Veranstaltungen während der letzten Monate in Deutschland, auf denen Ergebnisse des Jugend-KulturBarometers diskutiert wurden. Hinzu kamen noch viele interne Beratungen von Verbänden und Institutionen der Jugend- und Kulturarbeit, einige europäische Fachkonferenzen, Planungssitzungen von Jugend-, Kultur- und Schulbehörden und anderes mehr.

So wird man gerade mit Blick auf diese großen – und im Tenor fast durchweg positiven – Resonanz festhalten dürfen, dass die ZfKf-Untersuchung bereits vor ihrer Publikation in Buchform ihre beiden wichtigsten Aufgaben schon weitgehend erfüllt hatte, nämlich

- zum einen mehr und genauere Kenntnisse darüber zu vermitteln, auf welche Voraussetzungen, Interessen und – reale oder nur vermeintliche – Hindernisse der Wunsch trifft, junge Leute stärker für kulturelle Angebote und künstlerische Eigenaktivität zu interessieren;
- zum anderen die Diskussion und den Erfahrungsaustausch darüber zu beleben, welche Anregungen und Strategien sich bei der Verfolgung dieses Ziels bewährt haben und wo es vielleicht gilt, neue Akzente zu setzen oder bessere Rahmenbedingungen zu schaffen.

Dabei lag ganz bewusst der Schwerpunkt der Umfrage nicht bei der so genannten "Jugendkultur", zu der es bereits zahlreiche Untersuchungen gibt, sondern bei künstlerischen Angeboten im traditionellen Verständnis und ihrer z. T. als defizitär angesehenen Nutzung durch junge Leute. Weil diese anspruchsvolle, nur empirisch zu klärende Aufgabenstellung allein über Sekundärauswertungen nicht zu den erhofften, aktuellen Ergebnissen führen konnte, war es – wie im folgenden noch näher dargestellt – erforderlich, eine eigene, repräsentative Umfrage unter jungen Leuten durchzuführen, das Jugend-KulturBarometer. Wegen der relativ hohen Kosten einer solchen Erhebung sicherte sich ein langjähriger Vertragspartner des ZfKf, das Bundesministerium für Bildung und Forschung (BMBF)[1], die Unterstützung von drei Förderern:

- des Sparkassen-Kulturfonds des Deutschen Sparkassen und Giroverbands (DSGV),
- der Kunststiftung Nordrhein-Westfalen und
- der Stiftung Niedersachsen.

---

[1] Neben anderen Projekten wurden im Rahmen dieser Zusammenarbeit in den 90er Jahren sieben "KulturBarometer" (repräsentative Umfragen in der Gesamtbevölkerung zur kulturellen Bildung und Partizipation) unterstützt.

Anregungen durch und für die Studie

Die Partner erhofften sich für ihre eigene Praxis zusätzliche Anregungen. So betont etwa Heike Kramer vom DGSV, mit Blick auf die Resultate der Erhebung,

> "Alarmierend sind Ergebnisse, dass einzelne Kultursparten vom Aussterben bedroht sind, da sich Jugendliche z. B. für die klassische Musik kaum noch interessieren. Dies ist auch für uns ein Zeichen, unser Engagement in diesem Bereich – die Sparkassen-Finanzgruppe unterstützt seit über 40 Jahren 'Jugend Musiziert' – nicht zu vernachlässigen und weiter auszubauen."[2]

Dominik von König von der Stiftung Niedersachsen sieht hier vor allem grundsätzliche Probleme der künftigen Orientierung der Kulturförderung:

> "Wer aus der Mitte der Gesellschaft heraus Kultur fördern möchte, wer überzeugt ist, bei der Kulturförderung gesellschaftliche Entwicklungen ihre Nöte, Sorgen, Probleme; ihre Hoffnungen und Chancen mit berücksichtigen zu sollen, der wird gut beraten sein, vom demographischen Wandel umfassend Notiz zu nehmen."[3]

Mit dem Jugend-KulturBarometer, so von König, sei "bereits ein vertiefender Einstieg in einen Aspekt des demographischen Spektrums" gelungen, der in der Konsequenz dann auch in Richtung auf die ältere Generation auszuweiten wäre.[4] Hintergrund seiner Anmerkungen im Zusammenhang mit einer Tagung der Stiftung war die Sorge, dass herkömmliche "Begründungsmuster" für Mittel der Kulturförderung mit Blick auf die sich verändernde Gesellschaftsstruktur immer weniger tragen könnten. Es wird daher nach seiner Auffassung auch zu neuen "Schwerpunktsetzungen kommen müssen, und das heißt: zur Schärfung des Profils im Angebot."

Konzeptionelle Anregungen für die Ausgestaltung der in diesem Buch vorgestellten Studie kamen in der Vorbereitungsphase sowohl vom BMBF wie von den Förderpartnern. Zusätzlich waren solche Anregungen, speziell zu den Fragestellungen der Erhebungen, auch einem Beirat mit ausgewiesenen Fachleuten zu verdanken (vgl. dazu die Namensliste im Anhang).

Anregungen für die Studie brachten zudem frühere Erhebungen des ZfKf, die zum Teil bis in die 1970er Jahre zurückreichen. So konnten einige Studien in der Planung mit dem Ziel berücksichtigt werden, Vergleiche bei Interessen und Aktivitäten zu ermöglichen. Soweit es aktuellere Umfragen betrifft, etwa das 8. KulturBarometer des ZfKf von 2005, konnten umgekehrt in Einzelfällen auch Fragen "eingespart" werden, die den Rahmen des Projekts gesprengt hätten.

Die Tagung "Cool – Kult – Kunst?! Jugendliche als Kulturpublikum", die am 3. und 4. Juli 2002 von der Kunststiftung NRW in Kooperation mit dem Kulturrat NRW in Düsseldorf durchgeführt wurde, erwies sich als besonders hilfreich für die Planung der Studie. Susanne Keuchel vom ZfKf stellte dort Ergebnisse der "Rheinschiene-Umfrage"[5] vor und konnte Projektpräsentationen und Diskussionen verfolgen. An verschiedene Beiträge, Erfahrungen und Thesen – eine Zusammenfassung von Sandra Nuy findet sich auf der folgenden Seite – konnte mit Fragen und Kategorien im Jugend-KulturBarometer direkt angeknüpft werden; die empirische Prüfung in Kapitel II zeigt, dass einiges davon in der Tat bundesweit übertragbar ist, allerdings mit Einschränkungen: So ist das visuelle Ambiente heute für junge Leute mindestens so wichtig wie das musikalische und: mediales "Cross-over" kann die Faszination des Authentischen nicht ersetzen.

---

[2] In einem Interview mit dem *infodienst Kulturpädagogische Nachrichten*, 75/2005, S. 14

[3] von König, Dominik: Aus der Mitte der Gesellschaft. In: *kultur – kompetenz – bildung*. Beilage zu *politik und kultur*, Hg. Deutscher Kulturrat, 3/2006, S.4

[4] Das ZfKf bereitet gegenwärtig für das BMBF unter dem Arbeitstitel "Kulturelle Bildung in der Generation 50+" als Folgeaktivität zum Jugend-KulturBarometer eine weitere repräsentative Erhebung mit ähnlicher Methodik vor. Evtl. können dazu 2006/7 auch Parallelumfragen in anderen europäischen Ländern durchgeführt werden.

[5] Vgl. Keuchel, Susanne/Zentrum für Kulturforschung (Hg.): Rheinschiene – Kulturschiene. Mobilität – Meinungen – Marketing. Bonn 2003

Coole Kunst – Best-Practice-Modelle

Auszüge aus einer Zusammenfassung der Präsentationen und Diskussionen bei der Tagung "Cool – Kult – Kunst?!" der Kunststiftung NRW (vgl. http://www.kunststiftungnrw.de/tagung) von Dr. Sandra Nuy

…Zur Beantwortung der Frage, wann Kunst für ein junges Publikum so attraktiv ist, dass es sich gerne und ohne schulischen Nachdruck damit beschäftigt, gibt es kein Patentrezept. Schon allein deswegen nicht, weil es *das* junge Publikum nicht gibt, sondern allenfalls Zielgruppen einer bestimmten Altersklasse, die über ähnliche Interessensschwerpunkte und Neigungen verfügen. Wie können Kulturveranstalter diese Publikumsgruppen erreichen?

Der Blick auf in der Praxis erfolgreich erprobte Modelle im Rahmen der Tagung "Cool – Kult – Kunst?! Jugendliche als Kulturpublikum" hat gezeigt, dass es bestimmte Gemeinsamkeiten bei den Projekten und Veranstaltungen gibt, die von jungen Leuten besonders gut angenommen werden. Unabhängigkeit von der Kunstform lassen sie sich in drei große Kategorien gliedern:

- Örtlichkeit
- Performance
- Kommunikation

1. Örtlichkeit.
Grundsätzlich scheint die Niederschwelligkeit von großer Bedeutung zu sein. Dies meint nicht nur den alternativen Spielort außerhalb der großen Häuser mit ihrer repräsentativen Architektur, sondern auch die sozialen Verhaltensregeln… Kleinere Räume, die eine größere Nähe zwischen Künstlern und Publikum ermöglichen, sind für ein junges Publikum besser geeignet als große Veranstaltungssäle. In erster Linie aber muss sich das Publikum wohlfühlen. Dazu gehört auch, dass es bei der Veranstaltung auf Gleichaltrige und Gleichgesinnte trifft…

2. Performance.
Inhaltliche Berührungspunkte mit ihrer Lebenswelt sind maßgeblich für die Auseinandersetzung von Jugendlichen mit Kunst und Kultur. Neben der thematischen Korrelation sind die Darstellungsformen entscheidend. Unkonventionelle Erzähl- und Darstellungsformen, die der Erwartung widersprechen, werden besser angenommen. Gerade Cross-over-Projekte, die verschiedene Künste und Medien verbinden, stoßen bei einem jungen Publikum auf großes Interesse. Und schließlich: Kaum eine bei Jugendlichen erfolgreiche Veranstaltung kommt ohne Musik aus…

3. Kommunikation.
Kommunikation meint hier die Auseinandersetzung der Veranstalter mit ihrer Zielgruppe. Oft genanntes Merkmal ist hier die "gleiche Augenhöhe", das Ernstnehmen der Interessen, Wünsche und Bedürfnisse eines jungen Publikums. Erleichtert wird diese Haltung, wenn die Verantwortlichen und das Publikum einer Altersklasse angehören oder zumindest der Abstand noch nicht allzu groß ist.

Der Versuch, besonders jugendlich zu wirken, stößt häufig auf Ablehnung. Der hippste DJ-Sound bleibt wirkungslos, wenn er als Attitüde entlarvt wird. Auch ein pädagogisierender Überbau, der in oberlehrerhafter Manier die Jugendlichen in ihrer Freizeit wieder in die Rolle des Schülers zwingt, schadet eher, als dass er die Jugendlichen zum Kulturpublikum erzieht. Es muss nicht per se die didaktische Heranführung an Kunst hinterfragt werden, sondern das "wie" der Vermittlung. Dabei steht außer Frage, dass eine selbst erlebte künstlerische Kreativität oder auch eine Berufsorientierung in den Bereichen Kunst und Kultur den Besuch von Kulturinstitutionen und ihren Veranstaltungen fördert…

Das Forschungsdefizit

Schon zu Beginn der Tagung "Cool – Kult – Kunst?!" hatte die damalige Präsidentin der Kunststiftung NRW und frühere Kulturministerin Ilse Brusis ein Forschungsdefizit ausgemacht, das später auch zum Engagement der Stiftung beim Jugend-KulturBarometer führen sollte:

"Wir haben uns in der Stiftung gefragt, welche künstlerischen Angebote gibt es eigentlich in unserem Land für diejenigen jungen Leute, die dem Kinder- und Jugendtheater und der Museumspädagogik entwachsen sind und die eine Alternative zum Kino, zum Fernsehen oder zum Internet suchen? Müssen dies spezielle Angebote sein oder werden auch 'normale' Veranstaltungen der Theater, Museen und Konzerthäuser besucht? Gehen die Jugendlichen in der Auseinandersetzung mit Kunst und Kultur vielleicht ihren eigenen Weg?
Ich gestehe, dass wir auf all unsere Fragen keine schlüssigen Antworten bekommen haben. Wir haben Literatur verschiedener wissenschaftlicher Disziplinen gesichtet, wir haben das Deutsche Jugendinstitut befragt. Es finden sich Informationen über das allgemeine Freizeitverhalten von Jugendlichen, Studien über Trends, Hinweise auf die Art und Weise, wie Häuser und Institutionen nachwachsendes Publikum didaktisch betreuen – aber über die Frage, welchen Zugang haben junge Leute zu künstlerischen Angeboten, akzeptieren sie sie oder verwerfen sie sie als Angebote der etablierten Gesellschaft, die für sie keine Aussagekraft haben, haben wir nichts gefunden."[6]

Vor diesem Hintergrund kann es nicht verwundern, dass es – trotz entsprechender Bemühungen auch des ZfKf – nur begrenzte Anknüpfungsmöglichkeiten des Jugend-KulturBarometers an frühere Umfragen unter Kindern und Jugendlichen gab, die von anderen Institutionen durchgeführt wurden. Zu Beginn von Kapitel III, in dem Fachleute über einige die Studie ergänzende Erhebungen berichten, wird dazu kurz Bilanz gezogen, mit folgendem Ergebnis:

- Größere empirische Untersuchungen befassen sich meist allgemeiner mit politischen und sozialen Vorstellungen und dem gesellschaftlichen Engagement von Jugendlichen. Die verdienstvollen, gemeinsam mit dem Dt. Jugendinstitut konzipierten "Kinder und Jugendberichte" der Bundesregierung, oder entsprechende Berichte einiger Bundesländer, konzentrieren sich oft ebenfalls auf solche Themen oder auf Strukturen der Kinder- und Jugendhilfe.[7]
- Stärker spezialisierte Untersuchungen wissenschaftlicher oder kommerzieller Institute befassen sich zwar gelegentlich mit der Nutzung von Kultur- oder Medienangeboten (vor allem mit letzterem!) durch Kinder und Jugendliche, bieten dann aber meist nur Ausschnitte aus dem für die vorliegenden Studie gewählten Spektrum kultureller Aktivitäten. Andere beziehen sich vorrangig auf die "Jugendkultur" und dann meist auf räumlich stark eingegrenzte Untersuchungsfelder. Gelegentlich wird auch nur über einzelne Institutionen oder Gruppierungen geforscht (z. B. Musikschüler).

Aktuelle, empirisch gestützte Antworten auf Fragen etwa zur künstlerischen Eigenaktivität oder zur kulturellen Bildung im heutigen, erweiterten Verständnis[8] und mit bundesweiten Vergleichsmöglichkeiten, waren und sind also kaum zu finden. Deshalb lag es auch für das BMBF nahe, diese Forschungslücke mit Hilfe eines ersten "Jugend-KulturBarometers" zu schließen und dafür die bis 1971 zurückreichenden Erfahrungen des ZfKf bei der Realisierung komplexer Umfragen im Kultur- und Medienbereich zu nutzen.

---

[6] In: Kunststiftung NRW (Hg.): Cool – Kult – Kunst?! Jugendliche als Kulturpublikum. Düsseldorf 2002

[7] Eine Ausnahme bildet hier z. B. ein Bericht der Sachverständigenkommission 10. Kinder- und Jugendbericht (Hg.): Kulturelle und politische Partizipation von Kindern. Interessenvertretung und Kulturarbeit für und durch Kinder. München 1999. Er bietet aber ebenfalls keine eigenständige repräsentative Erhebung in dieser Zielgruppe.

[8] Vgl. dazu etwa Deutscher Kulturrat (Hg.): Kulturelle Bildung in der Bildungsreformdiskussion. Konzeption Kulturelle Bildung III. Berlin 2005

Neuer politischer Stellenwert für die kulturelle Bildung?

Seit einiger Zeit scheinen Fragen der kulturellen Bildung auch in der Politik und der breiten Öffentlichkeit wieder an Bedeutung zu gewinnen. Parlamentsdebatten, Zeitungsberichte, Modellversuche, politische Stellungnahmen verdeutlichen den Trend. So meinte erst kürzlich die Bundesministerin für Bildung und Forschung, Dr. Annette Schavan, bei einem Treffen mit dem Deutschen Kulturrat:

> "Auf keinem Feld ist die Verantwortung des Staates für die Förderung von Kunst und Kultur größer als in der kulturellen Bildung."[9]

Darüber hinaus zeigen öffentlichkeitswirksame Initiativen wie "Kinder zum Olymp", deren Leipziger Kongress 2004 mit einer Grundsatzrede von Bundespräsident Johannes Rau gekrönt wurde, durch die Partnerschaft zwischen öffentlichen Stellen, hier insbesondere der Kulturstiftung der Länder, mit privaten Förderern (in diesem Fall u. a. der PWC-Stiftung), dass es in diesem Bereich nun sogar zu Bündnissen und finanziellen Transfers kommen kann, die früher kaum für möglich gehalten wurden.[10]

An anderer Stelle[11] hatten wir bereits gefragt: Ist dies ein realer Aufschwung oder könnte es sich nicht eher um so etwas wie eine "Scheinblüte" handeln? Auf der einen Seite politische Ansprüche und Bekenntnisse, auf der anderen eine oft prekäre Situation vieler Kultur- und Bildungsträger, denen zunehmend die materielle Basis für ihre Arbeit abhanden kommt. Einerseits diverse, für Deutschland eher ungünstige PISA-Befunde, die mehr Engagement gerade auch bei fächerübergreifende Basiskompetenzen ("cross curricular competencies") erfordern würden, andererseits keine klar erkennbare bildungs- und kulturpolitische Strategie zur Förderung der so genannten "soft skills", die durch ästhetische Bildungsprozesse zweifellos besonders unterstützt werden könnten.[12] Die immer noch verbreitete Unsicherheit über die künftige Rolle des Bundes bei der Förderung innovativer Bildungsprojekte trägt zu dieser Problemlage sicher bei.

Allerdings – und die Ergebnisse unserer Studie unterstreichen dies – muss sich auch im Selbstverständnis und vor allem in der sozio-kulturellen Kommunikationsfähigkeit mancher Kultur- und Bildungsanbieter etwas ändern: In einer Zeit der forcierten Dauerberieselung über alle verfügbaren Medienkanäle können die Produzenten oder Vermittlerinstitutionen für kulturelle Innovationen und Traditionen nur dann überleben, wenn sie eine eigene Faszination und Authentizität ausstrahlen. Dabei geht es nicht einfach um Kopien der Marketingbotschaften kommerzieller Anbieter, die sich besonders an junge Leute richten, sondern eher darum, gerade die künstlerische Arbeit und ihre Ergebnisse attraktiver zu vermitteln und zusätzliche Möglichkeiten der Partizipation für unterschiedliche Gruppen in der Bevölkerung zu schaffen. Vielleicht wäre dabei in der Tat so etwas wie ein Minimalkonsens über "kulturelle Kompetenzen"[13] hilfreich, der Spezialbegabungen ebenso gerecht wird wie den Interessen und Potentialen, die auch in vermeintlich "kulturfremden" Gruppen der Bevölkerung reichlich vorhanden sind.

---

[9] "Gemeinsames Eintreten für die Kulturelle Bildung", Pressemitteilung des Dt. Kulturrates vom 8. 5. 2006. Vgl. auch das Plädoyer von Annette Schavan für die kulturellen Aufgaben der Schule in Lammert, Norbert (Hg.): Alles nur Theater? Beiträge zur Debatte über Kulturstaat und Bürgergesellschaft. Köln 2004

[10] In diesem Fall bei der Finanzierung der zentralen Publikation der Initiative mit Darstellungen zu zahlreichen Einzelprojekten, vgl. von Welck, Karin/Schweizer, Margarethe (Hg.): "Kinder zum Olymp!" Wege zur Kultur für Kinder und Jugendliche. Köln 2004, siehe: http://www.kinder-zum-olymp.de/

[11] Wiesand, Andreas Joh.: Das BLK-Programm "Kulturelle Bildung im Medienzeitalter". In: Dt. Kulturrat: Kulturelle Bildung in der Bildungsreformdiskussion, a.a.O.

[12] Vgl. dazu näher: Zentrum für Kulturforschung (Hg.): Kulturelle Bildung im Medienzeitalter. Abschlusskonferenz des BLK-Programms *kubim*. Bonn 2005, Diskurs 02, S.16. Für diesen Bereich sind z. B. noch keine Bemühungen etwa im Rahmen der KMK-Bildungsstandards erkennbar.

[13] Vgl. zu diesem Thema auch eine Arbeitshilfe der Bundesvereinigung Kulturelle Jugendbildung (Hg.): Der Kompetenznachweis Kultur - Ein Nachweis von Schlüsselkompetenzen durch kulturelle Bildung. Remscheid 2004

Kulturhäuser im Dilemma: Nur Klagen hilft nicht, aber…

Die Berliner Philharmoniker unter ihrem Chefdirigenten Simon Rattle haben im Rahmen ihres Education-Programms u. a. mit dem Projekt "Rhythm is it!" zweifellos Maßstäbe in der Kulturvermittlung gesetzt – und wurden entsprechend im Fernsehen und in der Presse gefeiert (vgl. dazu auch den Beitrag von Ulrike Grohs in Kapitel 4.2). Wenn selbst das vielleicht renommierteste deutsche Orchester sich nicht zu schade ist, "Menschen aller Altersstufen, unterschiedlicher sozialer und kultureller Herkunft und Begabung für eine aktive und schöpferische Auseinandersetzung mit Musik" zu begeistern, wie es im Internet-Auftritt heißt, sollte das nicht Ansporn genug für andere Kulturinstitutionen sein, diesem Vorbild nachzueifern?

Die Frage ist sicher berechtigt, allein die Antwort fällt weniger leicht als zunächst gedacht, denn:
- Zunächst einmal können Kultur-Schwergewichte wie die Berliner Philharmoniker, zumal in der Bundeshauptstadt, ihr bundesweites und internationales Renommee öffentlichkeitswirksamer inszenieren, als das anderen Organisationen in vielen deutschen Städten möglich wäre;
- Zweitens geht es hier, wie fast immer, auch ums liebe Geld: eine professionelle Zielgruppenarbeit bzw. Vermittlungsdramaturgie ist nicht umsonst zu haben, eigene Abteilungen dafür können sich nur die wenigsten Einrichtungen leisten. Das Programm der Berliner Philharmoniker, inzwischen "Zukunft@BPhil" genannt, wird immerhin von der Deutschen Bank gesponsert…
- Das künstlerische oder Fachpersonal muss für ein solches "Kultur-Marketing" erst einmal gewonnen werden, manche sehen darin eine "Entfremdung" von ihren eigentlichen Aufgaben (nach wie vor gibt es z. B. unter Bibliothekaren die Debatte, ob sie sich eher als auch in der sozialen Kommunikation kompetente "Content-Fachleute" auf allen medialen Ebenen oder doch lieber als "Hüter der Buchkultur" verstehen sollten).
- Und schließlich ist die Frage nicht ganz von der Hand zu weisen, was eigentlich die Kernaufgaben gerade unserer öffentlichen Kulturhäuser sind: Sollen sie ein eigenständiges, eher "marktfernes" Profil zeigen und entsprechend dem öffentlichen Auftrag ihre Stärken und Traditionen weiter entwickeln, etwa nach dem Motto: Ein Museum sammelt, erforscht und pflegt seine Kunstschätze und vermittelt ihre Bedeutung, aber verkauft sie nicht? Oder sind sie inzwischen integraler Teil der so genannten "creative industries", die nach den Maßstäben bzw. mit den Mitteln des Managements der Geschäftswelt operiert? Zumindest in der Außenwahrnehmung scheinen die Berliner Philharmoniker inzwischen teilweise schon bei letzterem angelangt zu sein, jedenfalls spricht dies aus der Begründung, mit der sie kürzlich den "Visions for Leadership Award" für Zukunft@BPhil zugesprochen erhielten. In der Kategorie "Innovativstes Geschäftsmodell zwischen Künstlern und Fans", heißt es da, wird das Education-Programm dafür geehrt, dass es als "Antwort auf das gesellschaftliche Phänomen der 'schwindenden Mitte' neue Zielgruppen und Geschäftsmodelle für den Kulturbetrieb erschließt".[14]

Trotz solcher Differenzen und Ambivalenzen können wir festhalten (und Kapitel IV veranschaulicht dies eindrücklich mit einer Auswahl von Beispielen, die sich durchaus fortsetzen ließen), dass zahlreiche andere deutsche Kultureinrichtungen im Rahmen ihrer Möglichkeiten ebenfalls Bildungsprogramme unterhalten, allerdings mit dem wohl nicht unwichtigen Unterschied, dass ihnen eine vergleichbare finanzielle Basis und eine ähnliche öffentliche Resonanz wie bei den Berliner Philharmonikern in aller Regel versagt bleibt.

Um dennoch diese, hier nur angerissene Debatte mit einem erfreulichen Beispiel aus der so genannten Provinz abzuschließen, wird auf der folgenden Seite von den Bochumer Symphonikern ein wenig "Zukunftsmusik" geboten.

---

[14] Pressemeldung von 2006 auf http://www.berliner-philharmoniker.de

ZUKUNFTS-MUSIK

Aus: http://www.bochumer-symphoniker.de/html/body_education.htm

Die Arbeit mit Kindern und Jugendlichen, das Heranführen dieses Publikums an die Musik gehört zu den wichtigsten Aufgaben unseres Orchesters, davon sind wir fest überzeugt. Dabei geht es uns aber nicht nur darum, das Publikum der Zukunft zu sichern: die Arbeit mit Kindern und Jugendlichen gibt neue Impulse für das eigene Tun, bereichert den musikalischen Alltag und erinnert uns alle immer wieder daran, warum wir eigentlich Musiker geworden sind…

Kinder sind nicht nur das Publikum von morgen, Kinder und Jugendliche sind bereits das Publikum von heute. Und weil gerade die jungen Konzertbesucher viele Fragen rund um die Musik und das Orchester haben, organisieren wir Besuche von Musikern bei interessierten Schulen, die dort den Schülern Rede und Antwort stehen - ein kleines Konzert im Klassenzimmer natürlich inbegriffen! Falls gewünscht, gestalten die Musiker eine ganze Unterrichtsstunde, die sich jeweils mit dem Thema eines unserer Familienkonzert auseinandersetzt, damit die Schüler mit viel Hintergrundwissen ausgestattet das Konzert noch mehr genießen können. Darüber hinaus laden wir auch wieder zu betreuten Probenbesuchen ein, bei denen die Schüler mitten im Orchester sitzen dürfen und dabei hautnah die musikalische Arbeit miterleben…

Auf dem Stundenplan: Ein Orchester

Warum gehen Jugendliche eigentlich nicht in klassische Konzerte? Umfragen geben da klare Antworten: zu den Befürchtungen der Jugendlichen gehört, dass klassische Musik zu schwer und zu anstrengend ist, dass es im Konzertsaal eher steif und formell zugeht und vor allem, dass man als junger Mensch kaum Gleichaltrige antrifft – mit anderen Worten: Klassik scheint ziemlich uncool zu sein.

Wir sehen das natürlich ganz anders, und deshalb laden die Bochumer Symphoniker alle Schüler der rund 40 weiterführenden Bochumer Schulen zu einem kostenlosen Konzert ein. Auf dem Programm stehen Werke von Strauss´ "Also sprach Zarathustra" bis hin zu Ravels "Bolero". Da wird sich manch´ einer wundern, wie viel klassische Musik er schon kennt…

Löwenstarke Nachwuchsförderung: 2. Bochumer Orchesterakademie, 17. - 23. April 2006

"… eine sehr schöne Woche. Interessant war die Orchesterarbeit mit Jugendlichen aller Altersgruppen, auch aufgrund der unterschiedlichen Herkünfte." (Teresa, Flöte)

"Ich würde mich freuen, beim nächsten Mal wieder teilnehmen zu können, denn mit Euch zu proben war besser als jeder erdenkliche Urlaub!" (Daniel, Violine)

" …wenn 110 Menschen ein Orchester, ein Klang werden und mit dem Ziel zusammenarbeiten, das bestmögliche Ergebnis zu erzielen, dann ist das genau die Erfahrung, die vielen heute fehlt." (Claas, Oboe)

Die erste Bochumer Orchesterakademie 2003 war ein Riesenerfolg, nicht nur für die jungen Teilnehmer: Nach dem Abschlusskonzert der Probenwoche vor 1000 Zuhörern im Audi-Max wurden rund 10.000 Euro an die Musikschule Bochum übergeben, die damit besondere Projekte für benachteiligte Kinder realisieren konnte. Weil von Anfang an klar war, dass dieses Projekt auf Nachhaltigkeit setzt, haben die Beteiligten, allen voran der Lions-Club Bochum, große Anstrengungen unternommen, die Orchesterakademie zu einer festen Einrichtung in Bochum werden zu lassen.

Auch in dieser Saison werden sich also Orchestermitglieder der Bochumer Symphoniker dem besonders talentierten musikalischen Nachwuchs unentgeltlich zur Verfügung stellen: In Kooperation mit der Musikschule Bochum werden sie mit den Jugendlichen ein ambitioniertes Konzertprogramm erarbeiten und so Einblicke in die Arbeit eines professionellen Orchesters geben.

Organisationsfragen der Kulturarbeit mit Kindern und Jugendlichen

Eigentlich hätten wir hier ein (weiteres) Problem: Es ist nämlich in Deutschland keineswegs ausgemacht, wer für die kulturelle Bildungsarbeit mit jungen Leuten auf der Seite der Behörden normalerweise "zuständig" ist. So ressortieren entsprechende Aufgaben auf der kommunalen, Länder- und Bundesebene teilweise bei den für Jugend oder Familie zuständigen Ämtern, Einrichtungen und Ministerien, teilweise aber auch in Schulbehörden sowie bei den für die Kultur zuständigen Dienststellen, für bestimmte Gruppen wie etwa Kinder mit Migrationshintergrund z. T. bei Sozialbehörden oder, was die Medienarbeit betrifft, oft direkt in den Staatskanzleien der Länder sowie bei Einrichtungen zur Förderung der politischen Bildung. Soweit Kulturinstitutionen über eine autonome Verwaltung verfügen, haben auch sie eigene Planungs- und Aktionsmöglichkeiten. Dies alles kann natürlich zu Schwierigkeiten in der Organisation von Angeboten oder bei der Bereitstellung von Mitteln führen, für die es ja in aller Regel feste Haushaltspositionen geben muss. Und gelegentlich wird, direkt oder indirekt, tatsächlich über entsprechende Abstimmungsprobleme berichtet.[15]

Andererseits geschieht vieles in der kulturellen Bildungsarbeit für Kinder und Jugendliche im Rahmen zeitlich begrenzter Projekte, was zwar die Nachhaltigkeit in diesem Bereich nicht gerade fördert, aber eben doch die Handlungsspielräume der verschiedenen Beteiligten vergrößert. Außerdem kann man in dieser Vielfalt der Zuständigkeiten auch einen Beleg dafür sehen, dass es sich hier im Grunde um so genannte "Querschnittsaufgaben" handelt, für die von der Natur der Sache her nicht nur eine Stelle zuständig sein kann oder sollte.

Noch weitergehend wäre daraus zu folgern, dass hier ein Paradebeispiel für die Notwendigkeit einer bildungs-, kultur-, familien- und sozialpolitischen "Mainstreaming"-Strategie gegeben ist oder, einfacher formuliert, dass wir es, wie eigentlich generell in der Kulturförderung, mit einer gesamtgesellschaftlichen Aufgabe zu tun haben, in die zunehmend, teilweise sogar überwiegend, gemeinnützige und private Träger sowie Stiftungen eingebunden sind.[16] Auch ein derartiges Mainstreaming erfordert allerdings eine (Bereitschaft zur) Zusammenarbeit verschiedener Stellen und eine geregelte, an Zielen und Arbeitsplänen orientierte Steuerung, etwa im Sinne einer "offenen Koordinierung", an der es in Deutschland noch häufig mangelt.

Vor dem Hintergrund dieser Kooperationsproblematik ist es erfreulich, dass es inzwischen ein Paradebeispiel dafür gibt, wie eine zielgerichtete Koordinierung in der Praxis aussehen könnte: Das Behörden und Institutionen übergreifende "Rahmenkonzept Kinder- und Jugendkulturarbeit in Hamburg".[17] Erfahrungen, wie sie derzeit mit der Umsetzung dieses neuen Konzepts, aber auch mit ähnlichen Initiativen im europäischen Ausland[18] und in internationalen Netzwerken gesammelt werden, sollten jedenfalls an anderen Orten genau geprüft werden. So zeigt etwa das Programm MUS-E der Yehudi Menuhin Stiftung, bei dem Künstler regelmäßig in Schulen – vor allem in sozial benachteiligten Stadtteilen – zu Gast sind, wie sich solche Initiativen auch europaweit vernetzen lassen.

---

[15] Vgl. z. B. Institut für Entwicklungsplanung und Strukturforschung der Universität Hannover: Familien und Kinderfreundlichkeit: Die Zukunft der Kommunen. Tagungsdokumentation von Michaela Hellmann und Maike Schaarschmidt. Hannover 2001 (http://webserver2.ies.uni-hannover.de/FAVP3/PDF/kasseldoku.pdf) oder den 8. Kinder- und Jugendbericht der Landesregierung NRW: Kinder und Jugendliche fördern - Bildung und Erziehung als Aufgabe der Kinder- und Jugendhilfe. Düsseldorf 2005

[16] So auch Sievers, Norbert/Wagner, Bernd (Kulturpolitische Gesellschaft) und Wiesand, Andreas Joh. (ERICarts-Institut): Objektive und transparente Förderkriterien staatlicher Kulturfinanzierung – Vergleiche mit dem Ausland. Gutachten für die Enquête-Kommission "Kultur in Deutschland" des Deutschen Bundestags, Bonn Dezember 2004 (unveröffentlicht)

[17] Bürgerschafts-Drucksache 18/649 vom 27.07.04 (federführend war hier die Kulturbehörde)

[18] Vgl. dazu etwa die Informationsplattform www.educult.at

Hinweise zur Methode

Von der Methodik her handelt es sich bei größeren ZfKf-Studien häufig – wie auch im vorliegenden Fall – um Befragungen, die zwar nach den Standards der empirischen Sozial- und Kulturforschung durchgeführt (vgl. den Methodenbericht im Anhang), dabei aber schon bei der Vorbereitung und natürlich ebenso bei der Interpretation von Ergebnissen in Beziehung zu Daten und Informationen aus dem gleichen Kontext – jedoch aus anderen Quellen – gestellt werden. Damit soll nicht nur eine bessere Kontrolle der Stichhaltigkeit von "Meinungen" der Befragten erreicht, sondern zugleich die Relevanz der Ergebnisse für die Praxis gefördert werden. Das Jugend-KulturBarometer wollte also auf der einen Seite Jugendliche direkt ansprechen und befragen, auf der anderen Seite zugleich das soziale und kulturelle "Umfeld" berücksichtigen, in dem sie sich bewegen. Dies geschah in vier größeren Arbeitsschritten:

1. Eine bundesweite Repräsentativ-Umfrage richtete sich an junge Leute zwischen 14 und 25 Jahren. Befragt wurden insgesamt 2.625 Personen bis Herbst 2004, die Feldarbeit lag bei der GfK-Marktforschung, Nürnberg. Im Mittelpunkt standen kulturelle Interessen der Zielgruppe und die Nutzung (wie auch Nicht-Nutzung!) kultureller Angebote. Durch eine "geschichtete Stichprobe" mit erhöhten Fallzahlen in Berlin/Brandenburg, Niedersachsen und Nordrhein-Westfalen war es möglich, für diese Länder differenziertere Auswertungen anzubieten.

2. Die Jugendumfrage wurde ergänzt durch einige an die erwachsene Bevölkerung sowie speziell an Eltern gerichtete Einschaltfragen zur gleichen Thematik, jedoch mit besonderer Berücksichtigung von Erfahrungen aus dem schulischen Umfeld (Repräsentativerhebungen Bevölkerung ab 25 Jahre, 1.747 bzw. 1.054 Befragte, Feldarbeit GfK, Frühjahr/Sommer 2005).

3. Komplementär dazu wurden bei künstlerischen Institutionen und Einrichtungen der kulturellen Bildung Recherchen zu kulturellen Infrastrukturen und Erfahrungen mit generationsspezifischen Kulturangeboten durchgeführt, die Ergebnisse bei der Auswertung, zusätzlich zur Fachliteratur, herangezogen. Einige dieser Praxisbeispiele finden sich in Kapitel IV.

4. Diese Begleiterhebungen waren zugleich die Basis für die Vorbereitung der Fachtagung "Zukunft gestalten mit Kultur. Jugend zwischen Eminem und Picasso. Das 'Jugend-Kulturbarometer' im Dialog", die gemeinsam mit der Bundesakademie für kulturelle Bildung im Frühjahr 2005 in Wolfenbüttel durchgeführt wurde. Eine Auswahl verschiedener Beiträge dieses Erfahrungsaustausches, der mit 115 Teilnehmern – vgl. die Übersicht im Anhang – gut besetzt war und bis heute nachwirkt, bietet ebenfalls das Kapitel IV; sie sind für die vorliegende Publikation von den Autoren/innen i. d. R. eigens noch einmal bearbeitet worden.

Schon dieser knappe Überblick zeigt in etwa die Dimensionen des Projekts und es kann daher auch nicht verwundern, dass bei seiner Realisierung manche "logistischen" Probleme zu bewältigen waren. Schon die Anzahl von 102 Einzelfragen bei der Jugenderhebung und vielleicht mehr noch die Tatsache, dass hier über 800 Variablen zu überprüfen waren, verdeutlicht, warum im Hauptkapitel II dieses Buches nicht alle Ergebnisse im Detail darzustellen sind – Stoff für weitere, meist stärker auf bestimmte Teilgruppen gerichtete Auswertungen und Publikationen[19] sowie für die Zusammenarbeit mit Forschungspartnern! Ergebnisse statistischer Signifikanzprüfungen wurden, da ohnehin nur Eingeweihten verständlich, auf solche Ergebnisübersichten vor allem in Kapitel 2.9 beschränkt, bei denen es um fachlich besonders kontroverse Themen ging. Wie bei den regulären "KulturBarometern" sind auch diesmal wieder die wichtigsten Daten und Korrelationen der Studie in einem eigenen Tabellenband zusammengefasst worden.

---

[19] Einige solcher Auswertungen wurden vom ZfKf – überwiegend 2005 – bereits gesondert publiziert, z. B. in Zeitschriften und Tagungsdokumentationen folgender Organisationen: Bundesverband Bildender Künstlerinnen und Künstler; Bundesverband der Jugendkunstschulen und Kulturpädagogischen Einrichtungen; Deutsche Orchestervereinigung; Deutscher Kulturrat; Deutscher Musikrat; Deutsches Studentenwerk

Fazit und Danksagung

Im öffentlich getragenen oder geförderten Kultur- und Medienbereich unserer Gesellschaft mit seinen rund 5.000 Museen, Bibliotheken, Theatern, Orchestern, Musik- und Kunstschulen, öffentlich-rechtlichen Rundfunkanstalten, sozio-kulturellen Zentren und anderen Einrichtungen arbeiten viele hunderttausend Menschen. Durch unterschiedliche Aktivitäten, vom Festival bis zu Bildungsangeboten, wird versucht, unsere Kultur lebendig zu erhalten und ein interessiertes Publikum für sie zu gewinnen. Diese kulturellen Ressourcen, zu denen auch viele private bzw. von der Kulturwirtschaft getragenen Angebote gezählt werden müssen, stellen in ihrer Vielfalt für alle heutigen und künftigen Generationen einen großen gesellschaftlichen Wert – gewissermaßen ein kulturelles Gedächtnis – dar. Sie sind durch die oft standardisierten Inhalte populärer Medien und Freizeitanbieter nicht ersetzbar.

Die hier vorliegende Studie zeigt, dass zwar vieles davon durchaus Resonanz bei jungen Leuten findet, anderes dagegen weniger, was zusätzliche Anstrengungen in der Förderung und Vermittlung notwendig macht. Kernziel sollte es dabei sei, ein auf wechselseitige Kommunikation und Partizipation ausgerichtetes kulturelles Angebot für alle Generationen zu erhalten und weiter zu entwickeln, das auch für Kinder und Jugendliche attraktiv sein kann. Die Mitwirkung von Eltern und von Schulen, aber auch deren Zusammenarbeit mit außerschulischen Kultureinrichtungen und Initiativen ist dabei unabdingbar: Kulturelle Bildung ist, so eines der Hauptergebnisse der Befragung, keine Einbahnstraße, sondern ein kommunikativer Prozess, der die gesamte kulturelle Öffentlichkeit etwas angehen sollte.

Dabei geht es nicht so sehr darum, dass etwa das Fernsehprogramm dem Buch oder das Internet dem Theater bei Jugendlichen mehr und mehr den Rang abliefe: immerhin gibt es hier ja auch neue Erfahrungen zu positiven Wechselwirkungen – vgl. etwa das gerade abgeschlossene, vom ZfKf koordinierte BLK-Programm "Kulturelle Bildung im Medienzeitalter".[20] Vielmehr können die Ergebnisse des Jugend-KulturBarometers andere Beobachtungen und Untersuchungen zur Struktur der Besucher in bestimmten kulturellen Sparten und Angebotsformen teils bestätigen, teils auch differenzieren, nach denen man es hier teilweise schon mit "Seniorenprogrammen" zu tun habe. Im Kontext allgemeiner demografischer Veränderungen darf aber durchaus Alarm geschlagen werden: Wenn es schon für die Finanzierung der Renten am "Nachwuchs" fehlt, wie wird sich das dann erst bei der Finanzierung vieler Kulturangebote auswirken?

Mit den nun vorliegenden genaueren Kenntnissen darüber, auf welche Voraussetzungen und Hindernisse eine umfassende Kulturarbeit mit jungen Leuten trifft, sollte es leichter möglich sein, Angebote und Strategien zu entwickeln, mit denen Kinder und Jugendliche zu eigener Aktivität ermutigt werden können.

Das Untersuchungsteam des Zentrums für Kulturforschung ist vielen Institutionen und Persönlichkeiten zu Dank verpflichtet, darunter den Verantwortlichen im Bundesministerium für Bildung und Forschung, den Förderern und Beratern der Stiftungen (Sparkassen-Kulturfonds des Deutschen Sparkassen- und Giroverbands, Kunststiftung Nordrhein-Westfalen und Stiftung Niedersachsen), den Mitgliedern des Fachbeirats und den Referenten bei der Tagung in der Bundesakademie für kulturelle Bildung, Wolfenbüttel, den Autoren, die dieses Buch mit zahlreichen Beispielen bereicherten, vielen Fachleuten in kulturellen und Bildungseinrichtungen, hier speziell auch der Gesamtschule Bonn-Beuel für ihre Mitwirkung bei den Pre-Tests zur Umfrage, sowie, last but not least, allen Kindern, Jugendlichen und Eltern, die sich – fast immer bereitwillig – der Mühe einer längeren Befragung unterzogen haben.

---

[20] Brinkmann, Annette/Wiesand, Andreas Joh.: Künste – Medien – Kompetenzen. Abschlussbericht zum BLK-Programm "Kulturelle Bildung im Medienzeitalter". Bonn 2006

II. Das 1. Jugend-KulturBarometer – Zwischen Eminem und Picasso
Susanne Keuchel

Angesichts des innerhalb der letzten Jahrzehnte rasant gewachsenen Medien- und Freizeitangebots stellt sich in bildungs- und kulturpolitischen Debatten immer wieder die Frage nach den gesellschaftlichen Auswirkungen dieses Angebots, insbesondere auf junge Leute. Frühere Generationen hatten bei abendlichen Freizeitunternehmungen – neben gesellschaftlichen Anlässen – im Prinzip lediglich die Wahl zwischen dem öffentlich-rechtlichen Radio- und Fernsehprogramm oder dem kulturellen Angebot vor Ort. Auch gab es damals keine Computer(-spiele) für die häusliche Allein-Unterhaltung, sondern man war auf Lesen, sportliche bzw. kreative Beschäftigungen oder kulturelle Unternehmungen angewiesen. Es stellt sich daher berechtigterweise die Frage: Hat das vielfältige Unterhaltungsangebot der Medien- und Freizeitbranche bei den jungen Leuten das Interesse an Kultur und künstlerischen Angeboten verdrängt?

Um aussagekräftige Antworten auf diese Fragen zu erhalten, müssen – neben einer aktuellen Bestandsaufnahme des Ist-Zustandes der aktuellen künstlerischen und kulturellen Interessen – immer auch die unterschiedlichen Kulturbiographien der jungen Leute berücksichtigt werden. Wird im Elternhaus eine besonders intensive Beschäftigung mit Kunst und Kultur gepflegt? Hat die Person eine besondere künstlerische Begabung, die ein verstärktes Interesse an kulturellen Angeboten mit sich bringt? Welche Auswirkungen hat es auf einen jungen Menschen, wenn im sozialen Umfeld kulturelle Interessen keine Rolle spielen? Das Jugend-KulturBarometer hat aus diesem Grund neben der Erfragung der aktuellen kulturellen Interessen und Aktivitäten Jugendlicher auch eine Erfassung der kulturellen Prägung einzelner Biographien angestrebt, die helfen sollen, Zusammenhänge und Ursachen zu erkennen. Um dies mit den zur Verfügung stehenden Mitteln möglichst umfassend bewerkstelligen zu können, wurde mit einer individuellen Interviewführung gearbeitet. Interessierte sich ein junger Mensch beispielsweise besonders für Bildende Kunst und Museen, wurde die Fragestellung im Interview entsprechend vertieft. Lehnte ein anderer die Beschäftigung mit Kunst und Kultur allgemein ab, wurde verstärkt nach den Gründen für diesen Zustand gefragt.[21] Mit diesem Vorgehen wurde eine immense Datenmenge gewonnen, deren Auswertung mit der vorliegenden Publikation noch längst nicht abgeschlossen ist. Vielmehr kann aus dem vorhandenen Datenpool für spezielle Themengebiete und Aufgabenstellungen noch über Jahre geschöpft werden. An dieser Stelle konzentriert sich die Darstellung der Ergebnisse auf die zentralen Themen und Fragestellungen, die im Rahmen der Wolfenbütteler Fachtagung zum Jugend-KulturBarometer und in vielen weiteren Veranstaltungen, die die Ergebnisse der Befragung intensiv diskutierten, angesprochen wurden.

2.1 Kulturpartizipation im Generationsvergleich – Wie interessiert sind die jungen Leute heute an Kunst und Kultur?

Es wurde eingangs darauf hingewiesen, dass das Klima für Kunst und Kultur in unserer Gesellschaft ein anderes ist als das, in dem frühere Generationen groß geworden sind. Wie hat sich nun vor allem die Konkurrenz des vielfältigen Medien- und Freizeitangebots auf das Kulturinteresse der jungen Leute ausgewirkt? Da das Jugend-KulturBarometer das erste seiner Art ist und somit für junge Leute keine Vergleichszahlen aus früheren Jahren vorliegen, wird in der folgenden Betrachtung zur Einschätzung des Kulturinteresses auch das Interesse der erwachsenen Bevölkerung ab 25 Jahren herangezogen.

Im direkten Vergleich stellt man fest, dass die jungen Leute sich tendenziell sogar noch mehr für Kultur in ihrer Region interessieren als die erwachsene Bevölkerung und dies spiegelt sich auch in dem Besucherverhalten, der aktiven kulturellen Teilhabe der jungen Generation wider. 83 %

---

[21] Weitere Details zur Gestaltung der Befragung können der Methodenbeschreibung im Anhang entnommen werden.

der jungen Leute haben schon einmal ein Kulturangebot besucht, davon 67 % innerhalb der letzten 12 Monate. Von diesen 66 % besuchten immerhin 56 % durchschnittlich ein bis zwei Mal, 36 % drei bis zehn Mal und knapp neun Prozent sogar mehr als zehn Mal innerhalb der letzten 12 Monate ein kulturelles Angebot.

Übersicht 1: Interesse der jungen Leute zwischen 14 und 24 Jahren 2004 und der erwachsenen Bevölkerung ab 25 Jahren 2005 am Kulturgeschehen in der Region

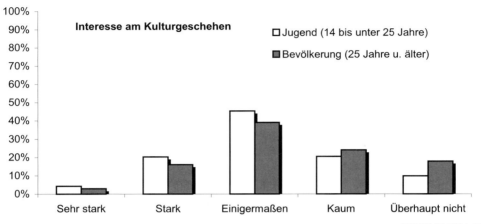

ZfKf/GfK 2004; 2005

Bei der Interpretation dieser Ergebnisse sollte man jedoch vorsichtig sein, denn das Interesse und das tatsächliche Besucherverhalten können natürlich auch durch das zur Verfügung stehende Zeitbudget der einzelnen Bevölkerungsgruppen beeinflusst sein. Ist man berufstätig und hat zudem noch kleine Kinder, kann man seinen kulturellen Interessen naturgemäß weniger nachgehen, als wenn man als Schüler einen großen Teil des Nachmittags oder auch des Abends zur freien Verfügung hat. Auch Rentner haben mehr Gelegenheit für derartige Unternehmungen, manche entdecken auch erst durch die viele freie Zeit neue, kulturelle Hobbys. Des Weiteren spielt bei der Einschätzung der Ergebnisse natürlich eine zentrale Rolle, wie die jeweilige Bevölkerungsgruppe an dieser Stelle Kultur definiert. Dies soll nachfolgend noch vertieft werden.
Eine detailliertere Betrachtung zeigt an dieser Stelle, dass es auch bei jungen Leuten in den jeweiligen Altersstufen Unterschiede im kulturellen Interesse gibt:

Übersicht 2: Interesse der jungen Leute am Kulturgeschehen in einer Altersdifferenzierung

		Altersgruppen		
		14 bis 16 Jahre	17 bis 19 Jahre	20 bis 24 Jahre
Interesse für kulturelle	Sehr stark	3 %	4 %	5 %
Angebote in der	Stark	18 %	19 %	23 %
eigenen Region ...	Einigermaßen	44 %	47 %	45 %
	Kaum	25 %	20 %	17 %
	Überhaupt nicht	10 %	10 %	9 %

ZfKf/GfK 2004

So nimmt in der Gruppe der 14- bis 24-Jährigen das Interesse für Kultur mit dem Alter kontinuierlich zu. Bei den Jugendlichen ist das Interesse geringer als bei den 20-Jährigen und Älteren. Hier besteht allerdings kein Zusammenhang zum Zeitbudget der jungen Leute, denn die Schüler haben sicherlich mehr Freizeit als junge Auszubildende oder Studenten. Ein klarer Zusammenhang besteht jedoch zur Mobilität und Unabhängigkeit der Jugendlichen. Je älter die jungen Leute sind, desto länger können sie abends allein oder mit Freunden Veranstaltungsorte aufsuchen. Man kann zudem vermuten, dass ein altersbedingter Reifegrad die Aufgeschlossenheit gegenüber Kultur fördert, dass die jungen Erwachsenen sich weniger von aktuellen Jugendtrends beeinflussen lassen als Jüngere und dass sie mit zunehmendem Alter eigene Akzente in der Freizeitgestaltung setzen, sich eigene Identitäten suchen. Jugendforscher gehen davon aus, dass vom 16. Lebensjahr an der Druck von Peergroups und aktuellen Trends kontinuierlich nachlässt.[22]

Grundsätzlich hat die vorausgehende Darstellung gezeigt, dass sich junge Leute auch heute für Kunst und Kultur interessieren. Was aber verstehen sie unter Kunst und Kultur? Und ist das, was Jugendliche für Kunst und Kultur halten, kompatibel mit dem, was die älteren Generationen darunter verstehen?

Übersicht 3: Persönliche Definition von Kultur bei den jungen Leuten (14 bis 24 Jahre) 2004 und der erwachsenen Bevölkerung ab 25 Jahren 2005[23]

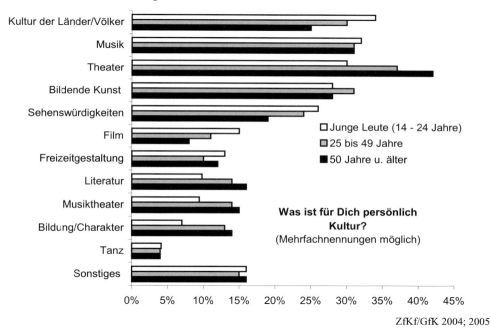

ZfKf/GfK 2004; 2005

Die jungen Leute und – aus Kontrollzwecken – auch die Bevölkerung allgemein wurden mit einer offenen Formulierung danach befragt, was sie persönlich als Kunst und Kultur einordnen würden. An erster Stelle steht bei den jungen Leuten überraschend eine multikulturelle Definition: die Kultur von Ländern und Völkern. Dieser Aspekt spielt bei der erwachsenen Bevölkerung eine weniger entscheidende Rolle. Kultur wird von dieser Gruppe vor allem mit der Institution Theater verbunden.

Die hervorgehobene Bedeutung des Theaters empfinden die jungen Leute im Kontext des Kulturbegriffs nicht. Theater ist für sie in etwa gleichrangig mit Musik und Bildender Kunst. Es erstaunt auch, dass von den jungen Leuten beispielsweise der Film anteilig eher selten genannt

---

[22] Falser, Alexander: Die normative Kraft der Freunde. Interview. In: *media & marketing* 6/1998, S. 84

[23] Museen wurden hier zu den Sehenswürdigkeiten gezählt.

wird. In der folgenden Darstellung wird nämlich deutlich, dass Filme als Freizeitvergnügen bei Jugendlichen sehr beliebt sind, das Theater beispielsweise dagegen deutlich weniger. Allgemein wird deutlich, dass die jungen Leute einen sehr traditionellen Kulturbegriff haben, der sich vor allem an Formen der klassischen Hochkultur orientiert. So werden auch Sehenswürdigkeiten von den jungen Leuten deutlich stärker mit Kultur in Verbindung gebracht als von den erwachsenen Bevölkerungsgruppen. Dass der Aspekt Zeit bzw. Vergangenheit für junge Leute wichtig ist, wird im Folgenden noch deutlicher.

Auffallende Differenzen zwischen jungen und älteren Leuten zeigen sich auch bei der Assoziation von Kultur mit gesellschaftlichen Regeln, Benehmen bzw. Charaktereigenschaften. Eine solche Kulturdefinition wird offenbar zunehmend als antiquiert betrachtet. Zusammenfassend kann man für die jungen Leute festhalten, dass mit Blick auf den Kulturbegriff in einer multikulturellen Gesellschaft eine stärkere Sensibilisierung für unterschiedliche kulturelle Identitäten der Völker stattfindet. Ansonsten ist die Kulturdefinition der jungen Generation überraschend konservativ geprägt und entspricht – wie nachfolgend noch dargelegt wird – so gar nicht der verbreiteten Kulturnutzung dieser Altersgruppe.

Dies ist Grund genug, die Einschätzung der jungen Leute von Kunst und Kultur unter die Lupe zu nehmen. Um besser nachvollziehen zu können, was junge Leute als kulturell wertvoll einstufen, wurden ihnen verschiedene Werke bzw. Objekte genannt, mit der Bitte, den künstlerischen Gehalt derselben anhand einer Skala anzugeben. Das Ergebnis dieser Zuordnung bekräftigt das differenzierte Verhältnis der jungen Leute zu Kunst und Kultur.

Übersicht 4: Persönliche Einschätzung des "Kunstgehalts" folgender Darbietungen/Objekte

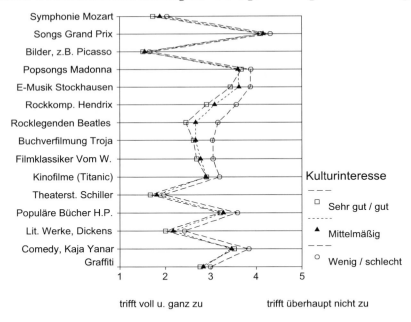

ZfKf/GfK 2004

Ausdrucksformen der Jugendkultur oder populäre Kulturangebote wie Comedy werden künstlerische Aspekte weitgehend abgesprochen, nur klassische Beispiele aus der Hochkultur werden eindeutig als Kunst klassifiziert, etwa Mozart-Symphonien, Bilder von Picasso, Theaterstücke von Schiller oder klassische literarische Werke von Thomas Mann oder Charles Dickens. Die eigene Unterhaltungskultur wie Popmusik von Stars wie Britney Spears, Spielfilme à la "Titanic", Bestseller wie "Harry Potter" oder Comedy mit Entertainern wie Kaya Yanar werden eher nicht als Kunst eingeordnet. Spannend ist hier die etwas positivere Einschätzung von Klassikern der Popkultur, die schon so genannte "Oldies" sind. Diese werden eher in eine künstlerische Ecke positioniert, etwa die Beatles oder der Film "Vom Winde verweht". Filme werden übrigens dann am ehesten als künstlerisch wertvoll eingestuft, wenn sie auf einer literarischen Vorlage basieren, also "klassisches" Kulturgut wiedergeben.

Man kann demnach provokativ zusammenfassen: Kunst ist für die jungen Leute weitgehend synonym mit traditionellen Formen der Hochkultur, deren Protagonisten im besten Falle der Vergangenheit angehören. Stockhausen oder andere zeitgenössische elektronische Komponisten werden beispielsweise eher nicht als Kunst eingestuft. Möglicherweise sind diese Angebote bei den jungen Leuten aber auch einfach zu wenig bekannt, d.h., sie haben eine sehr vage, unter Umständen unzutreffende Vorstellung, was eigentlich gemeint ist. Die eigene Kultur wird von den jungen Leuten kaum als künstlerisch wertvoll angesehen. Dies verwundert zunächst, denkt man zum Beispiel an die 80er Jahre, in denen junge Leute die Etablierung soziokultureller Zentren mit dem Verweis durchsetzten, ihre Kultur habe ebenso ein Recht auf Kulturförderung wie etwa ein Staatstheater oder ein städtisches Museum.[24]

Im Bewusstsein der jungen Leute scheint sich hier etwas verändert zu haben. Vielleicht hängt diese Bewusstseinsveränderung nicht zuletzt mit der Dominanz des Medien- und Unterhaltungsmarkts zusammen. Diese Überlegung führt zu der These, dass der Medienmarkt die Jugendkultur in einem derartigen Ausmaß für sich eingenommen hat, dass die jungen Leute diese nicht mehr als künstlerisch autonom, sondern als kommerziell betrachten.

Wie sieht es nun mit dem Interesse der jungen Leute für einzelne Kultursparten allgemein aus? Im Vorausgehenden wurde schon darauf verwiesen, dass die Definition der jungen Leute von Kunst und Kultur nicht ganz dem entsprechenden Nutzungsverhalten dieser Altersgruppe entspricht. In der folgenden Tabelle werden exemplarisch einige bei jungen Leuten beliebte und einige eher unbeliebte Kulturangebote aufgelistet und deren Beliebtheitsgrad nach einzelnen Altersstufen differenziert.

Übersicht 5: Interesse Jugendlicher für ausgewählte Kulturangebote in verschiedenen Altersgruppen

	Alter (von ... bis einschließlich ...)			Bevölkerung ab 25 Jahren
	14 – 16 Jahren	17 – 19 Jahren	20 – 24 Jahren	
Film	58 %	57 %	54 %	41 %
Popmusik	55 %	50 %	56 %	
Hip-Hop	46 %	39 %	31 %	
Comedy	39 %	34 %	31 %	20 %
Medien- und Videokunst	25 %	27 %	24 %	
Fotografie	24 %	23 %	25 %	
Literatur	22 %	25 %	27 %	30 %
Break-/Street-Dance	18 %	18 %	15 %	
Musical	17 %	21 %	26 %	31 %
Museen/Ausstellungen	13 %	16 %	18 %	34 %
Klassische Musik	7 %	9 %	12 %	
Ballett	7 %	6 %	6 %	
Klassisches Theater	3 %	7 %	9 %	16 %
Oper	2 %	3 %	5 %	11 %

ZfKf/GfK 2004

---

[24] Husman, Udo/Steinert, Thomas: Soziokulturelle Zentren. Rahmenbedingungen und Grundfunktionen, Berufsfeld und Qualifikationsvoraussetzungen. Texte zur Kulturpolitik Bd. 3, Hg.: Kulturpolitische Gesellschaft e.V., Essen 1993, S. 59 f.; Wagner, Bernd: Zwischen Staat und Markt. In: *rundbrief*. Zeitschrift für Soziokultur in Niedersachsen, Nr. 40/August 2001, S. 4 (Rückblick auf die Entwicklung von der alternativen Kultur zur Soziokultur)

Auf den ersten Blick wird sehr deutlich, dass die Angebote, die junge Leute heute primär mit Kultur assoziieren, Oper, Theater oder Klassische Musik, bei ihnen auf wenig Interesse stoßen. Am beliebtesten sind bei jungen Leuten populäre Musik und Filme sowie Comedy. Eine auffallend positive Resonanz lässt sich auch für die Medien- und Videokunst sowie die Fotografie verzeichnen. Wie im Folgenden noch belegt wird, kann bei visuellen Kunstformen tendenziell sogar eine Zunahme des Interesses von Jugendlichen beobachtet werden. Moderne Kunstsparten, Fotografie und insbesondere Medien- und Videokunst sind heute deutlich stärker gefragt als noch vor zehn Jahren. Dies gilt auch für Freizeitaktivitäten im Bereich Bildende Kunst. Immerhin etwa ein Viertel der jungen Leute interessiert sich zudem explizit für Literatur.

Bei einigen der oben ausgewählten Kultursparten fällt auf, dass das diesbezügliche Interesse der jungen Leute mit zunehmenden Alter abnimmt, beispielsweise bei der Musikrichtung Hip-Hop oder Comedy-Unterhaltung. Diese sind also eher einem Trend zuzuordnen, der gezielt Jugendliche anspricht, ebenso wie Markenartikel und Moden, die sich speziell an Jugendliche richten. Für andere Kulturangebote bleibt das Interesse der jungen Leute recht konstant, so für Popmusik, Fotografie oder Medien- und Videokunst. Bei den klassischen Kulturangeboten wie Museen, Theater oder Oper kann dagegen ein – wenn auch nur geringer – Aufwärtstrend beobachtet werden. Am deutlichsten wird dieser beim Musical, das letztlich eine moderne Mischform aus traditionellem Musiktheater und Stilrichtungen der Popularmusik darstellt.

Das mit dem Alter leicht zunehmende Interesse an klassischen Kulturangeboten stützt eine verbreitete Argumentationslinie: Man müsse sich wegen des mangelnden Zuspruchs der jungen Leute für klassische Kulturangebote keine Sorgen machen. Diese interessierten sich naturgemäß in jungen Jahren für jugendkulturelle Moden, mit zunehmenden Alter würden sie sich dann wieder klassischen Kulturangeboten zuwenden. Die Vermutung, dass mit dem zunehmenden Medien- und Freizeitangebot eine Rückbesinnung auf die klassische Kultur nicht mehr selbstverständlich zu erwarten sei, wurde bereits geäußert. Auch stellt sich angesichts der breiten Palette von Medien- und Freizeitangeboten, die teilweise schon Kleinkinder als Zielgruppe ansprechen, immer häufiger die Frage, ob der Kontakt mit klassischen Kulturangeboten im Kindesalter überhaupt schon zustande gekommen ist. Dieser Zusammenhang wird im folgenden Kapitel 2.5 noch im Detail untersucht.

Übersicht 6: Kulturelle Angebote, die man nach Meinung der jungen Leute (14 bis 24 Jahre) mit 45 Jahren nutzen wird

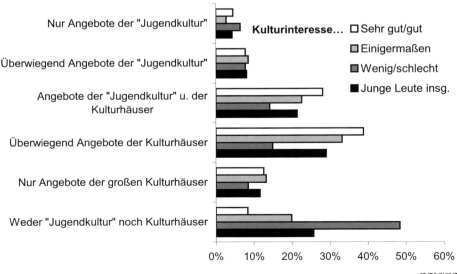

ZfKf/GfK 2004

Mit Blick auf diese Diskussion wurden die jungen Leute nach ihrer Einschätzung gefragt, welchen kulturellen Aktivitäten sie mit 45 Jahren vermutlich nachgehen werden. 62 % gehen davon aus, dass sie mit 45 Jahren ebenso viele oder sogar mehr Angebote der "Hochkultur" als der "Jugendkultur" besuchen. Knapp über 40 % sehen ihren zukünftigen Interessensschwerpunkt bei der so genannten Hochkultur. Darunter sind auch einige Befragte, die zum Zeitpunkt der Befragung angaben, sich wenig bzw. überhaupt nicht für Kultur zu interessieren.

Doch wie realistisch ist diese Einschätzung? Die Unklarheit darüber führt zu einer der grundlegenden Fragen, die anhand des Jugend-KulturBarometers als erste Bestandsaufnahme dieser Art allein nicht beantwortet werden kann. Wird es in Zukunft überhaupt noch ein breites Publikum für klassische Kultur geben? Wir wissen durch die bisherige Darstellung, dass sich einige klassische Sparten bei den jungen Leuten nur geringer Beliebtheit erfreuen. Es ist zu vermuten, dass das früher nicht anders war. Aufgrund dieser Ergebnisse können jedoch noch keine Aussagen darüber getroffen werden, ob sich junge Leute heute nun weniger für Kultur interessieren als früher. Um hier eine tragfähige Einschätzung erreichen zu können, müssen die wenigen, zur Verfügung stehenden kompatiblen Daten zur Kulturnutzung aus früheren Umfragen herangezogen werden. Exemplarisch kann dies durch einen Vergleich der Besuche von klassischen Musikkonzerten und Musiktheateraufführungen sowie der Besuche einzelner ausgewählter Kulturangebote innerhalb der letzten zwölf bzw. sechs Monate vor der Befragung über einen Zeitraum von etwa zehn Jahren erfolgen.

Wie sieht es also zunächst für die – mit Ausnahme des Musicals – bei jungen Leuten eher unbeliebten Bereiche Klassische Musik und Musiktheater aus?

Übersicht 7: Bevölkerungsanteile 1993/94 und 2004/05, die mindestens einmal innerhalb der letzten 12 Monate ein Klassikkonzert bzw. eine Musiktheaterveranstaltung besuchten (nach Altersgruppen)

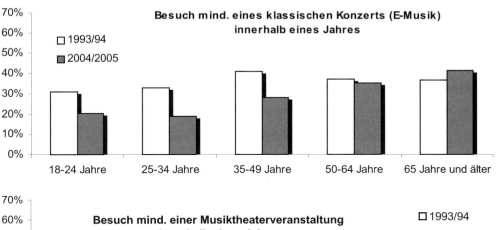

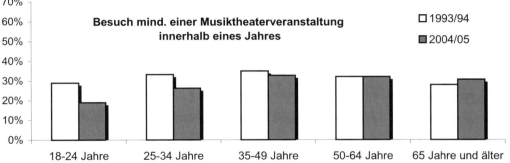

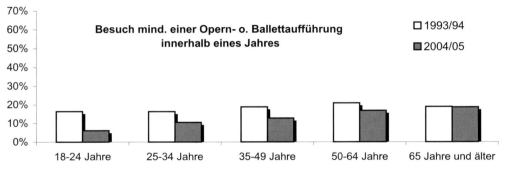

ZfKf/Infas 1994; ZfKf/GfK 2005

Die vorausgehenden Übersichten machen für den E-Musik-Bereich und das Musiktheater sehr deutlich, dass man mit diesen Spartenangeboten heute offensichtlich weniger junge Leute erreichen kann als noch vor zehn Jahren. Nicht ganz so dramatisch stellt sich dies für den Bereich des Musiktheaters allgemein dar. Diese Bilanz wird jedoch durch die schon beschriebene Beliebtheit des Musicals bei jüngeren Leuten gemildert. Demnach sind beim jungen Publikum für Klassik, Oper und Ballett schon innerhalb der vergangenen zehn Jahre deutliche Einbußen zu beobachten.

Dies gilt zudem nicht nur für die Jugend, sondern auch für die mittleren Bevölkerungsgruppen, etwa die 35- bis 49-Jährigen. Diese Messungen widersprechen der These, dass Jugendliche sich mit zunehmenden Alter wieder klassischen Kulturangeboten zuwenden werden. Die genannten Zahlen für das potentielle Publikum mittleren Alters deuten darauf hin, dass auch in der Elterngeneration das Interesse an Klassik und Oper nachlässt.[25] Thomas K. Hamann kommt in einer Analyse des Klassikpublikums zu einem ähnlichen Ergebnis. Er geht davon aus, dass das Publikum für "Live-Aufführungen Klassischer Musik in den nächsten 30 Jahren (ohne proaktive Maßnahmen) um circa 36 % zurückgehen" wird.[26] Als einen der Hauptgründe nennt auch er die massenmediale Verbreitung von Pop- und Rockmusik, die es mit sich bringt, dass auch ältere Bevölkerungsgruppen, die – seit den 50er Jahren des vergangenen Jahrhunderts mit Rock 'n' Roll großgeworden – größtenteils populäre Musik bevorzugen.

Wie stellt sich nun die Situation in anderen Sparten dar? In der folgenden Übersicht sind die zumindest halbjährlichen Besuche einzelner Kulturangebote der 18- bis 24-Jährigen im Zeitvergleich von 1992 und 1999 skizziert. Hier zeigt sich – mit wenigen Ausnahmen – ein recht konstantes Bild. Zuwächse verzeichnen der Besuch von Bibliotheken bzw. Lesungen sowie der Besuch von Ausstellungen und Museen Zeitgenössischer Kunst. Dabei hat sich der Anteil der jungen Leute, die im vergangenen halben Jahr eine Ausstellung von Werken moderner Kunst besuchten, von sieben auf 16 % nahezu verdoppelt. Es wurde schon aus der vorausgehenden Betrachtung des Interesses an einzelnen Kultursparten deutlich, dass aktuelle Ausdrucksformen der Bildenden Kunst, wie die Medienkunst und Fotografie auf die Jugendlichen sogar eine sehr große Anziehungskraft ausüben.

Folglich zeigt sich aufgrund der wenigen zur Verfügung stehenden Zeitvergleiche ein recht uneinheitliches Bild. Im Bereich der Klassischen Musik und des traditionellen Musiktheaters nimmt der Besuch junger Leute im Zeitvergleich kontinuierlich ab. Die Beliebtheit von Zeitgenössischer Kunst, Fotografie oder Medien- und Videokunst nimmt deutlich zu. Die Grafik legt zudem nahe, dass auch die Bibliotheken ihre Attraktivität für junge Leute haben steigern kön-

---

[25] Keuchel, Susanne: Der Untergang des Abendlands oder eine Erkenntnis zur rechten Zeit? Zu den Ergebnissen des 2. "KulturBarometers". In: *Das Orchester*. Hg.: Deutsche Orchestervereinigung, 4/2006, S. 26 - 32

[26] Hamann, Thomas K.: Die Zukunft der Klassik. In: *Das Orchester* 9/2005, S. 10

nen. Grundsätzlich schließt sich hier die Überlegung an, ob der Zuspruch für einzelne Sparten nicht weniger auf ein aktuelles Lebensgefühl und Trendentwicklungen zurückgeführt werden kann als vielmehr auf die verschiedenen Bemühungen von Kulturhäusern, von Museen, Konzerthäusern oder Bibliotheken, junge Zielgruppen durch bestimmte Anreize wie Museumscafés oder altersgerechte Programme zu erreichen. Die Attraktivität der Einrichtungen verschiedener Sparten für jugendliche Zielgruppen wird in Kapitel 2.7 ausführlicher diskutiert.

Übersicht 8: Bevölkerungsanteile der 18- bis 24-Jährigen, die 1992 und 1999 mindestens einmal innerhalb des letzten halben Jahres ein entsprechendes Angebot besuchten

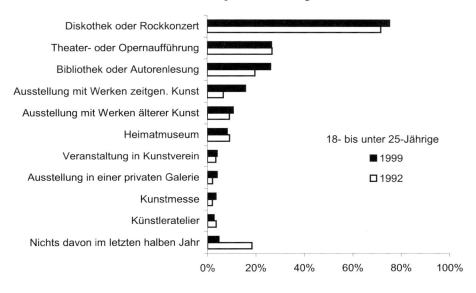

ZfKf/Ifak 1992; ZfKf/GfK 1999

Als Fazit dieses Diskurses kann man auf jeden Fall festhalten: Junge Leute interessieren sich auch heute für Kunst und Kultur, wobei es jedoch deutliche Spartenunterschiede gibt. Einige Kultursparten haben es offensichtlich geschafft, mehr junges Publikum zu gewinnen; andere haben jugendliche Besucher verloren. Die Ergründung der Ursachen wird in der weiteren Betrachtung noch vertieft werden. Die Ergebnisse belegen jedoch, dass man trotz des rasch gewachsenen Medien- und Freizeitangebots junge Leute für Kulturangebote begeistern kann. Wie groß die Anziehungskraft der einzelnen Spartenbereiche auf Jugendliche im Einzelnen ist, wird in den kommenden Unterkapiteln ausführlicher erläutert.

2.1.1 Interessen und Kulturbesuche im Bereich der Musik

Musik ist bei Jugendlichen die beliebteste Kultursparte. 61 % geben an, sich speziell für Musik zu interessieren. Die verschiedenen Vorlieben lassen sich folgendermaßen auf die unterschiedlichen Musikrichtungen verteilen: In einem Ranking steht bei den jungen Leuten die Popmusik an erster Stelle, gefolgt von Rock, Hip-Hop, Techno, Dance und House sowie Punkmusik. Die Stilrichtungen der populären Musik sind, wie zu erwarten war, bei den jungen Leuten die beliebtesten. Mit neun Prozent liegt der Anteil der klassikinteressierten Jugendlichen im unteren Bereich des Rankings. Kirchenmusik und Chormusik mögen die wenigsten Jugendlichen.[27]

---

[27] Ähnliche Ergebnisse in einer Analyse beliebter Musikrichtungen bei jungen Leute erzielte Martina Claus-Bachmann in einer empirischen Erhebung. Vgl.: Claus-Bachmann, Martina: Die musikkulturelle Erfahrungswelt Jugendlicher. Giessen 2005

Übersicht 9: Interesse an Musikrichtungen und der Besuch entsprechender Konzerte bei jungen Leuten (14 bis 24 Jahre)

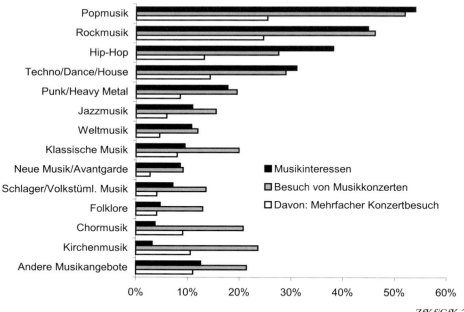

In der vorangehenden Übersicht sind auch die Anteile derjenigen ausgewiesen, die schon einmal Konzerte der von ihnen bevorzugten Bands oder Musiker besucht haben. Hier wird sehr deutlich, dass das Interesse an Musikrichtungen bzw. Kultursparten allgemein nicht mit der tatsächlichen Partizipation an entsprechenden Veranstaltungen gleichgesetzt werden kann. Nicht alle Fans einer Musikrichtung besuchen auch entsprechende Konzerte, manche beschäftigen sich zum Beispiel nur medial über Tonträger oder TV-Musiksender mit ihrer Musik. In der empirischen Kulturforschung ist die Beobachtung, dass Interessenten von Kultursparten nicht zwangsläufig mit den Nutzern von Kulturangeboten deckungsgleich sind, ein gängiges Phänomen. Dies gilt natürlich auch umgekehrt, was im Fall der Musikrichtungen, die auch den älteren Generationen am Herzen liegen, sehr deutlich wird. Der Anteil der jungen Leute, die klassische oder volkstümliche Musik, Folklore, Chormusik oder Kirchenmusik schon einmal in einem Live-Konzert gehört haben, ist zum Teil bis zu fünf mal höher als der entsprechende Interessentenanteil. Vermutlich haben die Eltern, das soziale Umfeld und/oder die Schule hier entsprechende Vermittlungsarbeit geleistet, die junge Leute zu einem Konzertbesuch motiviert. Die vorliegenden Zahlen legen jedoch nahe, dass ein Erst- oder Zweitkontakt mit Klassischer Musik nicht immer ausreicht, das entsprechende Interesse zu wecken. Um diesem Trend entgegenzusteuern, werden Initiativen wie das "Netzwerk Orchester & Schule" der Deutschen Orchestervereinigung immer wichtiger (vgl. den entsprechenden Beitrag von Gerald Mertens in Kap. 4.2). In Kapitel 2.5 wird des weiteren im Detail analysiert, wer die jungen Leute zu Kulturbesuchen anregen kann und wie die jeweiligen Erfolgsaussichten einzuschätzen sind.

2.1.2 Interessen und Kulturbesuche im Bereich Film

Als zweitbeliebteste Kultursparte rangiert bei den jungen Leuten der Film. 56 % geben explizit an, sich für diesen Bereich zu interessieren. Hier ist es natürlich besonders spannend, zu beobachten, ob sich das Interesse nur auf Mainstreamproduktionen der Filmindustrie bezieht oder auch auf Filme mit künstlerischem Anspruch, die beispielsweise in kleineren Programmkinos zur Aufführung kommen. Die folgende Übersicht verdeutlicht, dass das Gros der Interessierten sich auf leicht konsumierbare Großproduktionen konzentriert. Am beliebtesten sind Komödien- (53 %) und Actionfilme (52 %). Ebenfalls recht beliebt sind populäre Spielfilme, Horror-/Gruselfilme, Krimis, Thriller, Fantasy, Science-Fiction sowie Romantik-/Liebesfilme – und das in etwa gleichrangig. Mit 25 % liegt das Interesse an Dokumentarfilmen bei den jungen Leuten noch vor dem Interesse an Kunstfilmen bzw. anspruchsvollen Filmen, die 16 % der Befragten mögen.

Übersicht 10: Interesse an Filmrichtungen und der Besuch entsprechender Vorführungen bei jungen Leuten (14 bis 24 Jahre)

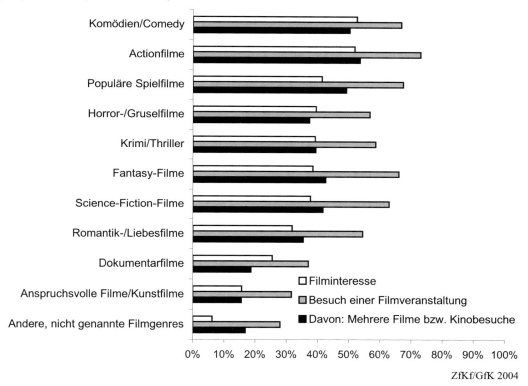

Wägt man das Interesse an Filmgenres gegen die Besuche entsprechender Vorführungen ab, so kann man allgemein feststellen, dass der Anteil der Besucher hier höher ist als der der Interessenten. Vorführungen populärerer Filme werden von etwa zwei Dritteln der jungen Leute besucht, Actionfilme kommen hier bei Einfachbesuchen auf bis zu 73 % der jungen Leute. Dies kann man als Zeichen interpretieren, dass Jugendliche auch im Bereich Film vielfach vom sozialen Umfeld motiviert werden, Filmveranstaltungen zu besuchen, für die sie sich von sich aus nicht unbedingt interessieren. Diese Multiplikatoren werden jedoch an dieser Stelle vor allem im Freundeskreis der jungen Leute zu finden sein. Auch bei anspruchsvollen Filmen bzw. Kunstfilmen wurden junge Leute, die sich vielleicht weniger für dieses Genre interessieren, von anderen zum Besuch einer Filmveranstaltung angeregt, was neben dem Freundeskreis sicherlich auch über die Schule oder das Elternhaus erfolgte: So haben bisher 32 % der jungen Leute schon mindestens einmal einen Kunstfilm gesehen – eine Zahl, die sicherlich erhöht werden kann, wenn Multiplikatoren aus dem Bildungswesen hier verstärkt aktiv werden. Diese Faktoren werden in Kapitel 2.5 noch ausführlicher diskutiert.

Allgemein fällt bei dem Besuch von Filmvorführungen auf, dass der Anteil der Mehrfachbesucher einzelner Genres in der Regel dem der Interessenten entspricht. Das bedeutet, dass Filme, die die Jugendlichen besonders interessieren, zumeist im Kino angeschaut werden und nicht zuhause im Fernsehen.

2.1.3 Interessen und Kulturbesuche im Bereich Bildende Kunst

Im Bereich Bildende Kunst, Museen und Ausstellungen ist der Anteil der jungen Leute, die sich ausdrücklich dafür interessieren, vergleichsweise klein, der Anteil derjenigen jedoch, die sich Museen oder Ausstellungen ansehen, relativ hoch.

Übersicht 11: Interesse an Ausstellungsthemen und der Besuch entsprechender Ausstellungen bei jungen Leuten (14 bis 24 Jahre)

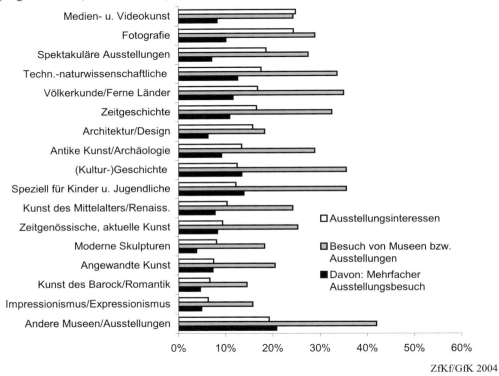

ZfKf/GfK 2004

Etwa drei Viertel (74 %) der jungen Leute haben in ihrem Leben schon einmal ein Museum oder eine Ausstellung besucht. Immerhin 52 % geben an, dies schon mehrfach getan zu haben. Museen sind damit unter den klassischen Kulturhäusern die von der Jugend am meisten genutzten Einrichtungen. 16 % der Jugendlichen interessieren sich darüber hinaus explizit für Museen und Ausstellungen, 12 % speziell für Bildende Kunst. Besonders beliebt sind, wie schon mehrfach erwähnt, Fotografie und besonders Medien- und Videokunst, die jedoch von den jungen Leuten oftmals nicht zur Bildenden Kunst gezählt werden, die von Laien häufig in erster Linie mit Malerei und Bildhauerei assoziiert wird. So liegt – wie an vorrangehender Übersicht abzulesen ist – der Anteil der jungen Interessenten von Fotografie bei 24 % und von Medien- und Videokunst bei 25 %.

Im Ranking der Ausstellungsinteressen junger Leute folgen nach Medien-, Videokunst und Fotografie auf Platz Drei bis Sechs Themen, die nicht unbedingt in Beziehung zur Bildenden Kunst stehen: Spektakuläres, Technisch-Naturwissenschaftliches, Völkerkunde und Zeitgeschichte. Bei den Kunstepochen stehen aktuelle Kunst oder moderne Skulpturen im Ranking recht weit vorne – anders als bei älteren Generationen. Schon im vorausgehenden Zeitvergleich der Besuche von Kulturangeboten wurde das wachsende Interesse der jungen Leute an Zeitgenössischer Kunst hervorgehoben. Hier hatten sich die Besucheranteile der 18- bis 24-Jährigen für entsprechende Ausstellungen von sieben auf 16 % innerhalb eines halben Jahres nahezu verdoppelt. Betrachtet man an dieser Stelle nur den Besuch von Ausstellungen Bildender Kunst – Medienkunst und Fotografie außen vor gelassen – so ist der Anteil der jungen Leute, die zeitgenössische Ausstellungen besuchten, am größten. Dieses Phänomen der aktuellen Attraktivität zeitgenössischer Kunst bei jungen Zielgruppen belegen auch Ausstellungserfolge wie das Gastspiel des Museum of Modern Art (MOMA) 2004 in Berlin. Die anspruchsvollen visuellen Künste scheinen bei den jüngeren und auch mittleren Generationen[28] heute stärker gefragt als die auditiven. Bei letzteren überwiegt das Interesse an populären Ausdrucksformen wie Hip-Hop, Techno oder Musical. Die "Hipness" aktueller Kunst spiegelt sich in Kunstzeitschriften wieder, die sich explizit an jüngere Zielgruppen richten, mit dem Ziel, ihnen einen schnellen Insiderblick über wesentliche Kunstrichtungen und "In-Künstler" zu vermitteln – etwa die Zeitschrift *Monopol*[29] in der Rubrik "Watchlist".

Übersicht 12: Art von Postern oder Bildern an den eigenen Wänden der befragten jungen Leute

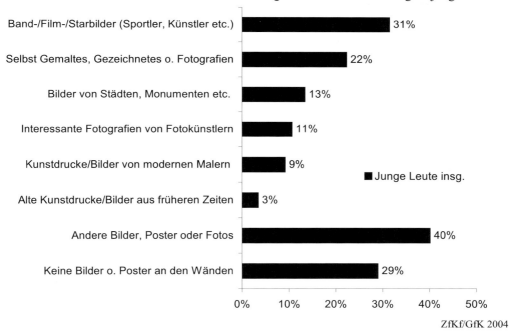

Dass die junge Generation Interesse an der Bildkunst hat, belegt auch der Bilderschmuck in den eigenen vier Wänden. Laut der vorangehenden Übersicht geben 71 % aller befragten jungen Leute an, Bilder oder Poster in den eigenen Räumen angebracht zu haben. Hat knapp ein Drittel der jungen Leute seine Idole an die Wand "gepinnt", haben immerhin 21 % selbst Gefertigtes – Malereien, Zeichnungen oder Fotografien – als Zimmerschmuck aufgehängt. Hier spiegelt sich auch der zunehmend wichtige Stellenwert der Bildenden Künste in den künstlerischen Aktivitä-

---

[28] Siehe die Ergebnisse des 8. KulturBarometers im Tabellenband. Hg.: ZfKf, Bonn 2005
[29] *Monopol* – Magazin für Kunst und Leben, Hg.: Amélie von Heydebreck, Florian Illies

ten der jungen Leute wieder, der nachfolgend noch ausführlicher im Kontext der künstlerischen Hobbys in Kapitel 2.2 dargestellt wird. Das vorausgehend beobachtete Interesse an Fotografie bestätigt sich hier ebenso wie das an moderner Kunst. Immerhin 11 % haben Kunstfotografien an den Wänden, neun Prozent Kunstdrucke bzw. Bilder moderner Maler und nur drei Prozent ältere Kunstwerke.

Was sind die Ursachen für das wachsende Interesse junger und mittlerer Bevölkerungsgruppen an der Bildenden Kunst? Einer der Gründe könnte die zunehmend visuelle Ausrichtung der menschlichen Sinne sein: Bilder sind überall, sei es im Fernsehen, an Plakatwänden oder in Illustrierten. Medien wie Film und Computer nehmen in der Arbeitswelt und auch in der Freizeit eine kaum zu überschätzende Rolle ein. Bildende Kunst spricht den Sehsinn an wie keine andere Kunstform. Zugleich sind Museen in der Ansprache ihrer Zielgruppen ausgesprochen aktiv und zielgruppenorientiert: Neben dem Genuss von Kunstwerken locken gastronomische Angebote, Geschenk- und Buchläden, Vorträge, Filmvorführungen oder Führungen zu den unterschiedlichsten Themen und weitere attraktive Freizeitangebote. An vielen Museen werden beispielsweise für Kinder wie auch Erwachsene Mal- oder Bildhauerkurse angeboten. Dazu kommt ein Aspekt, der vor allem in dem hier fokussierten Zusammenhang von großer Bedeutung ist: Bildkunst reagiert sehr unmittelbar auf aktuelle Trends und Moden – und trifft so das Lebensgefühl von Jugendlichen nicht selten im Kern. Der Videokünstler Nam June Paik (1932 – 2006) zählt schon fast zu den Altmeistern, obschon er mit einer vergleichsweise jungen Kunstform arbeitete. Die Geschehnisse des 11. September wurden von Malern wesentlich früher aufgegriffen und verarbeitet als etwa von Literaten.[30] Es scheint daher nicht unwahrscheinlich, dass Jugendliche sich von Bildender Kunst aufgrund dieser Unmittelbarkeit besonders angesprochen fühlen.

2.1.4 Interesse und Kulturbesuche im Bereich Literatur

Immerhin ein Viertel der jungen Leute interessieren sich für Literatur, wie dies im Eingangskapitel schon vermerkt wurde. Auch hier ist es spannend, einen Blick auf die Genreinteressen zu werfen. Liegen die Interessen eher im Bereich der anspruchsvollen Literatur oder beispielsweise im Comic- oder Manga-Bereich?

Die Übersicht auf der folgenden Seite verdeutlicht, dass sich die jungen Leute vor allem für populäre Buchgenres begeistern, so Bestseller, Bücher über Liebe bzw. Freundschaft, Krimis oder Fantasy-Bücher. Einen relativ hohen Stellenwert in der Beliebtheitsskala nehmen auf Platz Drei die Sachbücher ein. Comics dagegen belegen lediglich den siebten Platz – wobei bei der Interpretation der Daten zu beachten ist, dass es sich hier um eine Interessens-, nicht um eine Nutzungsmessung handelt.

Speziell bei den Literaturinteressen fällt auf, dass es hier zum Teil recht deutliche geschlechtsspezifische Differenzen gibt – ein Phänomen, das auch der Beitrag von Ulrike Buchmann in Kapitel 4.6 thematisiert. Daher sind in der Übersicht auch die Interessen der männlichen Befragten ausdrücklich ausgewiesen. Jungen bzw. junge Männer interessieren sich vor allem für Science-Fiction-, Fantasy-, Sachbücher oder Comics, hingegen kaum für Bücher zum Thema Liebe oder Freundschaft – dieses ist eine durchweg weibliche Domäne.

---

[30] Bereits Anfang 2002 zeigte das Haus am Lützowplatz in Berlin die Ausstellung "Kunst und Schock - der 11. September und das Geheimnis des Anderen", u.a. mit Arbeiten von Jannis Kounellis und Rebecca Horn. Zur Reaktion der Schriftsteller vgl. den Kommentar von Adrian Kreye: Der innere Kreis. In ihren Romanen bieten sich Schriftsteller als Traumdeuter des 11. September an. In: *Süddeutsche Zeitung*, 18.4.06, S. 11

Übersicht 13: Interesse an folgenden Buchgenres bei jungen Leuten (14 bis 24 Jahre)

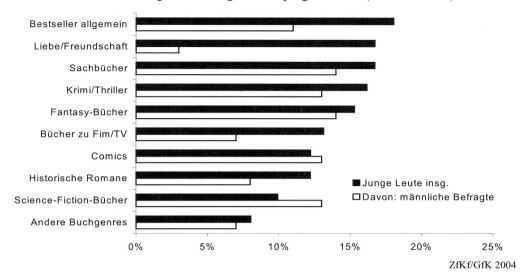

Wie sieht es nun mit dem Besuch literarisch geprägter Orte aus, wie der Bücherei bzw. Bibliothek oder einer literarischen Lesung? Immerhin 39 % der jungen Leute geben an, schon einmal in der Stadtbücherei gewesen zu sein, ein Großteil davon auch schon mehrfach. Eine andere Bibliothek wurde bisher von 26 % der jungen Leute besucht, wobei hier eine große Deckungsgleichheit auffällt zwischen den jungen Leuten, die bisher Bibliotheken nutzten und denen, die Stadtbüchereien aufsuchten. Knapp 60 % der jungen Bibliotheksnutzer haben auch schon ein- oder mehrmals eine Stadtbücherei besucht.

14 % der jungen Leute waren schon einmal in ihrem Leben bei einer Lesung. Auch hier kann man sich fragen, ob die Schule, insbesondere der Fachlehrer in Deutsch – oder auch anderer Sprachen – nicht aktiver sein müsste. Autoren, die Interesse haben, ihre Werke in der Schule vorzulesen, gibt es sicherlich viele. Allein die regionalen Vertretungen des Friedrich-Bödecker-Kreises organisieren jährlich zahlreiche Lesungen ihrer Autoren in Schulen deutschlandweit.

Übersicht 14: Bisheriger Besuch folgender "literarischer" Orte von jungen Leuten (14 bis 24 Jahre)

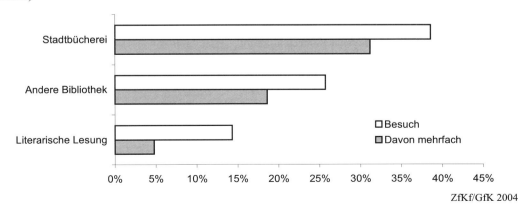

2.1.5 Interessen und Kulturbesuche im Bereich Tanz

Der Tanz als Kunstform ist bei jungen Leuten – je nach Genre – zum Teil beliebter als andere klassische Kultursparten, etwa das Theater. Die Beliebtheit korreliert hier mit der Musik, die den Tanz begleitet. Tanzformen zu populärer Musik sind demgemäß am beliebtesten, also Modern Dance bzw. Jazzdance (19 %) oder Break- bzw. Street-Dance (17 %). Beim Interesse an diesen Kunstformen kann man – ähnlich wie schon für die Sparte Literatur angemerkt – zum Teil sehr deutliche geschlechtsspezifische Unterschiede beobachten. Ein Interesse an Modern Dance bzw. Jazzdance oder auch Ballett findet man vor allem bei der jungen weiblichen Bevölkerung. Anteilig eher männlich besetzt ist der Breakdance. Hier findet man aber auch viele weibliche Fans. Wie die Übersicht verdeutlicht, gibt es offenbar auch einige junge Leute (14 %), die sich für andere Tanzformen als die in der Befragung genannten interessieren, die jedoch hier nicht näher spezifiziert werden können.

Übersicht 15: Interesse an folgenden Tanzformen und der Besuch entsprechender Aufführungen bei jungen Leuten (14 bis 24 Jahre)

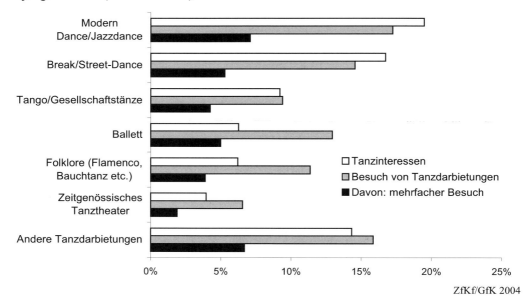

ZfKf/GfK 2004

Was den Besuch von Tanzdarbietungen anbelangt, so kann man hier ähnliches beobachten wie bei der Klassischen Musik. Der Anteil derjenigen, die schon einmal eine weniger beliebte Tanzform wie Ballett, Folklore oder zeitgenössisches Tanztheater besucht haben, ist in der Regel fast doppelt so groß wie der der Interessenten. Auch hier kann man ein besonderes Engagement der Eltern, der Schule oder dem sonstigen sozialen Umfeld vermuten. Vergleichsweise selten ist dagegen der mehrfache Besuch von Tanzdarbietungen – unabhängig von deren Beliebtheit bei jungen Leuten. Es ist zu vermuten, dass hier der Anteil der jungen Leute größer ist, die entsprechende Tanzformen aktiv ausüben, wie dies im Kapitel zu den künstlerischen Hobbys noch ausführlicher skizziert wird.

2.1.6 Interesse und Kulturbesuche im Bereich Theater

Wie schon im Eingangskapitel dargelegt, stößt das Klassische Theater bei jungen Leuten auf verhältnismäßig wenig Gegenliebe. Sehr gefragt ist dagegen heute der vornehmlich durch das Fernsehen vermittelte Comedybereich. So interessieren sich 34 % aller Befragten für Comedy, aber nur 7 % für das klassische Theater. Mit 10 % etwas beliebter als die traditionelle Form ist das Moderne Theater. Vergleicht man das Interesse der jungen Leute mit dem tatsächlichen Besuch entsprechender Angebote in folgender Übersicht, ist auch hier eine deutliche Diskrepanz ersichtlich. Entgegen des Interessen-Rankings wurden von den jungen Leuten vor allem die wenig beliebten Sparten der Darstellenden Kunst besucht, so das Klassische Theater, Kleinkunstdarbietungen und das Moderne Theater. Auch hier kann man ein Engagement insbesondere der Eltern und der Schule vermuten. Wer hier besonders aktiv ist, wird in Kapitel 2.5 noch ausführlicher behandelt.

Knapp ein Drittel der jungen Leute (36 %) hat bisher schon einmal die Aufführung eines klassischen Theaterstücks besucht. Insgesamt eine etwas traurige Bilanz, sollte man doch erwarten, dass jeder junge Mensch zumindest einmal im Rahmen des Deutschunterrichts ein Theaterstück angeschaut hat. Auffällig ist auch, dass moderne Theaterdarbietungen mit 33 % bisher anteilig weniger oft von jungen Leuten besucht wurden als klassische Aufführungen – obwohl junge Leute sich doch tendenziell eher für moderne Darbietungen interessieren. Hier machen sich folglich die kulturellen Präferenzen der Erwachsenen im sozialen Umfeld bemerkbar. Das Gros der älteren Bevölkerung nämlich bevorzugt und besucht entsprechend klassische Darbietungen.

Übersicht 16: Interesse an folgenden Sparten der Darstellenden Kunst und der Besuch entsprechender Theateraufführungen bei jungen Leuten (14 bis 24 Jahre)

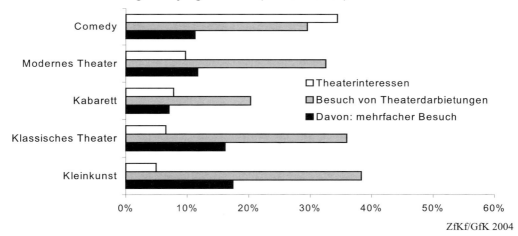

ZfKf/GfK 2004

2.1.7 Interesse und Kulturbesuche im Bereich Musiktheater

Zu Beginn des Kapitels wurde schon darauf verwiesen, dass die Oper nur sehr wenige Fans unter den jungen Leuten findet, das Musical sich jedoch recht reger Beliebtheit erfreut. Man kann also nicht allgemein von einer Krise des Musiktheaters bei jungen Leuten sprechen. Ähnlich wie bei dem Interesse an diversen Tanzrichtungen entsteht eher der Eindruck, dass das mangelnde Interesse der Jugendlichen an Oper in Beziehung zu ihrem mangelnden Interesse an Klassischer Musik steht. Denn das Musical, das sich an populäre Musikstrukturen anlehnt, hat keine Akzeptanzprobleme bei jungen Leuten. Vielleicht funktionieren hier aber auch einfach nur die Markt- und Werbemechanismen der unterhaltenden Musikindustrie, die das Musical im großen Stil populär machten.[31]

---

[31] Vgl. Keuchel, Susanne: Den Klassikdialog mit der Jugend intensivieren. Ergebnisse aus dem "Jugend-KulturBarometer 2004". In: *Das Orchester* 6/2005, S. 17 - 21

Übersicht 17: Interesse an folgenden Musiktheatergenres und der Besuch entsprechender Aufführungen bei jungen Leuten (14 bis 24 Jahre)

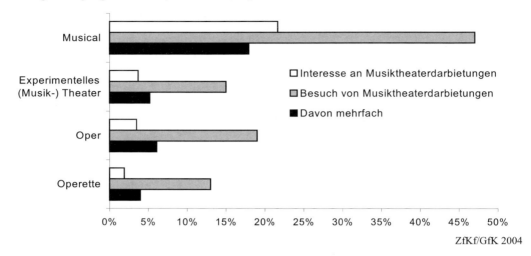

Die vorausgehende Übersicht macht deutlich, dass die jungen Leute sich nicht nur anteilig mit 22 % auffälliger für das Musical interessieren. Mehr als doppelt so groß ist der Anteil der jungen Leute, die schon einmal ein Musical besuchten (47 %). Allein 18 % aller befragten jungen Leute haben dies sogar schon mehrfach getan. Offensichtlich funktioniert hier die Werbemaschinerie in der Tat sehr erfolgreich – nicht nur bei jungen Zielgruppen.[32]
Bei der Oper kann man – wie bei den anderen klassischen Sparten auch – beobachten, dass der Anteil der Besucher ebenfalls deutlich höher ist als der der Interessenten, und hierbei eine entsprechende Vermittlungsarbeit der Eltern bzw. der Schule voraussetzen. Allerdings ist der Besucheranteil unter den jungen Leuten, die bisher eine Oper bzw. Operette besuchten, mit 19 % bzw. 13 % noch wesentlich geringer als beispielsweise beim Klassischen (36 %) oder Modernen Theater (33 %). Möglicherweise werden junge Leute von der Oper aufgrund der ganz speziellen Ausdrucks- und Präsentationsform (opulente Bühnenausstattung, dramatisch-pathetische Auftritte der Interpreten, schwer verständlicher Gesang) weniger angesprochen. Offensichtlich sehen aber auch die Institutionen keine unmittelbare Notwendigkeit, eine entsprechende Vermittlungsarbeit zu leisten. Unter Umständen wird die Oper heute für eine klassische Bildung weniger wichtig erachtet als das Sprechtheater. Lediglich sechs Prozent der jungen Leute haben bisher mehr als einmal eine Opernaufführung besucht. Für die Musiktheater besteht demnach dringend Handlungsbedarf, ein Nachwuchspublikum aufzubauen und entsprechend Maßnahmen zu ergreifen, die die langfristige Existenz ihrer Angebote sichern. Im 8. KulturBarometer wurde deutlich, dass diese Krise mittlerweile auch die Bevölkerungsgruppen mittleren Alters ergriffen hat, die anteilig deutlich weniger das Musiktheater besuchen, als dies beispielsweise noch 1994 der Fall war.[33] Eine aktive Nachwuchsarbeit, wie sie beispielsweise die Staatsoper Unter den Linden praktiziert und die in einem Beitrag in Kapitel 4.5 noch ausführlicher beschrieben wird, ist daher dringend anzuraten.

---

[32] Vgl. dazu auch: Dössel, Christine: Die Liebe zum Leichten. Man gönnt sich ja sonst nichts – in Deutschland erlebt das Musical mit kommerziellen und schrägen Produktionen eine Renaissance. In: *Süddeutsche Zeitung*, 31.3.06, S. 9

[33] Vgl. dazu: Mertens, Gerald: Zukunftssicherung durch Kulturvermittlung. Konsequenzen für Musiktheater und Orchester aus dem aktuellen KulturBarometer. In: *kultur kompetenz bildung*. Beilage zur Zeitschrift *politik und kultur* des Deutschen Kulturrats, März/April 2006, S. 9 f.

2.1.8 Interesse und Kulturbesuche im Bereich soziokultureller Zentren

Das Interesse und die Nutzung soziokultureller Zentren in Umfragen abzufragen, ist immer etwas problematisch, da viele Menschen mit dem Begriff selbst wenig anfangen können und oftmals nicht wissen, was gemeint ist. Diese Problematik hat sich auch bei den Pre-Tests mit jungen Leuten vor Beginn der Erhebung gezeigt. In Absprache mit der Bundesvereinigung Soziokultureller Zentren e.V. wurde daher neben dem Begriff "soziokulturelle Zentren" die Bezeichnung "Alternatives Kulturzentrum" verwendet, der dann zumindest in den Pre-Tests von den jungen Leuten eher angenommen wurde. Dennoch sollte man sich an dieser Stelle bewusst machen, dass die jungen Befragten Einrichtungen wie die Bonner "Brotfabrik" oder das Düsseldorfer "zakk - Zentrum für Aktion, Kultur und Kommunikation" nicht unbedingt synonym setzen mit den eben skizzierten, eher abstrakten Benennungen. Im Hinblick auf diese Kategorien haben 16 % der jungen Leute angegeben, bisher schon einmal eine solche Einrichtung besucht zu haben, acht Prozent davon mehrfach. Der Großteil, etwa 80 %, sucht dabei nach eigenen Angaben diese Einrichtungen eher unregelmäßig auf.

Ein Großteil der jungen Besucher soziokultureller Zentren hat bisher dort bestimmte Veranstaltungen besucht, deren spartenspezifische Schwerpunkte nachfolgend noch ausführlicher dargestellt werden. Es sind also vor allem Theaterveranstaltungen, Konzerte, Partys oder andere Events, die die jungen Besucher ansprechen (77 %). An zweiter Stelle der Nennung folgt mit 30 % die Beteiligung junger Leute an einer Gruppe, die in einem soziokulturellen Zentrum verankert ist, zum Beispiel Theater- oder Tanzgruppen. Wie bunt und vielfältig das Spektrum hier sein kann, beweist das Programm des Soziokulturellen Zentrums "DIE VILLA" in Leipzig. Unter ihrem Dach treffen sich ein Schachverein, ein schwuler Chor, eine Swingtanzgruppe und Capoeira-Tänzer, um nur einige der auf der Linkliste geführten Interessengemeinschaften zu nennen. Zusätzlich finden regelmäßig verschiedene Kurse oder offene Treffs statt. Das Angebot reicht hier von der Fahrrad-Selbsthilfe-Werkstatt über eine Foto-AG bis zum Töpfern für Kinder. Laut Jugend-KulturBarometer nehmen etwa ein Viertel der Befragten an Kursen soziokultureller Zentren teil.

Übersicht 18: Veranstaltungen, die Jugendliche in soziokulturellen Zentren bisher besucht haben

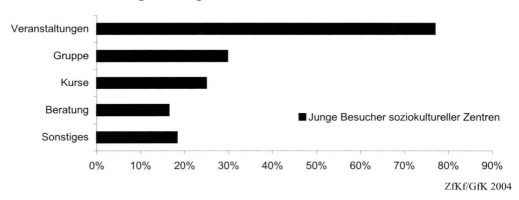

Eine etwas weniger wichtige Rolle spielt für sie das Beratungsangebot dieser Einrichtungen. Diese werden von Sozialarbeitern oder Sozialpädagogen betreut und richten sich zum Beispiel an junge Leute in Problemlagen. Viele Häuser gestalten ihr Angebot ganz gezielt: In der "Altstadtschmiede Recklinghausen" zum Beispiel ist Mittwochs Mädchentag, dort können sie "Billard spielen, kickern was das Zeug hält; klatschen, tratschen, schwätzen".[34] Das Pendant für Jungen findet unter dem Motto "Gewaltfrei und männlich" statt.

---

[34] www.altstadtschmiede.de/maedchen.htm

Mit Blick auf die Statistik des Bundesverbands Soziokultureller Zentren kann man festhalten, dass die jungen Leute etwas deutlicher als die Besucher allgemein zu der Angebotsform "Veranstaltung" tendieren. Bei letzteren lag das Verhältnis zwischen Besucheranteil in Veranstaltungen und in Kursen, Gruppen bzw. Beratungen 2004 bei etwa zwei Drittel zu einem Drittel (39,6 %).[35] Bei den spartenspezifischen Präferenzen zeigen sich ebenfalls Abweichungen zu denen in der Statistik des Bundesverbands erfassten Vorlieben der Besucher allgemein. Für die jungen Leute sind die Angebote im Bereich Musik und Disco bzw. Party am attraktivsten. Es folgen auf Platz Drei Film und auf Platz Vier Ausstellungen bzw. Lesungen. Bei der Gesamtbesucherzahl insgesamt stehen Disco/Tanz an erster Stelle (20 %), darauf folgen Konzerte/Musik (18 %). Auf Platz Drei rangieren jedoch Feste (15 %) und an vierter Stelle Theater- bzw. Kabarettveranstaltungen (8 %).[36] Man kann festhalten, dass sich in diesem Ranking das allgemeine Interesse der Bevölkerung ebenso tendenziell widerspiegelt, wie bei den Besucherpräferenzen der jungen Leute in soziokulturellen Zentren ihre kulturellen Schwerpunktinteressen.

Übersicht 20: Spartenspezifische Angebote, die die jungen Besucher soziokultureller Zentren bisher besucht haben

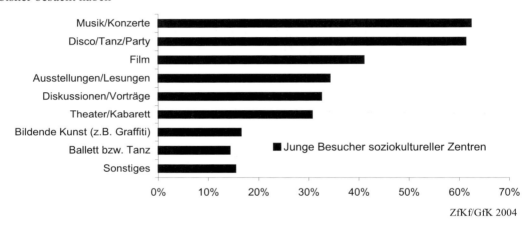

ZfKf/GfK 2004

---

[35] Soziokulturelle Zentren im Jahr 2004. Ergebnisse der Umfrage. Hg.: Bundesvereinigung Soziokultureller Zentren e.V. 2005, S. 12, Download: http://www.soziokultur.de/lagnw/_seiten/statistiknrw2004.pdf (Zugriff am 21.3.06)

[36] Soziokulturelle Zentren im Jahr 2004, a.a.O., S. 15

2.2 Künstlerische Hobbys in der Freizeit – Was ist "in" bei wem?

Kulturelle Partizipation spiegelt sich nicht nur in den Interessen und dem Besuch von Kulturangeboten wider, sondern auch in der eigenen künstlerischen Kreativität. Künstlerische Erfahrungen werden von den jungen Leuten für die Bildung der eigenen Persönlichkeit oftmals sogar als sehr wichtig empfunden. Im jugendlichen Alter wird die Suche nach der eigenen Identität meist besonders intensiv betrieben: "Kulturell-ästhetische Praxis ermöglicht eigenes Handeln und Produzieren, sie ermöglicht Gestaltung und Artikulation von Interessen – auch von gegenkulturellen Entwürfen."[37] Im Rahmen des Jugend-KulturBarometers wurden die jungen Leute daher auch gefragt, ob sie in ihrer Freizeit – außerhalb der Schule – schon einmal künstlerisch aktiv gewesen sind. Der Frage wurde ein breiter Kulturbegriff zugrunde gelegt und den Befragten zugleich ein vielfältiges Spektrum an künstlerischen Möglichkeiten genannt, das beispielsweise auch den kreativen Umgang mit neuen Medien wie dem Internet oder jugendliche Ausdrucksformen wie Breakdance oder Graffiti beinhaltet. Wie der folgenden Übersicht entnommen werden kann, gab knapp die Hälfte der jungen Leute entsprechende künstlerische Hobbys im Sinne dieses weit gefassten Kulturbegriffs an. Begrenzt man mit Blick auf die Möglichkeit eines Vergleichs mit früheren Studien die angegebenen Hobbyaktivitäten auf klassisch-künstlerische Tätigkeiten wie ein Musikinstrument spielen, Malen oder beispielsweise Theater spielen, sind immerhin noch 34 % der Jugendlichen, also etwa ein Drittel, in diesem engeren Sinne künstlerisch aktiv.

Übersicht 21: Aktuelle künstlerische Aktivitäten der jungen Leute 2004 (und im Vergleich der erwachsenen Bevölkerung 2005) in der Freizeit

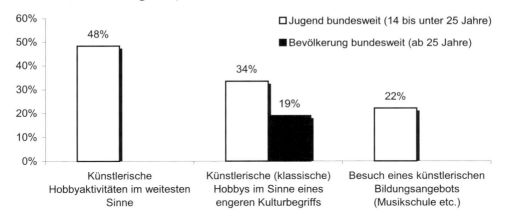

ZfKf/GfK 2004 u. 2005

Im Vergleich ist der Anteil an Hobbykünstlern mit 19 % bei der erwachsenen Bevölkerung ab 25 Jahren deutlich niedriger. Dies liegt natürlich nicht zuletzt am geringeren Zeitbudget, das den Erwachsenen aufgrund ihrer Erwerbstätigkeit zur Verfügung steht. Diesen Unterschied geben aktuelle Studien wieder: Nach einer Erhebung des Statistischen Bundesamts im Jahr 2001/02[38] haben die jungen Leute zwischen 10 und 14 Jahren für Freizeitaktivitäten wie Mediennutzung,

---

[37] Fuchs, Max: Jugend, Jugendkultur und Gesellschaft. Rahmenbedingungen von Jugendkulturarbeit. Remscheid 1992, S. 153

[38] Wo bleibt die Zeit? Die Zeitverwendung der Bevölkerung in Deutschland 2001/2002. Hg.: Bundesministerium für Familie, Senioren, Frauen und Jugend u. Statistisches Bundesamt, Berlin/Wiesbaden 2003; Vgl. auch: Pinl, Claudia: Wo bleibt die Zeit? In: *Aus Politik und Geschichte*, B 31-32/2004, S. 19 - 25

Sport, Geselligkeit und Hobbys an Wochentagen mit durchschnittlich knapp sechs Stunden mehr Zeit als beispielsweise die erwerbstätige Bevölkerung mit zu betreuenden Kindern.[39] Dass mit dem Eintritt in die Erwachsenen- und Berufswelt die Zeit für künstlerische Hobbys abnimmt, belegt auch das Jugend-KulturBarometer: Liegt der Anteil der Jugendlichen mit künstlerischen Aktivitäten bei den 14- bis 16-Jährigen bei 53 %, beträgt er bei den 20- bis 24-Jährigen nur noch 45 %.

Beachtliche 22 % der jungen Leute, die ein künstlerisches Hobby ausüben bzw. ausübten, werden bzw. wurden hierbei schon professionell angeleitet, beispielsweise durch einen Privatlehrer oder den Besuch einer außerschulischen kulturellen Bildungseinrichtung, etwa einer Jugendkunst- oder einer Musikschule.

Die Bilanz für die künstlerischen Hobbyaktivitäten ist also auf den ersten Blick sehr erfreulich. Natürlich interessiert mit Blick auf die Ausgangsfragen der Studie hier besonders, ob die künstlerische Aktivität der jungen Leute in der Vergangenheit anteilig in etwa gleich war bzw. ob sie zu- oder abgenommen hat. Denn vielfach wird – wie vorausgehend schon skizziert – angenommen, dass Jugendliche heute kulturell und künstlerisch weniger aktiv sind als früher. In der vorausgehenden Betrachtung der kulturellen Partizipation konnte jedoch herausgearbeitet werden, dass die Anteile junger Leute, die sich für kulturelle Angebote interessieren, im Vergleich zu früher in etwa gleich sind, dass sich aber die Inhalte verlagert haben. Im Vordergrund stehen heute – neben dem "Gesamtkunstwerk" Film – populäre Musikformen, aber auch die visuellen Künste, insbesondere Kunst mit neuen Medien. Dass aber die jungen Leute, die sich z. B. in Museen mit solchen Kunstformen durchaus sehr gern auseinandersetzen, anteilig weniger wahrgenommen werden, liegt auch am abnehmenden Anteil dieser Gruppe an der Gesamtbevölkerung. Der demographische Wandel bewirkt, dass die jüngeren Bevölkerungsgruppen kontinuierlich kleiner und die älteren größer werden.[40] So gehen die Vereinten Nationen[41] davon aus, dass sich allein der Anteil der über 65-Jährigen bis zum Jahr 2050 voraussichtlich verdoppeln und in den europäischen Ländern durchschnittlich etwa ein Drittel der Gesamtpopulation ausmachen wird.[42]

Wie stellt sich also speziell die künstlerische Aktivität der jungen Leute im Zeitvergleich dar? Haben sie früher anteilig mehr oder häufiger künstlerische Hobbys gepflegt als heute? Diese Frage kann man klar verneinen. Da es sich beim Jugend-KulturBarometer um die erste veröffentlichte Jugendbefragung zu diesem Thema handelt, liegen zwar keine direkten Vergleichszahlen vor, es existieren jedoch Vergleichswerte von einer früheren Bevölkerungsumfrage aus dem Jahr 1973,[43] die sich an die Bevölkerung ab 16 Jahren richtete. Die Fragen sind im Wortlaut ähnlich, wenn auch nicht ganz identisch. Zum Vergleich eignen sich Befragungen aus dem Jahr 2001[44] und 2005[45], in denen ebenfalls die Gesamtbevölkerung zu ihren kulturellen Interessen und Gewohnheiten befragt wurde. Mit den daraus gewonnenen Daten kann man für die Gruppe der 16- bis 29-Jährigen eine Alterskategorie erstellen, die mit der Studie aus dem Jahre 1973 vergleichbar ist: Demnach kommt man bei der Gegenüberstellung der Befragungsergebnisse zu dem Resultat, dass die Jugend heutzutage anteilig tendenziell sogar stärker künstlerisch aktiv ist als dies früher der Fall war.

---

[39] Insbesondere natürlich allein erziehende Eltern: vgl. Pinl, a.a.O., S. 21 f.

[40] Vgl. u.a. Protokoll zum Expertenworkshop: "Konsequenzen des demographischen Wandels für die Infrastrukturversorgung in NRW". Veranstaltet von der Landesarbeitsgemeinschaft NRW der ARL in Düsseldorf am 15.1.2004

[41] United Nations Population Division, http://www.un.org/esa/population/publications/livingarrangement/report.htm

[42] Vgl. hierzu auch Keuchel, Susanne: Rheinschiene – Kulturschiene. Mobilität, Meinungen, Marketing. Hg.: Zentrum für Kulturforschung, Bonn 2003, S. 112 f.

[43] Fohrbeck, Karla/Wiesand, Andreas Johannes: Der Künstler-Report. München/Wien 1975

[44] 7. KulturBarometer. Tabellenband. Hg.: Zentrum für Kulturforschung, Bonn 2001

[45] Nach der Erhebung zum Jugend-KulturBarometer, die im Herbst 2004 abgeschlossen war, wurden einige der Fragen – zur besseren Einschätzbarkeit der Ergebnisse – im Frühjahr 2005 der Gesamtbevölkerung gestellt.

Übersicht 22: Künstlerische Hobbys[46] der jungen Bevölkerung (16 – 29 Jahre) im Zeitvergleich von 1973, 2001 und 2005

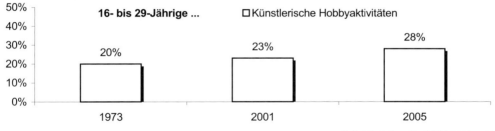

ZfKf/Ifak 1973; ZfKf/GfK 2001 u. 2005

Stellt man die Sparten, in denen junge Leute heute künstlerische Hobbys pflegen, in einem Zeitvergleich den entsprechenden künstlerischen Aktivitäten der jungen Leute im Jahr 1973 gegenüber, können erstaunliche Trends festgestellt werden – auch wenn die Altersgruppen nicht ganz identisch sind:

Übersicht 23: Spartenbereiche der künstlerischen Hobbyaktivitäten junger Leute 1973 und 2004

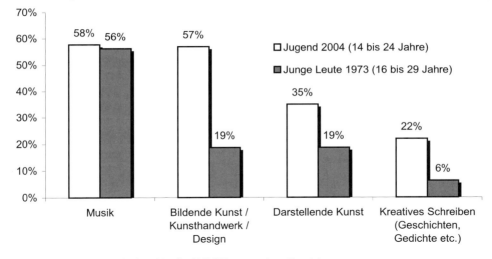

ZfKf/Ifak 1973; ZfKf/GfK 2004

War vor 30 Jahren noch die Musik das wesentliche künstlerische Betätigungsfeld junger Leute, hat sich dies heute sehr deutlich gewandelt. Zwar steht Musik in einem Ranking der künstleri-

---

[46] Bei den zum Vergleich herangezogenen Umfragen von 1973, 2001 und 2005 wurde nicht nach künstlerischen Hobbys, sondern nach den künstlerischen Aktivitäten gefragt. Im Gesamtkontext der Einzelbefragungen, die im Vergleich zum Jugend-KulturBarometer eher kurz gehalten waren, wurde diese Frage von den Zielpersonen jedoch vermutlich in diese Richtung interpretiert. Dies legen die Vergleichswerte des Jugend-KulturBarometers nahe, welches wiederum sehr ausführlich alle kulturellen und künstlerischen Unternehmungen im Detail abfragte und damit die Frage nach den künstlerischen Hobbys sehr konkret stellte, so dass die Jugendlichen wenig Interpretationsspielraum hatten. Eine direkte Gegenüberstellung nur der künstlerischen Aktivitäten mit den Vorgängerstudien kommt hier übrigens zu demselben Ergebnis, dass nämlich die Jugendlichen heute nicht weniger, sondern eher stärker künstlerisch aktiv sind.

schen Spartenfelder immer noch auf Platz Eins, die Bildende Kunst liegt jedoch fast gleichauf. Damit hat sich der Anteil der jungen Leute mit künstlerischen Hobbys im Bereich der Bildenden Kunst nahezu verdreifacht. Diese Messungen sind natürlich mit Blick auf die verschiedenen Altersgruppen nur bis zu einem gewissen Grad vergleichbar. Eine altersidentische Gegenüberstellung der Zahlen von 1973 mit denen des Jahres 2001[47] kommt jedoch in etwa zu dem selben Ergebnis.

Die gemessene Entwicklung passt zum Einen natürlich zu dem deutlich gewachsenen Interesse der jungen Leute an Bildender Kunst, das im Kontext der Partizipation junger Leute an Kulturangeboten schon erläutert wurde. Zum Anderen spiegelt sich hier auch die Entwicklung der Infrastruktur im Bildungsbereich wieder: Waren in den 70er Jahren vor allem die Musikschulen in der außerschulischen kulturellen Bildung aktiv, sind in den letzten Jahrzehnten viele weitere kulturelle Einrichtungen aus anderen Sparten hinzugekommen, etwa Jugendkunstschulen, Ballett- und Tanzschulen oder auch die Bildungsangebote alternativer Kulturzentren, die oben bereits beschrieben wurden.

Nicht zuletzt die Jugendkunstschulen, aber auch die breitgefächerten Bildungsangebote der soziokulturellen Zentren haben zu einer Verbreitung von künstlerischen Spartenangeboten und zu der wachsenden Vielfalt entsprechender Aktivitäten beigetragen,[48] die sich auch in den Sparten Darstellende Kunst oder Literatur positiv bemerkbar macht. So hat sich beispielsweise der Anteil junger Leute im Bereich Kreatives Schreiben nahezu verdreifacht. Wie man literarisch-schöpferische Prozesse bei jungen Leuten auf professioneller Ebene fördern kann, beschreibt exemplarisch der Beitrag zum Literaturlabor Wolfenbüttel in Kapitel 4.6. Auch für die Darstellende Kunst werden nachfolgend Beispiele zur Förderung der jugendlichen Ausdruckskraft beschrieben. Welche Rolle die Schule für die Kreativität der jungen Leute einnehmen kann, beispielsweise beim Theaterspielen oder aber auch bei anderen künstlerischen Aktivitäten, wird in Kapitel 2.6 noch ausführlicher analysiert.

Sowohl aus der vorausgehenden Übersicht als auch aufgrund der Ergebnisse der eben genannten Umfragen kann übrigens im Zeitvergleich noch ein weiterer Trend abgeleitet werden: Künstlerisch aktive Jugendliche üben heute in der Regel mindestens zwei künstlerische Hobbys aus, während ihre Altersgenossen sich vor 30 Jahren in der Regel auf eines beschränkten. Dieses eher spartenübergreifende Interesse passt zum kulturellen Besucherverhalten der Gesamtbevölkerung in den letzten Jahren. So konnte in einer Umfrage festgestellt werden, dass die Befragten immer stärker zu punktuellen Besuchen verschiedener Spartenangebote neigen, und weniger zu einer regelmäßigen Nutzung eines bestimmten kulturellen Angebots. So ergibt sich das Bild eines Kulturflaneurs[49], der mal eine Ausstellung, dann wieder ein Rockkonzert oder ab und zu auch eine Oper besucht. Dieser Trend hat sich nach Ergebnissen aktueller Studien[50] noch verschärft und zeichnet sich auch bei den künstlerischen Hobbys der jungen Leute ab. Die folgende Übersicht skizziert noch einmal den Anteil der jungen Leute, die unterschiedliche künstlerische Hobbys – hier, wie auch im Folgenden immer im Sinne eines weiten Kulturbegriffs – pflegen, beispielsweise Malen, Musizieren, Breakdance oder Theater.

---

[47] Vgl. Keuchel, Susanne: Der Klassik-Purist als Auslaufmodell. Ergebnisse einer repräsentativen Umfrage zum 7. KulturBarometer. In: *neue musikzeitung* (nmz) 2/2002, S. 15

[48] Peter Kamp betont den Fokus der bundesweit 400 Jugendkunstschulen und kulturpädagogischen Einrichtungen auf das spartenübergreifende kulturelle Bildungsangebot – mit etwa einer halben Million Nutzer im Jahr. In: Expertengespräch zur kulturellen Bildung am 8. März 2004. Antworten von Peter Kamp (bjke – Bundesverband der Jugendkunstschulen und Kulturpädagogischen Einrichtungen e.V.) zum Fragenkatalog der Enquête-Kommission "Kultur in Deutschland" des Deutschen Bundestages, 8. März 2004, S. 1, siehe: https://.../gremien/kommissionen/archiv15/kultur_deutsch/bericht/materialband/43matband/K_-Drs__15-038.pdf

[49] Wiesand, Andreas Johannes: Musiktheater und Konzerte. Mehr Rückhalt in der Bevölkerung. In: *Das Orchester* 6/1995

[50] Vgl. Keuchel: Rheinschiene – Kulturschiene, a.a.O., S. 25 f.

Knapp die Hälfte der jungen Leute, die derzeit künstlerisch aktiv sind, pflegen aktuell mindestens zwei verschiedene künstlerische Hobbys, 12 % sogar drei und acht Prozent mehr als drei kreative Freizeitaktivitäten. Auf die Gesamtzahl der jungen Leute bezogen, kann man festhalten, dass immerhin 23 % der jungen Leute mindestens in zwei aktuellen künstlerischen Bereichen im weitesten Sinne aktiv sind.

Übersicht 24: Anzahl der aktuellen und der früheren künstlerischen Hobbys der jungen Leute im Sinne eines weiten Kulturbegriffs

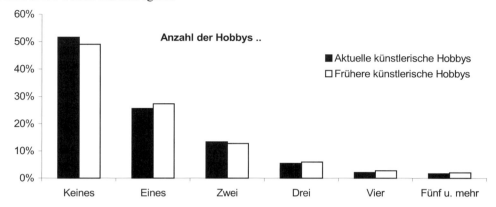

ZfKf/GfK 2004

Vergleicht man die aktuellen künstlerischen Freizeitbeschäftigungen junger Leute mit den kreativen Hobbys, die sie nach eigenen Angaben früher hatten, ist überraschend festzustellen, dass nur ein geringer Anteil der Jugendlichen, die früher künstlerisch aktiv waren, dies heute nicht mehr ist – und zwar etwa ein Viertel (27 %). Positiv ausgedrückt heißt dies: 73 % der jungen Leute, die vor dem 14. Lebensjahr einem künstlerischen Hobby im weitesten Sinne nachgegangen sind, haben dies bis heute beibehalten. Das Gros der "Abtrünnigen", nämlich etwa drei Viertel, ist früher nur einer künstlerischen Betätigung nachgegangen. Abermals auf die Gesamtheit der jungen Leuten bezogen, sind also lediglich 13 % der jungen Leute heute nicht mehr künstlerisch aktiv, obwohl sie es früher einmal waren.
Umgekehrt ist der Anteil unter den jungen Leuten, die vor dem 14. Lebensjahr noch keinem künstlerischen Hobby nachgingen, dies heute aber tun, recht gering. Bei den zum Zeitpunkt der Befragung künstlerisch Aktiven beträgt dieser Anteil 22 %, auf die Gesamtheit der jungen Leute bezogen liegt er bei 11 %.
Unter Berücksichtigung der angeführten Aspekte zeigen sich in der direkten Gegenüberstellung der Anzahl aktueller künstlerischer Hobbys Jugendlicher im Vergleich zu den früheren Aktivitäten – wie auch die vorausgehende Übersicht erkennen ließ – kaum Differenzen.
Nach dieser vergleichsweise abstrakten Ausführung über das Verhältnis von aktuellen und früheren künstlerischen Hobbys sollte man auch einmal im Detail untersuchen, welchen künstlerischen Hobbys die jungen Leute konkret nachgehen bzw. nachgegangen sind.
Sowohl bei den aktuellen als auch den früheren Hobbys nehmen die "Klassiker" Musikinstrument spielen und Basteln/Gestalten die Plätze Eins und Zwei ein. Man kann jedoch mit zunehmendem Alter der jungen Leute für beide Bereiche anteilig deutliche Einbußen beobachten. Vermutlich machen sich hier Wünsche der Eltern bemerkbar, die in jungen Jahren natürlich stärkere Auswirkungen haben, während ab dem Jugendalter eher der Freundeskreis die Wahl des Hobbys beeinflusst, dass dann zeitgemäß und "cool" sein muss. Entsprechend ist im frühen

Erwachsenenalter beispielsweise zunehmend der künstlerische Umgang mit neuen Medien beliebt, etwa Filme machen bzw. Fotografieren.

Übersicht 25: Aktuelle und frühere künstlerische Hobbys junger Leute

Aktuelle künstlerische Hobbys		Frühere künstlerische Hobbys	
Musikinstrument spielen	13 %	Musikinstrument spielen	21 %
Basteln, Gestalten	12 %	Basteln, Gestalten	17 %
Fotografieren	11 %	Ballett/Tanzen/Jazzdance	13 %
Ballett/Tanzen/Jazzdance	11 %	Singen (alleine, im Chor, in einer Band).	9 %
Malerei, Bildende Kunst	10 %	Malerei, Bildende Kunst	9 %
Mit Video-/Digitalkamera arbeiten	7 %	Theater spielen	7 %
Kreatives (Gedichte, Artikel)	6 %	Fotografieren	7 %
Singen (alleine, im Chor, in einer Band)	6 %	Kreatives (Gedichte, Artikel)	6 %
Design, Layout	5 %	Design, Layout	3 %
Theater spielen	4 %	Mit Video-/Digitalkamera arbeiten	2 %
Sprayen	2 %		

ZfKf/GfK 2004

Die bisherige Betrachtung zeigt, dass kreative Hobbys in der nachmittäglichen Freizeitgestaltung viel Raum einnehmen. Um den Stellenwert der künstlerischen Betätigung für die jungen Leute richtig einschätzen zu können, muss man wissen, in welcher Relation die künstlerischen Hobbys zu anderen Freizeitbeschäftigungen Jugendlicher stehen.

Übersicht 26: Aktuelle Hobbys der jungen Leute allgemein

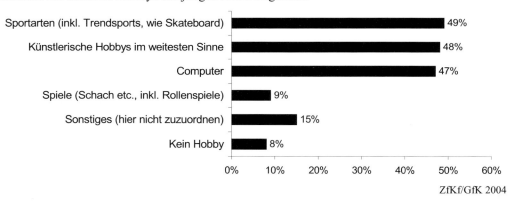

ZfKf/GfK 2004

Neben den künstlerischen Freizeitaktivitäten haben Sport und Computer einen vergleichbaren Stellenwert. Etwa die Hälfte der jungen Leute hat mindestens ein künstlerisches Hobby und/oder eine Hobbysportart und/oder beschäftigt sich intensiv mit neuen Medien. Die Summe der Prozentzahlen verdeutlicht also, dass die jungen Leute vielfach in mehreren der angesprochenen Bereiche aktiv sind. Wie aus der folgenden Übersicht ersichtlich, liegt der Anteil der "Mehrfachaktivisten", die also mindestens in zwei dieser Bereiche Hobbys haben, bei beachtlichen 46 %. Immerhin 11 % der Jugendlichen sind in ihrer Freizeit in allen drei Bereichen aktiv. Berücksichtigt man an dieser Stelle, dass – wie bereits angesprochen – knapp die Hälfte der jungen Leute, die derzeit in ihrer Freizeit kreativ tätig sind, mindestens zwei künstlerische Hobbys haben, entsteht das Bild einer ausgesprochen aktiven jungen Bevölkerung mit vollem Terminkalender. Schon ihre "Kindheit [wird] zunehmend gemanagt. Eltern haben entscheidenden Einfluss darauf, wie und wo ihre Kinder den Tag verbringen: ob sie vor dem Fernseher hocken, am Computer daddeln, Geige üben, ins Museum gehen oder Fußball spielen. Yoga, Reiten, Mal- und Musikunterricht – wegen übervoller Terminkalender fällt es Jungen und Mädchen oft schwer, sich zu verabreden."[51] In der Fachwelt wird diese Entwicklung zum Teil auch kritisch beurteilt: "Dieser […] Bildungsschub verringert allerdings die vormals zweckfreie Zeit im Leben von Kindern. Das betrifft Schulkinder, aber insbesondere Vorschulkinder, und hier das Spielen als Kernelement der Kreativitätsentwicklung. [...] Daneben ist der möglichst frühe Erwerb von Kulturtechniken des ehemals gehobenen Bürgertums angesagt, zum Beispiel Tanz, Musik, Literatur, Theater spielen, exklusiver Sport, etc. Kindheit und Jugend wird als Bildungs- und Ausbildungszeit damit auch gesellschaftlich voll akzeptiert. Das Resultat des sich so früh und so nachhaltig verändernden Kinderlebens ist ein voller Terminkalender schon in der Vor- und Grundschulzeit."[52]

Übersicht 27: Anzahl der folgenden Bereiche, in denen junge Leute Hobbyaktivitäten betreiben

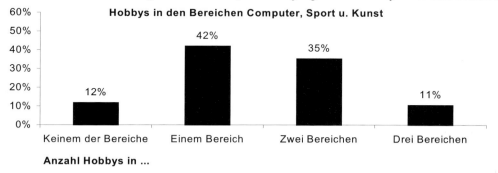

ZfKf/GfK 2004

Das Bild des voll verplanten und vielseitig beschäftigten Jugendlichen wird mit der Beobachtung des Jugend-KulturBarometers, dass von den jungen Leuten, die ein sportliches Hobby ausüben, etwa ein Viertel mindestens zwei Sportarten betreiben, noch deutlicher. 42 % der jungen Leute, die künstlerisch aktiv sind, treiben in ihrer Freizeit auch Sport, 44 % davon deklarieren ihren Computer als Hobby. Als aktuelle Freizeitbeschäftigung sind – nach dem Computer mit 47 % – Fußball mit 23 % und Musizieren mit 13 % am beliebtesten.

Nachdem die Hobbys der jungen Leute in ihrer Beziehung untereinander analysiert wurden, stellt sich die Frage, was denn eigentlich die jungen Leute charakterisiert, die in ihrer Freizeit künstlerisch oder allgemein sehr aktiv sind. In der folgenden Übersicht wird die Beziehung zwischen einigen soziodemographischen Merkmalen der Jugendlichen und dem Ausüben eines künstlerischen Hobbys aufgezeigt. Ergänzend werden hier auch die entsprechenden Merkmale der jungen Leute betrachtet, die in Beziehung zur der Inanspruchnahme eines professionellen künstlerischen Bildungsangebots, eines Privatlehrers oder dem Besuch einer Musik- oder Jugendkunstschule, stehen. Der Korrelationskoeffizient gibt dabei in der folgenden Übersicht eine Einschätzung, wie eng die zwei Variablen in ihren Ausprägungen miteinander verknüpft sind. Je positiver bzw. negativer dieser Wert ist, desto stärker besteht ein Zusammenhang zwischen zwei Variablen. Ein negativer Wert drückt eine Beziehung in eine gegensätzliche Richtung aus, z. B. je früher (kleiner Zahlenwert) der Zeitpunkt des Kulturbesuchs, desto stärker (hoher Zahlenwert) das Kulturinteresse. Ein positiver Zahlenwert zeichnet eine parallele Entwicklung ab (je höher ein Wert, desto höher der Wert einer anderen Variable). Der Signifikanzwert unterstreicht die Gültigkeit dieser Beziehung.

---

[51] "Management für die Freizeit. Voller Terminkalender für Kids." Auf: Focus-Online, siehe: http://bildung.focus.msn.de/bildung/schule/elterneinsatz/management-fuer-die-freizeit_aid_20647.html (24.4.06)

[52] Brückner, Chris: Weiterentwicklung der Zusammenarbeit von Jugendhilfe und Schule. Hauptreferat des Landeskongress Schulsozialarbeit, Nürnberg, 15. Januar 2005, siehe: http://www.forum-bildungspolitik.de/positionen/kongress_ssoz_05_01_brueckner.html (Zugriff am 24.2.06)

Übersicht 28: Beziehung zwischen einzelnen soziodemographischen Merkmalen und den künstlerischen Freizeitaktivitäten sowie dem bisherigen Besuch künstlerischer Bildungsangebote

	Aktuelle künstlerische Hobbys im weiteren Sinne Korrelationskoeffizient/ Signifikanzwert		Besuch eines künstlerischen Bildungsangebots (Musikschule etc.) Korrelationskoeffizient/ Signifikanzwert	
Künstlerische Aktivität der Eltern	0,291	***	0,282	***
Interesse für das Kulturgeschehen in der Region	0,264	***	0,251	***
Geschlecht	0,230	***	0,183	***
Schulbildung	0,171	***	0,257	***
Zeitpunkt des ersten Kulturbesuchs	- 0,156	***	- 0,201	***
Bildung der Eltern	0,153	***	0,207	***

* = signifikant, *** = sehr signifikant
ZfKf/GfK 2004

Einen sehr großen Einfluss auf die Pflege künstlerischer Hobbys sowie den Besuch entsprechender Bildungsangebote hat die Vorerfahrung der Eltern. Sind diese künstlerisch aktiv oder aktiv gewesen, ist die Wahrscheinlichkeit, dass sie auch ihre Kinder dazu ermutigen und entsprechend in Bildungsangebote investieren, besonders hoch. Die hohe Bereitschaft der Eltern, die Kreativität ihrer Kinder zu fördern, wenn sie selbst entsprechende Erfahrungen gemacht haben, unterstreicht die von Kunst und Kultur ausgehende Faszination. Wer selbst künstlerisch aktiv gewesen ist, kennt die positiven Werte, die damit verknüpft sind und möchte diese an seine Kinder weitergeben.

Übersicht 29: Aktuelle künstlerische Hobbys Jugendlicher im Kontext der künstlerischen Kreativität ihrer Eltern

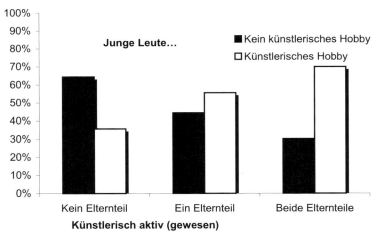

ZfKf/GfK 2004

Das Interesse der jungen Leute am Kulturgeschehen, insbesondere für klassische Kultursparten, steht zu ihrer künstlerischen Aktivität in enger Beziehung. Lassen sich 38 % der jungen Leute für mindestens eine klassische Kultursparte begeistern, liegt der entsprechende Anteil der Jugendlichen, die schon einmal ein künstlerisches Bildungsangebot wahrgenommen haben, bei 65 %. Die künstlerische Aktivität in einer Sparte verstärkt vor allem das Interesse an professionellen Darbietungen speziell dieser Kunstform. Dies kann man am Beispiel der jungen Leute, die die bei ihren Altersgenossen eher unbeliebte Klassische Musik mögen, besonders gut veranschaulichen. Der Anteil der Fans Klassischer Musik ist beispielsweise unter den Jugendlichen, die in ihrer Freizeit singen, viermal so hoch wie bei jungen Leuten allgemein.

Übersicht 30: Beziehung zwischen künstlerischen Musikaktivitäten in der Freizeit und dem Interesse an Klassischer Musik

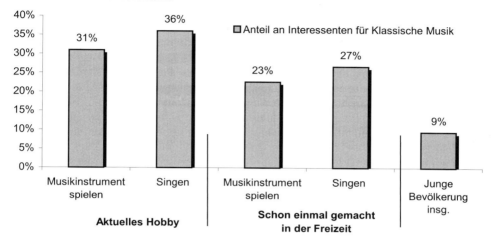

ZfKf/GfK 2004

Angesichts dieser Beziehung kann man natürlich fragen, ob nun das Interesse ein entsprechendes Hobby bedingt – oder umgekehrt. Interessiert man sich stärker für Kunst und Kultur, weil man selber künstlerisch aktiv ist? Oder inspiriert einen die Begegnung mit einer künstlerischen Arbeit, ein kreatives Hobby auszuprobieren? Der Blick auf den jeweiligen Zeitpunkt des Erlebens professioneller Kulturdarbietungen und des Auslebens eigener Kreativität kann hier aufgrund des eher groben Zeitrasters, das im Rahmen des Interviews erfasst wurde, nur vage Aussagen ermöglichen, die in der Tendenz (zu 44 %) auf eine ungefähre Gleichzeitigkeit der Faktoren schließen lässt. Am zweithäufigsten fand die Kunstrezeption vor der eigenen künstlerischen Aktivität statt (31 %). Generell kann für die zum Ausüben eines künstlerischen Hobbys in Beziehung stehenden Merkmale beobachtet werden, dass auch der Zeitpunkt, zu dem man erstmals mit Kunst oder Kultur in Berührung kommt, die Wahrscheinlichkeit der eigenen künstlerischen Tätigkeit erhöhen kann. Junge Leute, die vergleichsweise früh ein Kulturangebot besucht haben, sind anteilig besonders oft künstlerisch aktiv.

Eine auffallende Korrelation zu künstlerischen Hobbys kann überraschend auch bei der Geschlechtszugehörigkeit beobachtet werden. Deutliche geschlechtsspezifische Korrelationen konnten schon beim Besuch von Kulturangeboten, insbesondere in klassischen Sparten, ermittelt werden. Die Mädchen bzw. jungen Frauen sind hier interessierter und beispielsweise in ihren künstlerischen Aktivitäten stärker auf Bildung bedacht: Von den jungen Leuten, die bisher schon einmal künstlerische Bildungsangebote der Musikschulen, Jugendkunstschulen oder privater Anbieter genutzt haben, sind zwei Drittel, also 66 %, weiblich.

Auch die einzelnen künstlerischen Betätigungsfelder kann man weitgehend in eher weibliche und nur vereinzelt in eher männlich besetzte Felder einteilen, was folgende Übersicht veranschaulicht. Die klassischen künstlerischen Ausdrucksformen wie Tanzen, kreatives Schreiben, Malerei, Singen oder Theater spielen werden mehrheitlich von der jungen weiblichen Bevölkerung praktiziert. Eine geschlechtsspezifische Ausgeglichenheit besteht bei den klassischen Hobbys eigentlich nur beim Spielen eines Musikinstruments. Es wäre an dieser Stelle spannend zu untersuchen, inwieweit dies mit populären Forschungsmeinungen in Zusammenhang steht, die der Musik eine intelligenzfördernde Wirkung zusprechen – etwa die Bastian-Studie.[53] Die darin konstatierten Zusammenhänge könnten die Eltern oder das persönliche Umfeld dazu motivieren, Jungen zumindest das Spielen eines Instruments nahe zu legen, wenn auch sonst offenbar kein Wert mehr darauf gelegt wird, männliche Jugendliche zu mehr künstlerischer Aktivität anzuregen. Wie schon der vergleichsweise geringe Anteil der jungen männlichen Bevölkerung an der Rezeption klassischer Kunstdarbietungen, erstaunt diese Differenz. Denn die künstlerischen Vorbilder sind mit Klassikern wie Goethe, Schiller, Mozart, Beethoven, Picasso, Bernstein, Horrowitz etc. fast durchweg männlich. Vergleichszahlen zu geschlechtsspezifischen Unterschieden im Kontext künstlerischer Aktivität aus den 70er Jahren zeigen noch ein etwas anderes Bild: Männer waren im musikalischen Bereich wesentlich aktiver als Frauen. Im Bereich Bildende Kunst und Darstellende Kunst konnte bei den Geschlechtern eine weitgehend gleiche künstlerische Aktivität beobachtet werden. Die männlichen Befragten tendierten dagegen etwas stärker zu Literatur, wohingegen die Frauen in diesem Bereich kaum aktiv waren.[54] Generationsspezifische Analysen des Kulturpublikums[55] legen – was auch noch ausführlicher in Kapitel 2.3 diskutiert wird – nahe, dass die männliche Bevölkerung früher wesentlich stärker am kulturellen Leben partizipierte.

Übersicht 31: Aktuelle künstlerische Hobbys der jungen Leute differenziert nach Geschlecht

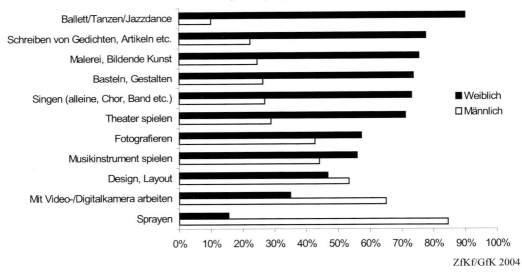

ZfKf/GfK 2004

Einen ganz wichtigen Einfluss auf die Chance, sich aktiv mit Kunst und Kultur auseinander zu setzen, übt der Bildungskontext aus, in dem die jungen Leute aufwachsen. In den Pisa-Studien der letzten Jahre wurde deutlich, dass mittlerweile in keinem europäischen Land ein derart starker Zusammenhang zwischen der Herkunft der Kinder und ihren Bildungschancen besteht. Wilfried Bos vom Institut für Schulentwicklungsforschung der Universität Dortmund fasst zusammen: "Je länger die Kinder bei uns zur Schule gehen, um so größer wird der Zusammenhang

---

[53] Bastian, Hans Günther: Musikerziehung und ihre Wirkung. Eine Langzeitstudie an Berliner Grundschulen 2000; Bastian, Hans Günther: Kinder optimal fördern - mit Musik. Mainz 2001
[54] Wiesand/Fohrbeck, a.a.O.
[55] Keuchel, Susanne: Das Kulturpublikum in seiner gesellschaftlichen Dimension. Ergebnisse empirischer Studien. In: Kulturvermittlung zwischen kultureller Bildung und Kulturmarketing, Hg.: Birgit Mandel, Bielefeld 2005, S. 55

zwischen sozioökonomischem Status und Schulerfolg."[56] Sehr deutlich wird dies beispielsweise bei den Jugendlichen, die schon mindestens einmal ein künstlerisches Bildungsangebot in ihrer Freizeit besucht haben – seien dies nun private oder öffentlich geförderte Bildungseinrichtungen. Der Anteil der jungen Hauptschüler bzw. Hauptschulabsolventen, die schon einmal ein künstlerisches Bildungsangebot wahrgenommen haben, liegt bei gerade einmal acht Prozent. Dieses Missverhältnis könnte man natürlich auf fehlende finanzielle Mittel zurückführen. Klavierstunden kosten nun einmal Geld. Aber auch wenn man den Blickwinkel weitet und angesagte künstlerische Betätigungsfelder der Jugendszene wie Breakdance oder Graffiti berücksichtigt, bleibt das schulbildungsspezifische Verhältnis mit 18 % im weitesten Sinne kreativen Hauptschülern oder Hobbykünstlern mit Hauptschulabschluss in einer tendenziellen Schieflage.

Übersicht 32: Künstlerische Hobbys/Aktivitäten Jugendlicher im Kontext ihrer Schulbildung

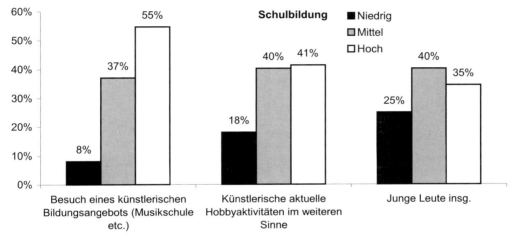

ZfKf/GfK 2004

Dies ist insofern bemerkenswert, als man eigentlich davon ausgehen sollte, dass künstlerische Begabungen eben nicht mit der schulischen Leistung korrelieren, vielfach wird sogar das Gegenteil beobachtet.[57] Wie das schulische und das soziale Umfeld künstlerische und kulturelle Aktivitäten der jungen Leute beeinflussen, wird in Kapitel 2.5 noch ausführlicher erläutert.

Abschließend soll jedoch noch ergänzend kurz der Bildungshintergrund der jungen Leute, die viele unterschiedliche Hobbys haben, näher beleuchtet werden.

Wie die Übersicht auf der folgenden Seite zeigt, manifestieren sich auch hier deutliche bildungsspezifische Unterschiede, insbesondere im Kontext der Bildung der Eltern. Vor allem in den Fällen, in denen beide Eltern eine niedrige Schulbildung – sprich maximal Hauptschulabschluss – haben, ist der Anteil der jungen Leute, die gar kein Hobby in den Bereichen Kunst, Sport oder Computer haben, mit 38 % besonders hoch. Bei Kindern von Eltern mit hoher Schulbildung liegt dieser Anteil lediglich bei sechs Prozent. Umgekehrt haben Jugendliche, die sich in der Freizeit mit allen drei Bereichen beschäftigen, überdurchschnittlich oft Eltern mit einem hohen Bildungsgrad. Die so genannte mittlere Bildungsschicht spaltet sich in Elternhäuser, deren Kinder

---

[56] In: PISA-Studie – Krieg der Köpfe. Artikel von Julia Schaaf, F.A.Z., 6. November 2005, siehe: http://www.faz.net/s/RubCD175863466D41BB9A6A93D460B81174/Doc~E62379465ED1F499788056354 DDED7E7D~ATpl~Ecommon~Scontent.html (24.04.06)

[57] Stockhammer, Helmut: Sozialisation und Kreativität. Theorien, Techniken und Materialien, S. 101. Gekürzte Onlinefassung des im Verlag des Verbandes der wissenschaftlichen Gesellschaft Österreichs (Wien 1983) erschienenen Buches; siehe: http://www.uni-klu.ac.at/ipg/alt/publ/kreat2.htm (02.05.2006)

besonders aktiv, ggf. aufstiegsorientiert sind, und Kindern die gar keine Hobbyaktivitäten pflegen.

Übersicht 33: Anzahl der Hobbys junger Leute im Bereich Computer, Sport und Kunst im Kontext der Schulbildung der Eltern

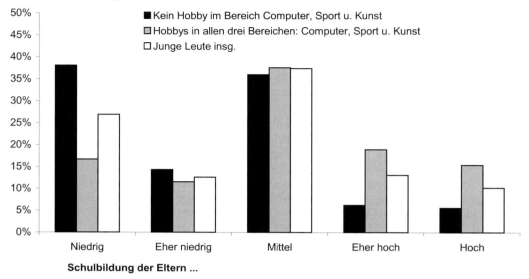

ZfKf/GfK 2004

Der Stellenwert, den insbesondere sportliche und künstlerische Hobbys für den weiteren Werdegang einnehmen, wurde ansatzweise auch schon in Bildungsstudien verfolgt. So bezeichnet man eine solche Freizeitgestaltung auch als "kulturelle shadow education" oder "heimliche Lehrpläne" des Bildungskanons.[58] Unter anderem wird schon in einer Studie von 1996 deutlich, dass bei Kindern aus höheren sozialen Milieus viele Vereinsmitgliedschaften, viel Sport und bildungszentrierte Aktivitäten und eine entsprechend hohe Termindichte beobachtet werden können.[59] Dies unterstreicht indirekt natürlich die Bedeutung der kulturellen Bildung und vor allem der eigenen künstlerischen Kreativität – nicht nur für die Persönlichkeitsbildung sondern offenbar auch für eine erfolgreiche Lebensgestaltung insgesamt. Die positiven Wechselwirkungen zwischen Kunst, Kultur und anderen gesellschaftlichen Bereichen werden anhand der Daten des Jugend-KulturBarometers in Kapitel 2.9 noch ausführlicher beschrieben.

---

[58] Chun, Sangchin: Bildungsungleichheit – eine vergleichende Studie von Strukturen, Prozesse und Auswirkungen im Ländervergleich Südkorea und Deutschland. Dissertation. Universität Bielefeld 2001

[59] Vgl. Büchner, Peter/Fuhs, Burkhard/Krüger, Heinz-Hermann (Hg.): Vom Teddybär zum ersten Kuß. Wege aus der Kindheit in Ost- und Westdeutschland. Opladen 1996

2.3 Eine Kulturtypologie der jungen Generation

Allein die Übersicht zum Interesse Jugendlicher für ausgewählte Kulturangebote in Kapitel 2.1 hat indirekt deutlich gemacht, dass die jungen Leute sich in der Regel für mehrere kulturelle Sparten interessieren. Damit folgen sie prinzipiell dem Trend des kulturellen "Flanierens"[60] – einem Zeitphänomen in der Besucherforschung, das nicht das Vertiefen von Kenntnissen über ein kulturelles Sujet zum Ziel hat, sondern das eher oberflächliche Kennenlernen von möglichst vielen unterschiedlichen Kultursparten und -angeboten. In einer regionalen Bevölkerungsumfrage des ZfKf entlang der so genannten "Rheinschiene", für die ihre reiche kulturelle Infrastruktur typisch ist, konnte beobachtet werden, dass sich das Gros der kulturell mobilisierbaren Bevölkerung für drei und mehr Kultursparten interessiert.[61] Wie aber stellt sich das Bild bei den jungen Leuten bezogen auf das gesamte Bundesgebiet dar? In der folgenden Übersicht sind die Interessen des Einzelnen für grob umrissene Kultursparten aufaddiert worden, also für Musik, Literatur, Theater etc. Nicht differenziert wurde dabei beispielsweise zwischen klassischer und populärer Musik.

Übersicht 34: Anzahl der Kultursparten, für die sich die junge Bevölkerung allgemein und darunter speziell die sehr stark bis einigermaßen Kulturinteressierten interessieren

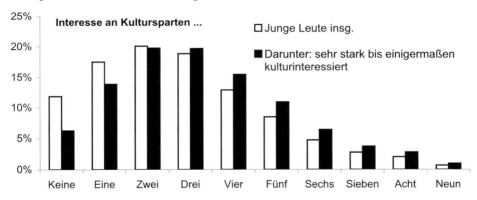

ZfKf/GfK 2004

Der Großteil der jungen, für Kultur mobilisierbaren Bevölkerung – hier 60 % – interessiert sich für drei Kultursparten und mehr. Bei der Rheinschienen-Umfrage, in der ebenfalls ab 14 Jahre befragt, aber die Gesamtbevölkerung insgesamt erfasst wurde, lag der Anteil bei knapp 70 %. Bei diesem Vergleich sollte jedoch berücksichtigt werden, dass es sich hier um eine Region mit vier großen Städten in einem dicht besiedelten Gebiet handelt, die – wie schon erwähnt – ein sehr vielfältiges kulturelles Angebot aufweist. Man kann letztlich trotz punktueller Abweichungen auch für die jungen Leute zu dem Ergebnis kommen: Wer sich für Kultur interessiert, interessiert sich in der Regel auch für verschiedene Sparten bzw. Bereiche. Mit 20 % wird von den jungen Leuten übrigens die Kombination von zwei Kultursparten – wenn auch sehr knapp – am häufigsten genannt. Dahinter versteckt sich vielfach die Kombination Film und Musik.

Wie verhält es sich mit den Spartenkombinationen bei den 60 % der Jugendlichen, die sich für drei, vier und mehr Sparten interessieren? Gibt es unter den jungen Leuten Gruppierungen, die zu speziellen Spartenkombinationen neigen, so dass man eine Art kulturelle Typologie für die junge Bevölkerung erstellen kann?

---

[60] Wiesand: Musiktheater und Konzerte: Mehr Rückhalt in der Bevölkerung, a.a.O.
[61] Keuchel: Rheinschiene – Kulturschiene, a.a.O., S. 25

Um die Vielzahl an kulturellen Sparten und auch Stilrichtungen, also zum Beispiel eine Unterscheidung zwischen klassischen und populären Musikrichtungen, in einem Präferenzmodell darstellen zu können, wurde eine so genannte Datenreduktion dieser Präferenzen für die junge Bevölkerung durchgeführt. Dies geschah mittels einer Faktorenanalyse,[62] die es – vereinfacht zusammengefasst – erlaubt, die Vielzahl der Spartenkombinationen zu systematisieren, indem der Blick auf häufig vorkommende Spartenkombinationen innerhalb einer Gruppe gelenkt wird. Da die kulturellen Interessen zu den eigenen künstlerischen Aktivitäten in den einzelnen Sparten, wie vorausgehend schon aufgezeigt, oftmals sehr eng in Beziehung stehen, wurde auch die Eigenkreativität in die Faktorenanalyse integriert. Dies ist für eine Analyse der jungen Zielgruppe umso wichtiger, als künstlerische Hobbys hier einen nahezu doppelt so hohen Stellenwert einnehmen wie bei der erwachsenen Bevölkerung ab 25 Jahren (vgl. dazu Kapitel 2.2). Zudem wurde auch bei der Betrachtung der künstlerischen Spartenaktivitäten deutlich, dass ein Großteil der jungen Bevölkerung bisher in mehr als nur einem künstlerischen Spartenbereich aktiv gewesen ist.

Im Rahmen der eben beschriebenen Faktorenanalyse konnten zunächst 22 Faktoren mit einer erklärten Varianz von 54 % ermittelt werden. Die häufig vorkommenden Spartenkombinationen bildeten in einem zweiten Schritt die Basis für eine Einordnung der Befragten in bestimmte Typen – nachfolgend als "junge Kulturtypen" bezeichnet. In Analogie zu so genannten Lebensstiltypologien[63] können mit dieser eindeutigen Zuordnung die einzelnen Kulturtypen als abhängige oder unabhängige Variablen in einer weiterführenden Analyse auf ihre soziodemographischen Merkmale, ihr kulturelles Verhalten und ihre entsprechende Einstellung hin untersucht werden. Die Zuordnung erfolgte mit Hilfe einer Clusteranalyse, die die Daten klassifiziert bzw. gruppiert. Mit diesem Verfahren konnte das Modell der 22 Faktoren auf acht "junge Kulturtypen" reduziert werden, die insgesamt 70 % der jungen Grundgesamtheit umschreiben. Bei der nun folgenden Beschreibung der Kulturcharaktere und ihrer Interpretation sollte grundsätzlich beachtet werden, dass die statistische Konstruktion von "Typen" mittels einer Faktorenanalyse gewissermaßen Idealtypen schafft, die nicht immer der Realität entsprechen. Innerhalb dieser Gruppen sind die Sparten und Stilkombinationen der einzelnen Befragten nicht absolut identisch; sie weisen jedoch Ähnlichkeiten auf. Es kommt zu Abweichungen und Überschneidungen der skizzierten Interessen und Verhaltensweisen. Bei immerhin nahezu 100 stilistischen Kulturpräferenzen und eigenen Aktivitäten geht es nicht um eine exakte Charakterisierung der Befragten, sondern um die Feststellung von Musterähnlichkeiten unter jungen Leuten.

In der folgenden Übersicht werden die im Rahmen des eben beschriebenen Verfahrens ermittelten Kulturtypen aufgelistet und ihr Anteil an der jungen Bevölkerung kenntlich gemacht. 30 % der jungen Leute konnten dabei nicht in das ermittelte Modell eingeordnet werden. Die Kulturtypen wurden mit charakteristischen Bezeichnungen versehen, die die wesentlichen Interessenschwerpunkte bereits erkennen lassen.

---

[62] Die Durchführung einer Faktorenanalyse ist an sich nur mit intervallskalierten Daten möglich, in der Praxis wird sie unter bestimmten Voraussetzungen aber auch bei ordinalskalierten oder nominalen Variablen mit dichotomen Ausprägungen akzeptiert. So fordert beispielsweise Louis Guttman bei der Verwendung nicht intervallskalierter bzw. metrischer Variablen, dass diese "eine offenbare Beziehung zu einem einzelnen gemeinsamen Faktor besitzen". Samuel A. Stouffer stellt die Forderung auf: "Es muss möglich sein, die einzelnen Indikatoren so zu ordnen, dass im Idealfall alle Personen, die eine gegebene Frage zustimmend beantworten, eine höhere Rangordnung einnehmen als Personen, die eine Frage ablehnend beantworten." (S. A. Stouffer 1950, S. 5) Vgl. hierzu Scheuch, Erwin K./Zehnpfennig, Helmut: Skalierungsverfahren in der Sozialforschung. In: Handbuch der empirischen Sozialforschung Band 3a. Hg.: Rene König. 3. Auflage, Stuttgart 1974, S. 116 f.; Auch Johann Bacher verweist auf die Verwendung von ordinalskalierten oder nominalen Variablen mit dichotomen Ausprägungen bei der Faktorenanalyse in der Praxis. Vgl. hierzu: Bacher, Johann: Clusteranalyse. 2. erg. Auflage, München/Wien 1996, S. 20

[63] Vgl. hierzu: Lüdtke, Hartmut: Methodenprobleme der Lebensstilforschung. In: Lebensstil zwischen Sozialstrukturanalyse und Kulturwissenschaft. Hg.: Otto G. Schwenk, Opladen 1996, S. 140 oder Hartmann, Peter H.: Lebensstilforschung. Darstellung, Kritik und Weiterentwicklung. Opladen 1999

Übersicht 35: Anteile der ermittelten jungen Kulturtypen bei den Befragten insgesamt

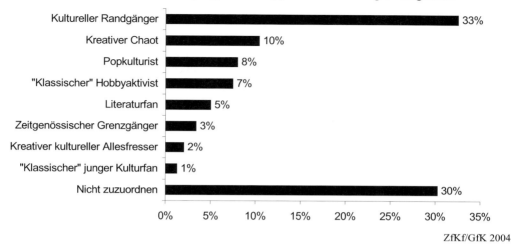

ZfKf/GfK 2004

Die Übersicht lässt erkennen, dass die *Kulturellen Randgänger*, die nur selten mit Kunst und Kultur in Berührung kommen, überwiegen. Ein Drittel der jungen Gesamtbevölkerung kann man dieser Gruppe zuordnen. Dagegen sind Typen, die kulturell sehr aktiv sind, wie der *"Klassische" junge Kulturfan*, der *Kreative kulturelle Allesfresser* oder der *Zeitgenössische Grenzgänger* mit Anteilen zwischen einem und drei Prozent in der jungen Generation kaum existent. Nachfolgend werden zunächst die kulturellen und künstlerischen Hauptinteressen der einzelnen Kulturtypen vorgestellt, die mindestens etwa 45 bis 50 % der Jugendlichen in der jeweiligen Gruppe ansprechen. Wie bereits gesagt, geht es innerhalb der Gruppen um ähnliche, aber nicht identische Präferenzen bzw. Verhaltensmuster.

KULTURELLER RANDGÄNGER

Kulturelle Interessen (über 45 %)
Popmusik	(62 %)
Komödien/Comedyfilme	(47 %)
Actionfilm	(47 %)
Rockmusik	(46 %)

Künstlerische Aktivitäten (am ehesten)
Musikinstrument spielen	(21 %)

Klassische Kultursparte (am ehesten)
Literatur	(21 %)
Ballett	(9 %)

Auffallende sonstige Interessen (über 50 %)
Sport	(51 %)

Ausstellungsinteressen (am ehesten)
Medien- und Videokunst	(18 %)
Völkerkunde/Objekte aus fernen Ländern	(16 %)

KREATIVER CHAOT

Kulturelle Interessen (über 45 %)
Komödien/Comedyfilme	(68 %)
Rockmusik	(67 %)
Popmusik	(58 %)
Krimi/Thriller	(54 %)
Actionfilme	(53 %)
Horror/Gruselfilme	(53 %)

Künstlerische Aktivitäten (am ehesten)
Malerei/Bildende Kunst	(38 %)
Basteln/Gestalten	(35 %)

Klassische Kultursparte (am ehesten)
Literatur	(39 %)
Bildende Kunst	(35 %)

Ausstellungsinteressen (am ehesten)
Fotografie	(39 %)
Kunst des Mittelalters/Renaissance	(36 %)

Auffallende sonstige Interessen (über 50 %)
keine	

POPKULTURIST
Kulturelle Interessen (über 45 %)
Komödien/Comedyfilme	(71 %)
Popmusik	(67 %)
Actionfilm	(67 %)
Hip-Hop	(60 %)
Techno/Dance/House	(58 %)
Horror-/Gruselfilme	(55 %)
Krimi/Thriller	(53 %)
Comedy	(52 %)
Populäre Spielfilme	(52 %)

Klassische Kultursparte (am ehesten)
Literatur	(33 %)
Bildende Kunst	(14 %)

Künstlerische Aktivitäten (am ehesten)
Musikinstrument spielen	(29 %)

Ausstellungsinteressen (am ehesten)
Medien- u. Videokunst	(54 %)
Fotografie	(53 %)

Auffallende sonstige Interessen (über 50 %)
Computer/Neue Medien	(65 %)
Sport	(65 %)

"KLASSISCHER" HOBBYAKTIVIST
Kulturelle Interessen (über 45 %)
Komödien/Comedyfilme	(66 %)
Actionfilme	(63 %)
Populäre Spielfilme	(63 %)
Krimi/Thriller	(55 %)
Romantik-/Liebesfilme	(45 %)
Rockmusik	(45 %)
Popmusik	(45 %)

Künstlerische Aktivitäten (am ehesten)
Musikinstrument spielen	(40 %)

Ausstellungsinteressen (am ehesten)
Technisch-naturwissenschaftliche	(38 %)

Klassische Kultursparte (am ehesten)
Literatur	(30 %)
Klassische Musik	(27 %)

Auffallende sonstige Interessen (über 50 %)
Sport	(52 %)

LITERATURFAN
Kulturelle Interessen (über 45 %)
Komödien/Comedyfilme	(59 %)
Populäre Spielfilme	(57 %)
Rockmusik	(52 %)
Actionfilme	(50 %)
Sachbücher	(49 %)
Bestseller	(49 %)
Hip-Hop	(48 %)
Fantasy-Filme	(46 %)

Klassische Kultursparte (am ehesten)
Literatur	(54 %)
Modernes Theater	(35 %)

Ausstellungsinteressen (am ehesten)
Fotografie	(54 %)

Künstlerische Aktivitäten (am ehesten)
Musikinstrument spielen	(42 %)

Auffallende sonstige Interessen (über 50 %)
Keine

ZEITGENÖSSISCHER GRENZGÄNGER
Kulturelle Interessen (über 45 %)
Komödien/Comedyfilme	(67 %)
Popmusik	(61 %)
Rockmusik	(61 %)
Musical	(60 %)
Populäre Spielfilme	(58 %)
Modern Dance/Jazzdance	(50 %)

Ausstellungsinteressen (am ehesten)
Medien- u. Videokunst	(56 %)
Fotografie	(47 %)
Moderne Skulpturen	(46 %)

Klassische Kultursparte (am ehesten)
Literatur	(41 %)
Modernes Theater	(37 %)

Künstlerische Aktivitäten (am ehesten)
Musikinstrument spielen	(59 %)

Auffallende sonstige Interessen (über 50 %)
Computer/Neue Medien	(59 %)
Sport	(52 %)

KREATIVER KULTURELLER ALLESFRESSER

Kulturelle Interessen (über 45 %)
Komödien/Comedyfilme	(76 %)
Fantasy-Filme	(76 %)
Popmusik	(73 %)
Rockmusik	(68 %)
Neue Musik/Avantgarde	(66 %)
Techno/Dance/House	(62 %)
Actionfilme	(59 %)
Comedy	(58 %)
Fantasy-Bücher	(57 %)
Science-Fictionfilme	(57 %)
Grusel-/Horrorfilme	(57 %)
Romantik-/Liebesfilm	(55 %)
Hip-Hop	(55 %)
Weltmusik	(53 %)
Bücher zu Film/TV	(53 %)
Populäre Spielfilme	(49 %)
Krimi-/Thriller (Film)	(46 %)

Künstlerische Aktivitäten (am ehesten)
Musikinstrument spielen	(48 %)

Ausstellungsinteressen (am ehesten)
Medien- u. Videokunst	(49 %)
Zeitgeschichte	(49 %)
Fotografie	(48 %)

Klassische Kultursparte (am ehesten)
Neue Musik/Avantgarde	(66 %)
Literatur	(59 %)

Auffallende sonstige Interessen (über 50 %)
Sport	(58 %)

"KLASSISCHER" JUNGER KULTURFAN

Kulturelle Interessen (über 45 %)
Rockmusik	(79 %)
Fantasy-Filme	(75 %)
Alternative Kulturzentren	(72 %)
Krimi-/Thriller (Film)	(65 %)
Popmusik	(63 %)
Fantasy-Bücher	(62 %)
Komödien/Comedyfilme	(53 %)
Krimi-/Thriller (Buch)	(50 %)
Grusel-/Horrorfilme	(50 %)
Anspruchsvolle Kunstfilme	(47 %)
Dokumentarfilme	(47 %)
Actionfilme	(47 %)

Klassische Kultursparte (am ehesten)
Literatur	(73 %)
Bildende Kunst	(58 %)

Auffallende sonstige Interessen (über 50 %)
Computer/Neue Medien	(54 %)

Künstlerische Aktivitäten (am ehesten)
Malerei/Bildende Kunst	(53 %)
Basteln/Gestalten	(50 %)

Ausstellungsinteressen (am ehesten)
Angewandte Kunst	(64 %)
Architektur/Design	(61 %)
Zeitgenössische aktuelle Kunst	(56 %)
Fotografie	(53 %)
Kulturgeschichtliche Ausstellungen	(49 %)
Kunst des Mittelalters/Renaissance	(46 %)

Fotos: www.photocase.com, Bundesvereinigung kulturelle Jugendbildung (bkj), www.pixelquelle.de

So interessiert sich der *Kulturelle Randgänger* in der Regel für mindestens eine Musikrichtung wie Pop oder Rock sowie für populäre Filmrichtungen, etwa Actionfilme oder Komödien. Ansonsten haben Vertreter dieses Typs nur punktuell bzw. periphere kulturelle Interessen, sei es, dass einige ein Musikinstrument spielen oder sich für Literatur oder Medien- und Videokunst interessieren.

Der *Kreative Chaot* ist schon etwas deutlicher kulturell orientiert, vor allem im Bereich der Bildenden Kunst. Er ist vielfach selbst künstlerisch tätig und interessiert sich auch für Kunstwerke, zum Teil für alte Kunst, aber auch für Fotografie. Seine musikalischen Interessen gleichen denen des *Kulturellen Randgängers*. Im Filmbereich hat er etwas stärker ausgeprägte Vorlieben für einzelne Genres als der vorausgehend skizzierte Typ.

Die Filminteressen des *Popkulturisten* sind mit denen des *Kreativen Chaoten* vergleichbar. Im Musikbereich ist er weniger an Rock, dafür aber neben Popmusik an aktuellen Richtungen wie HipHop, Techno, Dance und/oder House interessiert. Auch kann man diesen Typen für Comedy begeistern. Seine Ausstellungsinteressen konzentrieren sich auf Fotografie oder Medien- und Videokunst. Zudem ist der *Popkulturist* auch im Bereich Sport und Computer bzw. Neue Medien sehr aktiv.

Der *"Klassische" Hobbyaktivist* verdankt seine Bezeichnung seinen eher traditionellen Hobbys. In der Regel spielt er ein Musikinstrument und/oder treibt Sport. Ansonsten sind seine kulturellen Interessen mit denen des *Kreativen Chaoten* vergleichbar – mit Ausnahme der Bildenden Kunst, für die der *"Klassische" Hobbyaktivist* deutlich weniger übrig hat. Mit einem hohen Anteil an Musikern oder Hobbysängern zeigt er im Vergleich zu den anderen jungen Kulturtypen auch ein überproportionales Interesse für Klassische Musik.

Der *Literaturfan* steht in seinen kulturellen Interessen dem *Kreativen Chaoten* und dem *Popkulturisten* am nächsten. Jedoch zeigt dieser – wie der Name schon sagt – eine deutliche Affinität zu Büchern. 54 % der *Literaturfans* geben explizit an, sich für Literatur zu interessieren, besonders für Sachbücher und Bestseller. Tendenziell zeigt dieser Typ zudem ein Interesse für Musikinstrumente und modernes Theater. Auffällig ist auch seine Begeisterung für Fantasy-Filme. Letzteres ist insofern spannend, als das Interesse für Fantasy offensichtlich mit einem breiten kulturellen Interesse korreliert. Zwei der drei folgenden jungen Kulturtypen, die sich durch ein sehr starkes Interesse an Kultur auszeichnen, mögen Fantasy-Filme und Fantasy-Literatur.

Der *Zeitgenössische Grenzgänger* präferiert, neben den üblichen Film- und Musikinteressen, vor allem modernere, eben zeitgenössische Kultursparten sowohl der Popular- als auch klassischen Kultur: Modern Dance, moderne Skulpturen, modernes Theater, oder beispielsweise – als grenzüberschreitend zwischen U- und E-Kultur – das Musical.

Der *Kreative kulturelle Allesfresser* zeigt ein sehr breit gefächertes Interesse in den Bereichen Film, populäre Musik, Bücher und Ausstellungen. Mit einem hohen Anteil an Musikinstrumentenspielern interessiert sich dieser Typ zwar nicht für Klassik, aber immerhin für Neue Musik bzw. Avantgarde- oder auch Weltmusik. Auch dieser Typ spricht besonders auf Comedy an. Er ist ein fast ebenso großer Fantasy-Fan wie der letzte hier beschriebene junge Kulturtyp, der *"Klassische" junge Kulturfan*.

Dieser bevorzugt im Wesentlichen die Bereiche Film und Ausstellungen bzw. Bildende Kunst in allen Facetten. Vor allem interessiert er sich für anspruchsvolle Kunstfilme und Dokumentarfilme sowie für kulturgeschichtliche Ausstellungen oder solche mit aktueller Kunst. Er zeigt zudem eine deutliche Neigung zu Literatur und ist bei den eigenen künstlerischen Hobbys ebenfalls der Bildenden Kunst sehr zugetan. Ein Großteil der *"Klassischen" jungen Kulturfans* fühlt sich übrigens auch von soziokulturellen Zentren angesprochen und besucht gern entsprechende Angebote.

Die Kulturtypologie unterstreicht in ihrer Gesamtstruktur noch einmal sehr deutlich die schon in Kapitel 2.1 und 2.2 analysierten kulturellen Jugend-Trends: die große Affinität zum Film und zur populären Musik, aber auch die Offenheit gegenüber Angeboten der Bildenden Kunst einerseits, und die andererseits sehr ablehnende Haltung gegenüber Klassischer Musik, die – wenn überhaupt – in der Regel nur revidiert wird, wenn die jungen Leute in ihrer Freizeit selbst musikalisch aktiv sind.

Diese Typen sind natürlich vor allem bei der Zielgruppenbestimmung hilfreich, da man mit ihnen komplexe Zusammenhänge vereinfacht darstellen kann. Durch sie können nicht nur mit einer Variable die umfassenden Präferenzen für einzelne Stilrichtungen und die künstlerischen Hobbyinteressen in den verschiedenen Spartenbereichen aufgezeigt werden, sondern auch die mit den Kulturtypen verbundenen soziodemographischen Merkmale, die im Folgenden ausführlicher dargelegt werden.

Eine Tendenz, die sich schon bei der Betrachtung der künstlerischen Aktivitäten in Kapitel 2.2 abzeichnete, ist die besondere Nähe der jungen weiblichen Bevölkerung zur Kunst. Man kann daher annehmen, dass auch das Kulturinteresse, also nicht nur die künstlerischen Interessen, mit dem Geschlecht korreliert. Diese Vermutung soll nachfolgend anhand einer geschlechtsspezifischen Analyse der jungen Kulturtypen untermauert werden.

Es zeigt sich in der folgenden Betrachtung der geschlechtsspezifischen Gewichtung der Kulturtypen, dass man die junge weibliche Bevölkerung eher für klassische Kulturangebote gewinnen kann als die männliche. Das Verhältnis liegt bei den klassischen Kulturinteressen im Jugend-

KulturBarometer bei etwa einem Drittel junger Männer zu zwei Dritteln junger Frauen. Ein wachsendes junges, weibliches Kulturpublikum mit klassischer Orientierung konnte auch schon in anderen ZfKf-Untersuchungen festgestellt werden, beispielsweise in der schon zitierten Rheinschienen-Umfrage.[64] Eine mögliche Ursache könnte in dem heutigen Status von Kunst und Kultur liegen. Vor der allgegenwärtigen Präsenz der Medien waren Kunst und Kultur treibende Kräfte des gesellschaftlichen Lebens, die in der Wahrnehmung einen höheren Stellenwert hatten als in der heutigen, medial dominierten Welt.[65] Unter diesem Gesichtspunkt überrascht es kaum, dass der einzige überproportional männlich besetzte Kulturtyp der *Popkulturist* ist, der vor allem eine Vorliebe für die verschiedensten aktuellen populären Musikrichtungen zeigt. Diese haben allein durch Musiksender wie Viva oder MTV eine sehr große Medienpräsenz und damit eine unübersehbare Relevanz im gesellschaftlichen Leben.

Der Anteil der jungen weiblichen Bevölkerung überwiegt dagegen mit über 60 % vor allem bei dem *Literaturfan*, dem *"Klassischen" jungen Kulturfan* und dem *Kreativen Chaoten*. Die letzten beiden Kulturtypen repräsentieren eine sehr aktive junge Bevölkerungsgruppe. Die besondere Affinität der weiblichen Jugendlichen zum Lesen bzw. zur Literatur mit Blick auf die geschlechtsspezifische Zusammensetzung der Literaturfans und die Schwierigkeit, die junge männliche Bevölkerung dafür zu begeistern, ist ein mittlerweile bekanntes Phänomen und ein anerkanntes Problem der Bildungsforschung.[66] Der Beitrag von Ulrike Buchmann zur Leseförderung bei Jungen in Kapitel 4.6 setzt sich damit ausführlicher auseinander.

Übersicht 36: Geschlechterverteilung bei den ermittelten jungen Kulturtypen

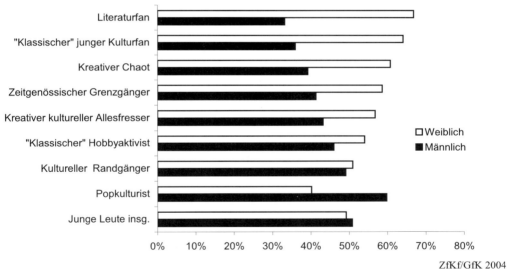

Die folgende Übersicht verdeutlicht, dass Kulturtypen in allen Alterslagen, also sowohl im jugendlichen Alter als auch im frühen Erwachsenenalter vorkommen können. Es gibt jedoch ein-

---

[64] Keuchel, Susanne: Das Kulturpublikum von morgen – mobil, nicht-spezialisiert, eventorientiert...? Ergebnisse einer Bevölkerungsumfrage in der "Rheinschiene" zum kulturellen Verhalten. In: Dokumentation der Tagung "Cool – Kult – Kunst?! Jugendliche als Kulturpublikum" der Stiftung Kunst und Kultur des Landes NRW. Düsseldorf 2003, S. 26 - 32

[65] Keuchel, Susanne: Das Kulturpublikum in seiner gesellschaftlichen Dimension. Ergebnisse empirischer Studien. In: Kulturvermittlung zwischen kultureller Bildung und Kulturmarketing. Hg.: Birgit Mandel, Bielefeld 2005, S. 55

[66] Vgl.: Garbe, Christine: Weshalb lesen Mädchen besser als Jungen? Genderaspekte der Leseförderung. Vortrag im Rahmen der Ringvorlesung "Leselust statt PISAfrust" der HSA Luzern, 13. Januar 2003, sowie weitere Veröffentlichungen der Autorin im Literaturverzeichnis im Anhang.

zelne Typen, die eher unter jungen Erwachsenen zu finden sind, so der *Literaturfan*, der *Zeitgenössische Grenzgänger* und der *"Klassische" junge Kulturfan*. Ein am ehesten jugendliches Profil hat der *Kreative kulturelle Allesfresser*. Es ist zu vermuten, dass dieser sich in späteren Jahren zu einem der beiden Kulturtypen wandelt, die besonders kulturell aktiv und eher in den fortgeschritteneren Altersgruppen zu finden sind, dem *Zeitgenössischen Grenzgänger* oder dem *"Klassischen" jungen Kulturfan*.

Übersicht 37: Altersverteilung bei den ermittelten jungen Kulturtypen

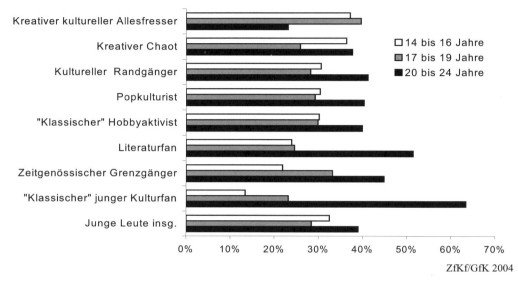

Wie verhält es sich nun mit der Bildung der jungen Kulturtypen? Im Kontext der künstlerischen Hobbyaktivitäten konnte schon sehr deutlich herausgestellt werden, dass diese mit einer hohen Schulbildung korrelieren. Korrelieren analog auch die Kulturinteressen mit der Schulbildung? Die folgende Übersicht zur Schulbildung der Kulturtypen unterstreicht, dass ihr kulturelles Interesse – insbesondere das für klassische Kulturangebote – mit der Schulbildung korreliert.

Übersicht 38: Schulbildung bei den ermittelten jungen Kulturtypen

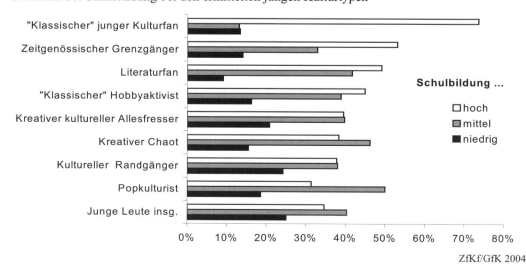

Besonders die Hauptschüler bzw. Hauptschulabsolventen, also die jungen Leute mit niedriger Schulbildung, sind unter den Kulturtypen kaum vertreten. Am ehesten findet man diese, wie zu erwarten, bei den *Kulturellen Randgängern*, aber überraschenderweise auch unter den *Kreativen kulturellen Allesfressern*. In den nachfolgenden Kapiteln sollte daher ein besonderes Augenmerk auf diesem Kulturtyp liegen, wie er beispielsweise kulturell sozialisiert wurde, ob dabei ein bestimmter Bereich des sozialen Umfelds aktiv war oder durch welche anderen Merkmale dieser Typ sich auszeichnet. In den mittleren Bildungsgruppen ist der *Popkulturist* am häufigsten vertreten. Größtenteils Gymnasiasten bzw. Abiturienten sind die Vertreter des *"Klassischen" jungen Kulturfans*. Die finanzielle Situation der jungen Kulturtypen korreliert übrigens weitgehend mit den Ergebnissen zur Schulbildung der Befragten. Dies wird auch aus der Betrachtung der von den jungen Leuten beschriebenen elterlichen Wohnsituation deutlich.

Wie an der folgenden Übersicht abzulesen ist, leben bzw. lebten – wenn sie schon ausgezogen sind – vor allem der *"Klassische" junge Kulturfan* und der *Zeitgenössische Grenzgänger* mit ihren Eltern in der Regel in einem Einfamilienhaus. Dagegen wohnt der *Kreative kulturelle Allesfresser* überproportional häufig in einer Hochhaussiedlung bzw. in einem größeren Mehrparteienhaus. In vertiefenden Analysen konnte zudem festgestellt werden, dass dieser junge Kulturtyp wesentlich häufiger aus den östlichen Bundesländern kommt als die anderen Typen (vgl. dazu auch die Analyse regionaler Unterschiede im Kulturverhalten Jugendlicher in Kapitel 2.8).

Übersicht 39: Elterliche Wohnsituation der ermittelten jungen Kulturtypen

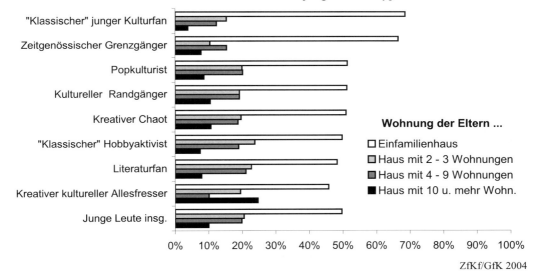

Wie sieht es nun konkret mit der Umgebung aus, in der die verschiedenen Kulturtypen leben? Gibt es junge Kulturtypen, die vor allem in Großstädten leben oder andere, die vor allem auf dem Land zu finden sind? Die Übersicht auf der folgenden Seite macht deutlich, dass vor allem der *"Klassische" junge Kulturfan*, aber tendenziell auch der *Literaturfan* und der *"Klassische" Hobbyaktivist* eher in Großstädten zu finden sind. Man kann an dieser Stelle jedoch nicht verallgemeinern, dass die kulturell aktiven Kulturtypen grundsätzlich eher in Großstädten leben und die weniger Aktiven auf dem Land.

So wohnt der *Zeitgenössische Grenzgänger*, der kulturell vergleichsweise aktiv ist, tendenziell eher in ländlichen Gegenden. Allgemein konnte im Jugend-KulturBarometer beobachtet werden, dass das Kulturinteresse eben nicht immer mit der Größe des Wohnortes oder den Entfernungen zur nächstgrößeren Stadt zusammenhängt. Dies lässt vermuten, dass es in einzelnen Regionen –

seien sie nun eher städtisch oder eher ländlich geprägt – sehr unterschiedliche kulturelle Angebotsstrukturen bestehen, die dann das kulturelle Interesse der Bewohner vor Ort mehr oder weniger stark aktivieren. Diese These wird in Kapitel 2.8 aufgegriffen, indem das kulturelle Angebot einzelner Regionen dem Kulturinteresse der dort ansässigen jungen Leute gegenübergestellt wird.

Übersicht 40: Ländliche oder städtische Wohnregion bei den ermittelten jungen Kulturtypen

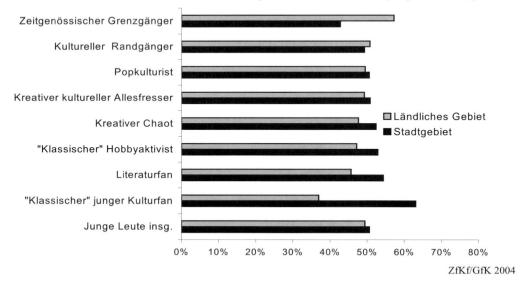

2.4 Kulturpartizipation der Jugend im Spannungsfeld einer multikulturellen Gesellschaft

Schon das Eingangskapitel, in dem u. a. auch der Kulturbegriff der jungen Leute analysiert und dem der erwachsenen Bevölkerung gegenübergestellt wurde, machte sehr deutlich, dass bei den jungen Leuten Erfahrungen mit fremden bzw. unterschiedlichen Kulturen eine sehr wichtige Rolle einnehmen, viel stärker noch als bei der älteren Bevölkerung. Bei den Jugendlichen stand bei der Frage "Was ist für dich persönlich Kultur?" die Kultur von Ländern bzw. Völkern noch vor den klassischen Hochkultursparten an erster Stelle.

Dass der multikulturelle Aspekt in der Wahrnehmung junger Leute in Deutschland besonders im Vordergrund steht, ist aber auch angesichts der soziodemographischen Entwicklung der Bevölkerung nicht verwunderlich. 2004 lag der Anteil der Neugeborenen mit mindestens einem ausländischen Elternteil bei etwa einem Viertel und man kann davon ausgehen, dass schon heute mehr als 30 % der Neugeborenen zumindest einen Elternteil nicht-deutscher Abstammung haben.[67] Einzelne Regionen, etwa einige Städte des Ruhrgebiets, verzeichneten schon im Jahr 2000 einen Anteil von rund 40 bis 50 % junger Leute mit Migrationshintergrund.[68]

Man kann davon ausgehen, dass bei gleichbleibender Entwicklung in Zukunft in Deutschland mehr Bürger mit Migrationshintergrund als mit deutscher Herkunft leben werden. Die nachfolgende Übersicht veranschaulicht, welche Herkunftsländer in Deutschland am häufigsten vertreten sind:

Übersicht 41: Herkunftsländer der ausländischen Bürger (Ende 2004)

Land der Staatsangehörigkeit	Insgesamt	% zu Ausländer- zahl insgesamt	Im Ausland geboren	In Deutschland geboren
Türkei	1 764 318	26 %	1 150 367	613 951
Italien	548 194	8 %	384 158	164 036
Ehem. Jugoslawien[69]	381 563	6 %	304 142	77 421
Griechenland	315 989	5 %	228 757	87 232
Polen	292 109	4 %	277 846	14 263
Kroatien	229 172	3 %	179 458	49 714
Russische Föderation	178 616	3 %	173 710	4 906
Bosnien u. Herzegowina	155 973	2 %	129 162	26 811
Serbien u. Montenegro[70]	125 765	2 %	96 306	29 459
Ausl. Bevölkerung insg.	6 717 115	100 %	5 313 917	1 403 198

Zusammengestellt nach den Angaben des Statistischen Bundesamtes, 2005

Einwohner türkischer Abstammung sind mit einem Anteil von 26 % an der Gesamtzahl der ausländischen Bürger in Deutschland am zahlreichsten. Auf der Rangliste der Länder folgen mit acht Prozent Italien, das ehemalige Jugoslawien mit sechs Prozent sowie Griechenland, Polen und Kroatien mit fünf, vier und drei Prozent. Da das Statistische Bundesamt die Ausländerstatistik auf Basis des Ausländerzentralregisters erstellt, in dem nur Einwohner mit ausländischer

---

[67] Statistisches Bundesamt Wiesbaden, 2005: Gezählt wurden hier die Neugeborenen, bei denen ein Elternteil oder beide Eltern Ausländer sind – unabhängig davon, welche Staatsangehörigkeit die Kinder haben. Vgl. dazu auch den Beitrag von Emine Tutucu und Franz Kröger in Kapitel 3.3.

[68] Strohmeier, Klaus-Peter: Demografischer Wandel im Ruhrgebiet. Bevölkerungsentwicklung und Sozialraumstruktur im Ruhrgebiet. Hg: PROJEKTRUHR. Essen 2002, S. 54, Tabelle 9

[69] Bundesrepublik Jugoslawien (bis einschließlich 2004 geführt unter Ehem. Jugoslawien)

[70] Von 1993 bis 2004 Gebiet von Serbien/Montenegro, einschließlich der Personen, die seit 1993 keinem der Nachfolgestaaten zugeordnet werden konnten.

Staatsangehörigkeit erfasst sind, können hier auch nur Zahlen über deutsche Einwohner mit ausländischer Staatsangehörigkeit herangezogen werden. Grundsätzlich ist es aber problematisch, bei der Untersuchung kulturell-traditioneller Unterschiede die Staatsangehörigkeit als Kriterium anzuwenden. So leben auf der einen Seite in Deutschland viele Bürger mit Migrationshintergrund, die schon nach kurzer Zeit, beispielsweise durch Heirat, die deutsche Staatsangehörigkeit angenommen haben. Auf der anderen Seite gibt es viele ausländische Bürger, die schon lange in Deutschland leben, aber an ihrer ursprünglichen Staatsbürgerschaft festhalten. Um diese Unschärfen zu relativieren, wurde beim Jugend-KulturBarometer eben nicht nach der Staatsangehörigkeit gefragt, sondern nach dem Herkunftsland der Eltern. Insgesamt wurden dabei 11 % junge Leute ermittelt, deren Eltern beide aus einem anderen Land stammten und fünf Prozent, bei denen nur ein Elternteil aus einem anderen Land stammte. Zum Vergleich: Die Gesamtbevölkerung Deutschlands hat nach den Zahlen des Statistischen Bundesamtes einen Anteil von insgesamt rund acht Prozent ausländischen Bürgern.[71]

Unter den im Jugend-KulturBarometer befragten Jugendlichen mit Migrationshintergrund durch beide Eltern dominieren der islamische Kulturkreis mit 31 % und die osteuropäischen Länder (inklusive Russland) mit 25 %. Das Übergewicht dieser beiden Gruppen spiegelt sich auch in den Zahlen wider, die das Statistische Bundesamt erfasst hat. Die Kontrollfrage nach der deutschen Staatsbürgerschaft ergibt übrigens, dass nur zwei Prozent der Befragten diese nicht angenommen haben.

Wenn die jungen Leute auf die Frage, was sie persönlich unter Kultur verstehen, die Kultur von Völkern bzw. Ländern hervorheben, so meinen sie die Traditionen und Eigenheiten einer Nation und nicht primär deren künstlerische Ausdrucksformen. Sie meinen das muslimische Kopftuch, farbenfrohe Trachten oder eine bestimmte Esskultur. Kennen sie aber auch die künstlerischen Formen und Traditionen, den Tanz, die Musik oder die Kunstwerke fremder Kulturkreise? Im Rahmen des Jugend-KulturBarometers wurden sie besonders nach Erfahrungen mit Kunst aus weiter entfernten Kulturkreisen gefragt.

Übersicht 42: Kenntnis der jungen Leute von Kunst aus von Deutschland weiter entfernten Kulturkreisen differenziert nach der Herkunft der Eltern

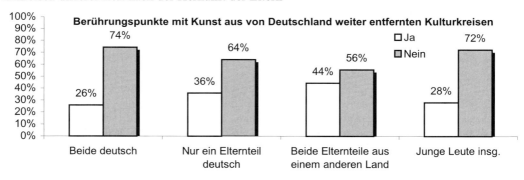

ZfKf/GfK 2004

Weniger als ein Drittel aller befragten Jugendlichen in Deutschland geben an, schon einmal mit Kunst aus weiter entfernten Kulturkreisen in Berührung gekommen zu sein. Die recht abstrakte Formulierung wurde, um Missverständnissen vorzubeugen, im Interview mit Beispielen wie klassische indische Musik, islamische Ornamentkunst oder afrikanischer Tanz erläutert. Hält man sich vor Augen, dass diese Angaben von Jugendlichen im "Einwanderungsland" Deutsch-

---

[71] Statistisches Bundesamt Wiesbaden 2005: Gesamtbevölkerung Deutschlands am 31.12. 2004: http://www.statistik-portal.de/Statistik-Portal/de_jb01_jahrtab2.asp bzw. die Pressemeldung zu den aktuellen Ausländerzahlen: http://www.destatis.de/presse/deutsch/pm2005/p2050025.htm

land gemacht werden, wo es – zumindest in Metropolen wie Berlin – Schulklassen mit Ausländeranteilen von bis zu 80 % gibt,[72] sind 28 % ein überraschend geringer Wert. Allgemein kann man beobachten, dass die Information und Kenntnis dieser Bereiche mit dem eigenen Migrationshintergrund zusammenhängt. Bei den jungen Leuten mit einem nicht-deutschen Elternteil liegt der Anteil der Jugendlichen, die Kontakt mit fremden Kulturen angaben, bei 36 %, bei denen mit zwei nicht-deutschen Elternteilen bei 44 %. Junge Leute mit Migrationshintergrund müssen natürlich, wenn ihre Eltern beispielsweise aus dem europäischen Ausland kommen, nicht zwangsweise mit Kunst aus fernen Ländern in Berührung kommen. Spannend sind an dieser Stelle speziell die Antworten der Jugendlichen, deren Eltern eben aus ferneren Kulturkreisen stammen. Daher wird nachfolgend ein entsprechender Blick auf die Befragten geworfen, deren Migrationshintergrund mit Blick auf die Absolutwerte differenziert werden kann.

Übersicht 43: Kenntnis der Jugendlichen mit nicht-deutschen Eltern von Kunst aus von Deutschland weiter entfernten Kulturen differenziert nach der Herkunft der Eltern

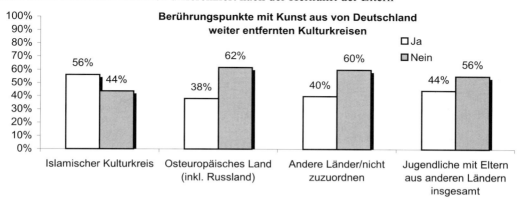

ZfKf/GfK 2004

Bei jungen Leuten, deren Eltern aus einem islamischen Land kommen, kann man mit 56 % in der Tat einen höheren Anteil junger Leute messen, die entsprechende Berührungspunkte benennen. Dennoch überrascht die Zahl, hätte man doch vermuten können, dass diese Jugendlichen zumindest mit der Kunst des Heimatlandes ihrer eigenen Familie eine gewisse Verbundenheit haben. Faruk Şen und Dirk Halm vom Zentrum für Türkeistudien gehen jedoch davon aus, "dass sich im Prozess der Akkulturation kulturelle Formen herausarbeiten, die nicht eindimensional auf einer Linie zwischen Tradition und Angleichung verortet werden können."[73] Sie verweisen beispielhaft auf Ergebnisse einer Befragung von 2000 erwachsenen türkischstämmigen Migranten in Deutschland, in der u. a. ermittelt wurde, dass der Anteil mit 89 % junger Leute zwischen 18 und 25 Jahren, die muslimische Speisevorschriften einhalten, genauso hoch ist wie bei den über 60-Jährigen. Dagegen besuchen nur 13 % der 18- bis 25-Jährigen regelmäßig eine Moschee, bei den über 60-Jährigen tun dies 50 %. Die Autoren haben in einer weiteren Befragung die Zugehörigkeit der Türkischstämmigen speziell in NRW zu deutschen und türkischen Vereinen und Verbänden ausgelotet. Dabei geben neun Prozent an, in einem türkischen Kulturverein organisiert zu sein, drei Prozent in einem deutschen. Die Hälfte der befragten Türkischstämmi-

---

[72] Vgl. dazu eine Studie der Universität Bielefeld zur Fremdenfeindlichkeit in Schulklassen (Leitung: Prof. Dr. Rainer Dollase), durchgeführt mit 7800 Schülern und Schülerinnen (sowie 3200 Eltern und rund 400 Lehrkräften) aller Schulformen der Klassen 5 bis 10: http://www.innovations-report.de/html/berichte/studien/bericht-1585.html (Zugriff am 17.5.06)

[73] Şen, Faruk/Halm, Dirk: Kulturelle Infrastrukturen türkischstämmiger Zuwanderer in Deutschland. Zwischen Akkulturation, Interkulturalität und Multikulturalität. In: *Jahrbuch für Kulturpolitik* 2002/03. Essen 2003

gen in NRW ist jedoch in keiner Form organisiert, weder kulturell, noch in einem anderen Bereich. Es stellt sich die Frage, ob diese Gruppe für künstlerische Angebote nicht zugänglich ist oder ob einfach entsprechende Angebote fehlen, sei es nun von türkischer oder von deutscher Seite. Im Jugend-KulturBarometer wurden daher die jungen Leute, die bisher nach eigenen Angaben keine Berührungspunkte mit Kunst aus weiter entfernten Kulturkreisen hatten, nach den Gründen für diesen Umstand gefragt.

Die folgende Übersicht veranschaulicht, dass die mangelnde Information über entsprechende Angebote tatsächlich eine wichtige Rolle spielt. Insgesamt geben 22 % der jungen Leute, deren Eltern aus einem islamischen oder osteuropäischen Land kommen, an, nicht zu wissen, wo man Kunst aus weiter entfernten Kulturkreisen erleben kann.

Übersicht 44: Gründe der jungen Leute mit Eltern aus anderen Ländern für fehlende Kontakte zu Kunst aus von Deutschland weiter entfernten Kulturkreisen

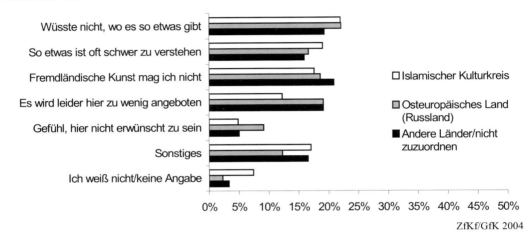

ZfKf/GfK 2004

Bei einer Analyse des ZfKf von Projekten des NRW-Programms Interkulturelle Kulturarbeit[74] wurde in den Gesprächen mit den Veranstaltern deutlich, dass eigene Medien, informelle Informationswege und Netzwerke für die künstlerische oder kulturelle Aktivierung von Bürgern mit Migrationshintergrund sehr wichtig sind. Sie erreicht man meist nicht durch die üblichen Informationskanäle des Kulturpublikums, hier sind alternative Informationswege wichtig. Die meistgelesene türkische Zeitung *Hürriyet* erscheint in Deutschland in einer Auflage von rund 44.000 Exemplaren. Die Verbreitung deutsch-türkischer Medien[75] gilt nicht nur für den Printbereich, sondern auch für den Rundfunk oder andere Multiplikatoren. So gibt es spezielle Mailgroups bzw. Online-Informationsdienste für Journalisten mit türkischem Hintergrund. Bei der gezielten Ansprache von Migrantengruppen gilt es daher, diese Kommunikationsnetzwerke zu kennen und zu bedienen.[76]

---

[74] Keuchel, Susanne/Müller, Margit/ Makarova, Ekatarina: Evaluation zu den Pilotprojekten der Interkulturellen Kulturarbeit in NRW. Endbericht für das Ministerium für Städtebau und Wohnen, Kultur und Sport NRW. Bonn 2003 (unveröffentlicht)

[75] Hier sind Medien gemeint, die sich in Deutschland speziell an Zielgruppen mit Migrationshintergrund richten. Diese können durchaus auch deutschsprachig sein. Ateş, Şeref/Becker, Jörg/Çalağan, Nesrin: Bibliographie zur deutsch-türkischen Medienkultur. Teil I u. II. Hg.: Institut für Kommunikations- und Technologieforschung, siehe: www.komtech.org; Hafez, Kai: Türkische Mediennutzung in Deutschland. Chance oder Hemmnis der gesellschaftlichen Integration? Eine qualitative Studie im Auftrag des Presse- und Informationsamtes der Bundesregierung. Hg.: Presse- und Informationsamt der Bundesregierung, Hamburg/Berlin 2002

[76] Vgl. hierzu Bemühungen des Presse- und Informationsamtes der Bundesregierung in Zusammenarbeit mit dem Institut für Ausländerbeziehungen (ifa) in Stuttgart. Integration und Medien. Protokoll. Bonn-Bad Godesberg 15./16.

Vermutlich verfügen auch die jungen Leute mit Migrationshintergrund über eigene Informationswege, die den Medien der deutschstämmigen Jugendlichen nicht unbedingt entsprechen. Das macht es für kommunale Kultureinrichtungen, die mit diesem Milieu kaum vertraut sind, schwierig, diese Zielgruppe erfolgreich anzusprechen. Der Zusammenhang von kulturellem Desinteresse und Desinformation wird im folgenden Kapitel 2.7 noch thematisiert: Gerade die jungen Leute, die sich ohnehin wenig für Kultur interessieren, monieren, in Jugendmedien seien kaum Hinweise zu Kulturveranstaltungen zu finden. Es gilt folglich, hierfür neue Informationswege zu entwickeln bzw. die von den jungen Leuten bereits etablierten Kommunikations- und Informationsnetzwerke zu nutzen.

Die Übersicht zu den von Jugendlichen genannten Gründen für fehlende Kontakte zu Kunst aus von Deutschland weiter entfernten Kulturkreisen zeigt zudem, dass Jugendliche mit islamischem Hintergrund oftmals fürchten, aus Verständnisgründen keinen Zugang zu Künsten aus weiter entfernten Kulturen zu finden. Dies entspricht den Erfahrungen von Künstlern und Veranstaltern. So verweist beispielsweise der Musikwissenschaftler Martin Greve,[77] der in Deutschland in einem größeren Kulturprojekt deutsch- und türkischstämmigen Bürgern die Hintergründe der türkischen Musik erläuterte, auf die häufige Unkenntnis insbesondere der jungen Leute mit türkischem Hintergrund in der zweiten und dritten Generation. Dabei sollte auch beachtet werden, dass Ergebnisse von Studien zur Kunst von Migranten nahe legen, dass sich der Umgang mit dem eigenen kulturellen Erbe nicht zuletzt durch die Erfahrung der Migration verändert. Oft sind zwei unterschiedliche Phänomene festzustellen: Zum Einen eine "Übertraditionalisierung", ein starres Festhalten an kulturellen Traditionen, mit denen im Heimatland selbst "lockerer" umgegangen wird, so dass beispielsweise vom Migranten gespielte türkische oder brasilianische Musik 'türkischer' oder 'brasilianischer' klingt als in der Türkei oder Brasilien selbst.[78] Zum Anderen ist die Entwicklung ganz neuer künstlerischer Ausdrucksformen zu beobachten, beispielsweise einer türkischen Hip-Hop- und Rapszene,[79] in der verschiedene Kulturerfahrungen einfließen und so neue künstlerische Wege eröffnet werden.

Wie die jungen Leute, deren Eltern aus Deutschland stammen und die Jugendlichen mit "binationalem" Hintergrund – einem deutschen und einem nichtdeutschen Elternteil – ihre Unkenntnis von Kunst aus von Deutschland entfernten Kulturkreisen begründen, illustriert die Übersicht auf der folgenden Seite.

Erstaunlicherweise unterscheiden sich die Gründe der deutschen Jugendlichen kaum von denen der jungen Leute mit Migrationshintergrund. Tendenziell ist der Anteil der jungen Leute, die glauben, entsprechende Kunstdarbietungen nicht zu verstehen und deren Eltern beide aus Deutschland kommen, etwas kleiner. Dagegen beklagen die jungen Leute mit "binationalem" Hintergrund das Fehlen entsprechender Angebote etwas stärker.

Insgesamt sind jedoch die Begründungen der verschiedenen Gruppen recht identisch. Kulturanbieter können also, wenn sie Darbietungen aus weiter entfernten Kulturkreisen künftig stärker berücksichtigen, hier durchaus neue Zielgruppen erschließen. Immerhin 22 % aller Befragten beklagen explizit das Fehlen solcher Angebote. Weitere 25 % geben als Grund die Nichtkenntnis von Anbietern für entsprechende Angebote an. Lediglich 20 % der jungen Leute lehnen den Kontakt mit Kunst aus fremden Kulturkreisen grundsätzlich ab.

April 2002. Eine Veranstaltung des Presse- und Informationsamtes der Bundesregierung in Zusammenarbeit mit dem Institut für Ausländerbeziehungen (ifa). Autorin: Alke Wierth. Berlin, 19.4.02. (Manuskript)

[77] Greve, Martin: Die Musik der imaginären Türkei. Musik und Musikleben im Kontext der Migration aus der Türkei in Deutschland. Stuttgart 2003

[78] Vgl. Keuchel/Müller/Makarova, a.a.O., S. 37

[79] Schedtler, Susanne: Das Eigene in der Fremde. Einwanderer-Musikkulturen in Hamburg. Erschienen in der Reihe *Populäre Musik und Jazz in der Forschung* Band 6, Hamburg 1999, S. 195

Übersicht 45: Gründe der jungen Leute, warum sie noch keine Berührungspunkte mit Kunst aus von Deutschland weiter entfernten Kulturen hatten differenziert nach Herkunft der Eltern

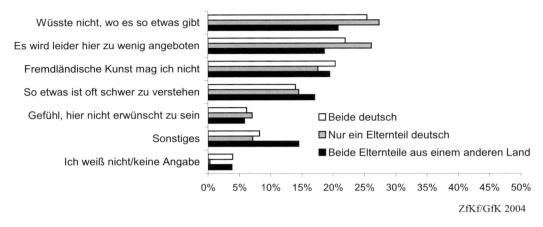

ZfKf/GfK 2004

An dieser Stelle stellt sich die Frage, ob es bestimmte soziale Faktoren gibt, die den Zugang zu Kunst aus fremdländischen Kulturen begünstigen. Im Rahmen einer Korrelationsanalyse, deren Lesart in Kapitel 2.2 erläutert wurde (siehe Übersicht 28) konnten einige soziodemographische Merkmale ermittelt werden, die in der Tat in Beziehung zu dem Kennenlernen von Kunst aus fremden Kulturkreisen stehen.

Übersicht 46: Beziehung zwischen einzelnen soziodemographischen Merkmalen und dem Kontakt der Jugendlichen mit Kunst aus von Deutschland weiter entfernten Kulturkreisen

	Korrelationskoeffizient/Signifikanzwert		Ranking
Anzahl der klassischen Spartenintressen	0,306	***	1
Zeitpunkt der ersten kulturellen Aktivität	- 0,269	***	2
Interesse am Kulturgeschehen	0,261	***	3
Schulbildung	0,245	***	4
Schulbildung der Eltern	0,222	***	5
Künstlerische Aktivität der Eltern	0,208	***	6
Geschlecht	0,079	***	7

ZfKf/GfK 2004

So kommen die jungen Leute, die sich eher für klassische Kulturangebote interessieren, tendenziell auch häufiger mit Kunst aus fremden Kulturkreisen in Berührung. Diese Erkenntnis überrascht nicht, denn in aktuellen Studien konnte festgestellt werden, dass insbesondere die Bevölkerungsgruppen, die kulturell aktiv sind, heutzutage einen sehr breiten, offenen Kulturbegriff haben und entsprechend auch alternative Kulturangebote wahrnehmen.[80] Natürlich steht auch das Kulturinteresse der jungen Leute allgemein in Beziehung zum Erlebnis von Kunst aus fernen Kulturen. Wenn man sich für Kunst und Kultur interessiert, rezipiert man in der Regel auch grenzüberschreitend und beschränkt sich weniger auf nationale Perspektiven – denn "der Modus des Kulturellen war immer schon das Interkulturelle."[81] Sehr wichtig ist in diesem Zusammen-

---

[80] Vgl. Mandel, Birgit: Einstellungen zu Kultur. Ergebnisse einer Bevölkerungsumfrage in Hildesheim. In: *politik und kultur*, März/April 2006, S. 10

[81] Fuchs, Max: Was bedeutet der kulturelle Wandel bei Jugendlichen für Kulturinstitute? Auf der Suche nach den Zielgruppen. Vortrag beim Kulturkongress 2003: "Jugend-Kultur vs. Senioren-Kultur?!", in Rendsburg; siehe: www.akademieremscheid.de/publikationen/aufsaetze_fuchs.php, S. 7

hang auch der Zeitpunkt des ersten Besuchs von kulturellen Angeboten und die künstlerische Aktivität. In Kapitel 2.5 wird noch deutlich, dass diese Faktoren sehr stark mit dem kulturellen Interesse allgemein korrelieren. Auch die Schulbildung und die Schulbildung der Eltern stehen ebenfalls in Beziehung zu dem Kulturinteresse der jungen Leute. Dies gilt gleichfalls für das Geschlecht. In Kapitel 2.3 konnte die zunehmend stärkere Affinität der weiblichen Jugendlichen zu Kunst und Kultur schon deutlich herausgearbeitet werden.

Man kann also mit Blick auf die vorausgehend diskutierten einflussnehmenden Faktoren faktisch festhalten, dass ein reges Kulturinteresse, künstlerisch wie rezeptiv, vielfach in Beziehung zu einer offenen bzw. interessierten Haltung gegenüber Kunst aus weiter entfernten Kulturkreisen steht. Inwieweit eine offene Haltung gegenüber dem Fremden von Kunst und Kultur allgemein befördert wird, ist noch ausführlicher Gegenstand von Kapitel 2.9.

Übersicht 47: Interesse am Kulturgeschehen und Schulbildung im Kontext von Berührungspunkten junger Leute zu Kunst aus von Deutschland weiter entfernten Kulturkreisen

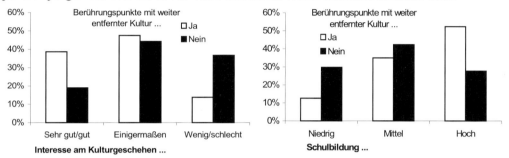

ZfKf/GfK 2004

Die beobachtete Korrelation zwischen Kulturinteresse, Schulbildung und Erfahrungen mit Kunst aus weiter entfernten Kulturkreisen wirft grundsätzlich die Frage auf, wie es um das Verhältnis von jungen Leuten mit Migrationshintergrund und ihrem Interesse an Kultur allgemein und speziell an der klassischen Hochkultur des Abendlandes bestellt ist. Bisher wurde ja nur das Interesse an Kunst aus fremden Kulturen untersucht.

Der auf der folgenden Seite in einer Tabelle zusammengefasste Blick auf die Herkunft der Eltern der Jugendlichen und ihr Kulturinteresse lässt erstaunlicherweise zunächst kaum Unterschiede feststellen. Junge Leute mit und ohne Migrationshintergrund interessieren sich in etwa gleichermaßen für das Kulturgeschehen in der Region. Tendenziell etwas stärker positiv beantworten Jugendliche mit "binationalem" Hintergrund die Frage. Möglicherweise ist diese Gruppe stärker für kulturelle Zusammenhänge oder Unterschiede sensibilisiert, da sie im Alltag fortwährend mit der Begegnung und Reibung von unterschiedlichen kulturellen Hintergründen konfrontiert ist.

Betrachtet man nun speziell das Interesse dieser jungen Bevölkerungsgruppen an Sparten der klassischen Hochkultur wie Theater, Kunst, Klassische Musik und ähnliches, werden in der folgenden Tabelle überraschend nicht die erwarteten Tendenzen sichtbar: Es sind nicht die Kinder von in Deutschland gebürtigen Eltern, die sich anteilig stärker für die klassischen Kultursparten interessieren, sondern vor allem die jungen Leute mit binationalem Hintergrund. Dies unterstreicht die These, dass die Begegnung der Kulturen in der Familie den Umgang mit Kunst besonders "befruchtet". Das eigentlich Überraschende an der Darstellung ist jedoch die Tatsache, dass sich die jungen Leute mit Migrationshintergrund beider Eltern tendenziell etwas stärker für die klassischen Kultursparten interessieren als die jungen Leute, deren Eltern aus Deutschland stammen – wenn auch der Unterschied sehr gering ist.

Übersicht 48: Interesse der jungen Leute am Kulturgeschehen und speziell an klassischen Kultursparten differenziert nach der Herkunft ihrer Eltern

		Beide Eltern deutsch Spalten %	Ein Elternteil deutsch Spalten %	Beide Eltern aus anderem Land Spalten %
Interesse am Kulturgeschehen	Sehr gut/gut	25 %	30 %	22 %
	Einigermaßen	45 %	45 %	47 %
	Wenig/schlecht	30 %	26 %	30 %
	Insgesamt	100 %	100 %	100 %
Anzahl der klassischen Sparteninteressen	Keine	63 %	58 %	58 %
	Eine	18 %	13 %	21 %
	Zwei	9 %	14 %	10 %
	Drei u. mehr	9 %	15 %	11 %
	Insgesamt	100 %	100 %	100 %

ZfKf/GfK 2004

Dies wirft natürlich die Forderung nach einer differenzierten Betrachtung der Herkunftsländer im Kontext dieser Fragen auf. Gibt es vielleicht Regionen, in denen das Kulturinteresse der Jugendlichen heutzutage stärker ausgeprägt ist als etwa in Deutschland? Und gibt es vielleicht umgekehrt Länder, in denen das Kulturinteresse der jungen Leute weniger gefördert wird, weshalb dann insgesamt ein einheitlicher Eindruck entsteht?

Übersicht 49: Kulturinteresse allgemein und Interesse der jungen Leute mit zwei Elternteilen aus anderen Ländern speziell für klassische Kultursparten

		Herkunftsländer der Eltern (bei Migrationshintergrund)		
		Islamischer Kulturkreis Spalten %	Osteurop. Land (inkl. Russland) Spalten %	Andere Länder/ nicht zuzuordnen Spalten %
Interesse am Kulturgeschehen	Sehr gut/gut	21 %	19 %	25 %
	Einigermaßen	51 %	53 %	42 %
	Wenig/schlecht	28 %	28 %	33 %
	Insgesamt	100 %	100 %	100 %
Anzahl der klassischen Sparteninteressen	Keine	71 %	55 %	51 %
	Eine	17 %	29 %	19 %
	Zwei	5 %	7 %	14 %
	Drei u. mehr	7 %	8 %	15 %
	Insgesamt	100 %	100 %	100 %

ZfKf/GfK 2004

Bei der Kategorisierung der Herkunftsländer stößt man empirisch, wie schon skizziert, an Grenzen, da die Fallzahl hier zunehmend kleiner wird. Es gibt jedoch mit dem islamischen Kulturkreis und den osteuropäischen Ländern zwei größere Gruppen, die eine nationale Unterscheidung zwischen einem eher westlich orientierten Kunstverständnis und einem für uns eher fremden kulturellen Kontext ermöglichen.

Es zeigen sich keine nennenswerten Unterschiede im allgemeinen Kulturinteresse der jungen Leute mit islamischem und osteuropäischem Migrationshintergrund, erwartungsgemäß aber beim Interesse für klassische Kultursparten. Die Jugendlichen mit osteuropäischem Migrationshintergrund sind stärker an klassischen Kultursparten interessiert als ihre Altersgenossen mit islamischem Hintergrund. In diesem Bereich entspricht das Interesse der jungen Leute mit osteuropäischem Hintergrund in etwa dem Interesse derjenigen, deren Eltern beide aus Deutschland stammen. Spannend ist hier jedoch die Menge der jungen Leute, deren Eltern aus anderen Ländern stammen, und die ein deutlich höheres Interesse an klassischen Kultursparten an den Tag legen als selbst die Jugendlichen deutscher Abstammung. Bedauerlicherweise ist die gezogene Stichprobe, um valide Aussagen in diesem Kontext zu ermöglichen, für eine weitere Differenzierung der Herkunftsländer definitiv zu klein.

Hilfreich sind jedoch ergänzende Vergleiche der Daten aus dem Jugend-KulturBarometer mit Umfragen aus anderen Ländern. Diese Annäherungen sind natürlich nur mit vielen Einschränkungen und mit Vorsicht zu interpretieren, da zum Beispiel schon die Benennung einzelner Kultursparten sprachlich verschieden sein kann. Dennoch konnte exemplarisch für den mindestens einmaligen Besuch von vier verschiedenen Kulturangeboten von 14- bis 18-Jährigen aus einer ungarischen Bevölkerungsumfrage[82] ein interessanter Bezug hergestellt werden. Die Daten des Jugend-KulturBarometers wurden dabei der vorgegebenen ungarischen Altersgruppierung angepasst. Der Ländervergleich macht deutlich, dass tendenziell mehr ungarische Jugendliche Theatervorstellungen, Rock- und auch Klassikkonzerte besucht haben als junge Deutsche. Lediglich beim Besuch von Museen bzw. Ausstellungen sind die jungen Deutschen aktiver. Dies passt sehr gut zu den in Kapitel 2.1 dargestellten Vorlieben der deutschen Jugendlichen in dieser Sparte.

Übersicht 50: Mindestens ein Besuch der 14- bis 18-Jährigen in Ungarn und Deutschland bei folgenden Kulturangeboten

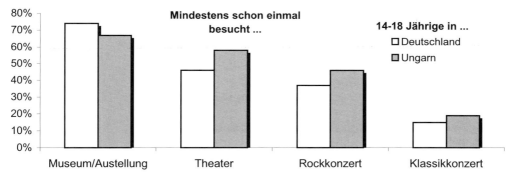

Soziologisches Institut der ungarischen Akademie der Wissenschaften 2003/Ungarisches Nationalinstitut für Jugendforschung 2002; ZfKf/GfK 2004

Sowohl aufgrund der vorausgehend erläuterten Ergebnisse zu den unterschiedlich gelagerten klassischen Sparteninteressen der Jugendlichen mit Migrationshintergrund, als auch aufgrund des eben skizzierten Vergleichs der ungarischen mit der deutschen Jugend könnte man die These formulieren, dass es hier allgemein auch nationale Unterschiede gibt – erstens beim kulturellen Interesse der jungen Leute allgemein und zweitens beim Interesse an speziellen Sparten. Dem gemäß ist das besondere Interesse der deutschen Jugendlichen für die visuellen Künste, für Ausstellungen und speziell für moderne Kunst nicht notwendigerweise auch auf das Verhalten junger Menschen in anderen Ländern übertragbar, sondern kann unter Umständen auf die intensive museumspädagogische und zielgruppenspezifische Arbeit der deutschen Museen und Ausstellungshäuser zurückgeführt werden. Umgekehrt muss auch das auffallende Desinteresse der Jugendlichen an Klassischer Musik in dieser Ausprägung kein allgemein europäisches

---

[82] Landesweite Befragung "Kultur 2003" des Soziologischen Instituts der ungarischen Akademie der Wissenschaften (3400 ungarische Bürger im Alter von 14 bis 70 Jahren, davon 1169 zwischen 14 und 30 Jahren); vgl.: Inkei, Peter: Cultural habits of the Hungarian Youth 2003. In: Whose Culture is it? Trans-generational approaches to Culture. Reader zum CIRCLE Round Table Barcelona 2004, S. 58 - 66

Phänomen sein. Es ist durchaus vorstellbar, dass Jugendliche in anderen Ländern – sei es in Europa, Asien oder Amerika – ein wesentlich größeres Interesse an Klassischer Musik oder auch an klassischer Kultur allgemein haben.[83]

Regionale Unterschiede sind auch in kleineren Maßstäben erkennbar, was noch ausführlicher Thema von Kapitel 2.8 sein wird. Deutlich werden in diesem Kapitel auch die Unterschiede der Kulturinteressen von Jugendlichen in den neuen und alten Bundesländern, die – wie auch in anderen Ländern – möglicherweise auf Unterschiede in der Kulturerziehung, hier der BRD und der DDR, zurückzuführen sind. Neben anderen kulturellen Traditionen, beispielsweise der besonderen Affinität der Engländer zum Theater, spielt natürlich auch die Förderung von Kultur und insbesondere die zur Verfügung stehende kulturelle Infrastruktur eine wichtige Rolle, ggf. auch die Kooperation der allgemeinen Bildungsbereiche mit Kunst und Kultur.

Nachfolgend soll diese These durch einen weiteren Ländervergleich untermauert werden, der einzelne künstlerische bzw. kulturelle Freizeitaktivitäten der jungen 16- bis 24-Jährigen in Deutschland und England gegenüberstellt. Bei der Interpretation der Ergebnisse ist ein leichter Zeitunterschied zu berücksichtigen: Die hier herangezogene englische Umfrage[84] wurde 2001 durchgeführt.

Übersicht 51: Ausgewählte aktuelle Freizeitaktivitäten der 16- bis 24-Jährigen in England und Deutschland für folgende Kulturangebote

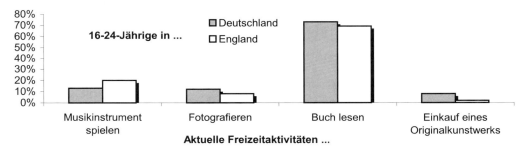

Arts Council England 2001; ZfKf/GfK 2004

Auch dieser Vergleich unterstreicht die Neigung der jungen Deutschen zu den visuellen Künsten. Denn diese haben schon deutlich häufiger ein Kunstobjekt erworben als die Engländer unter 25 Jahren. Die auffallende Vorliebe der jungen Deutschen für moderne Bilder als Wandschmuck wurde in Kapitel 2.1 schon thematisiert. Das Fotografieren und das Lesen von Büchern wird von der deutschen Jugend als aktuelle Freizeitaktivität tendenziell ebenfalls etwas häufiger genannt. Englische Jugendliche spielen dagegen eher ein Musikinstrument.

Folglich gibt es nationale Unterschiede, die neben kulturellen Verschiedenheiten natürlich auch an bildungsspezifischen Differenzen festzumachen sind. In der Kulturtypologie, aber auch bei den künstlerischen Aktivitäten der Jugendlichen, konnten schon deutliche bildungsspezifische Korrelationen festgestellt werden, die sich – wie gezeigt – auch in der Wahrscheinlichkeit von

---

[83] An deutschen Kunst- und Musikhochschulen etwa liegt der Anteil der Studenten aus asiatischen Ländern bei 28 %; vgl.: Bildung und Kultur 4.1: Studierende an Hochschulen. (Hg.): Statistisches Bundesamt 2005. Die Verehrung Goethes beispielsweise geht in Korea so weit, dass Goethe-Briefmarken und -Telefonkarten gedruckt werden; vgl.: Tschong-Dae, Kim: Goethe in der koreanischen Kultur. Goethe-Rezeption in sozio-kultureller Betrachtung; siehe: http://www.info.sophia.ac.jp/g-areas/DE-GoetheSymKim.htm (Zugriff am 17.5.06), S. 6

[84] Bei der Befragung des Arts Council of England "Arts in England: attendance, participation and attitudes" wurden 2001 insgesamt 6.042 Engländer befragt, 525 davon waren zwischen 16 und 24 Jahren alt; Vgl.: Fisher, Rod/Viejo-Rose, Dacia: International Intelligence on Culture. In: Whose Culture is it? Trans-generational approaches to Culture. Reader zum CIRCLE Round Table, Barcelona 2004, S. 106 - 116

Kontakten mit Kunst aus von Deutschland aus gesehen fernen Kulturen niederschlagen. Wie sieht dies umgekehrt aus? Haben beispielsweise junge Leute mit hoher Schulbildung und islamischem Hintergrund auch mehr Kontakte mit den klassischen Künsten des Abendlandes hier in Deutschland? Die folgende Übersicht veranschaulicht für die junge Bevölkerungsgruppe mit islamischem Hintergrund, der ja zumindest über das Elternhaus die europäische Kultur bis zu einem gewissen Grad fern ist, das Interesse speziell für die klassischen Kultursparten im Kontext ihrer Schulbildung.

Übersicht 52: Interesse an mindestens einer klassischen Kultursparte bei Jugendlichen mit islamischen Hintergrund und deutschstämmigen Jugendlichen im Kontext ihrer Bildung

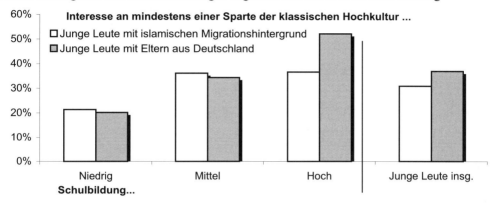

ZfKf/GfK 2004

Die Auswertung macht sehr deutlich, dass die jungen Leute mit islamischen Migrationshintergrund und niedriger Schulbildung sich anteilig genauso wenig für die klassischen Sparten der westlichen Kultur interessieren wie die jungen Leute aus deutschem Elternhaus und niedrigem Bildungsniveau. Gleiches gilt für Jugendliche mit entsprechender Abstammung und einem mittleren Bildungsniveau. Das Interesse für eine klassische Kultursparte entspricht dabei im Verhältnis dem Interesse für klassische Kultur allgemein. Das Verhältnis ändert sich also nicht, wenn man bei dieser Betrachtung das Interesse für zwei, drei oder vier klassische Kultursparten heranzieht.

Unterschiedliche Interessensgrade lassen sich lediglich bei den jungen Leuten mit hoher Schulbildung verzeichnen: Jugendliche mit deutschen Eltern und guter Schulbildung interessieren sich anteilig stärker für klassische Kultursparten als die jungen Leute mit islamischem Migrationshintergrund und gleichermaßen hoher Bildung. Dennoch korreliert auch bei jungen Leuten mit islamischen Migrationshintergrund die Bildung mit dem Interesse an klassischer Kultur. Der Anteil der jungen Leute mit islamischem Hintergrund und mittlerem bzw. hohem Bildungsniveau, die sich für mindestens eine klassische Kultursparte interessieren, ist fast doppelt so hoch wie der der jungen Leute mit entsprechenden Merkmalen und niedriger Schulbildung. Bemerkenswert ist dabei, dass sich das klassische Kulturinteresse der jungen Leute mit Eltern aus islamischen Ländern und hoher oder mittlerer Schulbildung kaum unterscheidet. Das im Vergleich deutlich geringere Interesse dieser Bevölkerungsgruppe an klassischen Kulturformen ist also vor allem auf ihren deutlich niedrigeren Bildungsstand zurückzuführen.

Diese These gewinnt noch an Gewicht, berücksichtigt man bei dieser Einschätzung auch die Schulbildung der Eltern. Bei der Interpretation der folgenden Übersicht ist natürlich Vorsicht geboten, da die Absolutwerte der jungen Leute mit islamischen Migrationshintergrund und Eltern mit hoher Bildung in der Stichprobe sehr gering sind. Dennoch unterstreicht das Ergebnis die Vermutung, dass das Bildungsmilieu der jungen Leute mit Migrationshintergrund entscheidender ist für ihren Zugang zu bestimmten kulturellen Angeboten in Deutschland als der nationale Hintergrund.

Übersicht 53: Interesse an mindestens einer klassischen Kultursparte bei Jugendlichen mit islamischem Hintergrund und deutschstämmigen Jugendlichen, deren Eltern eine hohe Schulbildung haben

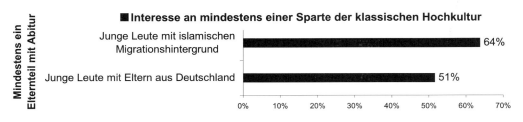

ZfKf/GfK 2004

Abschließend soll auch ein Blick auf die künstlerischen Aktivitäten der jungen Leute mit Migrationshintergrund geworfen werden. Wie schon beim allgemeinen kulturellen Interesse können zunächst zwischen den jungen Leuten mit und ohne Migrationshintergrund im Kontext ihrer künstlerischen Aktivität, ihrer aktuellen künstlerischen Hobbys oder gar dem Besuch von kulturellen Bildungseinrichtungen bzw. entsprechenden Bildungsangeboten keine Unterschiede beobachtet werden. Nur die jungen Leute mit einem deutschen und einem nichtdeutschen Elternteil sind künstlerisch tendenziell aktiver. Für die Jugendlichen mit solchermaßen "binationalem" Hintergrund wurde ja auch ein vergleichsweise größeres Kulturinteresse beobachtet, was – wie angemerkt – vermutlich mit den kulturellen Besonderheiten der Familienstruktur erklärt werden kann.

Übersicht 54: Künstlerische Aktivitäten, aktuelle Hobbys und Nutzung entsprechender Bildungsangebote bei Jugendlichen differenziert nach der Herkunft ihrer Eltern

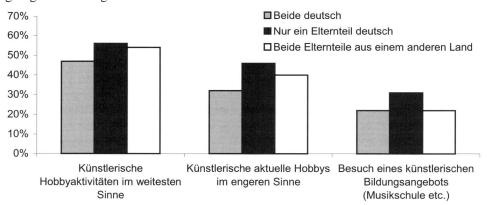

ZfKf/GfK 2004

Auch hier ist es aufschlussreich, einzelne Migrantengruppen, die aufgrund einer ausreichenden Fallzahl differenziert werden können, genauer zu betrachten. Zwischen den jungen Leuten deutscher und osteuropäischer Abstammung bzw. einem Herkunftsland der islamischen Welt lässt die folgende Übersicht kaum Unterschiede bei den künstlerischen Aktivitäten bemerken. Die Ursache hierfür liegt bei den jungen Leuten mit islamischem oder osteuropäischem Migrationshintergrund – trotz der festgestellten Korrelation von Bildungsgrad und Kreativität – an den

Anteilen der jungen Leute mit mittlerer Bildung und überproportional ausgeprägten künstlerischen Interessen. Besonders künstlerisch aktiv sind zudem abermals die jungen Leute mit Eltern aus anderen Ländern, die aufgrund der geringen Fallzahl nicht weiter differenziert werden können.

Übersicht 55: Künstlerische Aktivitäten, aktuelle Hobbys und Nutzung entsprechender Bildungsangebote bei den jungen Leuten, deren Eltern aus anderen Ländern stammen

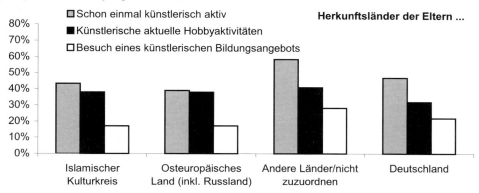

ZfKf/GfK 2004

Man kann aus dieser Betrachtung ableiten, dass Migration als biographischer Faktor – vermutlich durch das Aufeinandertreffen verschiedener kultureller Traditionen – zu einer stärkeren Beschäftigung mit Kultur und hier besonders zu künstlerischem Ausdruck anregt. So sind Jugendliche mit entsprechenden Erfahrungen aus der mittleren Bildungsschicht aktiver als die junge deutschstämmige Bevölkerung mit vergleichbaren Bildungsmerkmalen. Dies ist, wie schon ausgeführt, auch bei den Jugendlichen mit einem deutschen und einem nicht-deutschen Elternteil der Fall. Offenbar eignet sich vor allem künstlerische Kreativität besonders dazu, multi- oder transkulturelle Eindrücke zu verarbeiten.

Defizite zeigen sich beim Zugang zu Kunst und Kultur vor allem bei den jungen Leuten mit niedriger Bildung, unabhängig davon, ob sie deutscher oder ausländischer Herkunft sind. Die explorativen Ergebnisse dieser Studie zum kulturellen Verhalten junger Migranten sollten jedoch dazu ermutigen, Kunst und Kultur insbesondere in sozialen Brennpunkten stärker als Lebens- und Integrationshilfe einzusetzen. In anderen europäischen Ländern wird die integrative Kraft von Kunst und Kultur schon zu diesem Zweck genutzt. So konzentrierte sich das "New Audiences"-Programm des Arts Council in England, dem eine Fördersumme von 20 Millionen Pfund zugrunde lag, von 1998 bis 2003 unter anderem auf bestimmte Bevölkerungsgruppen wie ethnische Minoritäten.[85] In Kapitel 2.9 werden mögliche Wechselwirkungen von Kunst und Kultur auf das Zusammenleben in einer zunehmend multikulturellen Gesellschaft noch einmal ausführlich betrachtet. Für die Kultureinrichtungen kann zudem festgehalten werden, dass es vor allem bei jungen Leuten – Deutschstämmigen wie Migranten – ein beachtliches Potential gibt, das für künstlerische Darbietungen aus anderen Kulturen offen und der Meinung ist, hier werde zu wenig angeboten. Junge Leute mit Migrationshintergrund bewerten dabei die Zahl der Programme oder Veranstaltungen zu Kunst und Kultur aus fremden Ländern in Deutschland sehr unterschiedlich: Unter den jungen Leuten mit islamischen Hintergrund ist der Anteil derjenigen, die finden, man müsste in Deutschland noch mehr solcher Angebote schaffen, mit 76 % besonders groß. Bei jungen Leuten osteuropäischer Abstammung liegt dieser Anteil bei nur 47 %. Die

---

[85] von Harrach, Viola: Audience Developement in England. In: Kulturvermittlung zwischen kultureller Bildung und Kulturmarketing. Hg.: Birgit Mandel, Bielefeld 2005, S. 65 f.

positiven Erfahrungen interkultureller Projekte, etwa die in Kapitel 4.1 vorgestellte Jugendarbeit im Haus der Kulturen der Welt, sollten dazu ermutigen, kulturelle Prozesse zu intensivieren, die die eigene kulturelle Identität und den Respekt vor anderen kulturellen Werten und Traditionen stärken. Dass dies notwendig ist, unterstreicht zum Beispiel eine aktuelle Allensbach-Analyse zur Haltung der Deutschen gegenüber dem Islam, die zeigt, wie deutlich die Entfremdung zwischen christlicher und islamischer Welt durch politische und ideelle Konflikte befördert wird.[86]

---

[86] Noelle, Elisabeth/Petersen, Thomas: Eine fremde, bedrohliche Welt. Siehe: http://www.faz.net/s/Rub594835B672714A1DB1A121534F010EE1/Doc~E2D1CB6E9AA1045B291A1FC21272D467D~ATpl~Ecommon~Scontent.html (Zugriff: 17.5.2006)

2.5 Ursachenforschung – Zum Einfluss von Eltern, sozialem Umfeld und Schule

In den vorausgehenden Kapiteln wurden schon einige Faktoren deutlich, die die kulturelle und künstlerische Aktivität der jungen Leute beeinflussen. Wichtig sind in erster Linie das Elternhaus und die schulische Bildung. Bei der künstlerischen Aktivität konnte beobachtet werden, dass vor allem die Kinder künstlerisch aktiv sind, deren Eltern ebenfalls künstlerisch aktiv sind bzw. waren. Zudem nimmt auch der Bildungshintergrund der Kinder, ebenso wie der der Eltern, Einfluss auf den Zugang zu künstlerischen Hobbyaktivitäten und insbesondere zu künstlerischen Bildungsangeboten. Hierbei ist teilweise natürlich auch eine nicht zu unterschätzende finanzielle Hürde zu bewältigen. Bei der erarbeiteten Kulturtypologie Jugendlicher konnte des Weiteren festgestellt werden, dass die ermittelten Typen mit vergleichsweise vielfältigen kulturellen Interessen, die beispielsweise auch klassische Kultursparten einschließen, oftmals eine hohe Schulbildung haben. Dieser Zusammenhang soll nachfolgend noch einmal für die gesamte junge Bevölkerung überprüft werden: Ob die Schulbildung a) generell einen Einfluss auf das Interesse am Kulturgeschehen hat und ob sie b) auch für das Interesse an klassischen Kultursparten von Bedeutung ist.

Übersicht 56: Interesse der jungen Leute am Kulturgeschehen allgemein, an mindestens einer und an mindestens zwei klassischen Kultursparten

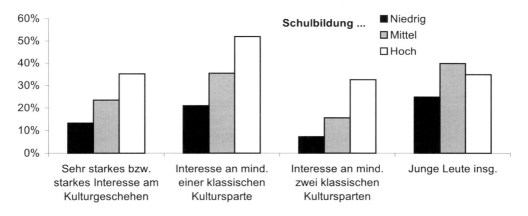

ZfKf/GfK 2004

In der Tat wird hier ein Bildungsgefälle deutlich: Junge Leute mit niedriger Schulbildung finden sich anteilig deutlich seltener unter den am Kulturgeschehen sehr Interessierten oder unter den an klassischen Kultursparten Interessierten. Wenn Interesse an einer klassischen Kultursparte besteht, nennen die Jugendlichen mit niedriger Schulbildung am ehesten den Besuch eines Museums oder einer Ausstellung als kulturelle Aktivität, ohne dabei jedoch ein explizites Interesse für Bildende Kunst zu äußern, wie es vor allem von den besser gebildeten Jugendlichen getan wird.

45 % der jungen Leute mit niedriger Schulbildung interessieren sich nicht für Kultur. Bei den Gymnasiasten liegt dieser Anteil im Vergleich bei 18 %. Aufgrund dieser Bilanz kann man zumindest festhalten, dass der vielzitierte Gedanke und das kulturpolitische Leitziel Hilmar Hoffmanns: "Kultur für alle"[87] heute nicht mehr gilt. Dabei stellt sich die Frage nach eventuellen Unterschieden in der Vergangenheit: Ist diese Devise in den 80er und noch 90er Jahren besser realisiert worden? Ist der oben beschriebene Zustand ein aktuelles Phänomen, werden die Diffe-

---

[87] Hoffmann, Hilmar: Kultur für alle. Perspektiven und Modelle. Frankfurt am Main 1979

renzen zwischen den Bildungsgruppen bzw. zwischen ihren gesellschaftlichen Chancen wieder größer – ähnlich, wie das für die Bildungschancen beobachtet werden kann? In den 80er Jahren war das Bildungssystem beispielsweise für Arbeiterkinder sehr viel durchlässiger – ein Hochschulabschluss war leichter zu realisieren als dies heute der Fall ist. "Für die Arbeiterkinder steigt die Quote [Bildungsbeteiligung im Hochschulbereich, Anm. d. V.] […] ab 1989 relevant an und seit 1995 findet sich eine leicht sinkende Quote."[88] Die wenigen Zeitvergleiche über das kulturelle Verhalten, die über die Reihe KulturBarometer[89] zur Verfügung stehen, geben zumindest Hinweise darauf, dass die Gesellschaftsgruppen, die sich für einzelne Kultursparten mobilisieren lassen, wieder kleiner werden: So konnte im aktuellen 8. KulturBarometer für das Jahr 2005 beobachtet werden, dass sich die Publikumszahlen für Musiktheater und Klassische Konzerte seit der letzten Messung von 1994 erstmals rückläufig entwickeln. Zuvor war seit 1984/85 ein permanenter Anstieg festzustellen. Vor allem Mitte der 90er Jahre vergrößerte sich die Basis der für Musiktheater und Klassische Konzerte mobilisierbaren Bevölkerungsanteile. Der heutige Publikumsschwund kann vor allem für die mittlere und eben die jüngere Generation beobachtet werden.[90] Bedenklicher ist dabei allerdings der Rückgang des Publikums aus mittleren Bevölkerungsgruppen, da es sich dabei um die Elterngeneration handelt, die auch – wie nachfolgend erläutert wird – eine gewisse Vorbildfunktion in der kulturellen Bildung einnimmt.

Allein 20 % der jungen Leute mit niedriger Bildung haben nach eigenen Angaben noch nie ein klassisches Kulturangebot – sei es ein Konzert, eine Kunstausstellung oder ein Theater – besucht, obwohl man eigentlich davon ausgehen könnte, dass dies jedes Kind zumindest einmal mit seiner Schulklasse getan haben sollte. Es stellt sich an dieser Stelle, wie schon bei der Betrachtung der Elternrolle, also zunächst die grundlegende Frage nach den Vermittlern: Wer begleitet die jungen Leute bei Kulturbesuchen und motiviert sie damit, sich mit professionellen künstlerischen Arbeiten und kreativen Prozessen auseinander zu setzen?

In der folgenden Übersicht werden in der Tat zwei eben schon erwähnte wichtige kulturelle Vermittler bei Kulturbesuchen erkennbar: zum Einen die Schule und zum Anderen die Eltern. Etwa 60 % der jungen Leute haben in Begleitung ihrer Eltern schon mindestens einmal ein Kulturangebot besucht und etwa eben so viele taten dies schon einmal mit der Schule. 38 % haben dabei bereits in der Grundschule kulturelle Darbietungen gesehen; 37 % mit ihrer Klasse auf der weiterführenden Schule. Bei neun Prozent der jungen Leute, die ihre Schulklasse bzw. Lehrer als Begleitung angaben, konnte im Nachhinein nicht mehr festgestellt werden, ob der Besuch in der Primar- oder in der Sekundarstufe stattgefunden hat.

Interessanterweise kann man bei Schule und Elternhaus einen hohen Überschneidungsgrad feststellen. 74 % der Jugendlichen, die angeben, schon einmal mit der Schule einen Kulturbesuch unternommen zu haben, haben dies auch schon mit den Eltern getan. Dieser Zusammenhang wird nachfolgend noch genauer untersucht.

Als Begleiter bei kulturellen Unternehmungen ist neben den Eltern auch das soziale Umfeld allgemein von großer Bedeutung: An erster Stelle sind hier die gleichaltrigen Freunde zu nennen, aber auch Verwandte und Nachbarn. Immerhin 17 % der Befragten haben zudem schon mit dem Kindergarten bzw. der Kindertagesstätte kulturelle Erfahrungen in Form des Besuchs von Kulturdarbietungen gemacht. Welche Auswirkungen der frühe Kontakt mit Kultur auf das spätere kulturelle Verhalten hat, wird nachfolgend ebenfalls noch ausführlicher dargelegt.

---

[88] Zitiert aus der Zusammenfassung zur 15. Sozialerhebung des Deutschen Studentenwerks. Hg.: Bundesministerium für Bildung und Forschung 1998; siehe: http://www.his.de/Abt2/Foerderung/hb.soz15/00.Zusammenfassung.html

[89] Das KulturBarometer des Zentrums für Kulturforschung liefert seit 1990 anhand von bundesweit durchgeführten Repräsentativumfragen aktuelle Meinungsbilder zu grundsätzlichen oder spezifischen Themen der kulturellen Bildung und Kulturpolitik. Die Konzeption der Befragung, die auch Vergleiche mit früheren Erhebungen ermöglicht, geht auf die Zusammenarbeit des ZfKf mit dem Bundesministerium für Bildung und Forschung zurück. Die Umfragen werden in Kooperation mit unterschiedlichen Partnern aus Kultur und Gesellschaft durchgeführt. Beim aktuellen 8. KulturBarometer beteiligte sich 2005 beispielsweise die Deutsche Orchestervereinigung.

[90] Vgl. Keuchel: Der Untergang des Abendlandes, a.a.O., S. 26

Übersicht 57: Personen bzw. Institutionen, die die jungen Leute bisher bei Kulturbesuchen begleitet haben

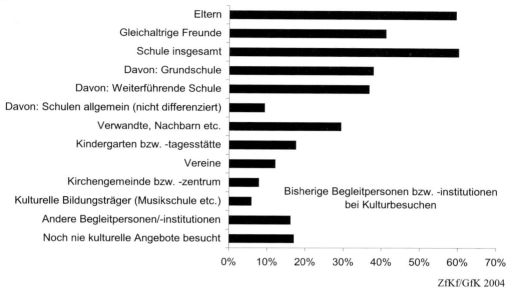

Eine auffallend geringe Rolle als "Motivator" junger Leute für Kulturbesuche spielen überraschend außerschulische kulturelle Bildungseinrichtungen. Dies ist an sich bedauerlich, wurde doch im vorausgehenden Kapitel deutlich, dass es einen deutlichen Zusammenhang zwischen der eigenen künstlerischen Aktivität und dem Interesse am Kulturgeschehen gibt. In dem folgenden Kapitel, das sich mit der optimalen Gestaltung von kulturellen Bildungswegen befasst, wird dieser Aspekt daher noch einmal aufgegriffen.

Dass es immanent wichtig ist, junge Leute in Gesellschaft von Menschen aus ihrem sozialen Umfeld an Kultur heranzuführen, zeigt der geringe Prozentsatz von Jugendlichen, die angeben, dass sie bisher keiner begleitet habe, sie vielmehr "aus eigenem Antrieb" Kulturangebote besucht haben: Dieser Anteil liegt bei gerade einmal einem Prozent. Dies ist also ein erster wichtiger Hinweis, wie mehr junge Leute für Kultur zu begeistern sind: Man muss dafür sorgen, dass Menschen aus dem näheren Umfeld der Kinder oder Jugendlichen öfter mit ihnen gemeinsam Kulturangebote wahrnehmen. Das heißt, es müssen noch mehr Familienangebote im Kulturbereich installiert werden und Schulen, Kindergärten oder Vereine mit jungen Mitgliedern von Kultureinrichtungen noch gezielter mit attraktiven Angeboten angesprochen werden. Einige Kulturhäuser sind hier schon sehr aktiv. Das vielfältige Angebot der Staatsoper Unter den Linden, das Rainer O. Brinkmann in seinem Beitrag in Kapitel 4.5 vorstellt, kann hier ebenso als Vorbild für solche Maßnahmen dienen wie die Aktionen der Kunst- und Ausstellungshalle in Bonn, die von Maria Nußer-Wagner in Kapitel 4.3 geschildert werden.

Wie kommt es nun zu dem hohen Deckungsgrad zwischen Schule und Elternhaus bei der Begleitung junger Leute beim Besuch von Kulturangeboten? Aufschlussreich ist hier eine Differenzierung der Aktivität von Schule bei Kulturbesuchen im Kontext der einzelnen Schulformen, die folgende Übersicht veranschaulicht:

Übersicht 58: Anteile junger Leute, die bisher mindestens einen Kulturbesuch (z. B. Museum, Theater etc.) mit der Schule unternommen haben, differenziert nach ihrer Schulbildung

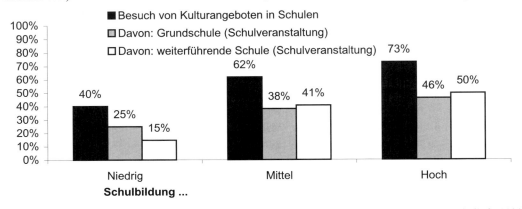

ZfKf/GfK 2004

Nur 15 % der jungen Hauptschüler bzw. Hauptschulabsolventen haben in der weiterführenden Schule zumindest einmal eine Kultureinrichtung besucht. Demgegenüber liegt der Anteil der Gymnasiasten bzw. Abiturienten hier bei 50 %. Eine ähnliche bildungsspezifische Aufspaltung lässt sich tendenziell schon in der Grundschule beobachten: Lediglich 25 % der heutigen Hauptschüler bzw. Hauptschulabsolventen haben mit der Grundschule schon mindestens einen Kulturbesuch unternommen. Dem steht ein Anteil von 46 % heutiger Gymnasiasten bzw. Abiturienten gegenüber. Man kann vermuten, dass Grundschulen in sozialen Brennpunkten die kulturelle Bildung mit Blick auf andere Probleme vernachlässigen. Eine andere Erklärung liegt unter Umständen auch in der Freiwilligkeit dieser Leistung von Seiten der Schule, die ohne eine dahingehende Forderung der Eltern geringere Chancen hat, eingelöst zu werden, und sozial benachteiligte Familien formulieren solche Wünsche vielleicht seltener. Aus den vorausgehend dargestellten Zusammenhängen kann man auf jeden Fall ableiten: Die enge Verknüpfung von kultureller Teilhabe und Bildungsgrad wird derzeit also durch die Schule eher noch verstärkt statt relativiert.

Wie sieht es nun mit den Eltern aus, die ihre Kinder an Kultur heranführen? Vorausgehend wurde schon vermutet, dass ein stärker kulturell ausgerichtetes Bildungsangebot an Schulen unter Umständen mit dem Interesse der Eltern an selbigem korreliert. Die folgende Übersicht verdeutlicht, dass in der Tat auch bei der Vermittlung von Kultur durch die Eltern der Bildungshintergrund eine entscheidende Rolle spielt. Bei Eltern aus bildungsfernen Bevölkerungsgruppen – hier mit einer niedrigen Schulbildung, also maximal Hauptschulabschluss – ist der Anteil der Eltern besonders gering (38 %), die mit ihren Kindern schon einmal eine Kultureinrichtung besucht haben. Umgekehrt ist der Anteil der Eltern mit hohem Bildungsniveau, die gemeinsam mit ihren Kindern entsprechende Angebote wahrgenommen haben, besonders hoch (83 %).

Übersicht 59: Bisherige gemeinsame Kulturbesuche der jungen Leute mit ihren Eltern, differenziert nach der Schulbildung der Eltern

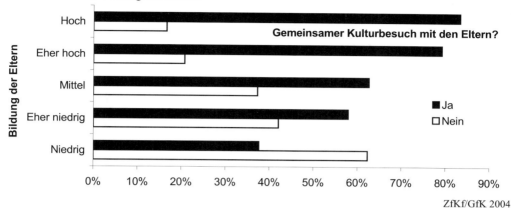

Die bildungsspezifische Selektion findet im Kontext des Zugangs zu Kultur demnach schon auf zwei Ebenen statt: zum Einen im Elternhaus, zum Anderen in der Schule. Hierbei stellt sich die Frage, ob Eltern aus bildungsfernen Bevölkerungsgruppen kulturelle Bildung nicht fördern, weil sie darauf schlicht keinen Wert legen oder ob für weniger gut Gebildete in diesem Bereich Barrieren bestehen, die – wenn man sie erst erkannt hat – beseitigt werden können.

Um diesen Fragen nachgehen zu können, wurden ergänzend zum Jugend-KulturBarometer auch 1.054 Eltern mit Kindern unter 25 Jahren zu Themen der kulturellen Bildung befragt.[91] So wurde das Interesse der Eltern an der kulturellen Bildungsförderung ihrer Kinder thematisiert. Unter anderem wurde auch ganz konkret nachgefragt, ob die Eltern den Besuch von Kulturangeboten, etwa den Besuch von Museen, Theatern oder Konzerthäusern, für die Entwicklung ihrer Kinder als wichtig erachten.

Übersicht 60: Meinung der Eltern zur Bedeutung von Kulturangeboten für die Förderung ihrer Kinder differenziert nach Schulbildung und Kulturinteresse

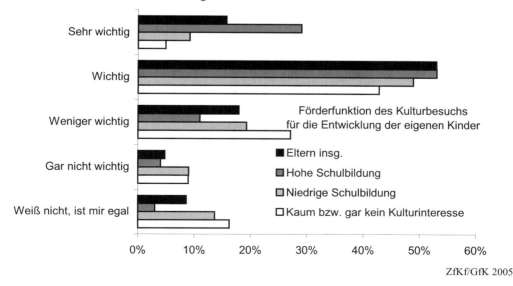

---

[91] Eltern-KulturBarometer, Hg.: Zentrum für Kulturforschung. ZfKf/Gfk, Bonn 2005

Beachtliche 68 % der Eltern mit Kindern unter 25 Jahren halten es für wichtig bzw. sehr wichtig, dass ihre Kinder mindestens einmal eines der eben genannten Kulturangebote erlebt haben. Das sind anteilig mehr Eltern als junge Leute, die mit ihren Eltern tatsächlich schon mindestens einmal ein solches Kulturangebot besucht haben. Wie stellen sich die elterlichen Meinungen zu diesem Thema vor unterschiedlichem Bildungshintergrund dar? Tendenziell kann man dabei natürlich ein Bildungsgefälle beobachten: So halten insgesamt 82 % der Eltern mit hoher Schulbildung den Besuch eines Kulturangebots für ihre Kinder für generell sehr wichtig bzw. wichtig, etwas weniger als ein Drittel schätzen diese Form der kulturellen Partizipation explizit als "sehr" wichtig ein. Aber auch von den Eltern mit niedriger Bildung erachten immerhin 58 % eine entsprechende Erfahrung für ihre Kinder als wichtig bzw. sehr wichtig. Offenbar herrscht in dieser Elterngruppe im Vergleich zu den besser Gebildeten eine größere Unsicherheit, die sich insbesondere in der häufigeren Nennung der Kategorie "Weiß nicht" niederschlägt. Bei den Eltern, die sich selbst kaum oder gar nicht für Kultur interessieren, liegt übrigens der Anteil der Befürworter eines Kulturbesuchs zur Förderung ihrer Kinder immer noch bei 48 %. Man kann also nicht allgemein feststellen, dass ein Großteil der bildungsfernen Eltern kulturelle Bildung für ihre Kinder ablehnt. Daher ist es im Folgenden sehr spannend, die Gründe zu analysieren, die die kulturelle Förderung von Kindern aus bildungsfernen Familien verhindern.

Eltern, die mit ihren Kindern noch keine Kulturbesuche unternommen haben bzw. diese nicht künstlerisch oder kreativ fördern, wurden gefragt, warum sie dies bisher nicht taten. Die folgende Übersicht gibt entsprechende Einblicke, wobei bei der Interpretation berücksichtigt werden sollte, dass es durchaus auch Hintergründe für die fehlende Förderung geben kann, die ggf. nicht genannt bzw. nicht von den vorgegebenen Antwortkategorien erfasst wurden:

Übersicht 61: Gründe für fehlendes (finanzielles) Engagement der Eltern bei der kulturellen Bildungsförderung ihrer Kinder differenziert nach Bildung der Eltern (Mehrfachnennungen mögl.)

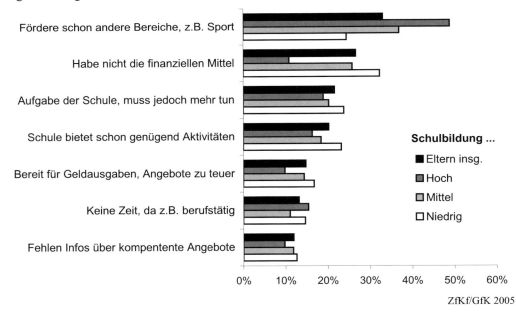

ZfKf/GfK 2005

Von den 63 %, die die kulturelle Bildung ihrer Kinder nicht explizit fördern – sei es in Form von Ausgaben für künstlerische Bildungsangebote oder Besuche in Kultureinrichtungen – geben an erster Stelle 33 % an, dass sie ihre Kinder schon in anderen Bereichen wie Sport oder Fremdsprachen fördern. 27 % fehlen nach eigenen Angaben die finanziellen Mittel. Addiert man hierzu die Eltern, die prinzipiell bereit sind, Geld auszugeben, denen die Angebote jedoch zu teuer sind, ist der fehlende finanzielle Rahmen der meistgenannte Grund. Spannend sind an dieser Stelle die Differenzen zwischen den Eltern mit hoher und denen mit niedriger Schulbildung: Der Hauptgrund für Eltern mit hoher Schulbildung sind ganz klar andere Förderschwerpunkte: Knapp 50 % von ihnen geben an, dass ihr Kind auf ihr Bestreben hin in der Freizeit schon in anderen Bereichen aktiv ist. Bei den weniger gut gebildeten Eltern sind die fehlenden finanziellen Mittel der hauptsächliche Hinderungsgrund. Auch fällt auf, dass diese Elterngruppe eher denkt, dies sei nicht ihre Aufgabe, sondern die der Schule: Knapp ein Viertel dieser Gruppe vertritt die Meinung, kulturelle Bildung sei Aufgabe von Schule und Staat, die hier jedoch zu wenig täten; knapp ein weiteres Viertel sieht ebenfalls die Schule in der Pflicht, die jedoch in ihren Augen genug für die kulturelle Bildung der Kinder leistet. Letzteres steht im Widerspruch zu den ermittelten Daten, denen zufolge vor allem Kinder aus bildungsfernen Schichten nur sehr selten von kulturellen Angeboten der Schule profitieren.

Was die finanziellen Mittel anbelangt, so ist dies in Zeiten der Hartz IV-Armut, die vor allem kinderreiche Haushalte trifft, in der Tat ein Argument. Der 12. Kinder- und Jugendbericht der Bundesregierung fordert dazu ein weiteres Mal, dass "sozialpolitisch […] die inakzeptable Abhängigkeit der Bildungs- und Qualifizierungschancen der Kinder von ihrer sozialen Herkunft verringert und der Zusammenhang von Einkommensarmut, Kinderarmut und Bildungsarmut durchbrochen werden […]"[92] soll.

Oftmals sind aber vor allem bildungsferne Bevölkerungsgruppen nicht über die tatsächlichen Eintrittspreise speziell von Kulturhäusern informiert und überschätzen diese aus Unkenntnis häufig. Dieser Zusammenhang wird in Kapitel 2.7 im Kontext der möglichen Maßnahmen für eine bessere Ansprache jugendlicher Zielgruppen noch ausführlicher dargestellt. Festzuhalten ist als Fazit aus der vorausgehenden Betrachtung, dass bildungsferne Bevölkerungsgruppen kulturelle Bildung vielfach sehr wohl als wertvoll erachten, hier jedoch stärker eine Aufgabe der Schule sehen und auch fehlende finanzielle Mittel für ihre Zurückhaltung bei der entsprechenden Förderung ihrer Kinder verantwortlich machen. Dass künstlerische Bildungsangebote, auch wenn sie öffentlich gefördert werden, vielfach die Mittel bildungsferner, kinderreicher und/oder schon das Budget von Familien mit Kindern aus der Mittelschicht übersteigen, kann schnell nachgerechnet werden. Die Kosten für 45-minütigen Einzelunterricht im Fach Klavier an einer öffentlichen Musikschule beispielsweise betrugen im Jahr 2003 – je nach Bundesland – durchschnittlich rund 30 bis zu 100 € im Monat.[93] Das zur Verfügung stehende monatliche Pro-Kopf-Einkommen lag in Haushalten von Arbeitslosengeld- bzw. Arbeitslosenhilfeempfängern im Jahr 2002 durchschnittlich bei 720 €, bei Sozialhilfeempfängern bei 510 €.[94] Nach der Einführung von Hartz IV haben sich diese Beträge geändert, allerdings liegen hierfür noch keine aktuellen Zahlen vor.

Die durchschnittlichen monatlichen Ausgaben der Eltern für Kunst und Kultur – also nicht nur für Klavierunterricht – wurden auch in der ergänzenden Elternbefragung thematisiert. 37 % der Eltern tätigen dabei regelmäßig durchschnittliche Ausgaben für kulturelle oder künstlerische Bildungsangebote ihrer Kinder. Diese liegen, auf alle befragten Eltern mit Kindern unter 25 Jahren bezogen (also auch diejenigen, die keine Ausgaben tätigen) bei 21 €. Bildet man hier einen Mittelwert nur für die Eltern mit Kindern unter 25 Jahren, die Ausgaben für die kulturelle

---

[92] 12. Kinder- und Jugendbericht "Bildung, Betreuung und Erziehung vor und neben der Schule", Hg.: Bundesministerium für Familie, Senioren, Frauen und Jugend, Berlin 2005, S. 50, 66

[93] Statistisches Jahrbuch der Musikschulen in Deutschland 2003. Hg: Verband deutscher Musikschulen, Bonn 2004, S. 33

[94] Die hier dargestellten Nettoeinkommen der privaten Haushalte wurden im Rahmen der Volkswirtschaftlichen Gesamtrechnungen des Statistischen Bundesamtes berechnet. Sie schließen die von allen Haushaltsmitgliedern tatsächlich empfangenen Einkommen aus Erwerbstätigkeit und Vermögen so wie empfangene laufende Transfers, wie z.B. Rente, Pension, Arbeitslosengeld, Sozialhilfe, Kinder- und Erziehungsgeld ein. Pressemeldung des Statistischen Bundesamtes Wiesbaden vom 7. August 2003: http://www.destatis.de/presse/deutsch/pm2003/p3120121.htm

und künstlerische Bildung ihrer Kinder machen, liegt dieser bei beachtlichen 57 € im Monat. Das macht 684 € im Jahr.

Übersicht 62: Durchschnittliche monatliche Ausgaben der Eltern mit Kindern unter 25 Jahren für kulturelle und künstlerische Bildung differenziert nach der Schulbildung der Eltern

	Schulbildung ...			Eltern insgesamt
	Niedrig	Mittel	Hoch	
Eltern mit Kindern unter 25 Jahren insgesamt	13 €	21 €	39 €	21 €
Nur die Eltern mit Kindern unter 25 Jahren, die entsprechende Ausgaben tätigen	45 €	55 €	74 €	57 €

ZfKf/GfK 2005

Bei der Höhe der finanziellen Ausgaben der Eltern für Kunst und Kulturangebote ist ebenfalls ein deutliches Bildungsgefälle zu beobachten. Eltern mit niedriger Schulbildung geben dafür durchschnittlich dreimal weniger aus als Eltern mit hoher Schulbildung. Diese hohe Differenz ist jedoch weitgehend auf den deutlich höheren Anteil von Eltern mit niedriger Schulbildung zurückzuführen, die für die kulturelle Bildung ihrer Kinder gar keine Ausgaben tätigen. Berücksichtigt man bei der Mittelwertbildung nur die Eltern, die Ausgaben haben, relativieren sich – wie an vorausgehender Übersicht abzulesen ist – die Unterschiede zwischen den Bildungsgruppen. Denn bei den Eltern mit niedriger Schulbildung, die Ausgaben tätigen, liegt der Mittelwert immerhin bei monatlich 45 €. Dies verdeutlicht zum Einen, dass es für Familien in der Tat teuer ist, in kulturelle und vor allem künstlerische Bildungsangebote zu investieren. Der Vergleich der Mittelwerte belegt aber auch, dass Eltern mit niedriger Schulbildung, die vom Wert kultureller Bildung überzeugt sind und davon ausgehen, dass die Schule hier eben kein ausreichendes Angebot gewährleistet, sehr wohl bereit sind, hier sogar vergleichsweise hohe Summen zu investieren. Man kann aus dieser Betrachtung zusammenfassend festhalten, dass die Zurückhaltung bildungsferner Familien bei der kulturellen Förderung ihrer Kinder also weniger in einer ablehnenden Haltung gegenüber klassischer Kultur begründet ist als vielmehr durch fehlende finanzielle Mittel sowie der Annahme, dass sie selbst für die kulturelle Bildung ihrer Kinder keine Sorge tragen müssten, da dies in der Verantwortung von Schule und Staat liege.

Nachdem der Wirkungskreis der beiden wesentlichen Hauptakteure der kulturellen Vermittlung – Schule und Elternhaus – ausführlich dargestellt wurde, werden nun die derzeitigen Erfolgschancen bzw. der Einfluss der kulturellen Bildungsarbeit beider Partner auf die jungen Leute verglichen. In diesem Sinne wird nachfolgend das aktuelle Kulturinteresse der jungen Leute, die bisher nur von den Eltern bei Kulturbesuchen begleitet wurden, dem Kulturinteresse der jungen Leute gegenübergestellt, die dies bisher nur mit der Schule taten.

Die Bilanz fällt in der Übersicht auf der folgenden Seite recht deutlich aus: Bei der Gruppe der Jugendlichen, die nur über die Schule ein Angebot wahrgenommen haben, ist der Anteil der wenig bzw. gar nicht Kulturinteressierten fast dreimal so hoch wie bei den jungen Leuten, die entsprechende Kontakte ausschließlich über das Elternhaus hatten. Dieses Ergebnis mag zunächst den Eindruck erwecken, die Schule sei nicht unbedingt eine Institution, mit der sich Kulturangebote positiv erleben lassen. Dieser Eindruck verfestigt sich, betrachtet man das Kulturinteresse der jungen Leute, die sowohl mit der Schule als auch dem Elternhaus Kulturbesuche erlebten. Die Bilanz zum Kulturinteresse ist in dieser Gruppe deutlich besser als bei den Jugendlichen, die dies nur mit der Schule taten, aber nicht ganz so gut, wie bei denen, die Kulturbesuche ausschließlich mit den Eltern unternahmen. "Alles, was Schule anfasst, wird Schule" lautet ein prägnanter Leitsatz von Bildungsforschern.[95] Assoziieren die Schüler, wenn sie Kultur nur

---

[95] Vgl.: Oehrens, Eva-Maria: Komparation – Operation – Kooperation. Schule, Bildung und Kultur im öffentlichen Selbstversuch. In: *Jahrbuch Kulturpädagogik* der Akademie Remscheid, Remscheid 2003, S. 10, siehe: www.akademieremscheid.de/publikationen/ aufsaetze/oehrens_selbstversuch.pdf (Zugriff am 20.3.06)

durch die Schule kennen lernen, kulturelle Inhalte vor allem mit Lernen respektive Bildung und werden davon abgeschreckt? Welche Chancen bleiben der Kulturvermittlung, junge Leute aus bildungsfernen Elternhäusern anzusprechen, wenn dies nicht über die Schule geschieht? Im folgenden Kapitel 2.6 werden Möglichkeiten erläutert, wie man auch in und mit der Schule kulturelle Bildungswege optimieren kann, um möglichst alle Kinder und Jugendliche von den Vorteilen der kulturellen Bildung profitieren zu lassen. So konnte unter anderem festgestellt werden, dass die Vermittlung von Kulturbesuchen mit Schulen wesentlich positivere Auswirkungen haben kann, wenn ein Fach- und nicht ein Klassenlehrer die Schüler begleitet. Dass dies jedoch selten der Fall ist, zeigt das folgende Kapitel in einer ausführlicheren Analyse.

Übersicht 63: Kulturelles Interesse junger Leute, die nur mit der Schule/nur mit den Eltern/nur mit dem sozialen Umfeld bzw. sowohl mit Schule und Eltern Kulturangebote besuchten

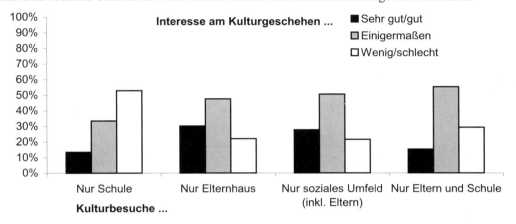

ZfKf/GfK 2004

Im Rahmen des Jugend-KulturBarometers wurden natürlich nicht nur die Eltern, sondern auch die Jugendlichen mit wenig oder gar keinem Kulturinteresse gefragt, worin die Gründe dafür liegen, dass sie sich so wenig für Kunst und Kultur interessieren. Die Antworten der jungen Leute sind in der folgenden Übersicht in einer fünfstufigen Skala von "trifft voll und ganz zu" bis "trifft überhaupt nicht zu" dargestellt und zugleich nach der Schulbildung der Befragten differenziert.
An erster Stelle wird von den jungen Leuten insgesamt das fehlende Interesse des Freundeskreises angeführt, was den Stellenwert des sozialen Umfelds ein weiteres Mal betont. Damit wird deutlich, dass es neben der Ansprache der Eltern über Familienangebote auch sehr wichtig ist, das soziale Umfeld der jungen Leute, den Freundeskreis zu erreichen. Am zweithäufigsten wird vermerkt, dass die Kulturangebote die Befragten persönlich nicht ansprechen. An dritter Stelle folgt die Begründung, andere Themengebiete seien spannender.
Besonders aussagekräftig sind die verschiedenen Gewichtungen der Gründe durch die einzelnen Bildungsgruppen. Für Jugendliche mit hoher Schulbildung steht zum Beispiel das Interesse an anderen Bereichen an erster Stelle – und damit noch vor der Meinung des Freundeskreises. Für ihre Altersgenossen mit niedriger Schulbildung fällt dagegen auf, dass deutlich mehr Gründe für ihre geringe kulturelle Partizipation relevant sind als für die anderen Gruppen. So führen anteilig mehr von ihnen eine mangelnde Kenntnis des Kulturbereichs an. Auch geht diese Gruppe eher davon aus, dass Kulturangebote langweilig seien. In diesem Kontext sollte der Kulturbegriff, der vor allem in Deutschland durch die Unterscheidung in U- und E-Kultur in eine ganz bestimmte Erlebnisrichtung gedrängt wird, gegebenenfalls grundsätzlich überdacht werden. Diese Eingrenzung ist möglicherweise nicht ganz unschuldig am kulturellen Desinteresse bestimmter Bevölke-

rungsanteile. Wie nachfolgend noch zu sehen sein wird, schätzen alle Bevölkerungsgruppen in erster Linie den Unterhaltungswert von Kultur. Diejenigen allerdings, die noch keine Erfahrungen mit entsprechenden Angeboten gemacht haben, nehmen vielleicht durch die Unterscheidung zwischen unterhaltenden und ernsten Kulturformen an, sie müssten bei letzteren eben auf Unterhaltung verzichten.

Übersicht 64: Gründe von wenig bzw. gar nicht an Kultur interessierten jungen Leuten für ihr Desinteresse

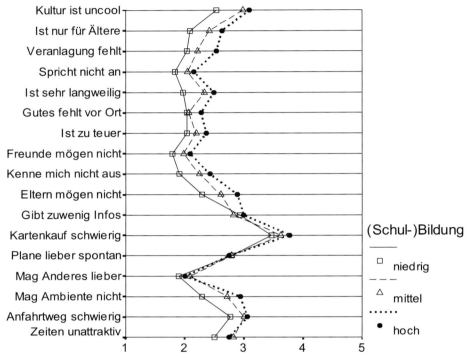

* Der Originaltext lautete hier: "Trifft vielleicht, vielleicht auch nicht zu."

ZfKf/GfK 2004

Bei den jungen Leuten mit niedriger Schulbildung steht auch der für kulturelle Angebote zu entrichtende Eintrittspreis etwas stärker im Vordergrund – ein Aspekt, der schon im Rahmen der Elternbefragung in den Vordergrund trat und der im folgenden Kapitel noch aufgegriffen wird. Eine weitere von weniger gut gebildeten Jugendlichen genannte Begründung erstaunt auf den ersten Blick: So meinen anteilig deutlich mehr von ihnen, der Grund für ihre geringe kulturelle Partizipation liege in der fehlenden künstlerischen Veranlagung ihrer Familie. 74 % der jungen Leute mit niedriger Schulbildung und geringem bzw. gar keinem Kulturinteresse finden, dass dieser Grund eher oder sogar voll und ganz zutrifft. Hierin zeigt sich – wenn auch indirekt – erneut der hohe Vorbildcharakter des Elternhauses. Wenn die Eltern – hier diejenigen mit bildungsfernem Hintergrund – sich nicht kulturell oder künstlerisch betätigen, gehen auch die Kinder unbewusst davon aus, dass sie selbst für solche Tätigkeiten von vornherein nicht talentiert genug sind – da es keine künstlerische Veranlagung in der Familie gibt. Dies bedeutet im Umkehrschluss, dass man auch die Eltern unbedingt stärker mit kulturellen Angeboten ansprechen muss. Die Einstellung der Eltern, die sich selbst nicht kulturell betätigen, entsprechende Aktivitäten allerdings für ihre Kinder wichtig finden, dabei jedoch die Schule und den Staat in der Pflicht sehen, ist also kontraproduktiv, vergleichbar mit – um dies plastisch zu veranschaulichen – Eltern, die von Kindern eine bewusste Ernährung verlangen, dabei aber selbst keine Disziplin an den Tag legen. Aus diesem Grund sind Maßnahmen wichtig, die die Eltern frühzeitig einbeziehen, beispielsweise durch Projekte, in deren Rahmen Kinder eine künstlerische Darbietung einstudieren, zu deren Präsentation dann die Eltern eingeladen werden. Aber auch mehr Öffentlichkeitsarbeit in diesem Bereich, beispielsweise das Tanzprojekt der Berliner Philharmoniker und des britischen Choreografen Royston Maldoom mit der eindrucksvollen Kinoproduktion "Rhythm is it" können nicht nur helfen, Folgeprojekten den Weg zu bereiten, sondern auch Eltern auf den wichtigen Stellenwert der kulturellen Bildung aufmerksam zu machen.

Bei den angeführten Gründen fällt auf, dass organisatorische bzw. marketingbedingte Aspekte wie die Gestaltung des Kartenerwerbs, die Veranstaltungszeiten oder auch die Anfahrtswege – mit Ausnahme der Eintrittspreise – deutlich weniger oft angemerkt werden. Offenbar kann man durch die Veränderung der strukturellen Rahmenbedingungen von Kulturveranstaltungen allein keine größere Erweiterung der jüngeren Zielgruppe erwarten. Erfolgversprechender ist die stärkere Einbindung des sozialen Umfelds.

Die vorangehende Betrachtung hat gezeigt, dass vor allem junge Leute mit niedriger Schulbildung und geringem Kulturinteresse davon ausgehen, dass Kulturangebote langweilig sind. Als möglicher Grund für diese Annahme wurde die in Deutschland übliche Trennung von E- und U-Kultur genannt. Worin sieht nun die junge Bevölkerung allgemein – also auch die Kulturinteressierten – die Aufgabe von Kunst und Kultur? Soll diese nur unterhalten oder auch bilden?

Übersicht 65: Funktion von Kunst und Kultur nach Ansicht junger Leute differenziert nach ihrem Interesse am Kulturgeschehen (Mehrfachantworten möglich)

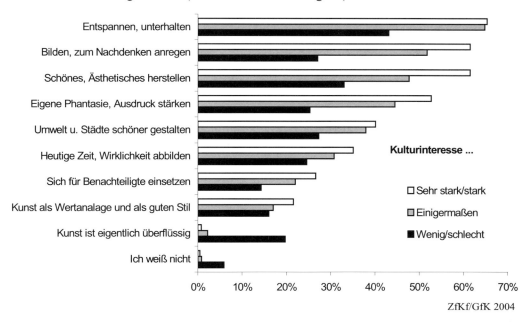

In der Tat sprechen wenig bzw. gar nicht Kulturinteressierte künstlerischen Ausdrucksformen mit 43 % anteilig am wenigsten einen Unterhaltungswert zu. Der entsprechende Anteil unter den mittelmäßigen bzw. stark Kulturinteressierten liegt dagegen bei jeweils 65 %, also bei etwa zwei Dritteln. Dabei ist zu berücksichtigen, dass die kulturell interessierten Jugendlichen nicht nur die kurzweiligen Aspekte schätzen. An zweiter Stelle der Nennungen steht für sie der Bildungsaspekt von Kunst und Kultur. Immerhin 62 % der jungen stark bzw. sehr stark Kulturinteressierten hält Bildung für eine zentrale Aufgabe von Kunst und Kultur. Hier spiegelt sich Friedrich Schillers Gedanke der Verbindung von Sinnlichkeit und Rationalität in der Kunst wieder, in der beide Ebenen zu einem ästhetischen Erlebnis vereint werden können.[96] Dass die hier gemessene Einschätzung der jungen Leute sich kaum von der der Gesamtbevölkerung unterscheidet, belegen die aktuellen Ergebnisse des 8. KulturBarometers,[97] die an der folgenden Übersicht abzulesen sind. Auch etwa zwei Drittel der erwachsenen Bevölkerung misst der Kultur eine unterhaltende Funktion bei. Natürlich kann man sich an dieser Stelle fragen, ob diese Überbetonung des unterhaltenden Aspekts der Funktion von Kunst und Kultur vielleicht auch ein aktuelles Phänomen der so genannten Spaßgesellschaft[98] ist, die sich nach jüngsten soziologischen Forschungen ja nunmehr zunehmend in eine "Sinngesellschaft"[99] wandeln soll. Ein Vergleich mit Umfrageergebnissen aus dem Jahr 1973[100] verdeutlicht jedoch, dass der Bildungsaspekt heute sogar noch stärker betont wird als vor 30 Jahren, während der Unterhaltungsaspekt im Zeitvergleich ungefähr gleich eingeschätzt wird. Die folgende Übersicht zeigt, dass dies für junge Menschen ebenso gilt wie für die Gesamtbevölkerung. Von der jungen Bevölkerung wurde der Unterhaltungsaspekt von Kunst und Kultur 1973 tendenziell sogar höher eingeschätzt als von der heutigen Jugend.

Übersicht 66: Bewertung der Relevanz von Unterhaltung und Bildung bei der Funktion von Kunst und Kultur bei den jungen Leuten und der Bevölkerung allgemein 1973 und 2004/05

	Junge Leute[101]		Bevölkerung allg. (ab 16 J.)	
	1973	2004	1973	2005
Entspannen, unterhalten	62 %	58 %	65 %	67 %
Bilden, zum Nachdenken anregen	39 %	47 %	37 %	51 %

ZfKf/Ifak 1973; ZfKf/GfK 2004; ZfKf/GfK 2005

Man sollte daher grundsätzlich überlegen, ob man im Sinne einer besseren Kulturvermittlung gerade bei den jungen Leuten aus kulturell wenig oder nicht interessierten Elternhäusern darauf achtet, den "ernsten" Charakter der Kunst nicht zu stark zu betonen, sondern im Gegenteil den Standpunkt vertritt, dass die Beschäftigung mit Mozart oder Schiller Spaß macht, dass auch die vermeintlich staubigen Klassiker spannend und unterhaltsam sind.

Die Gründe, warum Jugendliche nicht am kulturellen Geschehen in ihrer Region partizipieren, warum sie Ausstellungen oder Theateraufführungen nicht besuchen, wurden nun ausführlich dargestellt. Wie aber verhält es sich mit der eigenen künstlerischen Aktivität? Was hält junge Leute davon ab, selbst künstlerisch-kreativ tätig zu werden?

Wie die folgende Übersicht verdeutlicht, nennen sie an erster Stelle einen Grund, der für die jungen Leute aus eher bildungsfernen Elternhäusern ebenfalls eine größere Rolle für das fehlende Interesse am Kulturgeschehen spielte: die fehlende künstlerische Veranlagung in der Familie. In diesem Kontext erscheint das Argument natürlich plausibler, wird für künstlerische Aktivitäten doch eine natürliche Begabung vorausgesetzt. Allerdings ist diese in der Regel erst für künstlerische Spitzenleistungen entscheidend. Hier ist ggf. mehr Überzeugungsarbeit zu leisten, die vermittelt, dass im Grunde jeder künstlerische Grundkenntnisse und Fähigkeiten in

---

[96] Schiller, Friedrich: Über die ästhetische Erziehung des Menschen. Neuauflage Stuttgart 1965
[97] Einführung im Tabellenband zum 8. KulturBarometer, Hg.: ZfKf, Bonn 2005
[98] Zima, Peter V./Wertheimer, Jürgen: Strategien der Verdummung. Infantilisierung in der Fun-Gesellschaft. München 2001
[99] Romeiß-Stracke, Felizitas: Abschied von der Spaßgesellschaft. Freizeit und Tourismus im 21. Jahrhundert. München/Amberg 2003
[100] Vgl.: Fohrbeck/Wiesand, a.a.O., S. 521, Tabelle 8
[101] Befragt wurden 1973 16- bis 29-Jährige, 2004 dagegen 14- bis 24-Jährige.

den jeweiligen Sparten erwerben kann. Fatal ist in diesem Zusammenhang auch die Vorstellung, die eigene Begabung hinge mit dem Talent von Verwandten zusammen. Sie zeigt jedoch ein weiteres Mal, welche Bedeutung die Familie für Meinungsbildung und kulturelle Orientierung hat.

Übersicht 67: Gründe für bisherige Inaktivität junger Leute auf künstlerischem Gebiet (Mehrfachnennungen möglich)

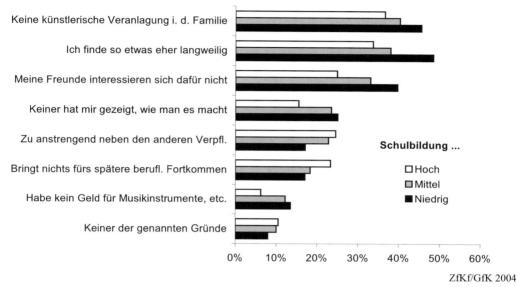

ZfKf/GfK 2004

Viele junge Leute mit niedriger Schulbildung haben zudem wiederum die Vorstellung, künstlerische Betätigung sei langweilig – eine Meinung, die offenbar auch unter ihren Freunden auffällig weit verbreitet ist. Für Jugendliche mit hoher Schulbildung sind dagegen eher zwei andere Gründe ausschlaggebend: Künstlerische Hobbys werden neben anderen – etwa schulischen – Verpflichtungen als zu anstrengend empfunden, auch wird ihre Bedeutung für das berufliche Fortkommen als gering eingeschätzt. Der erstgenannte Grund ist angesichts der in Kapitel 2.2 beschriebenen Häufung der Freizeitaktivitäten von Jugendlichen gut nachvollziehbar. Finanzielle Hinderungsgründe sehen dagegen nur ein sehr geringer Teil der jungen Leute als ausschlaggebenden Grund für fehlende künstlerische Aktivität an. Hier unterscheidet sich die Einschätzung der jungen Leute doch deutlich von der ihrer Eltern. Wie vorausgehend schon dargelegt, geben immerhin 42 % der Eltern, die die kulturelle Bildung ihrer Kinder nicht explizit fördern, an, dass sie dies eben aufgrund fehlender finanzieller Mittel nicht tun. Wahrscheinlich ist die Einschätzung derjenigen, die in der Regel die Kosten für kulturelle Bildungsangebote übernehmen – nämlich die Eltern – realistischer. Es stellt sich auch die Frage, inwieweit Eltern das Unvermögen, aufgrund fehlender finanzieller Mittel für spezielle Tätigkeiten aufzukommen, an ihre Kinder weitergeben.

Wer regt nun die jungen Leute speziell zur künstlerischen Aktivität an bzw. ist mit jungen Leuten gemeinsam künstlerisch aktiv?

An erster Stelle steht abermals das nähere soziale Umfeld im Vordergrund: der Freundeskreis und die Eltern. Bei der eigenen künstlerischen Aktivität spielt der Freundeskreis tendenziell sogar noch eine größere Rolle als die Eltern – bei der kulturellen Partizipation war dies umgekehrt. Schon auf Platz Drei folgt eine außerschulische kulturelle Bildungseinrichtung: die Musikschule. 31 % der jungen Leute, die in ihrer Freizeit schon einmal künstlerisch aktiv waren, haben im Laufe ihres Lebens schon einmal ein Musikschulangebot besucht. Das ist ein beeindruckendes Ergebnis. Dass die Musikschule einen derart wichtigen Raum in der künstlerischen Freizeitbeschäftigung einnimmt, verdankt sie nicht zuletzt ihrer flächendeckenden Infrastruktur in Deutschland, mit der sich keine andere kulturelle Bildungseinrichtung des außerschulischen Bereichs messen kann. Ebenfalls recht weit verbreitet unter den außerschulischen kulturellen Bildungseinrichtungen in Deutschland sind die Ballett- bzw. Tanzschulen. Immerhin 17 % der bisher künstlerisch aktiven Jugendlichen hat eine solche Einrichtung schon einmal besucht. Auch die privaten Anbieter gewinnen zunehmend Terrain in der kulturellen Bildungsarbeit. So geben 10 % der künstlerisch Aktiven an, dabei von einem privaten Lehrer unterrichtet worden zu sein.

Übersicht 68: Personen/Institutionen, mit denen die Jugendlichen, die schon einmal in der Freizeit künstlerisch aktiv waren, ihre künstlerische Aktivität ausgeübt haben (Mehrfachnennungen möglich)

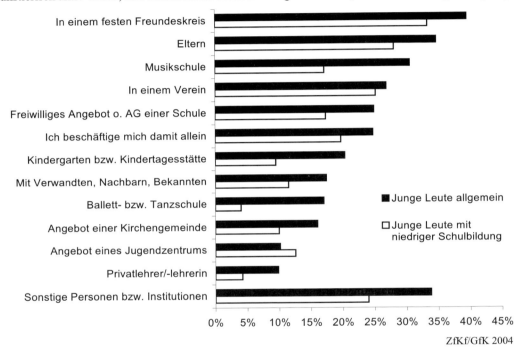

Daneben gibt es natürlich noch viele andere Anbieter aus der außerschulischen kulturellen Bildung, die sich hier hinter der Kategorie "Sonstige" verbergen, da sie bundesweit nicht so stark vertreten sind wie die eben genannten Einrichtungen, aber natürlich auch einen wichtigen Beitrag zur kulturellen Bildung der jungen Leute leisten. Dazu gehören beispielsweise die Jugendkunstschulen (von drei Prozent der bisher künstlerisch Aktiven besucht) oder die soziokulturellen Zentren mit künstlerischen Werkstätten oder Kursen (von vier Prozent der bisher künstlerisch Aktiven wahrgenommen), die in Kapitel 2.1 schon ausführlicher behandelt wurden. Immerhin 22 % aller Befragten haben im Laufe ihres Lebens schon einmal ein außerschulisches kulturelles Bildungsangebot erlebt, davon knapp ein Drittel sogar Bildungsangebote verschiedener Anbieter. Diese Ergebnisse unterstreichen noch einmal sehr deutlich den großen Stellenwert, den die außerschulischen kulturellen Bildungseinrichtungen – neben dem sozialen Umfeld – für die Verbreitung der kulturellen Bildung in Deutschland einnehmen.

Die außerschulische kulturelle Bildungsarbeit bereichert zunehmend auch die Kultureinrichtungen, die neben ihrer Hauptaufgabe, professionellen Kulturdarbietungen einen Rahmen zu geben, auch künstlerische Workshops oder Kurse im Kontext ihres jeweiligen Programms anbieten. Auf einige der in diesem Buch vorgestellten Beispiele wurde schon hingewiesen, etwa die Angebote der Stiftung Wilhelm Lehmbruck Museum oder der Berliner Philharmoniker. Immerhin sechs Prozent der bisher künstlerisch aktiven Jugendlichen haben schon einmal ein entsprechendes Angebot in einer Kultureinrichtung besucht.

Bei den künstlerischen Aktivitäten spielt auch die Eigeninitiative bzw. die eigenständige Beschäftigung mit Kunst eine wesentlich größere Rolle als bei der Kulturpartizipation, die sich gerade auch durch den geselligen Charakter, etwas gemeinsam zu erleben, auszeichnet – ein Faktor, der in Kapitel 2.7 zur besseren Ansprache junger Leute von Seiten der Kulturinstitutionen noch ausführlicher behandelt wird.

Noch vor der Schule zeichnen sich an vierter Stelle des Rankings in der vorausgehenden Übersicht auch die Vereine durch ein hohes Potential aus, junge Leute zur künstlerischen Beschäftigung zu motivieren, sei es zum Tanzen als Funkenmariechen im Karneval oder als Blechbläser im Tambourcorps des Schützenvereins. Vereinen gelingt zudem das Mobilisieren junger Leute mit niedriger Schulbildung besonders gut. Neben den sozialen Kontaktpersonen wie Freunde und Eltern erreicht der Verein am ehesten junge Hauptschüler bzw. Hauptschulabsolventen. Hierbei weniger erfolgreich sind dagegen außerschulische kulturelle Bildungseinrichtungen wie Musik-, Ballett- oder Jugendkunstschulen. Gründe hierfür wurden vorausgehend schon diskutiert – etwa die finanziellen Barrieren, aber auch die Annahme der Eltern, in der Schule würde für den künstlerischen Bereich schon genug getan.

Immerhin 25 % der jungen künstlerisch Aktiven – das entspricht 11 % aller befragten jungen Leute – sind schon einmal im Rahmen eines freiwilligen Angebots bzw. einer AG in der Schule (Halb- wie auch Ganztagsschule), künstlerisch aktiv gewesen. Auffällig bei den schulischen Angeboten ist jedoch, dass diese vor allem die jungen Leute erreichen, die ohnehin schon mit anderen Partnern bzw. Institutionen künstlerisch aktiv sind – seien dies Eltern, die Musikschule oder ein Verein. Diese Problematik wird im folgenden Kapitel zur Optimierung der Bildungswege noch ausführlicher dargelegt.

Für einige junge Leute hat die künstlerische Ausbildung zudem schon im Kindergarten bzw. in der Kindertagesstätte begonnen. Eine relative hohe Quote unter den bisher künstlerisch Aktiven, nämlich 20 %, hat dies in ihrer Kulturbiographie angegeben. Auf die Gesamtheit der jungen Leute bezogen, macht das einen Anteil von neun Prozent aus. Die frühe künstlerische Bildung ist besonders mit Blick auf Erkenntnisse in anderen Bildungsbereichen interessant, etwa dem Erlernen von Fremdsprachen. Je früher man beginnt, eine Sprache zu erlernen, desto einfacher ist dies und desto besser sind die Kenntnisse. "Wenn ein Kind früh genug, d.h. vermutlich innerhalb der ersten fünf Lebensjahre, kontinuierlich genügend sprachliche Anregung in den verschiedenen Sprachen seiner Umgebung erhält, wird es diese Sprachen im wesentlichen wie ein einsprachiges Kind erwerben."[102] Im Kontext der kulturellen Bildung sollte man daher auch prüfen, welche Auswirkungen eine frühe Beschäftigung mit Kunst und Kultur auf das spätere kulturelle Verhalten hat. Sind beispielsweise junge Leute, die schon im Kindergarten künstlerisch aktiv gewesen sind, auch im jugendlichen Alter kulturell aktiver?

In der Tat korreliert das Interesse der jungen Leute an Kultur sowohl mit dem Zeitpunkt der ersten künstlerischen Aktivität als auch dem ersten Kulturbesuch. Je früher Kinder an Kunst und Kultur herangeführt werden, desto positiver ist ihr späteres Verhältnis dazu. Dies gilt überraschend vor allem für die frühe Rezeption von Kunstdarbietungen und weniger ausgeprägt für die eigene künstlerische Aktivität. Bei letzterer kann ein sehr spannendes Phänomen beobachtet werden: Schafft man es, junge Leute, die sich bisher noch nie künstlerisch betätigt haben, im jungen Erwachsenenalter – also ab 16 Jahren – zu einer künstlerischen Betätigung zu motivie-

---

[102] Jürgen Weissenborn, Professor für Psycholinguistik, im Interview mit Bildung PLUS des Informationszentrum Bildung des Deutschen Instituts für Internationale Pädagogische Forschung (http://bildungplus.forum-bildung.de/templates/imfokus_inhalt.php?artid=267 (Zugriff am 18.5.2006); vgl. auch Penner, Zvi/Weissenborn, Jürgen/Friederici, Angela: Sprachentwicklung. In: Neurospychologie, Hg.: Karnath, Hans-Otto/Thier, Peter. Berlin/Heidelberg 2002, S. 677 - 684

ren, identifizieren sie sich in der Folge vielfach sehr deutlich mit künstlerischen und kulturellen Inhalten. So liegt der Anteil der sehr stark bzw. stark Kulturinteressierten unter den jungen Leuten, die erstmals im Alter von über 16 Jahren künstlerisch-kreativ geworden sind, bei beachtlichen 45 %. Bei der Kulturrezeption kann für diese Altersgruppe ein gegenläufiges Verhalten beobachtet werden. Aus diesen Ergebnissen könnte man daher ableiten, dass man junge Erwachsene mit kulturellen Bildungsdefiziten eigentlich nur noch für Kunst und Kultur erreichen kann, indem man sie zu eigener künstlerisch-kreativer Aktivität motiviert. Dieses Phänomen kann man in der schon erwähnten Dokumentation "Rhythm is it" über das Tanzprojekt mit jungen Berlinern beobachten. Empfinden die Hauptschüler die Musik Strawinskys zunächst als "Krach", öffnen sie sich bei der Einstudierung der Bewegungen zur Musik mehr und mehr, bis sie sagen können: " […] jetzt höre ich die Geschichte raus, und jetzt hört es sich wie Musik an."[103]

Übersicht 69: Anteil der sehr stark bzw. stark Kulturinteressierten unter den jungen Leuten im Kontext des ersten Kulturbesuchs und der ersten künstlerischen Aktivität

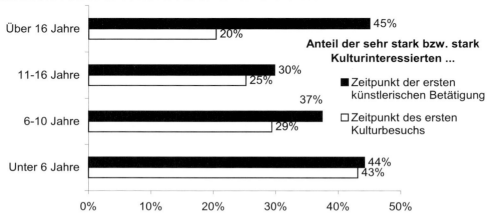

ZfKf/GfK 2004

Mit Blick auf die bisher ermittelten bildungsspezifischen Differenzen ist es natürlich auch spannend zu überprüfen, ob sich beim Zeitpunkt des Kontakts mit Kunst und Kultur hier auch Unterschiede ergeben – ob beispielsweise bildungsnahe Eltern den frühen Kontakt ihrer Kinder mit Kunst und Kultur eher herbeiführen als weniger gebildete Eltern. Die vorausgehende Betrachtung der Begleitpersonen bei künstlerischen Aktivitäten hat schon gezeigt, dass der Anteil der Kinder mit niedriger Schulbildung, die schon im Kindergarten künstlerisch-kreativ sind, geringer ist als der Durchschnitt der befragten jungen Leute. Dies könnte schon als erstes Indiz gewertet werden. Denn durch Fördervereine und Elterverttretungen haben natürlich auch die Eltern bei der Gestaltung des Kindergartenalltags ein Mitspracherecht und man kann vermuten, dass Eltern mit höherer Bildung hiervon stärkeren Gebrauch machen.[104]

Man kann in der folgenden Übersicht tatsächlich einen deutlichen Zusammenhang erkennen. Im Fall der Eltern mit hoher Schulbildung ist vergleichsweise der Anteil von Kindern, die schon im Vorschulalter etwa in einer Ausstellung oder einem Theater gewesen sind, mit 26 % besonders hoch. Dementsprechend ist derselbe Anteil mit acht Prozent bei Eltern mit niedriger Schulbil-

---

[103] Vgl. die Schülerzitate zum Projekt auf der Website, siehe: http://www.rhythmisit.com/de/php/index_flash.php?HM=2&SM=2&CM=24

[104] Der 12. Kinder- und Jugendbericht stellt fest, dass unter anderem "Faktoren der Familiensituation (Erwerbssituation, Alleinerziehendenstatus) […] den Einbezug eines Kindes in eine Kindertageseinrichtung beeinflussen, zum anderen aber auch der Bildungsstatus der Eltern, wobei bei höherem Bildungsstatus bei den Kindern im Kindergartenalter wie auch schon bei den unter Dreijährigen die Beteiligungswahrscheinlichkeit an einer institutionellen Bildung, Betreuung und Erziehung wächst. 12. Kinder- und Jugendbericht, a.a.O., S. 37

dung wesentlich geringer. Vergleichbares ist auch für den Zeitpunkt der kreativ-künstlerischen Betätigung zu beobachten. Der Bildungshintergrund der Eltern korreliert also sehr deutlich mit der kulturellen Bildung der Kinder. Will man die kulturelle Bildung künftiger Generationen verbessern, sollte man für die Eltern die Bedeutung eines frühen Kontakts mit Kunst und Kultur für Kinder viel offensiver betonen. Diese Bedeutung scheint derzeit in besser gebildeten Bevölkerungsgruppen eher präsent zu sein. Andere Freizeit- und Bildungsbereiche – etwa Sportvereine z. B. mit Babyschwimmen – werben viel intensiver um die Bindung besonders junger Menschen. Gegebenenfalls sollte man hier auch noch einmal kritisch die bestehende Angebotsstruktur für Vorschulkinder sowohl im künstlerisch-kreativen als auch im kulturellen Bereich prüfen. Das vorausgehend dargestellte, doch beachtliche Interesse der Eltern an der kulturellen Förderung ihrer Kinder sollte auf jeden Fall dazu ermutigen, die Angebotsstruktur hier noch weiter auszubauen. Dies wird auch in Kapitel 2.7 zur Intensivierung der Jugendarbeit der Kulturhäuser noch ausführlicher diskutiert.

Übersicht 70: Zeitpunkt des ersten Kulturbesuchs der jungen Leute im Kontext der Schulbildung der Eltern

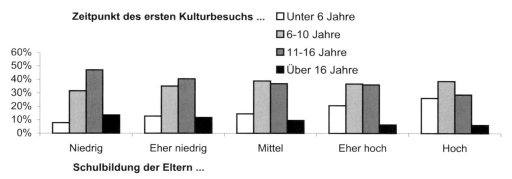

ZfKf/GfK 2004

Bildungsspezifische Tendenzen kann man auch bei der Vorbildrolle der Eltern beobachten. Findet man unter den Elternpaaren mit hoher Schulbildung 63 %, von denen einer bzw. beide schon einmal künstlerisch-kreativ tätig waren, liegt der entsprechende Anteil bei Eltern mit niedriger Schulbildung nur bei 33 %. Dass die künstlerische Aktivität der Eltern dann sehr deutlich mit der künstlerischen Aktivität der Kinder korreliert, wurde in Kapitel 2.2 bereits dargelegt. In diesem Kapitel fiel ebenfalls auf, dass die junge männliche Bevölkerung deutlich seltener künstlerisch aktiv ist als der weibliche Teil. Nun ist nicht anzunehmen, dass Jungen bzw. junge Männer eher aus bildungsfernen Familien stammen als Mädchen bzw. junge Frauen. Kann die Ursache hier bei geschlechtsspezifischen Vorbildern gesucht werden? In der Bildungsforschung wird das vergleichsweise häufige Schulversagen von Jungen oftmals mit dem überwiegend weiblichen Geschlecht der Grundschullehrkäfte in Verbindung gebracht. "In der Erziehung der Mädchen und Jungen fehlen häufig Männer. Dies gilt vor allem für den öffentlichen Erziehungsbereich. Die Erziehungsarbeit in Kindergärten und Grundschulen liegt überwiegend in den Händen der Frauen. Dies hat vor allem problematische Auswirkungen für die Entwicklung der Jungen. Reale Männerwelten präsentieren sich ihnen zu selten. Dies hat oftmals die Folge, dass Jungen Verhaltensweisen und Eigenschaften, die sie Frauenwelten zuordnen, für ihr eigenes Verhalten eher nicht akzeptieren. Authentische emotionale Äußerungen und die Übernahme von sozialer Verantwortung in Beziehungen, Fürsorge, Kommunikation und Liebe werden von den Jungen mit weiblicher Identität gleichgesetzt und der Welt des anderen Geschlechts zugeordnet. So konstruieren Jungen sich verschiedene Bilder von Männlichkeit, deren gemeinsamer Hauptnenner vor allem darin besteht, sich von dem abzugrenzen, was Frauen ihnen vorleben und vorgelebt haben."[105] Auch in der Leseforschung wird vermutet, dass die geringere Lesefreude der Jungen nicht zuletzt damit zusammenhängt, dass sie ihre Lehrerinnen nicht als Vorbilder empfinden und dass ihnen meist ihre Mütter vorlesen, weniger die Väter (vgl. den Beitrag von Ulrike Buchmann in Kapitel 4.6). Wie sieht es hier also mit dem geschlechtsspezifischen Vorbild der Eltern bei künstlerisch-kreativen Tätigkeiten aus? Ist beispielsweise der Anteil der jungen männlichen Kreativen höher, wenn der Vater – und nicht die Mutter – entsprechende Interessen pflegt?

Übersicht 71: Anteil der jungen männlichen Bevölkerung mit künstlerischen Hobbys im Kontext der künstlerischen Aktivitäten von Mutter und Vater

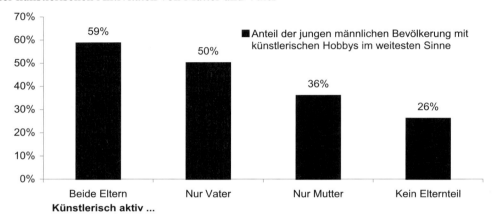

ZfKf/GfK 2004

Der Zusammenhang ist deutlich. Ist nur der Vater künstlerisch aktiv, liegt der Anteil der jungen männlichen Kreativen bei 50 %. Betätigt sich dagegen nur die Mutter kreativ, sinkt der Anteil junger Hobbykünstler in der Familie auf 36 %.

Betrachtet man die von den Befragten beschriebene künstlerisch-kreative Vergangenheit ihrer Eltern, sind die Mütter mit 40 % tendenziell eher kreativ als die Väter mit 32 %. Die geschlechtsspezifischen Unterschiede sind hier nicht so gravierend wie bei der jungen Bevölkerung. Geht man jedoch von einer geschlechtsspezifischen Vorbildfunktion im Bereich der künstlerisch-kulturellen Aktivitäten aus, stellt man schnell fest, dass neben den Eltern auch der kulturelle Bildungsbereich sehr feminin geprägt ist. Sowohl im Kindergarten als auch in der Grundschule überwiegt der Anteil von Erzieherinnen bzw. Lehrerinnen. Auch in der kulturellen Bildungslandschaft sind es eher Pädagoginnen als Pädagogen, die entsprechende Angebote durchführen. 1997/98 lag beispielsweise der Anteil von Studentinnen im Hochschulfach Kunsterziehung bei 79 %, für Musikerziehung bei 60 %.[106] Der Schluss, dass es für eine stärkere kulturelle Partizipation junger Männer sehr hilfreich ist, mehr männliche Vorbilder in der Bildungslandschaft zu platzieren, liegt nahe.

Der geringere Anteil an jungen Männern, die künstlerisch tätig sind bzw. sich für klassische Kultur interessieren, kann natürlich mit Blick auf die deutliche Korrelation von Bildung und kultureller Teilhabe auch auf die zunehmend schlechtere Schulbildung der jungen männlichen Bevölkerung zurückgeführt werden. Liegt der männliche Anteil der Befragten unter den Haupt-

---

[105] Boldt, Uli: Gender und Schule, siehe: http://www.rpi-loccum.de/boldt.html (Zugriff am 19.5.2006); Horstkämper, Marianne/Faulstich-Wieland, Hannelore: 100 Jahre Koedukationsdebatte – und kein Ende. In: *Ethik und Sozialwissenschaften* 4/1996, S. 509 ff.

[106] Vgl. Frauen im Kultur- und Medienbetrieb III. Fakten zu Berufssituation und Qualifizierung. Hg.: Zentrum für Kulturforschung, Bonn 2001

schülern bzw. Hauptschulabsolventen bei 30 %, beträgt der entsprechende weibliche Anteil dagegen nur 20 %. Ein Einfluss der Schulbildung auf die beschriebenen geschlechtsspezifischen Differenzen kann folglich ebenfalls nicht ausgeschlossen werden. Aufgrund des Zahlenverhältnisses kann der Faktor Schulbildung jedoch nicht die deutliche Differenz von einem Drittel männlicher zu zwei Dritteln weiblicher Rezipienten klassischer Kultur erklären.

Auch für Menschen mit niedriger Schulbildung können künstlerische Vorbilder mit ähnlichen Bildungswegen eine bestärkende Wirkung haben. Es liegt nahe, dass Künstler ihren Rang vor allem ihrer künstlerischen Befähigung und dem unermüdlichen Ausbau dieses Talents verdanken und dass eine gute Schulbildung dabei nicht unbedingt von Belang ist. In Zeiten, da der Besuch einer Hauptschule vielen – und nicht zuletzt den Schülern – als "Einbahnstraße in die berufliche Chancenlosigkeit" gilt,[107] kann es ermutigend sein, von Menschen zu erfahren, die durch Ausdauer und Energie trotz zunächst geringer Erfolge in der Schule eine anerkannte Position in der Gesellschaft erreicht haben. Die Autorin Mirijam Günter beispielsweise machte bei Lesungen an Hauptschulen die Erfahrung, dass die Schüler ihrer Geschichte einer sozialen Außenseiterin – im Gegensatz zu den leidvollen Erfahrungen der Lehrer – über längere Zeit aufmerksam zuhörten. Als ehemalige Hauptschülerin und Studentin des Deutschen Literaturinstituts Leipzig setzt sie sich für ein positiveres Bild der Hauptschule in der Öffentlichkeit ein und versucht in Lesungen und Gesprächen, sozial benachteiligten Jugendlichen ein Selbstwertgefühl zu vermitteln, das ihnen helfen soll, die eigenen Ziele nicht aus den Augen zu verlieren.[108]

Im Gegensatz zu Kindergärten und Schulen finden sich in der Kunstszene zahlreiche männliche Vorbilder. Dass dieser Überhang nicht zur Folge hat, dass mehr junge männliche Bevölkerungsgruppen künstlerisch tätig oder kulturell interessiert sind, liegt möglicherweise auch an der fehlenden Präsenz der Szenegrößen im Jugendalltag. Demgemäß wurden die jungen Leute im Jugend-KulturBarometer nach ihren künstlerischen Idolen gefragt. Das in der folgenden Übersicht dargestellte Ergebnis ist vor allem ein "Who is who" der Pop- und Filmbranche.

Übersicht 72: Künstler, die für Jugendliche als Idol oder Vorbild fungieren

Künstler als Idol oder Vorbild	abs.	%
Madonna	32	1 %
Britney Spears	30	1 %
Eminem	30	1 %
Pablo Picasso	**29**	**1 %**
Jeanette Biedermann	23	1 %
Robbie Williams	21	1 %
Christina Aguilera	19	1 %
Julia Roberts	16	1 %
Jennifer Lopez	15	1 %
Die Ärzte	14	1 %
Herbert Grönemeyer	14	1 %
Salvador Dalí	**13**	**0 %**
Sonstige Nennungen	662	25 %
Kein Künstler als Vorbild oder Idol	1.708	65 %
Insgesamt	2.625	100 %

ZfKf/GfK 2004

---

[107] Beck, Ulrich: Risikogesellschaft: Auf dem Weg in eine andere Moderne. Frankfurt 1986, S. 245; Solga, Heike/Wagner, Sandra: Beiwerk der Bildungsexpansion: Die soziale Entmischung der Hauptschule. Independent Research Group working paper 1/2000 Berlin, Hg.: Max Planck Institute for Human Development, S. 4

[108] Mirijam Günter im Interview auf ganztagsschulen.org, Ganztagsschulportal des Bundesministeriums für Bildung und Forschung am 11. April 2006, siehe: http://www.ganztagsschulen.org/5438.php (Zugriff 21.4.2006)

Die geringen Absolutzahlen kommen dadurch zustande, dass bei der Frage keine Antwortkategorien vorgegeben waren. Beim Ranking häufig genannter Künstler fällt neben der Präsenz von Film- und Popstars die Nennung von Künstlern wie Pablo Picasso oder Salvador Dalí auf. Auf Platz 17 dieses Rankings wird beispielsweise noch Vincent van Gogh angeführt, jedoch keine Musiker, Theaterschauspieler oder Literaten.

Wenn man sich nun die kulturellen Sparteninteressen der Jugendlichen in Erinnerung ruft, wird der Zusammenhang zwischen den Idolen und der Beliebtheit einzelner Kultursparten deutlich. Während die junge Generation wenig Interesse für Klassische Musik oder Theater zeigt, kann ein stärkeres Interesse für Bildende Kunst und besonders moderne Malerei beobachtet werden. Man könnte daraus schließen, dass junge Leute durch eine personenfixierte Identifikation für bestimmte Themen zu gewinnen sind. Laut einer Studie des Siegener Zentrums für Kindheits-, Jugend- und Biografieforschung haben sich die Einflüsse persönlicher Vorbilder auf Jugendliche innerhalb von fünf Jahren auf 56 % nahezu verdreifacht.[109] In der Popmusik- und Filmbranche wird das Rezept der Personenstilisierung jedenfalls sehr erfolgreich angewendet. Um einen Song oder einen Film erfolgreich zu machen, konzentriert sich PR-Arbeit stark auf die Person des Interpreten oder der Schauspieler. Auch der Starkult in den klassischen Künsten hat eine gewisse Tradition: Regenten schmückten sich mit namhaften Künstlern, die sie durch lukrative Aufträge an ihren Hof banden. Der "Teufelsgeiger" Paganini polierte sein Image mit einem mystischen und diabolischen Touch auf. Sich selbst als "Malerfürsten" inszenierende Künstler wie Franz von Stuck oder Gustav Klimt wurden in der Öffentlichkeit auch aufgrund ihres extravaganten Lebenswandels sehr bewundert und auch der Ruf Picassos gründet mindestens ebenso stark auf seinen Frauengeschichten wie auf seinem ungleich bedeutsameren künstlerischen Genius. Mit dem Erstarken des Bildungsbürgertums und der Überbetonung des ernsten Charakters von Kunst in Abgrenzung zur Populärkultur hat sich dieser Starkult gewissermaßen von selbst erledigt – könnte aber natürlich für mehr kulturelle Bildung und damit einhergehend ein stärkeres Interesse an Künstlern klassischer Kultursparten durchaus wieder stärker instrumentalisiert werden. Dass man es mit Filmen wie "Amadeus", "Rhythm is it" oder aber der Zeichentrickserie "Little Amadeus" des Kinderkanals von ARD und ZDF schafft, bei jungen Leuten mehr Aufmerksamkeit zu erzielen, steht außer Frage. Hier könnte man die öffentlichen Rundfunk- und Fernsehanstalten stärker in die Pflicht nehmen, auch was die Präsenz der Künste allgemein anbelangt. Warum spielen beispielsweise die Protagonisten von Vorabendserien nicht Cello statt Schlagzeug, warum orientiert sich der Trailer einer Jugendsendung nicht weniger am Pop-, sondern am Klassikgenre? Mehr Star- und Fankult, die gezielte Stilisierung schillernder Künstlerpersönlichkeiten, die junge Leute begeistern, könnten ebenso dazu beitragen, diese wieder stärker für die klassischen Künste zu interessieren, wie die stärkere Präsenz klassischer Künste in den Medien. Die Popmusik hat es auf jeden Fall mit Spartensendern wie MTV oder Viva geschafft, sich als Sprachrohr der jungen – und auch der jungen männlichen – Generation zu etablieren.

Es wurden in diesem Kapitel schon viele gesellschaftliche Faktoren genannt, die dazu beitragen können, dass junge Leute sich wieder mehr für Kunst und Kultur interessieren. Ein wichtiger Aspekt allerdings blieb bisher ungenannt: die Auswirkung einer Verknüpfung dieser Faktoren auf die kulturelle Partizipation Jugendlicher. Die Bildungsforschung hat allgemein schon festgestellt, dass der Einsatz unterschiedlicher Multiplikatoren für die Vermittlung von Inhalten förderlich ist.[110] Betrachtet man die folgende Übersicht, kommt man für die kulturelle Bildung zu ähnlichen Resultaten:

---

[109] Zinnecker, Jürgen/Behnken, Imbke/Maschke, Sabine/Stecher, Ludwig: "null zoff & voll busy" – Die erste Jugendgeneration des neuen Jahrhunderts. Opladen 2002

[110] Vgl. z. B. das Positionspapier "Handlungsempfehlungen zur besseren Ausschöpfung der Ausbildungskompetenz ausländischer Unternehmen und der Betriebe, die Jugendliche mit Migrationshintergrund ausbilden" der Bund-Länder-Kommission für Bildungsplanung und Forschungsförderung, siehe:
http://www.blk-bonn.de/papers/handlungsempfehlung_migranten.pdf (Zugriff am 13.3.06)

Übersicht 73: Zahl der Multiplikatoren (verschiedene Begleitpersonen bzw. -institutionen) beim Besuch von Kulturangeboten im Kontext des Kulturinteresses der jungen Leute

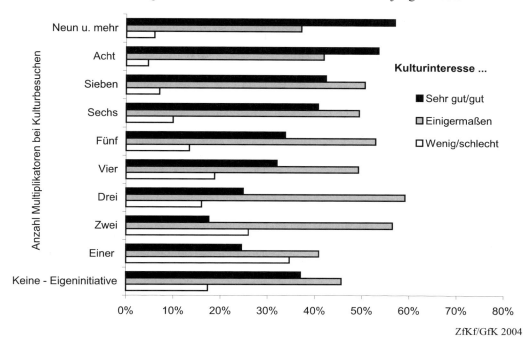

Da die vorausgehende Grafik in ihrer Struktur sehr komplex ist, soll sie nachfolgend noch einmal kurz erläutert werden: Links ist die Anzahl der verschiedenen Begleittypen aufgelistet. Sie beschreibt, wie viele Multiplikatoren aus dem sozialen Umfeld den fraglichen Jugendlichen bei einem Kulturbesuch begleitet haben, er also beispielsweise nur mit den Eltern oder nur mit der Schule oder nur mit dem Verein schon einmal einen Kulturbesuch unternommen hat ("Einer") oder ob mehrere Multiplikatoren, etwa Elternhaus und Schule oder Elternhaus, Kindergarten und Kirche eine Rolle gespielt haben. Bei 13 % der jungen Leute waren sogar sechs und mehr Multiplikatoren im Einsatz. Die Kategorie "Keine – Eigeninitiative" umfasst die Jugendlichen, die bisher noch niemand zu Kulturbesuchen motiviert und begleitet hat, sondern die dies allein, eben in Eigeninitiative taten: Diese Gruppe ist mit einem Prozent aller befragten Jugendlichen sehr klein. Für alle Gruppen ist jeweils das Kulturinteresse ausgewiesen. Bei den jungen Leuten, die bisher alleine kulturell aktiv waren, ist der Anteil der stark bzw. sehr stark Kulturinteressierten überdurchschnittlich hoch. Eigeninitiative ist in diesem Sinne also ein hoher Motivationsfaktor. Bei der Gruppe, die bisher nur von einem Multiplikator, beispielsweise nur dem Elternhaus oder nur der Schule begleitet wurden, ist der Anteil der stark Kulturinteressierten deutlich geringer. Er steigt jedoch mit der Zahl der beteiligten Multiplikatoren. Bei sieben und mehr Multiplikatoren gibt es faktisch kaum junge Leute, die sich wenig oder gar nicht für Kultur interessieren.
Dies ist ein deutliches Plädoyer für die aktive Einbeziehung möglichst vieler sozialer Bereiche in die kulturelle Bildung. Wie man insbesondere aus Perspektive der Bildungseinrichtungen noch stärker dazu beitragen kann, Multiplikatoren zu vernetzen und Bildungswege in der kulturellen Bildung zu optimieren, wird Gegenstand des folgenden Kapitels sein.

2.6 Kulturelle Bildungswege optimal gestalten – Zum Netzwerk von schulischen und außerschulischen Bildungseinrichtungen

Es wurde im vorausgehenden Kapitel sehr intensiv nach den Gründen geforscht, warum sich junge Leute weniger für Kunst und Kultur interessieren. Zwei Faktoren stellten sich vor allem heraus, die für die Vermittlung von Kunst und Kultur eine besonders große Rolle spielen: die Schule und das Elternhaus. Dabei zeichnete sich schon ab, dass sich die Schule mit der Kulturvermittlung vielfach schwerer tut als das Elternhaus. Dies kann natürlich nicht zuletzt, wie schon im vorausgehenden Kapitel angesprochen, daran liegen, dass die Schule in erster Linie als Lernort empfunden wird. Diese Klassifizierung steht dem unterhaltenden Aspekt von Kultur, der – wie die Ergebnisse der verschiedenen KulturBarometer bestätigten – für die Bevölkerung allgemein und auch für junge Menschen eine zentrale Rolle spielt, gewissermaßen entgegen. Dennoch ist die Schule der einzige Ort, an dem man am ehesten alle jungen Leute – also auch alle Bildungsgruppen – erreicht und den die Öffentlichkeit, der Staat, gestalten und damit auch verändern kann.

In diesem Sinne sollen in diesem Kapitel die Einflussmöglichkeiten kultureller Partner, insbesondere aus den Reihen der schulischen und außerschulischen kulturellen Bildung, im Mittelpunkt stehen. Zunächst soll die Bedeutung einzelner Begleiter und Vermittler exemplarisch im Kontext des Besuchs von Kulturveranstaltungen und des Kulturinteresses festgestellt werden:

Übersicht 74: Begleiter der jungen Leute bei Kulturbesuchen im Kontext des Kulturinteresses der jungen Leute

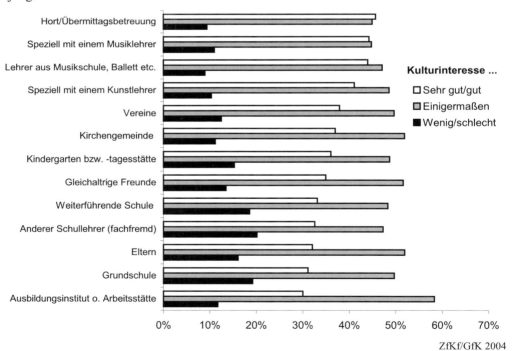

ZfKf/GfK 2004

Die Betrachtung verdeutlicht, dass Schule hier nicht gleichbedeutend mit Schule ist. Wurde in Kapitel 2.5 unter den jungen Leuten, die nur über die Schule mit kulturellen Angeboten in Berührung kamen, ein unterdurchschnittlich geringer Anteil an stark Kulturinteressierten gemessen, variiert dieser in der Übersicht je nach Schulform und vermittelndem Lehrer. Besonders hoch ist der Anteil von stark Kulturinteressierten allgemein, wenn die Jugendlichen schon einmal von einem Musik- oder Kunstlehrer der Schule bei einem Kulturbesuch begleitet wurden. Ähnliches kann man für Fachkräfte außerschulischer kultureller Bildungseinrichtungen, etwa dem Lehrer einer Musikschule, beobachten. Man könnte daraus folgern, dass es, um junge Leute mehr für Kultur zu begeistern, nicht genügt, sie professionelle kulturelle Darbietungen erleben zu lassen. Für die Optimierung von Bildungswegen ist es vielmehr besonders wichtig, kompetente Vermittler mit entsprechenden Fachkenntnissen einzusetzen. In diesem Sinne sollte man auch im außerschulischen Bereich über eine stärkere Vernetzung der Musikschulen, der Jugendkunstschulen oder der Tanzschulen mit Konzerthäusern, Bühnen oder Museen nachdenken.

Eine Gegenüberstellung des Einflusses von Fachlehrern und fachfremden Lehrkräften bestätigt, dass unter den jungen Leuten, die Kulturbesuche nur mit der Schule unternahmen, der Anteil stark Kulturinteressierter in den Fällen höher ist, wo ein Fachlehrer – ein Kunst- oder Musiklehrer – sie bei dem Kulturbesuch begleitete. Bei der Analyse der Daten muss man allerdings feststellen, dass Kunst- oder Musiklehrer bei kulturellen Schulausflügen in den seltensten Fällen einbezogen werden. 11 % der befragten Jugendlichen geben an, dass sie schon einmal mit einem Musiklehrer einen Kulturbesuch unternahmen, 14 % taten dies mit dem Kunstlehrer. Insgesamt haben 20 % bisher mit ihrem Kunst- und/oder Musiklehrer eine kulturelle Veranstaltung besucht. Es wäre daher zu überlegen, ob man Kulturbesuche in den Lehrplänen des Musik- und Kunstunterrichts verankert, um zu gewährleisten, dass die Schüler Kunst und Kultur in kompetenter Begleitung erleben, dass eine adäquate Einführung oder Nachbereitung stattfindet und dass ihre Fragen sachgerecht beantwortet werden.

Damit könnten auch bildungsspezifische Differenzen der schulischen Kulturvermittlung eher aufgehoben werden. Im vorausgehenden Kapitel wurde deutlich, dass Schüler an Gymnasien wesentlich mehr Kulturbesuche unternehmen als beispielsweise Hauptschüler. Demgemäß können auch bei der Beteiligung von Kunst- und Musiklehrern an Kulturbesuchen deutliche Unterschiede beobachtet werden:

Übersicht 75: Bisherige schulische Kulturbesuche mit Fachlehrern im Kontext der Schulbildung

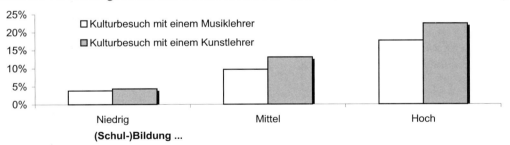

ZfKf/GfK 2004

Man könnte natürlich vermuten, dass das Defizit insbesondere der Hauptschüler bzw. Hauptschulabsolventen mit häufigen Unterrichtsausfällen in diesen Fächern zusammenhängt. Ein Blick auf die Situation der Fächer Musik und Kunst kann diesen Punkt klären: Im Jugend-KulturBarometer wurden die jungen Leute um eine Einschätzung gebeten, inwieweit sie sich an Unterrichtsausfälle speziell in den Fächern Musik und Kunst erinnern. Bei der Interpretation dieser Antworten sollte man sich natürlich darüber im Klaren sein, dass es sich um eine Einschätzung von Schülern handelt, die mit den Lehrplanvorgaben nicht vertraut sind und so sehr subjektiv urteilen, so dass die Antwort nicht mit den faktischen Gegebenheiten übereinstimmen muss. Wenn der Musikunterricht in einem Schuljahr aufgrund fehlender Lehrkräfte nicht stattfindet, ist den Schülern dieser Mangel nicht unbedingt bewusst. Trotz dieser Schwächen kann die Einschätzung der Schüler im Vergleich durchaus Interpretationshilfen bieten, da man davon ausgehen kann, dass sie sich in den einzelnen Befragungsgruppen gleichmäßig verteilen. Laut folgender Übersicht glauben etwa ein Fünftel der jungen Leute, dass sie die Ausfälle im Fach Musik nicht einschätzen können. Knapp ein Viertel bejaht entsprechende Unterrichtsausfälle. Für das Fach Kunst ergibt sich eine ähnliche Beurteilung. Tendenziell ist hier der Anteil der Bestätigung von Unterrichtsausfällen und auch der der jungen Leute, die die Frage offen lassen, etwas kleiner – und der Anteil der Jugendlichen, die meinen, bisher keine Unterrichtsausfälle im Fach Kunst erlebt zu haben, etwas größer. Dass es im Musikunterricht in den letzten Jahren durchaus häufiger zu Unterrichtsausfällen gekommen ist als im Fach Kunst, ist aufgrund des derzeit herrschenden Lehrermangels[111] durchaus realistisch.

Übersicht 76: Einschätzung der jungen Leute zu Unterrichtsausfällen im Fach Kunst und Musik

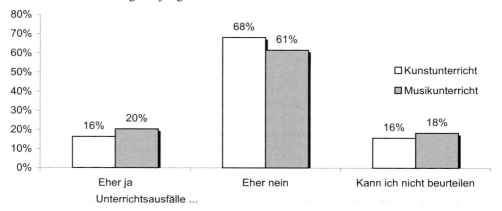

ZfKf/GfK 2004

Aussagekräftiger ist nun der Vergleich der Einschätzungen einzelner Jugendgruppen. Die eben angesprochene Frage nach unterschiedlich häufigen Unterrichtsausfällen der künstlerischen Fächer in verschiedenen Schulformen kann aufgrund der vorliegenden Einschätzungen beispielsweise nicht bejaht werden. Es können keine bildungsspezifischen Unterschiede beobachtet werden, etwa in der Form, dass an Hauptschulen nach Meinung der jungen Leute eher Unterrichtsausfälle zu verzeichnen sind als an Gymnasien.

Was für Erfahrungen machen Jugendliche allgemein in den Schulfächern Kunst und Musik? Wie die folgende Übersicht verdeutlicht, hat ein Großteil, etwa 40 %, im Musikunterricht sowohl positive als auch negative Erfahrungen gemacht. Im Kunstunterricht überwiegt – wenn auch knapp – ebenfalls mit etwa 40 % die Gruppe, die sehr bzw. eher positive Erfahrungen sammelte. Deutlich in der Unterzahl sind diejenigen, die sehr bzw. eher negative Erfahrungen mit diesen Fächern haben – also auf den ersten Blick eine insgesamt positive Bilanz.

---

[111] Vgl. Josef Kraus, Präsident des Deutschen Lehrerverbandes (DL): Lehrermangel. Sieben Bedingungen, um die Situation zu verbessern. In: Rheinischer Merkur vom 9. März 2001

Übersicht 77: Erfahrungen der Jugendlichen mit Kunst- und Musikunterricht sowie den entsprechenden Lehrkräften

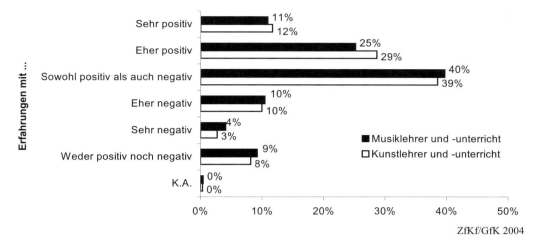

Um die Ergebnisse richtig einschätzen zu können, fehlt es jedoch an Vergleichswerten für andere Fächer. Um eine Positionierung der künstlerischen Schulfächer innerhalb des gesamten Fächerkanons zu ermöglichen, wurden die jungen Leute in einer offenen Frage nach ihren Lieblingsfächern befragt. In diesem Ranking steht Sport auf Platz Eins, Kunst und Musik folgen auf Platz Vier und Platz Sieben. Hier bestätigt sich also die etwas größere Beliebtheit des Fachs Kunst im Vergleich zu Musik, die sich schon bei den oben skizzierten Erfahrungen der jungen Leute abzeichnete. Etwas mehr als ein Viertel der Befragten gibt an, kein Lieblingsfach zu haben.

Übersicht 78: Lieblingsfächer der jungen Leute insgesamt und speziell der weiblichen Befragten (Mehrfachnennungen möglich)

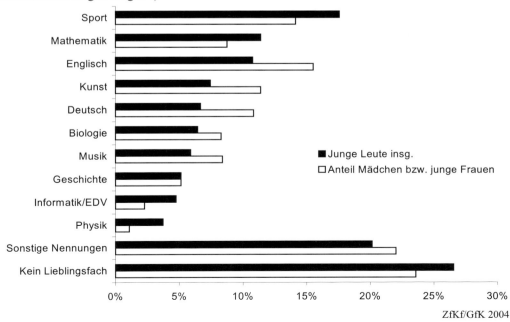

Eine geschlechtsspezifische Betrachtung offenbart eine deutlich größere Beliebtheit der künstlerischen Fächer, aber auch der Sprachen bei Mädchen bzw. jungen Frauen. Im Ranking der jungen weiblichen Bevölkerung steht das Fach Englisch an erster Stelle, Kunst und Deutsch teilen sich Platz Drei sowie Musik und Biologie Platz Sechs. Die Affinität der jungen weiblichen Bevölkerung zu künstlerisch-sprachlichen Fächern ist nicht neu: Die geschlechtsspezifische Spaltung von Schülern und Schülerinnen in mathematisch-analytisch und sprachlich-kreativ orientiert ist in der Bildungsforschung schon lange ein Thema.[112] Auch das Jugend-KulturBarometer belegt eine deutlich stärker künstlerische und auch klassisch kulturinteressierte Haltung der befragten Mädchen bzw. jungen Frauen. Gründe hierfür wurden schon an anderer Stelle diskutiert, etwa der gesellschaftliche Status von Kunst und Kultur oder geschlechtsspezifische Vorbilder – letzteres ein Faktor, der von Ulrike Buchmann unter anderem für das unterschiedliche Leseverhalten von Jungen und Mädchen verantwortlich gemacht wird (vgl. Kapitel 4.6).

Spannend ist natürlich auch die Frage, inwieweit bildungsspezifische Differenzen die Bevorzugung künstlerischer Fächer beeinflussen. Betrachtet man die Anteile der jungen Leute, die Kunst bzw. Musik zu ihrem Lieblingsfach deklarieren, im Kontext der von ihnen besuchten Schulform, kann man überraschend feststellen, dass im Fall von Kunst sehr wohl eine Korrelation mit der Schulbildung besteht, im Fall Musik jedoch nicht.

Übersicht 79: Anteile junger Leute mit Lieblingsfach Musik bzw. Kunst im Kontext ihrer Schulbildung, dem Besuch einer Ganztagsschule sowie dem Besuch eines künstlerischen Bildungsangebots

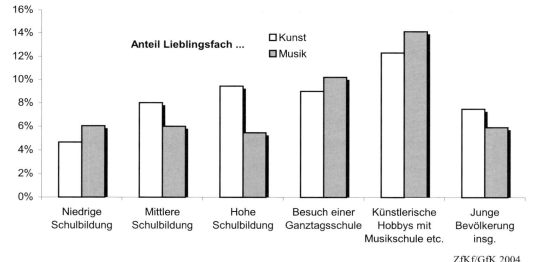

ZfKf/GfK 2004

So ist beispielsweise der Anteil der jungen Leute mit Lieblingsfach Kunst unter den Gymnasiasten bzw. Abiturienten etwa doppelt so hoch wie unter den Hauptschülern bzw. Hauptschulabsolventen. Dies wirft natürlich die Frage nach der Qualität des Kunstunterrichts an den verschiedenen Schulformen auf. Möglicherweise ist dies aber auch eine Frage der

---

[112] Vgl. z. B.: Grabosch, Annette/Zwölfer, Almut (Hg.): Frauen und Mathematik. Die allmähliche Rückeroberung der Normalität. Tübingen 1992; Jungwirth, Helga: Unterschiede zwischen Mädchen und Buben in der Beteiligung am Mathematikunterricht. In: Interpretative Unterrichtsforschung. Hg.: Bauersfeld, Heinrich/Maier, Hermann/Voigt, Jörg, Köln 1991, S. 33 – 56; Mädchen lernen anders – anders lernen Jungen. Hg.: Richter, Sigrun/Brügelmann, Hans, Bottighofen 1995

Ausstattung. In einer Ganztagsschulbefragung, die das ZfKf für das Bundesministerium für Bildung und Forschung zum Thema "Kulturelle Bildung" durchführte, konnte u. a. beobachtet werden, dass tendenziell weniger ganztägige Hauptschulen mit Kunsträumen ausgestattet sind als ganztägige Gymnasien.[113]

Können beim Anteil der Schüler mit Lieblingsfach Musik mit Blick auf die halbtägigen Schulformen keine Unterschiede beobachtet werden, ist ihr Anteil speziell unter den Ganztagsschülern fast doppelt so hoch als bei den Jugendlichen insgesamt. Wie ist dies zu erklären? Aufschlussreich ist hier der Blick auf die Jugendlichen, die angeben, schon einmal eine außerschulische kulturelle Bildungseinrichtung besucht zu haben, z. B. eine Musik- oder Ballettschule. Der Anteil derjenigen, deren Lieblingsfach Musik ist, verdreifacht sich im Vergleich zur Gesamtheit der Befragten bei den Jugendlichen, die schon einmal eine solche Einrichtung besucht haben. Man könnte daraus folgern, dass die jungen Leute, die künstlerisch aktiv sind, auch mehr Spaß an dem in der Schule vermittelten kulturellen Grundwissen haben – die beiden Bildungsebenen sich also optimal ergänzen. Dies wäre auch ein Erklärungsansatz für das größere Interesse der Ganztagsschüler am Musikunterricht. Denn in Ganztagsschulen ist grundsätzlich mehr Raum und Zeit für aktives Musizieren, aber auch für andere künstlerische Angebote. Dies bestätigt in Ansätzen auch die eben zitierte empirische Untersuchung zur kulturellen Bildung in der Ganztagsschule.[114]

Überprüft man die These, nach der künstlerische Aktivität die Affinität zu künstlerischen Schulfächern positiv beeinflusst, indem man den Anteil der jungen Leute mit Lieblingsfach Musik unter denjenigen, die in der Freizeit musikalisch aktiv sind, untersucht, bestätigt sich die Vermutung, was nachfolgende Grafik verdeutlicht:

Übersicht 80: Anteil der jungen Leute mit Lieblingsschulfach Musik im Kontext ihrer musikalischen Freizeitaktivitäten

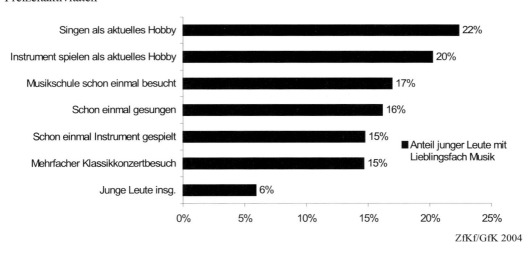

ZfKf/GfK 2004

---

[113] Keuchel, Susanne: Bildende Kunst als Baustein im Ganztag. In: *Kultur Politik*. Zeitschrift für Kunst und Kultur. Bundesmitteilungsblatt des Bundesverband Bildender Künstlerinnen und Künstler in Deutschland. Heft 3/2006

[114] Die Ergebnisse werden voraussichtlich im Herbst 2006 in einer Buchpublikation veröffentlicht. Vgl. hierzu auch vorab veröffentlichte Ergebnisse: Keuchel, Susanne/Aescht, Petra/Zentrum für Kulturforschung: KULTUR:LEBEN in der Ganztagsschule. Hintergründe, Beispiele und Anregungen für die Praxis, herausgegeben in der Publikationsreihe der Kinder- und Jugendstiftung im Rahmen von "Ideen für mehr! Ganztägig lernen" Themenheft 02. Berlin 2005; Keuchel, Susanne: Wer befruchtet wen? Empirische Befunde zur Kooperation zwischen Schule und Kultur. In: Schule und Kultur. Künstler in die Schulen – Wege Ziele, Perspektiven. Dokumentation der Fachtagung vom 23.11.2005. Hg.: NRW KULTURsekretariat; Keuchel: Bildende Kunst als Baustein im Ganztag, a.a.O.

Unter den jungen Leuten, die in ihrer Freizeit Singen oder Musizieren, ist der Anteil derjenigen, die Musik als Schulfach bevorzugen, im Vergleich zur Allgemeinheit fast vier Mal so hoch. Dabei verdoppelt er sich bereits bei den Jugendlichen, die überhaupt schon einmal musikalisch aktiv waren oder die schon mehrfach ein Klassikkonzert besucht haben. Wobei hier sehr deutlich wird, dass die Bevorzugung des Fachs Musik wesentlich stärker von der eigenen musikalisch-kreativen Aktivität abhängt als vom passiven Erleben. Wie schon in Kapitel 2.2 dargelegt, steht auch die Akzeptanz und die Häufigkeit der Rezeption Klassischer Musik in Beziehung zur eigenen musikalischen Aktivität.

Ähnliche Ergebnisse erzielt man, wenn man die künstlerischen und rezeptiven Aktivitäten im Bereich der Bildenden Kunst zum Anteil der jungen Leute mit Lieblingsfach Kunst in Beziehung stellt: Diejenigen, die in ihrer Freizeit malen oder in eine Jugendkunstschule gehen, erklären am ehesten Kunst zum Lieblingsfach. Die rezeptive Auseinandersetzung mit zeitgenössischer Kunst in Form von Ausstellungsbesuchen trägt ebenfalls dazu bei, dass junge Leute den Kunstunterricht in der Schule attraktiver finden als andere Fächer.

Übersicht 81: Anteil der jungen Leute mit Lieblingsschulfach Kunst im Kontext ihrer Freizeitaktivitäten im Bereich Bildende Kunst

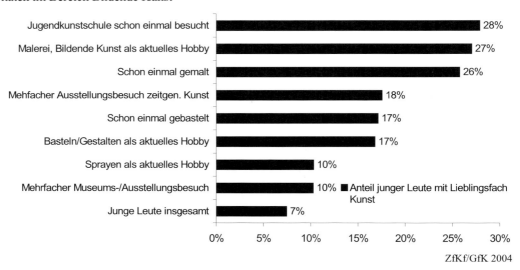

ZfKf/GfK 2004

Die auffallende Korrelation zwischen künstlerischen Aktivitäten und einer positiven Haltung zum Musik- oder Kunstunterricht wirft die Frage nach der Präsenz entsprechender Angebote im Schulalltag auf. Im vorausgehenden Kapitel zu den Ursachen, die das künstlerische und kulturelle Verhalten Jugendlicher beeinflussen, wurde schon festgestellt, dass diese in der Freizeit am ehesten mit ihrem sozialen Umfeld und außerschulischen kulturellen Bildungseinrichtungen künstlerisch aktiv sind. Erst auf Platz Fünf wird von 11 % der jungen Leute die künstlerische Betätigung im Rahmen von freiwilligen Angeboten in der Schule genannt. Zur besseren Einschätzung: Allein 14 % von ihnen geben an, schon einmal in der Musikschule künstlerisch aktiv gewesen zu sein. Im Rahmen freiwilliger Schulangebote außerhalb der regulären Unterrichtszeiten erreicht man also nur sehr wenige. Und die Gruppe, die damit erreicht wird, ist in der Freizeit in der Regel ohnehin künstlerisch aktiv, sei es mit Freunden oder Eltern, im Malkurs, dem Verein oder beispielsweise der Kirche. Lediglich drei Prozent der in der Freizeit künstlerisch Aktiven wurde bisher ausschließlich über ein freiwilliges Angebot der Schule erreicht. Dies ist ein eindeutiges Plädoyer für die Einbindung künstlerischer Angebote in den regulären Unterricht – insbesondere angesichts der Tatsache, dass sowohl für das soziale Umfeld als auch für außerschulische Bildungseinrichtungen deutlich gezeigt werden konnte, dass künstlerische und kulturelle Aktivitäten mit dem Bildungshintergrund der Jugendlichen korrelieren. In der für alle verpflichtenden Schule könnte man künstlerische Angebote für alle Kinder oder Jugendlichen ungeachtet ihres Bildungshintergrunds installieren und damit zu mehr Chancengleichheit in diesem Bereich beitragen.

Nun gibt es natürlich auch im regulären Schulangebot künstlerische Angebote – sei es, dass in der Klasse ein Theaterstück eingeübt wird oder die Teilnahme an einer Flötengruppe am Vormittag im Zeugnis vermerkt wird. Mit solchen Angeboten während der Unterrichtszeit bzw. als Pflichtveranstaltung erreicht man natürlich deutlich mehr junge Leute – laut Einschätzung der im Jugend-KulturBarometer Befragten 52 %. Zusammen mit den eben beschriebenen freiwilligen Schulangeboten am Nachmittag läge die kulturell und künstlerisch motivierende "Reichweite" der Schule damit bei 63 %.

Nicht überraschend kann man sowohl bei den freiwilligen als auch bei den verpflichtenden künstlerischen Angeboten in der Schule ebenfalls bildungsspezifische Unterschiede beobachten:

Übersicht 82: Künstlerische Aktivitäten der verschiedenen Bildungsgruppen in der Schule

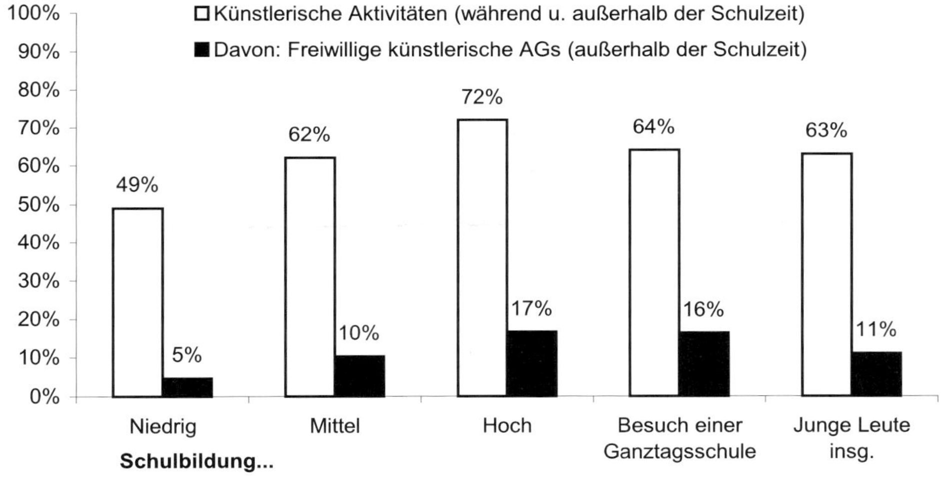

Schulbildung...	Künstlerische Aktivitäten (während u. außerhalb der Schulzeit)	Davon: Freiwillige künstlerische AGs (außerhalb der Schulzeit)
Niedrig	49%	5%
Mittel	62%	10%
Hoch	72%	17%
Besuch einer Ganztagsschule	64%	16%
Junge Leute insg.	63%	11%

ZfKf/GfK 2004

Spannend ist mit Blick auf aktuelle Bildungsdebatten auch der in der vorangehenden Übersicht dargestellte Blick auf die jungen Leute, die schon einmal eine Ganztagsschule besucht haben. In dieser Gruppe befinden sich 19 % Hauptschüler bzw. Hauptschulabsolventen und 52 % Realschüler bzw. junge Leute mit Mittlerer Reife – also weniger als ein Drittel Gymnasiasten bzw. Abiturienten. Dennoch berichten erstere über ebenso viele freiwillige künstlerische Angebote am Nachmittag wie die Gymnasisten bzw. Abiturienten insgesamt. Dieses Ergebnis bestärkt die Beobachtungen der eben erwähnten Untersuchung zur kulturellen Bildung in der Ganztagsschule[115], dass nämlich dort das zur Verfügung stehende Mehr an Raum und Zeit auch für künstlerische Angebote genutzt wird – und dies auch eher schulformübergreifend.

In der bisherigen Betrachtung blieb bislang unerwähnt, um welche künstlerischen Angebote es sich genau handelt. Stehen vor allem musikalische Angebote im Schulalltag im Vordergrund? Oder eher die Bildende Kunst? Die folgende Übersicht verdeutlicht, dass in der Schule vor allem literarische Ausdrucksformen bzw. die Darstellenden Künste gepflegt werden, in Form der Schülerzeitung, der Theater- oder Tanz-AG.

---

[115] Siehe u. a.: Keuchel: Wer befruchtet wen? a.a.O.

Wenn man sich an dieser Stelle noch einmal die in Kapitel 2.2 geschilderten künstlerischen Freizeitaktivitäten der Jugendlichen vor Augen führt und diese mit den künstlerischen Aktivitäten in der Schule vergleicht, können deutliche Unterschiede herausgestellt werden: So nimmt zum Beispiel die Musik, die bei den Hobbys den ersten Platz belegt, im Rahmen des Schulorchesters oder der Schulband bei den Schul-Angeboten einen untergeordneten Stellenwert ein. Dagegen sind das Kreative Schreiben oder auch die Darstellende Kunst anteilig unter den Freizeitaktivitäten weniger oft vertreten als in der Schule.

Übersicht 83: Art der künstlerischen Schul-AGs, die junge Leute bisher besuchten

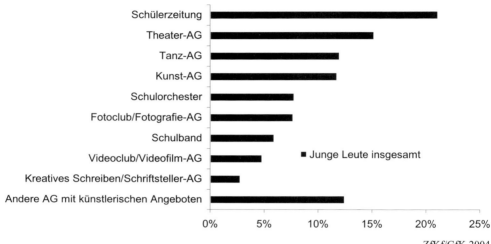

ZfKf/GfK 2004

Diese Differenz zwischen künstlerischen Schul- und Freizeitaktivitäten begründet sich natürlich nicht zuletzt an der Durchführbarkeit, an den Anforderungen und dem Aufwand, den die einzelnen Sparten erfordern. Ist die Schülerzeitung vergleichsweise leicht in den Schulalltag einzubinden, da man hier wenig neues Equipment braucht und zunächst kaum Vorkenntnisse, ist die Realisierung eines Schulorchesters oder einer Schülerband in der Regel darauf angewiesen, dass die teilnehmenden Schüler schon Instrumentenerfahrung haben. Das Erlernen eines Instruments ist in einer größeren Gruppe schwieriger zu organisieren und zeitaufwendiger als andere Aktivitäten. Theater benötigt in der Regel professionelles Equipment und vor allem einen geeigneten Vorführraum oder eine Bühne, über die jedoch zumindest die weiterführenden Schulen in der Regel verfügen. Der Vorteil der Theater-AG liegt natürlich vor allem in den entstehenden gruppendynamischen Prozessen und der möglichen Beteiligung von weniger schauspielerisch ambitionierten Schülern in Bereichen wie Dramaturgie, Tontechnik, Kostüme etc.

Aufgrund dieser Beobachtungen wird aber auch befürchtet, dass bei einer verstärkten Einführung von Ganztagsunterricht bestimmte künstlerische Fertigkeiten auf höherem Niveau an Bedeutung verlieren, etwa das Beherrschen eines für das Musizieren in der Gruppe weniger tauglichen Musikinstruments wie Klavier. Entsprechend betont der Verband der Musikschulen (VdM) in seiner Arbeitshilfe zur Kooperation von Musikschulen und Ganztagsschulen die Bedeutung der Musikschule für die "Entfaltung musikalischer Fähigkeiten" und fordert in diesem Sinne bei der Kooperation auch, dass "die Planung von Nachmittagsunterricht [...] den Schüler/innen noch Freiräume zur Teilnahme an Musikschulunterricht gewähren" soll.[116] Erste Ergebnisse der ZfKf-Studie zur kulturellen Bildung an Ganztagsschulen lassen diese Befürchtungen etwas in

---

[116] Arbeitshilfe und Materialsammlung zur Kooperation von Musikschule und Ganztagsschule (in offener, teilgebundener und vollgebundener Form). Hg.: Verband deutscher Musikschulen (VdM), Bonn 2005, S. 78

den Hintergrund treten: Mit dem Ganztagsangebot werden teilweise neue Konditionen geschaffen, die dazu führen, dass Angebote einzelner künstlerischer Sparten künftig leichter in das schulische Umfeld integriert werden können. Dies hängt auch mit der Öffnung der Schulen zusammen. Wir haben in Deutschland – wie schon mehrfach angeklungen – eine sehr vielfältige außerschulische kulturelle Bildungslandschaft, die weite Bereiche der kulturellen Bildung "bedient". Wenn diese Institutionen über Kooperationen mit Schulen eine größere Reichweite erlangen, könnten z. B. auch junge Bevölkerungsgruppen mit bildungsfernem Hintergrund von den Vorteilen kultureller Bildung, die in Kapitel 2.9 ausführlich dargelegt werden, gleichberechtigt profitieren. Die Einbindung außerschulischer Partner schärft natürlich auch das Profil der Schule und die Qualität der kulturellen Bildungsmöglichkeiten. Vorausgehend wurde schon dargelegt, dass durch künstlerische Aktivität auch das Interesse der jungen Leute am Kunst- oder Musikunterricht steigt. Wie die Daten zeigen, tragen auch Kulturbesuche mit der Schule, insbesondere in Begleitung des Fachlehrers, dazu bei, das Verständnis für Kunst und Kultur zu stärken. Eine stärkere Kooperation und Vernetzung der Schule mit Institutionen der außerschulischen kulturellen Bildung wäre also für die Verbesserung der kulturellen Bildung aller jungen Leute wünschenswert. Den Stellenwert von Netzwerken zeigte schon der in Kapitel 2.5 beschriebene Einfluss möglichst vieler Multiplikatoren auf die Rezeption von Kulturdarbietungen. Je mehr (Bildungs-)Partner des sozialen Umfelds Jugendliche bei Kulturbesuchen begleiten bzw. sie dazu motivieren, desto mehr Interesse zeigen diese für Kunst und Kultur. Dies gilt – wie an folgender Übersicht zu sehen – auch für die künstlerische Aktivität der jungen Leute.

Übersicht 84: Zahl der Multiplikatoren, mit denen junge Leute schon künstlerisch aktiv waren

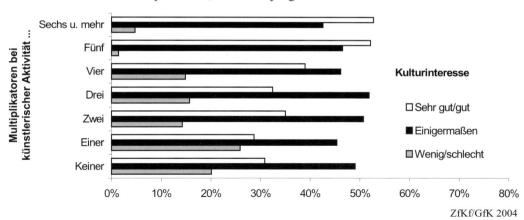

Bei jungen Leuten, die schon mit sechs verschiedenen Partnern aus dem sozialen Umfeld musiziert, gemalt oder gesungen haben, ist der Anteil der sehr stark bzw. stark Kulturinteressierten mit 53 % überdurchschnittlich hoch.

Neben der Öffnung und Vernetzung der Schule ist, wie schon erläutert, das Einbinden von Fachleuten wie Musiklehrern oder Kunsterziehern in kulturelle Vermittlungsprozesse wichtig. In der folgenden Korrelationsanalyse, deren Lesart in Kapitel 2.2 erläutert wurde (siehe Übersicht 28), ist zur besseren Einschätzung die Beziehung einzelner schulischer Angebote und Faktoren auf das Kulturinteresse allgemein noch einmal vergleichend dargestellt. Am stärksten ausgeprägt ist die Beziehung zwischen der eigenen künstlerischen Aktivität – hier in Form der künstlerischen Schul-AG – und dem Kulturinteresse. Eine ähnlich starke Korrelation konnte auch zwischen den künstlerischen Freizeitaktivitäten und dem Kulturinteresse beobachtet werden, beispielsweise dem Musizieren in der Freizeit und einem großen Interesse für Klassische Musik.

Übersicht 85: Einfluss entsprechender Schulangebote auf das Kulturinteresse junger Leute

	Korrelationskoeffizient / Signifikanzwert		Ranking
Teilnahme an künstlerischer Schul-AG	0,267	***	1
Erfahrungen mit dem Musikunterricht bzw. -lehrer	0,194	***	2
Erfahrungen mit dem Kunstunterricht bzw. -lehrer	0,161	***	3
Kulturbesuche mit der Schule	0,154	***	4
Kulturbesuch speziell mit einem Kunstlehrer	0,148	***	5
Kulturbesuch speziell mit einem Musiklehrer	0,142	***	6
Musik ist Lieblingsfach	0,118	***	7
Kunst ist Lieblingsfach	0,100	***	8
Ausfälle im Musikunterricht	0,002	(nicht signifikant)	(9)
Ausfälle im Kunstunterricht	-0,030	(nicht signifikant)	(10)

ZfKf/GfK 2004

Ein enger Zusammenhang besteht auch zwischen dem Kulturinteresse und den Erfahrungen, die junge Leute mit dem schulischen Musik- und Kunstunterricht machen. Unterrichtsausfälle wirken sich dagegen (noch) eher gering aus. Hier gilt vermutlich die Faustregel: Kein Kunst- oder Musiklehrer ist besser als ein Lehrer ohne entsprechende Fachkenntnis. Die folgende Übersicht macht noch einmal sehr deutlich, dass man junge Leute durch positiv empfundenen Kunst- oder Musikunterricht durchaus für Kunst und Kultur begeistern kann.

Übersicht 86: Anteil der sehr stark bzw. stark Kulturinteressierten unter den jungen Leuten im Kontext ihrer Erfahrungen im Musik- bzw. Kunstunterricht

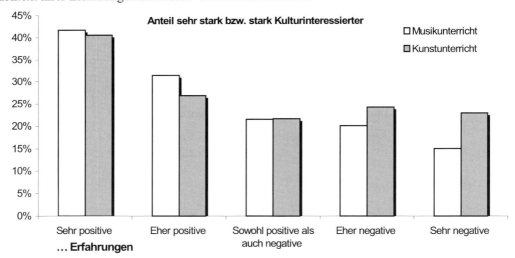

ZfKf/GfK 2004

Die bisherigen Betrachtungen festigen den Eindruck, dass die Schule einen wichtigen Beitrag für die optimale Vermittlung kultureller Bildung leisten kann – vor allem mit Blick auf mehr Chancengleichheit. Zur Zeit jedoch verstärkt die Schule die bildungsspezifischen Differenzen noch. Entscheidend ist also, dass kulturelle Bildung möglichst früh, also im Kindergarten und der Grundschule, ansetzt und zusätzlich dafür Sorge getragen wird, dass sich vor allem die Hauptschulen in diesem Bereich deutlicher engagieren. Die Stärken der kulturellen Bildung in der Schule entfalten sich vor allem dann, wenn die Institution sich öffnet, sich mit ihrem kulturellen Umfeld vernetzt und dabei ihre eigenen Ressourcen – vor allem Fachleute – in die Vernetzungsprozesse einbindet. Besonders für die schulischen Fachkräfte wäre die Erarbeitung neuer Curricula, die diese Prozesse unterstützen, hilfreich. Es wäre unter dem Aspekt der Schaffung von Chancengleichheit zudem zu überlegen, ob man zumindest das punktuelle Erleben professioneller Kulturdarbietungen als festen Bestandteil in die Lehrpläne integriert, z. B. in den Fächern Musik, Kunst und Deutsch. Die vorausgehend geschilderten Auswertungen ergeben jedenfalls, dass sich die Wirkung kultureller Bildung besonders entfaltet, wenn neben dem Grundwissen des Kunst- und Musikunterrichts die kulturell-rezeptiven und vor allem die künstlerisch-kreativen Erfahrungen der Schüler gestärkt werden.

2.7 Mehr Jugendarbeit in Kultureinrichtungen – Welche Maßnahmen sind attraktiv?

Im Eingangskapitel 2.1 wurde schon auf die Problematik des schwindenden Nachwuchses im Publikum der einzelnen klassischen Kultursparten hingewiesen. Mit Ausnahme der visuellen Künste in Museen und Ausstellungen schaffen es vor allem Kultureinrichtungen der Sparten Klassisches Theater, Klassische Musik, Oper oder Ballett kaum, ein junges Publikum zu erreichen. Auch wenn man davon ausgeht, dass die jungen Leute spätestens seit den 50er Jahren, der Rock 'n' Roll-Generation, ihre eigene Jugendkultur pflegen, belegen doch die in Kapitel 2.1 dargelegten Zeitvergleiche für einzelne Sparten Besucherrückgänge nicht nur bei der jüngeren Generation, sondern auch schon bei den mittleren Altersgruppen.[117] Sorgen um das Kulturpublikum in den klassischen Künsten sind also durchaus berechtigt. Zwar gab der überwiegende Teil der jungen Leute (62 %) an, dass sie mit 45 Jahren ebenso viele oder sogar mehr Angebote der "Hochkultur" als der "Jugendkultur" besuchen werden. Ob sie dies dann in der Zukunft wirklich realisieren, sei dahingestellt. Dass die jungen Leute glauben, dass sie mit fortschreitendem Alter die klassischen "Kulturtempel" vermehrt aufsuchen werden, liegt natürlich auch am Vorbildcharakter der Elterngeneration, die derzeit um die 45 Jahre alt ist. Sollten sich Trends, die andeuten, dass das Publikumsinteresse dieser Bevölkerungsgruppe ebenfalls nachlässt, bewahrheiten[118], steht Gegenteiliges zu befürchten. 83 % der jungen Leute haben schon irgendwann einmal ein Kulturangebot besucht. 65 % geben an, dass sie schon einmal ein Kulturangebot erlebt haben, dass ihnen besonders gut gefallen hat. Von diesen nennen 16 % dabei explizit Angebote von Museen bzw. Ausstellungen, 15 % Musicals und 12 % andere klassische Kulturangebote wie Theater, Ballett oder Oper. Der Rest fällt, soweit er zugeordnet werden konnte, im Wesentlichen auf den Bereich der populären Breitenkultur. Dies verdeutlicht noch einmal, dass es nicht ausreicht, die Jugendlichen in die großen Kulturhäuser zu führen, vielmehr müssen die Kunstwerke auch vermittelt werden und es ist dabei auch entscheidend – wie in Kapitel 2.5 ausführlich diskutiert – wer die jungen Leute zu einem Besuch animiert, ob dies z. B. Eltern, Klassenlehrer oder Fachlehrer tun.

Dass die großen Kultureinrichtungen im Alltag der Jugendlichen wenig präsent sind, zeigt auch ein Ranking zur Unverzichtbarkeit öffentlicher Einrichtungen rund um das Spektrum Kultur. Auf die Frage, auf welche der in einer Frage genannten 14 kulturellen Einrichtungen die jungen Leute am wenigsten verzichten könnten, wird an erster Stelle der Jugendclub (42 %) genannt, auf Platz Zwei die Konzerthalle (41 %) und an dritter Stelle die Stadtbücherei (40 %). Dies entspricht weitgehend den kulturellen Interessen der jungen Leute, die ein Faible für Konzerte populärer Musikformen haben, aber auch gern lesen oder sich mit anderen, audiovisuellen Medien, die man in Stadtbüchereien ausleihen kann, die Zeit vertreiben. Gemäß der Deutschen Bibliotheksstatistik der Jahre 1998 und 2003[119] nimmt das Ausleihen von Filmen, Musik-CDs oder Hörbüchern in öffentlichen Bibliotheken heute einen größeren Stellenwert ein als das von Printmedien, also Büchern oder Zeitschriften. Den letzten Platz in diesem Ranking nimmt, wie mit Blick auf die festgestellten kulturellen Interessen zu erwarten war, das Opernhaus ein. Ebenfalls im Ranking weiter unten angesiedelt sind die außerschulischen kulturellen Bildungseinrichtungen, die eben nur von den jungen Leuten genutzt werden, die auch an entsprechenden Angeboten interessiert sind, also in ihrer Freizeit ein Musikinstrument spielen, künstlerisch tätig sind oder Ballett tanzen.

---

[117] Keuchel: Der Untergang des Abendlandes, a.a.O.
[118] Ebd. oder z. B.: Hamann, Thomas K.: Die Zukunft der Klassik. In: *Das Orchester* 9/2005. S. 10
[119] www.bibliotheksstatistik.de

Übersicht 87: Einrichtungen, deren Existenz junge Leute bei einem Umzug in eine andere Stadt für besonders wichtig halten (max. bis zu fünf Nennungen waren möglich)

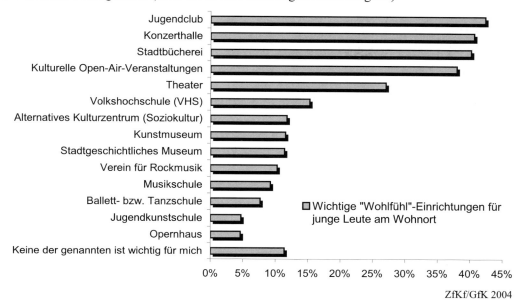

Unter den klassischen Kulturhäusern hat das Theater, das immerhin an fünfter Stelle von 27 % der jungen Leute als am Wohnort für unverzichtbar erklärt wird, am ehesten eine Lobby. Es folgen an siebter und achter Stelle jeweils mit 12 % Befürworter alternative Kulturzentren und das Kunstmuseum.

Sehr aufschlussreich ist hier der Stellenwert, den kulturelle Open-Air-Veranstaltungen auf Platz Vier einnehmen. Die Tatsache, dass Events, insbesondere in öffentlichen Außenräumen, auf junge Leute offenbar eine besondere Faszination ausüben und so dazu genutzt werden können, ihr Interesse beispielsweise auch für klassische Künste zu wecken, wird nachfolgend noch ausführlicher untersucht.

Dass gerade das Theater von immerhin einem Viertel der jungen Leute als wichtige Kultureinrichtung am Wohnort benannt wird, verwundert mit Blick auf die kulturellen Interessen der jungen Leute zunächst etwas. Schließlich geben nur sieben Prozent von ihnen an, sich für Klassisches Theater zu interessieren, beim Modernen Theater liegt der Anteil bei 10 %. Zum Vergleich: Für die Oper, die hier von nur fünf Prozent der jungen Leute zur unverzichtbaren Kultureinrichtung erklärt wird, finden sich drei Prozent Interessenten, aber immerhin 22 % der Jugendlichen lassen sich für das Musical begeistern, das zumindest punktuell im Repertoire der Opernhäuser aufgegriffen wird. Man kann den hohen Stellenwert des Theaters also kaum durch ein gesteigertes Interesse der Jugendlichen daran erklären – vielleicht jedoch mit der vergleichsweise hohen Anzahl an Besuchen: Denn trotz des geringen Interesses junger Leute am Theater haben immerhin 36 % bislang zumindest eine klassische und 33 % eine moderne Theateraufführung besucht. In Kapitel 2.1 wurde schon das besondere Engagement von Elternhaus und Schule in diesem Zusammenhang hervorgehoben. In Kapitel 2.5 hat sich die Bedeutung dieses Engagements bestätigt, so dass es unter Umständen auch ein Erklärungsansatz für den von Jugendlichen geäußerten Stellenwert des Theaters am eigenen Wohnort ist. Da viele junge Leute eben mit den Eltern oder der Schule ins Theater gehen, halten sie dieses für gesellschaftlich relevant, auch wenn sie sich im Grunde nicht dafür erwärmen können. Zum Vergleich: Eine Oper haben bisher nur 19 % der jungen Leute überhaupt schon einmal erlebt – offenbar ist hier der Einsatz von Elternhaus und Schule auch nicht so stark. Das Phänomen, dass die Existenz von Kultureinrichtungen als wichtig empfunden wird, auch wenn man an dem Besuch selbst gar kein primäres Interesse hat, ist auch bei der erwachsenen Bevölkerung sehr verbreitet. So konnte im Rahmen der ergänzend zum Jugend-KulturBarometer durchgeführten Elternbefragung, wie schon in Kapitel 2.5 angeführt, beobachtet werden, dass z. B. unter den Eltern, die sich nach eigenen Angaben kaum für Kultur interessieren, immerhin 60 % es wichtig finden, dass ihre Kinder Kulturangebote wahrnehmen.[120] Auch im 8. KulturBarometer, das 2005 durchgeführt wurde, konnte beobachtet werden, dass ein Teil der Bevölkerung die großen Kulturhäuser zwar nicht aufsucht, deren Förderung und damit deren Existenz jedoch durchaus befürwortet. Kultur wird also auch von dem Teil der Bevölkerung als wichtiges gesellschaftliches bzw. geistiges Kapital angesehen, der dieses Kapital im Grunde kaum in Anspruch nimmt.

Diese positive Einstellung hilft den Kulturhäusern jedoch wenig, gelingt es ihnen nicht, den Dialog mit dem gesamtgesellschaftlichen Spektrum zu erhalten, also auch junge Leute für Kultur zu begeistern und so das Kulturpublikum von Morgen zu sichern. Was kann man also tun, um die junge Generation stärker als aktive Rezipienten klassischer Kulturangebote zu gewinnen? Es wurde vorausgehend festgestellt, dass Jugendliche vielfach von ihrem sozialen Umfeld und von Bildungsinstitutionen zu Kulturbesuchen motiviert werden. Es ist daher aufschlussreich, grundsätzlich zu untersuchen, wie junge Leute kulturelle Aktivitäten in ihrer Freizeit angehen. Müssen sie grundsätzlich von anderen dazu bewegt werden oder sind sie auch selbst aktiv?

Übersicht 88: Aktuelle Einstellung der jungen Leute und der erwachsenen Bevölkerung ab 25 Jahren zum eigenen Kulturbesuch im Hinblick auf Eigen- und Fremdmotivation

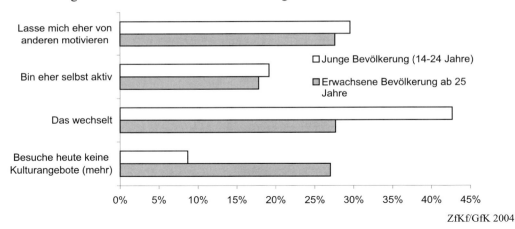

ZfKf/GfK 2004

Die Übersicht verdeutlicht, dass nur von einem geringen Teil der jungen Leute die Initiative zu Kulturbesuchen meist selbst ausgeht. Knapp die Hälfte lässt sich mal zu Kulturbesuchen motivieren, ergreift aber auch selbst die Initiative. Dagegen ist knapp ein Drittel der Jugendlichen grundsätzlich eher von anderen zu Kulturbesuchen zu animieren. Diese eher passive Haltung ist jedoch keine typisch jugendliche, sondern – wie der Vergleich mit den Angaben der erwachsenen Bevölkerung offen legt – ein allgemeines Phänomen. Dass der Anteil der Erwachsenen, die keine Kulturangebote (mehr) besuchen, deutlich größer ist, darf nicht verwundern. Schon in der ersten Übersicht in Kapitel 2.1 wurde das auf den ersten Blick höhere kulturelle Interesse von Jugendlichen im Vergleich zur erwachsenen Bevölkerung ab 25 Jahren deutlich, das sich – wie die Zahlen belegen – natürlich stärker auf die Breitenkultur bezieht und weniger auf die klassischen Kunstformen. Zudem muss das auch in Kapitel 2.1 dargestellte eingeschränkte Zeitbudget

---

[120] Vgl. Tabellenband zum Eltern-KulturBarometer, Hg.: ZfKf, Bonn 2005

der berufstätigen Bevölkerung berücksichtigt werden, ein Umstand, der sich mit zunehmenden Alter wieder relativiert.

Die Eigeninitiative bei der Auswahl von Kulturbesuchen hängt tendenziell natürlich auch von anderen soziodemographischen Faktoren ab, wobei mit Blick auf die Prozentanteile die Vermutung nahe liegt, dass auch allgemeine Persönlichkeitsmerkmale dafür entscheidend sind, ob man seine Freizeit eher aktiv gestaltet oder sich dabei lieber von anderen leiten lässt. Bei einer Betrachtung der jungen Kulturtypen fällt beispielsweise auf, dass vor allem der *"Klassische" junge Kulturfan* und der *Literaturfan* bei der kulturellen Freizeitplanung besonders selbstbestimmt agieren. Hier erkennt man als einen wesentlichen Faktor der kulturellen Eigenbestimmung das kulturelle Interesse der jungen Leute, was ja auch absolut naheliegend ist. In der folgenden Übersicht wird jedoch deutlich, dass auch das Interesse allein hier nicht ausschließlich den Grad der Eigeninitiative erklären kann. Immerhin geben noch 15 % der sehr stark bzw. stark Kulturinteressierten an, sich eher von anderen zu Kulturbesuchen bewegen zu lassen und bei der Hälfte dieser Gruppe wechseln sich Eigen- und Fremdmotivation ab. Man kann jedoch festhalten, dass in einer kulturinteressierten Gruppe der Anteil der selbstbestimmten Akteure in der kulturellen Freizeitgestaltung steigt.

Übersicht 89: Aktuelle Einstellung der jungen Leute zum eigenen Kulturbesuch im Hinblick auf Eigen- und Fremdmotivation differenziert nach dem Kulturinteresse und dem Alter

Aktuelle Einstellung zu eigenen Kulturbesuchen		Interesse am Kulturgeschehen			Altersgruppen			Junge Bevölkerung insg.
		Sehr gut/gut	Einigermaßen	Wenig/ schlecht	14-16 J.	17-19 J.	20-24 J.	
	Lasse mich eher von anderen motivieren	15 %	33 %	41%	38 %	30 %	22 %	30 %
	Bin eher selbst aktiv	33 %	15 %	9 %	15 %	18 %	23 %	19 %
	Das wechselt	50 %	48 %	19 %	37 %	43 %	47 %	43 %
	Besuche heute keine Kulturangebote (mehr)	1 %	3 %	31 %	9 %	10 %	8 %	9 %
Gesamt		100 %	100 %	100 %	100 %	100 %	100 %	100 %

ZfKf/GfK 2004

Die vorausgehende Tabelle zeigt zudem, dass innerhalb der Altersgruppen im Hinblick auf die kulturelle Eigeninitiative Unterschiede bestehen. So findet sich bei den 14- bis 16-Jährigen ein besonders hoher Anteil derjenigen, die sich zu Kulturbesuchen eher von anderen motivieren lassen. Ein Blick auf Ergebnisse des 8. KulturBarometers, in dem auch die Eigenaktivität der Bevölkerung allgemein untersucht wurde, zeigt in einer Altersdifferenzierung ab 25 Jahren keine solchen Unterschiede. Man kann also daraus folgern, dass gerade die Jugendlichen bis 16 Jahren für mehr kulturelle Aktivität noch stärker auf Anregung von außen angewiesen sind.

Kulturelle Einrichtungen sollten also im Sinne dieser Ergebnisse und auch der in Kapitel 2.5 geschilderten Beobachtung, dass sich Jugendliche umso kulturinteressierter zeigen, je mehr unterschiedliche Multiplikatoren sie zu Kulturbesuchen motivieren, Netzwerke aufbauen, die zu Verknüpfungen von sozialem Umfeld der Jugendlichen und möglicher Multiplikatoren führen. Die Schule ist hier mittlerweile ein besonders geeigneter Knotenpunkt, der von Kultureinrichtungen zunehmend gezielt angesprochen wird. Einige Netzwerke und Initiativen, wie man Schule in Kontakt mit Kultur bringt, werden auch in dieser Publikation beschrieben, so auch unter anderem die in Kapitel IV vorgestellten Programme TUSCH, TanzZeit oder das "Netzwerk Orchester und Schulen". Sehr vielversprechend – auch im Hinblick auf das Erreichen von bildungsfernen Jugendlichen – sind Kooperationen von Kultureinrichtungen mit Vereinen. Welche

ungewöhnlichen Wege hier möglich sind, zeigt beispielsweise ein TUSCH-Workshopangebot am Schauspiel Hannover, das einer jungen Fußballmannschaft tänzerische Bewegungsfolgen nahe brachte, die diese durchaus für ihren eigenen Sport zu schätzen wussten.[121]
Wie wichtig es ist, auch die Familie als Multiplikator für den Kulturbesuch zu gewinnen, wurde insbesondere in Kapitel 2.5 erläutert. Hier wurde deutlich, dass vor allem bildungsferne Jugendliche als Hinderungsgrund mangelnde familiäre Bindung an Kultur und Kunst angeben. Für Kultureinrichtungen, die effektive Nachwuchsförderung betreiben wollen, empfiehlt es sich daher dringend, Familienangebote zu schaffen und diese entsprechend zu bewerben. Die schon beschriebene positive Einstellung auch nicht-kulturinteressierter Eltern gegenüber kulturellen Angeboten für Kinder und Jugendliche machte deutlich, dass von dieser Seite großes Interesse an Familienprogrammen besteht. Hier bietet sich zudem die Chance, nicht nur ein junges Publikum zu gewinnen, sondern auch den Eltern Spaß an kulturellen Darbietungen zu vermitteln und so das eigene Publikum gleich zweifach zu erweitern. Der Erfolg von Familienangeboten, die vor allem für jüngere Kinder geeignet sind, spricht dabei für sich. Offenbar lassen sich kleinere Kinder von kulturellen Darbietungen besonders leicht fesseln. Für Kinder in Szene gesetzte Konzerte oder Kinderopern wie "Hänsel und Gretel" sind in der Regel sehr gut besucht. Die "Open House-Kinderkonzerte" des Deutschen Symphonie Orchesters in Kooperation mit dem Rundfunk Berlin Brandenburg beispielsweise waren innerhalb kürzester Zeit ausverkauft. Diese Erfolge sollten dazu ermutigen, noch mehr solcher Angebote zu schaffen. Bei ihrer Gestaltung sollte man auch darauf achten, dass diese erschwinglich sind – vielfach muss die Familie hier für zwei volle Eintritte und den des Kindes bzw. der Kinder aufkommen. Im Jugend-KulturBarometer waren allein 53 % der jungen Leute der Meinung, dass die Familienpreise für Kulturangebote in Deutschland zu teuer sind.
Mit dem Wissen, dass Eltern mit künstlerischen und kulturellen Aktivitäten auch das Erlernen von Schlüsselkompetenzen verbinden, könnte der öffentliche Kulturbetrieb eigentlich noch viel forscher an die Zielgruppe "junge Familie" herantreten. Ein provokanter Vergleich: Schon Sportvereine werben bei Frauenärzten und auf den Entbindungsstationen mit Prospekten für "Mutter-Kind-Schwimmen" – aber kein Konzerthaus preist "Mutter-Kind-Konzerte" an. Dabei sind die positiven Auswirkungen klassischer Musik auf das Ungeborene in der Forschung mittlerweile viel diskutiert worden.[122] Die überzeichnete Vision eines Konzertsaales voller schwangerer Frauen, die ihre Besuche nach der Geburt mit den Kindern fortsetzen, ist dabei weniger als Handlungsanweisung gemeint. Sie soll vielmehr das Spektrum der Möglichkeiten über den Tellerrand hinaus erweitern und verdeutlichen, dass Phantasie nicht schadet, will man in Zukunft ein breites Kulturpublikum für die vielfältige Kulturlandschaft Deutschlands gewinnen.
Ganz wichtig ist es natürlich, das direkte soziale Umfeld der jungen Leute zu erreichen, die gleichaltrigen Freunde oder die Clique. Denn das Nichtvorhandensein oder sogar die Ablehnung kultureller Aktivitäten im eigenen Freundeskreis wurden von den jungen Leuten überdurchschnittlich häufig als Hinderungsgrund für ihr fehlendes bzw. geringes Kulturinteresse genannt. Um dies zu erreichen, müssen die sozialen Räume der jungen Leute erschlossen werden. Dabei gibt es unterschiedliche Ansatzpunkte.
Die Wertschätzung kultureller Open-Air-Veranstaltungen von Seiten der Jugendlichen wurde eben schon herausgestellt. Neben der stärkeren Verankerung von Kultur in öffentlichen Räumen, die damit in der Lebenswelt junger Menschen auch stärker präsent ist, ist es hilfreich, wenn die Kulturhäuser auch außerhalb ihres kulturellen Angebots deutlicher auf sich aufmerksam machen. Wenn die Institutionen sich auch außerhalb ihrer Aufführungszeiten und zu anderen Anlässen als der "reinen" künstlerischen Darbietung öffnen, können sie zu selbstverständlichen Orten des gesellschaftlichen Lebens der Stadt oder eines Stadtteils werden. Ein Ansatz können

---

[121] Anekdote von Barbara Kantel vom Schauspiel Hannover auf der Fachtagung zum Jugend-KulturBarometer vom 2. - 4. Februar an der Bundesakademie für kulturelle Bildung Wolfenbüttel, siehe die Liste der Teilnehmer im Anhang.

[122] Vgl. dazu Publikationen wie: Tomatis, Alfred: Klangwelt Mutterleib. München 1994

öffentliche Treffpunkte sein, z. B. Cafés in Foyers, die schon in allen größeren Museen vorhanden sind, aber vereinzelt auch schon in Theatern oder Musiktheatern, etwa die Szenekneipe "Hausbar" an der Bonner Oper.

Dass der Bedarf an Berührung mit Kunst und Kultur auch zu ungewöhnlichen Zeiten besteht, zeigt auch die Resonanz der jungen Leute auf die Frage, ob sie schon einmal eine der Museumsnächte besucht haben und, wenn nein, ob sie sich dafür interessieren würden, wobei das Angebot im Rahmen der Fragestellung natürlich kurz skizziert wurde.

Immerhin 14% der jungen Leute haben schon einmal eine Museumsnacht besucht, davon mehr als ein Drittel mehrfach. Weitere 24% geben direkt an, dass sie dies bisher zwar noch nicht getan haben, sie an dieser Veranstaltungsform jedoch interessiert sind. Nur 25% der jungen Leute zeigen sich explizit an einem solchen Veranstaltungsformat nicht interessiert. Welche jungen Leute kann man nun mit solchen Kulturevents begeistern? Es sind vor allem die jungen kulturinteressierten Erwachsenen zwischen 20 und 24 Jahre, die ein Interesse für Events à la Museumsnacht zeigen. Jugendliche im Alter von 14 bis 16 Jahre sind für solche Events weniger begeisterungsfähig.

Übersicht 90: Kenntnis, Interesse an und Besuch von Museumsnächten bei den jungen Leuten differenziert nach ihrer Schulbildung

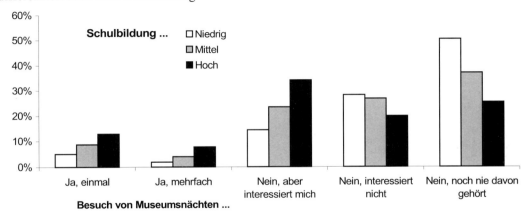

ZfKf/GfK 2004

Die vorausgehende Übersicht verdeutlicht zudem, dass es, wie auch bei anderen kulturellen Angeboten zu beobachten, ein Bildungsgefälle gibt. So haben vor allem die jungen Gymnasiasten bzw. Abiturienten eine Lange Museumsnacht schon einmal besucht bzw. zeigen hierfür Interesse. Grundsätzlich erreichen solche Events aber auch einen beachtlichen Anteil von Jugendlichen mittlerer Bildung und letztlich zumindest einige Hauptschüler bzw. Hauptschulabsolventen, die ansonsten die klassischen Kultureinrichtungen nur sehr eingeschränkt nutzen. Bei der Betrachtung der Übersicht fällt jedoch auf, dass es in allen Bildungsgruppen einen großen Teil von jungen Leuten gibt, der die Museumsnächte noch nicht besucht hat, sich aber für das Konzept interessiert und vor allem unter den Hauptschülern bzw. Hauptschulabsolventen einen noch größeren Anteil, der noch nie von dem Konzept gehört hat. Ganz wichtig ist also – neben ansprechenden Veranstaltungskonzepten in öffentlichen Räumen – auch eine adäquate Öffentlichkeitsarbeit, die junge Leute in ihrem Umfeld erreicht. Wie man die Öffentlichkeitsarbeit unter diesem Gesichtspunkt optimieren kann, wird im folgenden ausführlich dargelegt. Mit Blick auf attraktive Veranstaltungskonzepte für junge Zielgruppen sollen zunächst noch weitere Formate überprüft werden:

Übersicht 91: Persönliches Interesse junger Leute an folgenden Veranstaltungsformen

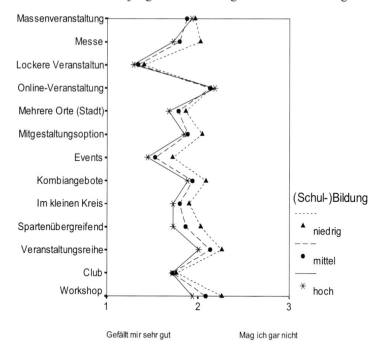

Bei einem Ranking der Veranstaltungsformen sind "lockere" Anlässe, bei denen man auch essen und trinken kann, mit 74 % eindeutig die beliebtesten. An zweiter Stelle folgen besondere Events (59 %) und an dritter Clubs (48 %).

Groß- bzw. Massenveranstaltungen (39 %) sind bei den jungen Leuten nicht so begehrt, wie man annehmen würde. Sie nehmen im Ranking eine mittlere Position ein. Sehr unbeliebt sind vor allem Online-Veranstaltungen, z. B. mit Live-Schaltungen, und Veranstaltungsreihen. Bei den Erwartungen der jungen Leute an Kulturdarbietungen, die an späterer Stelle noch beschrieben werden, wird sehr deutlich, dass diese gerade das Authentische, das Live-Erlebnis besonders schätzen. Dies erklärt die deutliche Ablehnung gegenüber Online-Veranstaltungsformen. In einer zunehmend virtuellen Welt, in der wesentliche Bereiche von der Kontoführung, dem Kauf von Waren bis hin zur Partnersuche mittlerweile online geregelt werden, gewinnt in der Freizeit wieder die menschliche Begegnung, der Kontakt mit Originalen an Bedeutung. Die ablehnende Haltung gegenüber Veranstaltungsreihen ist möglicherweise in ihrer Verbindlichkeit begründet, die das Einhalten einer ganzen Reihe von Terminen erfordert. Im Folgenden wird noch genauer untersucht, wie die jungen Leute ihre Freizeit am liebsten "verplanen" und ob sie sich zum Beispiel im Rahmen eines Abonnements gerne für mehrere Folgetermine "verpflichten" lassen.

Dass die weniger formellen Veranstaltungen bei jungen Leuten besonders beliebt sind, zeigt sich auch in ihrer kritischen Beurteilung des Ambientes größerer Kulturhäuser, die anhand der nachfolgend dargestellten Verbesserungsvorschläge am Kulturbetrieb beobachtet werden kann. Auffallend an diesem Ranking ist auch die positive Einstellung der jungen Leute zu Clubs. Wie man ein solches Format für den Kulturbereich "adaptieren" kann zeigt exemplarisch der Jugend-Opernclub *Rheingold e.V.* an der Deutschen Oper am Rhein in Düsseldorf oder der Jugend-KunstKlub des Wilhelm-Lehmbruck-Museums, die in Kurzbeiträgen in Kapitel IV vorgestellt werden. Spannend ist in diesem Kontext auch die empirische Untersuchung zur Clubsituation in der Leipziger Jugendszene von Gunnar Otte, deren Ergebnisse in Kapitel 3.6 erläutert werden. Natürlich kann man sich in der Kulturszene auch ganz andere Club-Formen vorstellen.

In der vorausgehenden Übersicht wurde die Akzeptanz der Veranstaltungsformen auch für die einzelnen Bildungsgruppen untersucht. Events werden überraschend vor allem von den besser gebildeten jungen Leuten geschätzt und deutlich weniger von den Hauptschülern bzw. Hauptschulabsolventen. Ähnliches gilt für spartenübergreifende oder ortsübergreifende, z. B. städtische oder regionale Veranstaltungen, die verschiedene Kulturangebote bzw. -einrichtungen einbinden. Am ehesten kann man junge Leute mit niedriger Bildung über "lockere" Veranstaltungsangebote oder beispielsweise mit dem Clubmodell erreichen.

Es wurde eben schon darauf verwiesen, dass es auch für attraktive Veranstaltungsformate nicht ausreicht, das eigene Angebot in den öffentlichen Raum zu verlagern, wenn es nicht gelingt, die jungen Leute auf die Existenz dieser Angebote aufmerksam zu machen. Aber mit welchen Medien erreicht man junge Zielgruppen am ehesten?

In der folgenden Übersicht wird deutlich, dass man auch hier – will man die Aufmerksamkeit junger Zielgruppen haben – am besten das direkte soziale Umfeld, den Freundeskreis der jungen Leute ansprechen sollte. 50 % der jungen Leute erfahren derzeit über Mundpropaganda am ehesten etwas über das Kulturgeschehen, die im Ranking der Informationsmöglichkeiten ebenfalls an erster Stelle steht.

Übersicht 92: Aktuelle und bevorzugte Informationsmedien junger Leute für das Kultur- und Freizeitangebot

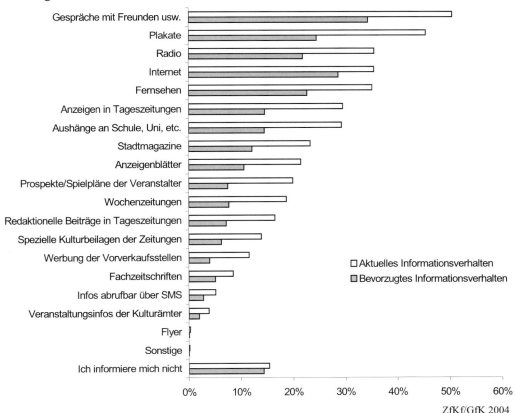

Speziell diese Form der Informationsweitergabe ist natürlich schwer zu steuern. Hilfreich ist es, wenn man so genannte "opinion leader"[123] erreicht, also von den Jugendlichen akzeptierte Meinungsführer. Eine Möglichkeit, von Jugendlichen als meinungsgebend angesehene Personen, Institutionen oder Medien zu erreichen, bietet die stärkere Vernetzung oder gar die Anbindung von Kultureinrichtungen an Jugendgruppen oder -vereine in der Stadt oder Region. Die Gründung von "hauseigenen" Jugendclubs, für die vorausgehend schon Beispiele genannt wurden, könnten ebenfalls dazu beitragen, das eigene Programm in der Jugendszene bekannt zu machen, indem die Clubmitglieder als Multiplikatoren Mundpropaganda betreiben. Auch das Jugendstadtkonzept "Düsseldorf ist ARTig", das in Kapitel 4.1 beschrieben ist, führt seinen Bekanntheitserfolg unter den jungen Düsseldorfern vor allem auf die jungen Teilnehmer selbst zurück, die das Projekt in ihrem Freundeskreis publik machten. Schulen können natürlich ebenfalls als Multiplikatoren fungieren. Die vorausgehende Übersicht belegt, dass dies in der Praxis schon gängig ist. Immerhin steht diese Kommunikationsmöglichkeit unter den zahlreich aufgeführten Informationsmedien an siebter Stelle. Knapp ein Drittel der jungen Leute (29 %) informiert sich derzeit über Aushänge an Schulen über das Kulturangebot vor Ort. Es ist also hilfreich, Informationen in Form von Plakaten, Flyern, Spielplänen o. ä. an von jungen Leuten häufig frequentierten Orten zu platzieren. Dies kann neben der Schule auch der Sportverein oder die Tanzschule sein.

Plakate stehen im Ranking derzeit genutzter Informationsmedien bei Jugendlichen an zweiter Stelle. Dass Plakate von den Befragten als Informationsmedien nicht nur akzeptiert, sondern auch gewünscht sind, belegt der hohe Anteil junger Leute, die sich persönlich auch am liebsten über Plakate informieren. Damit steht das Plakat im Ranking bevorzugter Medien auf Platz Drei. Sehr beliebt und in der Praxis als Informationsquelle oft genutzt werden zudem die Medien Internet, Radio und Fernsehen. Vor allem das Internet nimmt für die Jugendlichen eine Schlüsselfunktion ein, da es bei den von jungen Leuten bevorzugten Medien an zweiter Stelle steht. Printmedien, also Anzeigen in Tageszeitungen, Stadtmagazine oder Wochenzeitungen, werden derzeit bei der Informationssuche zum Kultur- und Freizeitangebot zwar punktuell genutzt, sie sind jedoch keineswegs beliebte Informationsmedien der jungen Leute.

Kaum genutzt und auch kaum positiv beurteilt wird die Informationsvermittlung per SMS. Man sollte jedoch bei diesem Ergebnis den Zeitpunkt der Untersuchung, Sommer bzw. Herbst 2004 beachten. Zu dieser Zeit war der Short Message Service als Informationsmöglichkeit über die private Nutzung hinaus noch nicht so verbreitet, wie dies heute der Fall ist. Neue Technologien entwickeln sich auch in ihrer Alltagsverwendung in einem rasanten Tempo. Auf der Fachtagung Anfang 2005 in Wolfenbüttel konnten einige Kulturfachleute, die mit diesem Medien experimentierten, so beispielsweise das Kulturamt Neukölln, schon sehr positive Resonanzen speziell für junge Zielgruppen vermelden, vor allem, wenn die Meldung kurz vor Beginn der Veranstaltung, z. B. ein bis zwei Stunden vorher gesendet wurde. Diese Kommunikationsform setzt allerdings voraus, dass der Veranstalter die Mobilfunk-Nummer der potentiellen Besucher hat – dass diese also gewissermaßen schon zum Besucherkreis gehören. Da diese Form der Information in Alltagsbereichen wie Sport oder gar Politik – der FDP-Bundestagsabgeordnete Joachim Günther beispielsweise nutzt für seine Fraktionsarbeit und für den Kontakt zur Parteibasis SMS-Kurznachrichten[124] – bereits weit verbreitet ist, warum soll das für aktuelle Meldungen aus der Kultur oder Werbung für Kultur nicht gelten?

Der Zeitpunkt, wann um junge Zielgruppen geworben wird, bildet eine weitere wichtige Dimension. Die Frage nach dem richtigen Moment für Werbung wird vor allem vom Planungsverhal-

---

[123] Vgl. z. B.: Trepte, Sabine/Scherer, Helmut: What do they really know? Differentiating opinion leaders into dazzlers and experts. Hamburger Forschungsbericht zur Sozialpsychologie 60, Hamburg 2005 und die darin diskutierten Standardwerke zur Rolle von Meinungsführern. Abstract unter:
http://www.uni-hamburg.de/fachbereiche-einrichtungen/fb16/absozpsy/projekt_meinungsfuehrer.html (3.5.06)

[124] Vgl. die entsprechende Pressemeldung des Anbieters POS www.pos-berlin.de vom 14. Mai 2004.

ten der Zielgruppe bestimmt. Wann also ist es für Kulturinstitutionen sinnvoll, sich mit ihrem Angebot ins Gedächtnis der jungen Leute zu rufen, so dass sie dieses dann auch in ihrer Planung berücksichtigen? Allgemein gibt es für das Kulturpublikum festgelegte Zeiten, wann welche Anzeigen geschaltet bzw. wann vor einem Veranstaltungstermin wo plakatiert wird. Diese richten sich oftmals nicht nur nach den Planungsinteressen der potentiellen Besucher, sondern oftmals auch nach den Interessen der Veranstalter selbst, die möglichst frühzeitig Karten verkaufen wollen, um beispielsweise die Platzausnutzung einer Veranstaltung besser einschätzen zu können. Wie kompatibel ist hier das Planungsverhalten der jungen Leute?

Übersicht 93: Bisheriges Planungsverhalten junger Leute bei festgelegten Veranstaltungsterminen wie Theater oder Konzerte

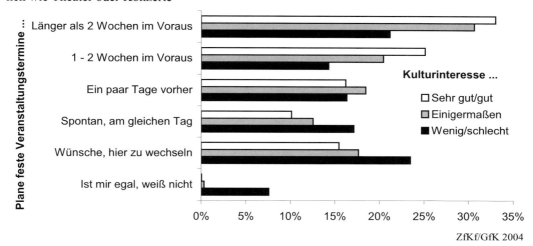

28 % der jungen Leute legen sich verhältnismäßig langfristig, dass heißt, länger als zwei Wochen im Voraus auf einen kulturellen Veranstaltungstermin fest. Weitere 20 % planen einen Kulturtermin zumindest ein bis zwei Wochen im Voraus ein. Das heißt, dass etwa die Hälfte der jungen Leute entweder immer kurzfristig (30 %) entscheidet bzw. die Entscheidung einmal kurz- und das andere Mal langfristig, also wechselhaft, trifft (19 %). Mit diesem Planungsverhalten heben sich die jungen Leute deutlich vom üblichen Kulturpublikum ab. In der schon mehrfach zu Vergleichen herangezogenen Rheinschienen-Umfrage konnten in diesem Sinne entsprechend deutliche Unterschiede zwischen dem allgemeinen kulturellen Planungsverhalten (hier wurden nicht feste Termine fokussiert) in den verschiedenen Altersgruppen festgestellt werden.[125] Differenzen finden sich vor allem zwischen der jungen und der älteren Bevölkerung.[126] Da sich beispielsweise das Kulturpublikum von Oper und Konzert, wie dies zuletzt im 8. KulturBarometer beobachtet werden konnte, überwiegend aus älteren Besuchern zusammensetzt[127], besteht dann natürlich die Gefahr, dass die Veranstalter sich nach dem Planungsverhalten ihrer Hauptzielgruppe richten, was verständlich ist, jedoch den Nebeneffekt hat, dass das Nachwuchspublikum noch weniger erreicht wird. So sind in der Konzert- und Theaterlandschaft derzeit bis zu vierwöchige Vorverkaufszeiten üblich. Für gute und zugleich günstige Karten muss man lange im Voraus disponieren. Auf günstige Karten sind jedoch in der Regel vor allem junge

---

[125] Keuchel: Rheinschiene – Kulturschiene, a.a.O., S. 240 ff.

[126] Keuchel, Susanne: Status quo und Entwicklung im Kulturverhalten älterer Bürger. Trends aus Bevölkerungsumfragen des Zentrums für Kulturforschung. In: Dokumentation zur Konferenz "Senoirenwirtschaft in Europa. Neue Produkte und Dienstleistungen. Status-qou und Perspektiven in Europa.", Bonn 17. – 18. Februar 2005

[127] Keuchel: Der Untergang des Abendlandes, a.a.O., S. 28 f.

Leute angewiesen, die meist noch nicht über hohe Einnahmen verfügen. Ein Ausweg, der dem Naturell der jungen Leute entgegen kommt, sind so genannte Last-minute-Schalter für Konzert- und Theaterkarten. Dies erfordert allerdings vom Veranstalter die Risikobereitschaft, begehrte Karten bis kurz vor Aufführungsbeginn zurückzuhalten und Risikobereitschaft vom potentiellen Besucher, die kulturelle Einrichtung in der vielleicht unbegründeten Hoffnung auf noch zu erwerbende Karten aufzusuchen. Unter Umständen müssen daher auch ganz andere Vertriebswege erwogen werden. Denkbar wäre zum Beispiel ein Internetservice, der den Erwerb von Karten unmittelbar vor Veranstaltungsbeginn gewährleistet, eine Alternative, die es dem Besucher ermöglicht, flexibel zu planen. Eine weitere Möglichkeit ist die Abgabe von Kartenkontingenten an Jugendgruppen, die auch kurzfristig und mit Ermäßigung erfolgen kann. Eine solche Vereinbarung besteht beispielsweise zwischen dem schon erwähnten Opernclub *Rheingold* und der Deutschen Oper am Rhein in Düsseldorf.

Eines wird in der Diskussion sehr deutlich. Will man das schon erreichte Stamm-Publikum halten und zugleich das Kulturpublikum von morgen ans Haus binden, muss man eine zeit lang zweigleisig fahren und sowohl kurzfristige als auch langfristige Distributionswege anbieten. So zeigt zwar die obige Differenzierung des Planungsverhaltens junger Leute nach Kulturinteresse, dass die jungen sehr stark bzw. stark Kulturinteressierten sich den Gegebenheiten bis zu einem gewissen Grad schon anpassen. Dennoch verliert man mit langfristigen und starren Vertriebswegen allein ein Viertel der jungen Leute, die sehr stark bzw. stark kulturinteressiert sind. Und betrachtet man die klassischen Kulturorte, die junge Leute bevorzugen, so sind dies vor allem Museen und Ausstellungen, die man eben auch spontan aufsuchen kann, ohne frühzeitig eine Karte zu besorgen und sich damit langfristig auf den Besuch festlegen zu müssen. Die jungen Leute legen sich also unter Umständen für ihre primären Vorlieben, zum Beispiel ein Rockkonzert, eher langfristig fest – weil sie eben wissen, was sie erwartet. Es ist jedoch nicht davon auszugehen, dass diese Bereitschaft für kulturelle Angebote gilt, die die jungen Leute noch nicht kennen gelernt haben und von denen sie möglicherweise enttäuscht werden könnten.

Wie kommt dieser Trend zur Kurzfristigkeit, zur Spontaneität zustande? Die zunehmende Geschwindigkeit von Medien, Musik und Kommunikation bzw. die Kurzlebigkeit von Trends zeigt vermutlich deutliche Auswirkungen auf das Leben nicht nur der jungen Leute. Wie der Beitrag von Wilfried Ferchhoff in Kapitel 3.1 verdeutlicht, können sich ehemals feststehende Koordinaten wie Familienverhältnisse bzw. soziale und berufliche Stellung schnell ändern, auch die Halbwertzeit ehemals aktueller Computerkenntnisse wird immer kürzer. Folglich legen sich Jugendliche auch in ihrer Freizeit ungern verbindlich fest.

Der Trend zur Spontaneität spiegelt sich auch in den Präferenzen verschiedener Vertriebsmodelle bzw. Kartenerwerbsmöglichkeiten wieder. So steht in der folgenden Übersicht das Abonnement in der Beliebtheitsskala an letzter Stelle, der Last-Minute-Verkauf dagegen immerhin auf dem vierten Platz. Natürlich können auch hier im Kontext des Kulturinteresses Differenzen beobachtet werden, in der Form, dass man unter den Kulturinteressierten tendenziell einen etwas größeren Anteil an Befürwortern langfristiger Kartenerwerbsmodelle finden kann. Dieser liegt jedoch unter den sehr stark bzw. stark Kulturinteressierten für das Abonnement beispielsweise nur bei sechs Prozent, für den Last-Minute-Verkauf jedoch bei 29 %.

Bei der Präferenz für einzelne Kartenerwerbsmodelle können zum Teil auch deutliche altersspezifische Differenzen beobachtet werden, die sich durch verschiedene Lebenslagen erklären lassen. So sind die älteren Jugendlichen, die 20- bis 24-Jährigen, eher an unkomplizierten Vertriebswegen wie Call-Center oder Internet interessiert. Letzteres übrigens nimmt im Ranking den ersten Platz bei allen jungen Leuten mit Ausnahme der 14- bis 16-Jährigen ein, was die Verbundenheit der jungen Leute mit der neuen Technologie unterstreicht. Die 14- bis 16-Jährigen hingegen präferieren an erster Stelle den Gutschein für frei wählbare Veranstaltungen. Dahinter verbirgt sich unter Umständen auch der Wunsch einer noch eher unselbständigen Gruppe, über eine handfeste Einlassberechtigung zu verfügen. Ähnlich kann man das Interesse dieser Altersgruppe für die Clubkarte erklären, die für sie im Ranking den vierten Platz einnimmt, bei den jungen Leuten insgesamt jedoch erst an sechster Stelle steht. In der Praxis des Kulturalltags findet die Clubkarte – oftmals auch "KulturCard" genannt – die auf der einen Seite "bindet", da sie sich preislich stärker rentiert, je mehr Veranstaltungen man besucht, auf der anderen Seite flexiblen Zugang gewährt, da für die Karteninhaber vielfach ein Kartenkontingent bereitgehalten wird, immer größeren Zuspruch. So ermöglichen diese Karten ihren Inhabern einen deutlich ermäßigten Eintritt für die an das System angeschlossenen Kulturhäuser und zusätzlich oftmals weitere Vorteile wie kurzfristige Kartenerwerbsmöglichkeiten, E-Mail-Benachrichtigungen über aktuelle Veranstaltungen, Rabatte bei Getränken, beim Parken oder dem Einkauf im Museumsshop.[128]

Übersicht 94: Interesse der jungen Leute allgemein und in den einzelnen Altersgruppen an verschiedenen Kartenerwerbsmodellen

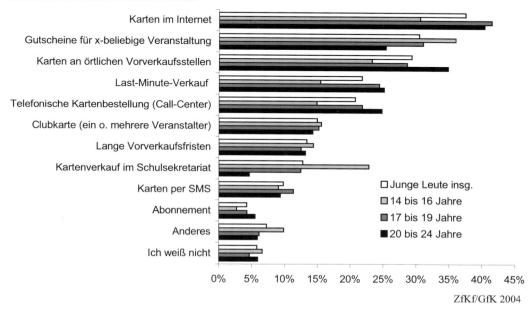

Ein wichtiger Vertriebsort für die 14- bis 16-Jährigen ist die Schule. Immerhin knapp ein Viertel von ihnen wünscht sich den Kartenverkauf im Schulsekretariat. Dieser Umstand unterstreicht noch einmal den Hinweis an Kultureinrichtungen, verstärkt in sozialen Räumen der jungen Leute Präsenz zu zeigen bzw. diese zu nutzen. Die älteren Befragten haben naturgemäß weniger Interesse am Schulverkauf, da sie vielfach schon in der Ausbildung oder im Studium sind.

Bislang wurden Möglichkeiten diskutiert, wie man als Kulturanbieter das soziale Umfeld der jungen Leute nutzen kann, um diese zu mehr kultureller Partizipation zu bewegen. Noch nicht erschöpfend wurde die Frage behandelt, wie sich eine klassische Kultureinrichtung verändern muss, damit sich junge Leute dort auch wohlfühlen. Dazu ist es hilfreich, zunächst einmal die Erwartungen zu analysieren, die junge Leute mit einem Kulturbesuch verbinden.

Betrachtet man die Vorstellungen der jungen Leute in der folgenden Übersicht, wird deutlich, dass sie bei einem Kulturbesuch auf der einen Seite vor allem unterhalten werden wollen, auf der anderen Seite das Live-Erlebnis, das Authentische eines Kunstwerks genießen. Dass junge Leute in erster Linie Spaß und Unterhaltung bei Kulturangeboten schätzen, ist im Grunde nicht zu bemängeln und auch nicht als Auswirkung der inhaltlich zunehmend verflachenden "Spaßge-

---

[128] Vgl. hierzu u.a.: Reimann, Michaela/Rockweiler, Susanne: Handbuch Kulturmarketing. Strukturierte Planung. Erfolgreiche Umsetzung. Innovationen und Trends aus der Kulturszene. Berlin 2005, S.170

sellschaft"[129] zu verteufeln, was schon der Zeitvergleich der Meinungen zur Aufgabe von Kunst und Kultur in Kapitel 2.5 zeigte. Hier wurde sogar deutlich, dass die heutige Jugend den Bildungsaspekt von Kunst und Kultur als Gegenwert zur Unterhaltung tendenziell etwas höher einschätzt als die Jugend der frühen 70er Jahre. Auch zeigt der Generationenvergleich – hier die Erwartungen der jungen Leute und der Bevölkerung ab 25 Jahren – dass der unterhaltende Aspekt sogar noch stärker von der älteren Generation erwartet wird als von der Jüngeren.

Übersicht 95: Erwartungen der jungen Leute, die sie mit einem Kulturbesuch verbinden

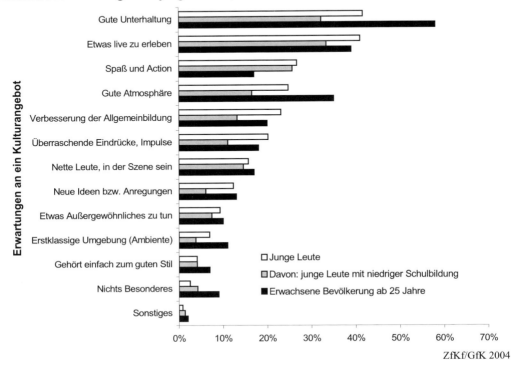

ZfKf/GfK 2004

Der Bildungsaspekt von Kunst und Kultur als Gegenwert zur Unterhaltung wird nicht zuletzt mit der heute immer noch gebräuchlichen Abgrenzung von U- und E-Kultur als "unterhaltend" oder "ernst" stark betont – im Übrigen eine deutsche Eigenart. Nicht zuletzt aufgrund der als Konkurrenz empfundenen Angebote privater Kulturanbieter, z. B. der Musicalhäuser, fühlen sich viele öffentliche Kulturhäuser bemüßigt, sich von populären Inhalten abzugrenzen. Eine Betonung des Bildungsaspekts mag in Richtung von Familienangeboten und insbesondere bei der Ansprache von Eltern mit Blick auf die Ergebnisse des Elternbarometers wirkungsvoll sein. Auf junge Leute hingegen oder auch Erwachsene, die nach eigenen Angaben abends ebenfalls eher unterhalten werden wollen, anstatt zu lernen, wird eine solche Akzentuierung eher abschreckend wirken. Eine Betrachtung der Angaben von jungen Leuten mit niedriger Bildung bestätigt ebenfalls den eher abschreckenden Aspekt der Überbetonung von Bildung im Zusammenhang mit Kultur. Denn deutlich weniger junge Leute aus dieser Bildungsgruppe (13 %) erwarten von einem Kulturbesuch eine Verbesserung der Allgemeinbildung als dies beispielsweise junge Gymnasiasten bzw. Abiturienten (31 %) tun.

---

[129] Zur Zeit wird allerdings wieder eine Trendwende zur so genannten "Sinngesellschaft" prognostiziert. Vgl. u.a. Romeiß-Stracke, Felizitas: Abschied von der Spaßgesellschaft. Freizeit und Tourismus im 21. Jahrhundert. München/Amberg 2003

"Das Kulturverständnis in Deutschland muss neu überdacht werden, wenn eine weitere Verschärfung der kulturellen Spaltung verhindert werden soll. Zur Kultur heute gehören Vielfalt und Vielseitigkeit, Klassisches und Modernes, Ernstes und Unterhaltsames. Kultur darf auch unterhaltsam und erlebnisreich und muss nicht nur ernst und anstrengend sein. [...] Das Volk der Dichter und Denker verabschiedet sich mehrheitlich vom *Hierarchiedenken* bzw. von der *kulturellen Hackordnung, nach der die Hochkultur wertvoller als die Breitenkultur ist*. Hoch- und Breitenkultur können heute keine Gegensätze mehr sein, weil beide inzwischen *Markt- und Massencharakter* bekommen haben."[130]

Dass das Live-Erlebnis für junge Leute bei dem Kulturbesuch einen so hohen Stellenwert einnimmt, verwundert angesichts gesellschaftlicher Entwicklungen nicht. In einer zunehmend virtuell erlebten Welt, in der persönliche Kontakte immer stärker durch Telefon oder E-Mail ersetzt werden, spielt offenbar das reale Erleben in der Freizeitgestaltung wieder eine ganz entscheidende Rolle.

Auffallend bei einem Vergleich der Erwartungen der jungen Leute allgemein mit den Vorstellungen der Befragten mit niedriger Schulbildung ist die vergleichsweise geringe Rolle, die die gute Atmosphäre für Letztere spielt. Dieser Aspekt ist jedoch vor allem dem traditionellen Kulturpublikum sehr wichtig. Ein Vergleich der Besuchsmotivation von Nutzern und Nichtnutzern Klassischer Konzerte beispielsweise hat gezeigt, dass den Nutzern vor allem die Atmosphäre des Konzerterlebnisses wichtig ist.[131] Mit Blick auf die Resonanz der Jugend auf diesen Punkt könnte man dies als Hinweis werten, dass man bei der Erschließung neuer junger Zielgruppen stärker die Faszination, die Authentizität eines Live-Erlebnisses betonen sollte und weniger den "ernsten" Aspekt. Man könnte diese Beobachtung natürlich auch dahingehend interpretieren, dass die derzeitige Atmosphäre von Kulturveranstaltungen Jugendliche – und vor allem Jugendliche mit niedriger Bildung – kaum anspricht, also zu sehr auf die Erwartungen von Erwachsenen ausgerichtet ist. Ein Indiz hierfür ist der deutlich höhere Stellenwert der Atmosphäre bei den Erwartungen der erwachsenen Bevölkerung ab 25 Jahren. Dieser Gedanke sollte weiter verfolgt werden.

Grundsätzlich kann man festhalten, dass die Etikette der Hochkultur, beispielsweise ein festliches Ambiente oder die Meinung, ein solcher Besuch gehöre zum guten Stil, heute weder der jungen noch der älteren Generation wichtig ist. Es ist zu vermuten, dass mit der Erweiterung des Kulturbegriffs, der stärkeren Öffnung der Gesellschaft zur Breitenkultur, die in allen Bevölkerungs- und Altersgruppen zu beobachten ist sowie der geringen Relevanz von Kultur in den Medien, sich der gesellschaftliche Status von Kulturbesuchen relativiert hat.

Um besser einschätzen zu können, welche Änderungswünsche junge Leute im Hinblick auf die Angebotsgestaltung der klassischen Kulturhäuser haben, wurden speziell diejenigen, die sich nach eigenen Angaben einigermaßen, wenig bzw. überhaupt nicht für Kultur interessieren, gefragt, welche Maßnahmen dazu beitragen könnten, dass sie künftig kulturell aktiver werden. Die folgende Übersicht verdeutlicht, dass die weniger kulturinteressierten Jugendlichen vor allem die Höhe der Eintrittspreise abschreckt. Dies gilt vor allem für die 17- bis 24-Jährigen, die unter Umständen schon den vollen Eintrittspreis zahlen müssen, wenn sie keinen Anspruch auf Auszubildenden- oder Studentenermäßigung haben. Immerhin 54 % der jungen Leute geben an, dass eine Senkung der Eintrittspreise sie zu mehr kultureller Partizipation bewegen könnte, so dass man diesen Aspekt genauer analysieren sollte. Beispielsweise stellt sich die Frage, ob junge Leute, die wenig bzw. gar keine Kulturangebote nutzen, überhaupt über die Höhe der Eintrittspreise und über mögliche Ermäßigungen informiert sind. Dieser Punkt wird im Verlauf des Kapitels noch thematisiert.

---

[130] Opaschowski, Horst W.: Wachstumsgrenzen des Erlebnismarktes. Folgen für die Kulturpolitik. Vortrag im Rahmen des 3. Kulturpolitischen Bundeskongresses "publikum.macht.kultur" am 24. Juni 2005 in Berlin, S. 9, siehe: www.kupoge.de/newsletter/anlagen/inhalt_kongressdokumentation.pdf (Zugriff am 10.5.06)

[131] Siehe dazu: Keuchel: Der Untergang des Abendlandes, a.a.O.

Ganz wichtig ist den jungen Leuten auch ein eher jugendgerechtes Ambiente von Kulturveranstaltungen – ein Wunsch, der im vorangehenden Ranking geeigneter Maßnahmen immerhin an zweiter Stelle steht. Dies bestärkt die oben angesprochene Vermutung, dass junge Leute sich von der Atmosphäre kultureller Veranstaltungen weniger angesprochen fühlen als die erwachsene Bevölkerung. Die Forderung nach einer stärkeren Berücksichtigung der eigenen Lebenssituation setzt sich in den genannten Maßnahmen wie ein roter Faden fort. Die weniger kulturinteressierten Jugendlichen wünschen sich an fünfter Stelle die Berücksichtigung von Jugendthemen bei künstlerischen Darbietungen oder auch eine stärkere Förderung von jungen Künstlern.

Übersicht 96: Maßnahmen, die nach Meinung der einigermaßen, wenig bzw. überhaupt nicht kulturinteressierten Jugendlichen diese zu mehr kultureller Partizipation bewegen könnten

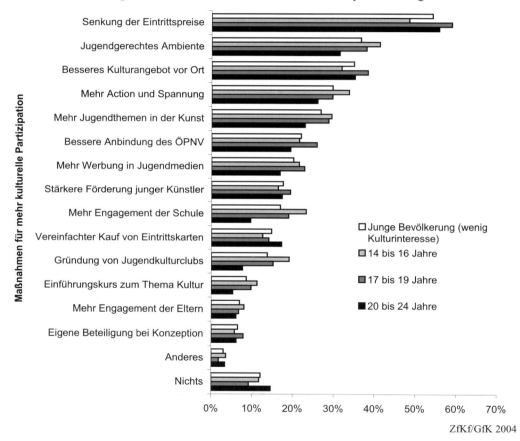

Interessant in diesem Zusammenhang ist auch der Hinweis von immerhin 20 % der Jugendlichen, mehr Werbung in Jugendmedien sei wünschenswert. An dieser Stelle wird deutlich, wie wenig die Lebenswelt der jungen Leute von vielen klassischen Kulturhäusern berücksichtigt wird, die – um die Platzausnutzung zu gewährleisten – ihren oftmals geringen Werbeetat eher in Anzeigen in der Tagespresse investieren, weil sie damit eine vermeintlich sichere Zielgruppe erreichen, statt zum Beispiel in Jugendzeitschriften wie BRAVO oder Brigitte Young Miss. Der vor allem von 14- bis 16-Jährigen geäußerte deutliche Wunsch nach einer stärkeren Beachtung von jugendlichen Interessen und Vorlieben legt nahe, dass hier ggf. eigene Angebotsformate entwickelt werden sollten, da schon die jungen Erwachsenen weniger Wert auf entsprechende Akzente setzen und die erwachsene ältere Bevölkerung mit der bisherigen Gestaltung der Angebote weitgehend einverstanden ist. Auch die Medien, gestützt durch umfangreiche Medienforschung, etablieren in ihrem Programm spezielle Angebote für die jugendliche Zielgruppe und gehen vielfach nicht davon aus, dass man mit speziellen Formaten eine breite Altersgruppe erreicht. Als ein Beispiel ist die Kombination aus Tanzveranstaltung und Lesung "Klubbing" des Radiosenders Eins Live[132] positiv hervorzuheben. Selbstverständlich gibt es auch schon im Kulturbereich entsprechend jugendorientierte Angebotsformate, insbesondere im Theaterbereich, der das Bedürfnis der jungen Leute nach eigenen Themen zunehmend erkennt.[133] Natürlich kann man einzelne Elemente, die junge Leute ansprechen, auch in der allgemeinen Angebotsgestaltung nach und nach aufnehmen, um hier auch eine Mischung der Publikumsgruppen anzustreben. Eine verstärkte Modernisierung der Einrichtungen und eine zeitgemäße Möblierung speziell von Kunstmuseen oder die Etablierung von Museumcafés als Treffpunkte mit Szenecharakter hat letztlich nicht zu einer Abschreckung des älteren Publikums solcher Einrichtungen geführt, sondern eher zu einer Umorientierung der Erwartungen in dieser Gruppe.

Dass die jungen Leute zwischen 14 und 16 Jahren sehr eigene Erwartungen haben und demgemäß von den Kulturhäusern vielfach eine gezielte Ansprache fordern, spiegelt sich auch in ihrem Wunsch nach mehr Jugendkulturclubs oder der Einbindung der Schulen wider. Eine stärkere Beteiligung bei der Konzeption von Kulturangeboten wird dagegen von dieser Gruppe, ebenso wie von den älteren Jugendlichen, die sich nicht besonders für Kultur interessieren, weitgehend nicht gewünscht.

Wie sieht es nun mit der Gestaltung der Eintrittspreise für junge Leute aus? Um die Forderung nach einer Senkung der Eintrittspreise für Kulturangebote besser einordnen zu können, wurden die jungen Leute nach ihrer Einschätzung der Eintrittspreise für Kinder, Jugendliche, Erwachsene – Preise die auch für junge Leute nach der Ausbildung relevant sind – und die für Familienangebote gefragt.

Übersicht 97: Einschätzung der Eintrittspreise für Kulturangebote für einzelne Zielgruppen von Seiten der jungen Leute

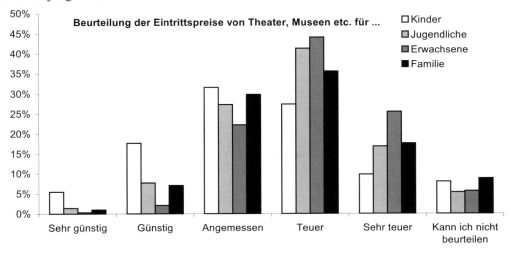

---

[132] Vgl.: Clement, Kai: Beats zwischen Buchdeckeln? – Literatur und große Wortformate bei Radio Eins Live. In: Cool – Kult – Kunst?! Jugendliche als Kulturpublikum. Dokumentation. Eine Tagung der Stiftung Kunst und Kultur des Landes NRW in Kooperation mit dem Kulturrat NRW. Düsseldorf. 3. und 4.7.2002

[133] Engemann, Claudia/Hartmann, Sandra: Theater für junge Leute im TiP. In: Cool – Kult – Kunst?! Jugendliche als Kulturpublikum. a.a.O.

Grundsätzlich kann man feststellen, dass ein Großteil der jungen Leute die Eintrittspreise für alle Zielgruppen zu teuer findet – mit Ausnahme der Kinderangebote, die am ehesten noch für angemessen gehalten werden. Besonders kritisch wird die Höhe der Eintrittspreise für Erwachsene, aber auch für Jugendliche eingeschätzt. Darin spiegelt sich natürlich nicht zuletzt das Bedürfnis nach günstigeren Preisen wider. Es überrascht allerdings, dass bei dieser Einschätzung keine bildungsspezifischen Differenzen beobachtet werden können.

Am ehesten finden sich bei der Einschätzung einzelner junger Zielgruppen zur Höhe der Eintrittspreise Unterschiede, und zwar – wie folgende Übersicht zeigt – zwischen den Gruppen mit unterschiedlichen kulturellen Interessen.

Übersicht 98: Einschätzung der Eintrittspreise für Jugendliche bei Kulturangeboten differenziert nach dem Kulturinteresse junger Leute

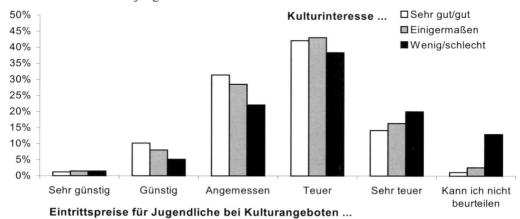

ZfKf/GfK 2004

Als günstig bezeichnet eigentlich keine der jungen Bevölkerungsgruppen die Eintrittspreise, wohl aber finden junge sehr stark bzw. stark Kulturinteressierte die Preise tendenziell eher günstig bzw. angemessen. Umgekehrt neigen die wenig bzw. gar nicht kulturinteressierten Jugendlichen dazu, die Eintrittskarten für sehr teuer zu halten. Auffällig ist in dieser Gruppe auch der mit 13 % vergleichsweise hohe Anteil derjenigen, die meinen, die Eintrittspreise nicht beurteilen zu können. Es stellt sich daher grundsätzlich die Frage, ob vor allem die jungen weniger kulturinteressierten Befragten überhaupt wissen, wie hoch die Eintrittspreise wirklich sind. Daher wurden die jungen Leute gefragt, wie hoch sie einerseits die Kosten für eine Operndarbietung in der günstigsten Platzkategorie und andererseits für den Besuch eines Kunstmuseums jeweils für einen Jugendlichen in einer Großstadt einschätzen. Die Spannweite der Schätzungen in der folgenden Übersicht bestätigt, dass einige Jugendliche in der Tat keine Vorstellung davon haben, wie teuer der Besuch einer öffentlich geförderten Kultureinrichtung ist.

Die Übersicht auf der folgenden Seite zeigt, dass die Kosten für den ermäßigten Eintritt in ein Kunstmuseum vom Großteil der jungen Leute – gemäß ihres tatsächlichen Besucherverhaltens – wesentlich realistischer eingeschätzt werden als die Kosten für eine Operndarbietung in der günstigsten Platzkategorie. Denn die Oper findet, wie in Kapitel 2.1 ausführlicher dargestellt, bei Jugendlichen nur sehr wenig Resonanz, ganz anders als beispielsweise das Kunstmuseum. So glauben allein 13 %, dass die günstigsten Preise für Jugendliche bei mehr als 51 € liegen. Diese jungen Leute orientieren sich bei der Einschätzung offenbar eher an den Preisen privater Kulturanbieter z. B. für Auftritte prominenter Künstler in Stadthallen oder großen Konzertsälen.

Übersicht 99: Geschätzte Eintrittspreise für Jugendliche in einer Großstadt für ein Kunstmuseum und eine Operndarbietung in der günstigsten Platzkategorie

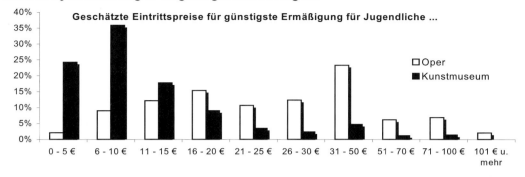

Analysiert man, wer von den jungen Leuten die Preise besonders falsch einschätzt, so stellt man Differenzen am ehesten im Kontext der Schulbildung und überraschend weniger für das Kulturinteresse fest. Es sind tendenziell eher die jungen Leute mit niedriger Schulbildung, die über die Preisgestaltung der Kulturhäuser weniger wissen und die ermäßigten Preise für höher halten, als sie es in der Realität häufig sind, was die folgende Grafik veranschaulicht:

Übersicht 100: Geschätzte Eintrittspreise für Jugendliche in einer Großstadt für ein Kunstmuseum und eine Operndarbietung in der günstigsten Platzkategorie differenziert nach Schulbildung

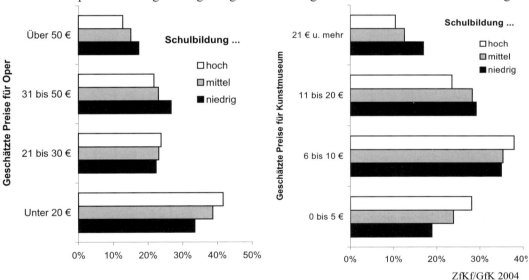

Man kann also bei der Beurteilung der Eintrittspreise für Kulturangebote grundsätzlich zwei Strömungen beobachten. Auf der einen Seite finden die weniger kulturinteressierten Jugendlichen die Eintrittspreise für Kulturangebote zu hoch, nicht zuletzt, weil sie das Angebot eben nicht so sehr schätzen. Auf der anderen Seite weiß speziell ein Teil der jungen Leute – oftmals diejenigen mit niedriger Schulbildung – gar nicht, wie "günstig" die Karten wirklich sind, weil sie teilweise noch gar keine Erfahrung mit dem Besuch solcher Häuser haben.

An der Überlegung, Kindern und Jugendlichen freien Eintritt für Kultur zu gewähren, scheiden sich die Geister. Es ist fraglich, ob dadurch jüngeres Publikum langfristig an die Häuser gebunden werden kann. Tatsächlich werden von den jungen Leuten mit vergleichsweise wenig kultureller Erfahrung die hohen Eintrittsgelder als einer der hauptsächlichen Gründe genannt, warum sie nicht am kulturellen Angebot in ihrer Umgebung teilhaben. Andererseits betonen Konsumforscher,[134] dass die Kaufkraft der Jugend heute so hoch ist wie nie zuvor, wobei sich hier – einhergehend mit Hartz IV – natürlich deutliche Gräben auftun. Der 12. Kinder- und Jugendbericht verweist auf eine zunehmende Kinderarmut in Deutschland.[135] Hinzu kommt, dass, wie eben dargelegt, vor allem Jugendliche aus bildungsfernen Elternhäuser die Eintrittspreise für ein öffentliches Museum oder Stadttheater sehr hoch einschätzen. Aus dieser Beobachtung ist eine konkrete strategische Maßnahme abzuleiten: Die Eintrittspreise und vor allem die Ermäßigungen der öffentlichen Häuser sollten besonders den Zielgruppen vermittelt werden, die mit den Gepflogenheiten des öffentlichen Kulturbetriebs nicht vertraut sind.

Für sich genommen wird diese Maßnahme jedoch auf kulturell kaum interessierte Jugendliche wenig Wirkung haben. Besonders sie werden von einem sehr aktiven Medien- und Freizeitmarkt umworben, der eine Vielzahl verlockender Zerstreuungen bereithält. Entsprechend sind viele junge Leute wenig motiviert, Geld für ein Angebot auszugeben, bei dem sie nicht wissen, was sie erwartet. Insofern können kostenfreie Zugänge zur Kultur durchaus dazu beitragen, das Publikum vor allem um jüngere Altersgruppen zu erweitern. Dies muss nicht bedeuten, dass man jungen Leuten grundsätzlich freien Eintritt zu allen Angeboten einer Kultureinrichtung ermöglicht. Denkbar wäre z. B., Kindern und Jugendlichen in Begleitung ihrer Eltern freien Eintritt zu gestatten, Schulklassen im Rahmen von Unterrichtsveranstaltungen einzuladen oder Jugendsportvereinen und anderen Jugend-Gruppen, etwa Pfadfinder oder Konfirmanden, uneingeschränkten Zutritt zu gewähren. Diese Maßnahme unterstützt auch die wichtige Funktion von Begleitpersonen als Kulturvermittler. Didaktisches Material, das den Multiplikatoren vorab zur Verfügung gestellt wird, bietet weitere Anreize für den Besuch und fördert die ansprechende Vermittlung der kulturellen Inhalte.

Es wurde vorausgehend viel über das Erreichen junger Zielgruppen, die stärkere Berücksichtigung ihrer sozialen Räume und auch die Gestaltung der Rahmenbedingungen für Kulturangebote gesprochen. Zum Schluss soll nun auch ein Punkt angesprochen werden, der eigentlich in der deutschen Kulturlandschaft mit Blick auf das im Grundgesetz verankerte Recht auf Kunstfreiheit und konkret die inhaltliche Freiheit, hier speziell der Theaterhäuser, eine Art Tabu darstellt. So wurden die jungen Leute gefragt, welche Form der Inszenierung sie für ein klassisches Theaterstück von Schiller bevorzugen würden. Die Antwort kann insofern sehr aufschlussreich sein, als es um die zielgruppenorientierte Nachwuchsarbeit nicht zuletzt des Klassischen Theaters derzeit eher schlecht bestellt ist.

Die folgende Übersicht verdeutlicht, dass den jungen Leuten bei der Inszenierung eines klassischen Theaterstücks vor allem zwei Aspekte wichtig sind. Auf der einen Seite wollen sie ganz klar unterhalten werden. Immerhin ein Drittel fordert mehr Gags und Spannung in der Inszenierung. Auf der anderen Seite ist knapp einem Drittel der jungen Leute eine werkgetreue, historische Umsetzung des Stücks wichtig, was vielfach im Widerspruch zu der gängigen Inszenierungspraxis der deutschen Theater steht. Laut der Übersicht nimmt der Anteil von Interessenten an einer historischen Inszenierung mit dem Kulturinteresse zu, wohingegen der Anteil der Interessenten an Gags und spannenden Szenen entsprechend abnimmt. Nur eine Minderheit der jungen Leute befürwortet bei klassischen Theaterstücken eine moderne Inszenierung, obwohl – wie dies in Kapitel 2.1 geschildert ist – der Anteil von Fans speziell des Modernen Theaters unter jungen Leuten sogar etwas größer ist als für das Klassische Theater.

---

[134] Vgl. u. a. die Studie "Bravo Faktor Jugend 6" auf: www.youngenterprises.at oder aktuelle Studien des Instituts der deutschen Wirtschaft Köln.

[135] 12. Kinder- und Jugendbericht, a.a.O., S. 5, 30 ff.

Übersicht 101: Von jungen Leuten bevorzugte Form der Darbietung für ein klassisches Theaterstück von Schiller differenziert nach dem Kulturinteresse

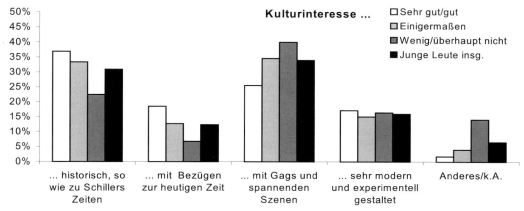

ZfKf/GfK 2004

Die Ablehnung der modernen Inszenierung eines klassischen Theaterstücks von jungen Leuten kann vielleicht nicht zuletzt auf ihren Erfahrungshintergrund zurückgeführt werden. Man sollte daher neben dem Unterhaltungsaspekt und der jugendgerechten "Verpackung" von Kultur auch das kulturelle Basiswissen der jungen Leute stärker berücksichtigen. Manche Intendanten neigen dazu, ihre Modernität durch experimentelle Inszenierungen von Klassikern beweisen zu wollen. Das mag für den in der Auslegung der Stücke versierten Theatergänger reizvoll sein. Auf junge Leute aber, die keine werktreue Inszenierung des Stückes kennen, die das Verständnis und den ersten Zugang erleichtern würde, kann eine solche Aufführung zunächst eher irritierend wirken. Jugendliche, vor allem die Kulturinteressierten, bevorzugen laut Jugend-KulturBarometer eine möglichst werktreue Umsetzung klassischer Theaterstücke. Das bedeutet aber nicht, dass sie sich gar nicht für zeitgemäße Ausdrucksformen interessieren. Die jungen Theaterfans bevorzugen sogar das Moderne Theater. Demnach lohnt es sich, die Repertoirekenntnisse der jungen Leute auszubauen oder didaktische Hilfen anzubieten – beispielsweise Workshops, in denen der Zugang zu einer zeitgenössischen Inszenierung gemeinsam erarbeitet werden kann. Die Teilnahme von jungen Schauspielern aus dem Ensemble beispielsweise kann hierbei einen besonderen Reiz ausüben, da sie in etwa die gleiche Sprache sprechen wie das jugendliche Publikum.
Man kann also als abschließendes Fazit für mehr junges Publikum in Kultureinrichtung festhalten, dass man – will man junge Leute erreichen – ihre Erfahrungswelt heute wesentlich stärker einbeziehen muss. Dies gilt für die Zielgruppenansprache, für die die sozialen Räume der jungen Leute stärker genutzt werden können, dies gilt für die Gestaltung des Ambientes, der Atmosphäre, für die behandelten Themen und nicht zuletzt für den Erfahrungshintergrund der jungen Bevölkerung, der bei der inhaltlichen Ansprache entsprechend bedacht werden will.

2.8 Regionale Unterschiede berücksichtigen – Individuelle Wegweiser für Berlin, Brandenburg, Nordrhein-Westfalen und Niedersachsen

Wie schon frühere empirische Untersuchungen – insbesondere die Rheinschienen-Umfrage des ZfKf[136] – zeigen, ist die kulturelle Infrastruktur einer Region mit den kulturellen Interessen ihrer Bewohner zum Teil sehr eng verknüpft. Für die öffentlich geförderte Kulturlandschaft kann folglich bei einer entsprechenden Zielgruppenarbeit der Leitsatz gelten, nach welchem das Angebot die Nachfrage bestimmt. Für eine jugendorientierte Kulturarbeit bedeutet diese Devise, dass Angebote für eine junge Zielgruppe im Bereich Kunst und Kultur durchaus das Interesse der jungen Menschen wecken und fördern können.

Um diese These für eine entsprechend orientierte Zielgruppenarbeit in einzelnen Gebieten zu belegen, wurden im Rahmen des Jugend-KulturBarometers in drei Gebieten höhere Stichproben erhoben, die regionale Vergleiche zulassen. Die Auswahl der Bundesländer Berlin/Brandenburg, Niedersachsen und Nordrhein-Westfalen begründet sich in der Tatsache, dass diese Regionen strukturelle Unterschiede aufweisen, die sie für die Überprüfung der vermuteten Zusammenhänge besonders geeignet machen. Berlin etwa, als kulturelles Zentrum und Bundeshauptstadt, zeichnet sich durch eine besonders hochwertige und vielschichtige Angebotspalette aus. Niedersachsen hingegen ist größtenteils ländlich geprägt und allein deswegen bei der Kulturvermittlung – wie unten noch zu erläutern ist – vielfach auf vergleichsweise unkonventionelle Maßnahmen angewiesen. Nordrhein-Westfalen nimmt als bevölkerungsreichstes Bundesland mit großen Städten bzw. kulturell sehr belebten Gebieten wie Rheinschiene oder Ruhrgebiet und andererseits ländlichen Gegenden wie dem Niederrhein, gewissermaßen eine Zwischenstellung ein.

Im Folgenden soll nachgezeichnet werden, inwieweit die unterschiedliche kulturelle Prägung ihres Umfeldes das Interesse der jungen Leute beeinflusst. Neben der Analyse der Fakten steht die Frage nach den Ursachen bestimmter Erfolge oder auch Defizite im Vordergrund: Welche kulturellen Vermittlungsformen funktionieren in welchen Regionen? Wo kann die kulturelle Jugendarbeit noch intensiviert werden? Um eine entsprechende Ursachenforschung überhaupt leisten und die Erfolge bestimmter Vermittlungsformen einschätzen zu können, wird vorab zunächst die soziodemographische Zusammensetzung der Befragten in den einzelnen Regionen analysiert. Denn das Jugend-KulturBarometer hat gezeigt, dass einzelne soziodemographische Merkmale – vor allem die Schulbildung der Befragten und deren Elternhaus – sehr deutlich mit dem Kulturinteresse der jungen Leute korrelieren.

2.8.1 Zur soziodemographischen Zusammensetzung der jungen Bevölkerung in den einzelnen Gebieten

Bereits bei der Schulbildung der Befragten aus den drei Gebieten sind deutliche Unterschiede festzustellen: So gibt es in Berlin und Brandenburg einen deutlich höheren Anteil an Gymnasiasten bzw. Abiturienten, während in Niedersachsen der Anteil an jungen Leuten mit mittlerer Schulbildung höher ist. Wie die folgende Übersicht exemplarisch anhand des Grades der schulischen Bildung der Väter verdeutlicht, korreliert die Schulbildung der Jugendlichen in Berlin mit der ihrer Eltern. Dass die diesbezüglichen Zusammenhänge in Brandenburg nicht so eng sind, darf vor dem Hintergrund des Systemwechsels von der DDR zur BRD nicht verwundern. Generell müssen, das sei hier vorweggestellt, bei der Analyse der kulturellen Interessen die hieraus resultierenden Verschiedenheiten speziell in Berlin und Brandenburg stets berücksichtigt werden.

---

[136] Vgl. dazu: Keuchel: Rheinschiene – Kulturschiene, a.a.O.

Übersicht 102: Schulbildung der jungen Befragten und ihrer Väter in den einzelnen Regionen

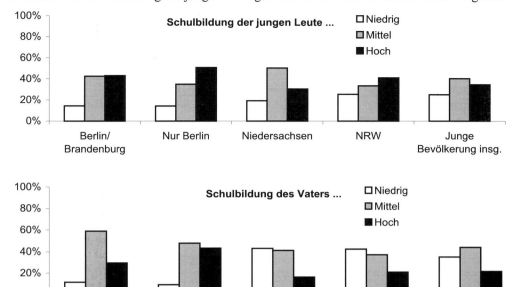

Die von den jungen Berlinern vergleichsweise weniger gut eingeschätzte eigene finanzielle Situation erscheint in der folgenden Übersicht zur im Bundesdurchschnitt besseren Schulbildung der jungen Hauptstädter widersprüchlich. Ihre allgemeine Lebenssituation beurteilen sie tendenziell ebenfalls weniger positiv. Neben den Berlinern schätzen auch die jungen Leute aus Brandenburg die finanzielle Ausstattung ihres Elternhauses anteilig schlechter ein als die Jugendlichen in Niedersachsen und Nordrhein-Westfalen – und auch schlechter als die junge Bevölkerung insgesamt.

Übersicht 103: Einschätzung der jungen Leute zur finanziellen Situation ihres Elternhauses

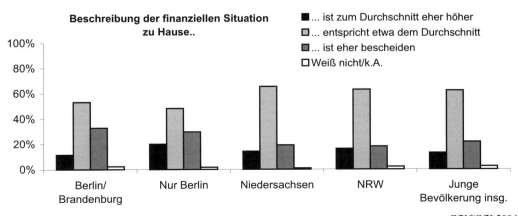

Dieser gegensätzliche Befund für Berlin kann gegebenenfalls darauf zurückgeführt werden, dass dort ein verhältnismäßig großer Teil der jungen Bevölkerung in gutsituierten Familien aufgewachsen ist, ein überproportionaler Anteil jedoch in extrem ungünstigen finanziellen Verhältnissen, sprich: in sozialen Brennpunkten.

2.8.2 Kulturelles Interesse der jungen Leute in den einzelnen Regionen

Die kulturelle Interessenslage der jungen Leute ist in den einzelnen Gebieten unterschiedlich ausgeprägt. Folgende Übersicht zeigt, dass die Jugendlichen in Berlin und Brandenburg im Vergleich das größte Interesse am Kulturgeschehen ihrer Region aufweisen. Allein 36 % aus dieser Gruppe geben an, ein sehr starkes bzw. starkes Interesse an Kunst und Kultur zu haben. In Niedersachsen und Nordrhein-Westfalen ist der Anteil mit 20 % bzw. 22 % deutlich geringer, er liegt zudem leicht unter dem Bundesdurchschnitt von 25 %. Eine differenzierte Betrachtung des Stadtstaates Berlin und des Bundeslandes Brandenburg weist für beide Regionen einen hohen Anteil an Kulturinteressierten auf.

Übersicht 104: Interesse der jungen Leute am Kulturgeschehen in den einzelnen Regionen

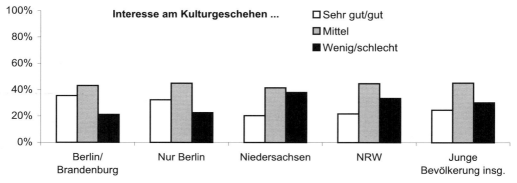

ZfKf/GfK 2004

Gemäß der eingangs formulierten These kann das stärker ausgeprägte kulturelle Interesse der jungen Berliner mit der engmaschig angelegten Infrastruktur von Theatern, Museen, Konzerthäusern und anderen Kulturinstituten erklärt werden: Das reiche kulturelle Angebot bewirkt eine rege Nachfrage. Man müsste in diesem Falle allerdings ergründen, warum der Anteil der stark Kulturinteressierten speziell in der Region Brandenburg höher ist, deren kulturelle Infrastruktur nicht mit der Berlins zu vergleichen ist.

Einen anderen Erklärungsansatz für das rege kulturelle Interesse der Jugendlichen aus Berlin und Brandenburg bietet der bereits angesprochene hohe Bildungsgrad der dortigen Jugend. Laut Jugend-KulturBarometer korreliert eine hohe Schulbildung der jungen Leute mit dem Interesse an Kunst und Kultur. Da jedoch, wie die folgende Übersicht erkennen lässt, das Kulturinteresse von jungen Leuten mit niedriger Schulbildung in Berlin und Brandenburg – im Vergleich zu anderen Regionen – ebenfalls überproportional hoch ist, bestätigt sich die vermutete Korrelation in diesem Zusammenhang nicht.

Übersicht 105: Kulturelles Interesse der jungen Leute mit niedriger Schulbildung in den einzelnen Regionen

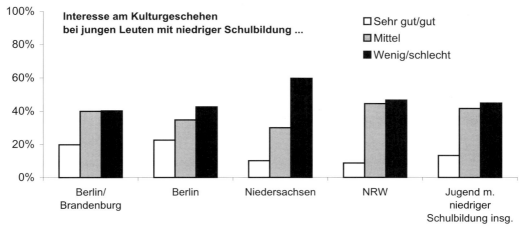

Unter Umständen könnte das höhere kulturelle Interesse mit einer abweichenden Kulturerziehung der jungen Leute in Berlin und Brandenburg begründet werden, die aus den in der DDR praktizierten didaktischen Strukturen erwachsen ist. Der sozialistische Staat propagierte den uneingeschränkten Zugang der gesamten Bevölkerung zu staatlich geförderten Kulturgütern und verordnete entsprechend breit angelegte Vermittlungsmethoden. Der Kulturwissenschaftler Horst Groschopp subsummiert den Sachverhalt folgendermaßen: "Kultur stand in dieser Lesart in der DDR stets in Verbindung mit ästhetischer Erziehung und politischer Einflußnahme. Das Ziel der "Kulturarbeit" war soziale Integration in den Staat und dessen sozialistische Programmatik."[137] Er illustriert dies am Beispiel der Kulturhäuser, die als "staatlich initiierte, alimentierte und verwaltete Einrichtungen [...] der kulturellen und politischen Erziehung dienen sollten. [...] Sie waren als personale Begegnungsstätte der Funktionäre mit ihrer "Basis" gedacht. Zugleich dienten sie aber auch, freidenkerischem Gedankengut entlehnt, dem Etablieren einer neuen Fest- und Feierkultur. Kulturhäuser waren in dieser Hinsicht "Kultorte", an denen der neue individuelle wie gesellschaftliche Kalender öffentlich zelebriert werden konnte: Namensgebungen, Schulaufnahmen und -abgänge, Hochzeiten, Jugendweihen, runde Geburtstage, Übergabe der Facharbeiterbriefe, Jahresendfeiern, Betriebsjubiläen [...] usw.[138]

Die Vermutung, die staatlich gelenkte Jugendkulturarbeit klinge in der kulturellen Jugendbildung der ostdeutschen Länder noch nach, wird durch die Einbeziehung der anderen Bundesländer in die Betrachtung in der folgenden Übersicht bestätigt. Vergleicht man das Kulturinteresse der jungen Leute in den "alten" und "neuen" Bundesländern und lässt dabei Berlin als Repräsentant beider Regionen außer Acht, wird in der Tat ein Ost-/West-Gefälle erkennbar: Die jungen Leute aus den neuen Bundesländern sind anteilig stärker am kulturellen Leben in ihrer Umgebung interessiert als die aus den alten Bundesländern.

---

[137] Groschopp, Horst: Kulturelle Jugendarbeit in der DDR. Herkommen, Struktur und Verständnis. In: Woher – Wohin? Kinder- und Jugendkulturarbeit in Ostdeutschland. Hg.: Bundesvereinigung Kulturelle Jugendbildung e.V., Remscheid 1993, S. 14 - 30

[138] Groschopp, Horst: Kulturhäuser in der DDR. Vorläufer, Konzepte, Gebrauch. Versuch einer historischen Rekonstruktion. In: Kulturhäuser in Brandenburg. Eine Bestandsaufnahme. Hg.: Ruben, Thomas/Wagner Bernd, Potsdam 1994, S. 97 - 178

Für das verstärkte Kulturinteresse der jungen Leute in Berlin und Brandenburg spielen demnach zunächst zwei Aspekte eine wesentliche Rolle: ein anderer Standard der kulturellen Erziehung in der DDR, dessen Auswirkungen im heutigen Umgang mit Kultur in den "neuen" Bundesländern noch spürbar sind und die vielfältige kulturelle Infrastruktur speziell der Stadt Berlin als "Aushängeschild" der Bundesrepublik Deutschland.

Übersicht 106: Kulturelles Interesse junger Leute in den "neuen" und "alten" Bundesländern (ausgenommen Berlin)

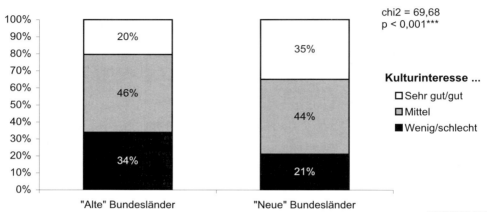

Aus dem Verhältnis von ländlichen Strukturen in Niedersachsen und der tendenziell geringeren kulturellen Teilnahme der dortigen Jugend könnte man natürlich die Formel herleiten, das Kulturinteresse korreliere mit dem Stadt-/Landgefälle. Die folgende Übersicht veranschaulicht jedoch, dass dies nicht immer der Fall ist, denn es zeigen sich kaum graduelle Unterschiede beim Kulturinteresse der jungen Leute in städtischen und ländlichen Gebieten.

Übersicht 107: Kulturelles Interesse der jungen Leute in städtischen und ländlichen Gebieten

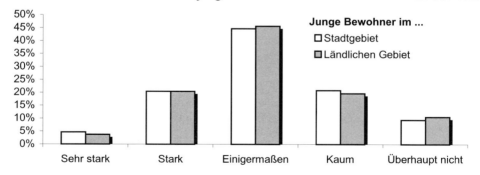

Natürlich sind in diesem Fall "ländliche Gebiete" nicht gleich "ländliche Gebiete". Beispielsweise gibt es in NRW vergleichsweise spärlich besiedelte Gebiete entlang der so genannten *Rheinschiene*, von denen aus man kulturelle Metropolen wie Düsseldorf oder Köln relativ schnell und bequem erreichen kann. Ähnlich verhält es sich mit Brandenburg, dessen Jugend offenbar von dem nahen Berlin, aber – je nach Wohnort – auch Dresden und Leipzig profitiert. Doch zeigen die Ergebnisse der Befragung, dass kein nennenswerter Zusammenhang zwischen der Entfernung des Wohnorts der jungen Leute zu kulturellen Einrichtungen, etwa in der nächsten größeren Stadt, und dem Interesse der Befragten besteht. Auch die Wohndauer der jungen Leute am jeweiligen Ort hat hier keinen Einfluss. Offenbar gibt es in ähnlich strukturierten Gebieten unterschiedliche Kulturvermittlungskonzepte, die unterschiedliche Erfolgschancen bei der Jugendkulturarbeit haben. Anders ausgedrückt: Es gibt sowohl Großstädte, die weniger Erfolg haben, junge Leute für Kultur zu interessieren, als auch ländliche Regionen mit einer erfolgreichen Jugendkulturarbeit. Schwieriger ist dies natürlich im Bereich der klassischen Künste, die eine gewisse kulturelle Infrastruktur voraussetzen, die in der Regel nur in Großstädten anzutreffen ist. Anders als beim Interesse an Kultur allgemein, lassen sich – mit Ausnahme des Stadtstaates Berlin – bei den klassischen Kulturangeboten wie Theater oder Museen für die Jugendlichen in den einzelnen Bundesländern keine wesentlichen Unterschiede ausmachen. Das Interesse an klassischer Kultur ist in Brandenburg und in NRW mit dem Bundesdurchschnitt vergleichbar, wohingegen die jungen Berliner für die Hochkultur ein deutlich überproportionales Interesse zeigen. Offenbar rentieren sich hier die Bemühungen der Stadt, Kontakte zwischen jungen Menschen und den klassischen Kulturinstituten zu knüpfen und langfristige Kooperationen zu etablieren. Die Initiativen TUSCH (Theater und Schule), die musikpädagogischen Angebote der Staatoper Unter den Linden oder das "Education Programm" der Berliner Philharmoniker werden in Kapitel 4.2 und Kapitel 4.5 ausführlicher vorgestellt.

Übersicht 108: Interesse der jungen Leute an klassischen Kultursparten in den einzelnen Regionen

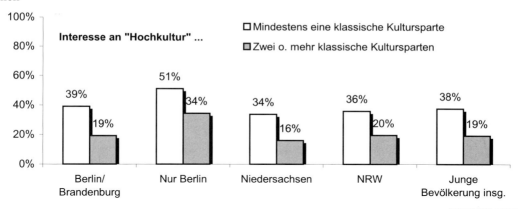

ZfKf/GfK 2004

Insgesamt kann man mit Blick auf die folgende Übersicht festhalten, dass – was das Interesse anbelangt – die jungen Berliner in allen klassischen Kultursparten die Nase vorn haben, und das mit deutlichem Abstand. Hervorzuheben ist hier besonders das Interesse der Berliner an Geschichte, was mit Blick auf die Vergangenheit der Stadt nicht verwunderlich ist, aber auch ihr vergleichsweise größeres Interesse an Völkerkunde bzw. Ausstellungen zu fernen Ländern. Diese Schwerpunkte spiegeln sich auch in der Berliner Museumslandschaft wieder. Das international ausgerichtete Kinder- und Jugendprogramm des Haus der Kulturen der Welt etwa wird in Kapitel 4.1 beschrieben. Beliebt ist bei den jungen Leuten neben der Malerei auch die Fotografie. Hier hält die Stadt Berlin mit dem Museum für Fotografie oder dem "Cultural Forum for Photography" C/O Berlin gleichermaßen ein entsprechendes Angebot bereit. Ebenfalls wesentlich stärker im Vergleich zu den anderen Bundesländern ist das Interesse der jungen Berliner an allen musikalischen Genres, sowohl an klassischer Musik als auch an Popmusik, Breakdance oder Weltmusik. Insbesondere für die eher "exotischen" Kunstformen bietet die Großstadtszene sicher einen fruchtbaren Boden.

Die Jugendlichen in Niedersachsen wiederum signalisieren für die klassischen Kulturfelder im Vergleich zur jungen Bevölkerung insgesamt etwas weniger Offenheit. Entsprechend fehlen für das Bundesland vergleichbare Konzepte – ohnehin ist die Anzahl großer Kulturhäuser eher spärlich und bei weitem nicht mit der kulturellen Dichte Berlins zu vergleichen.

Natürlich ist es mit Blick auf die These, die kulturelle Infrastruktur beeinflusse das Kulturinteresse vor Ort, spannend, vor dem Hintergrund vorhandener – oder eben fehlender – Angebote gezielt auf einzelne Spartenintressen zu schauen. So fällt beispielsweise bei den jungen Niedersachsen das deutlich geringere Interesse an Film auf.

Übersicht 109: Interesse der jungen Leute an folgenden Kultursparten in den einzelnen Regionen

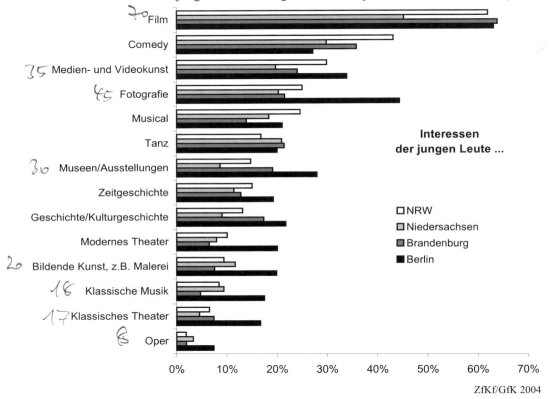

Dies erstaunt angesichts beispielsweise des in Hannover stattfindenden, an jugendliche Filmemacher gerichteten internationalen Film-Festivals "up-and-coming", das vom dortigen Bundesweiten Schülerfilm- und Videozentrum e. V. organisiert wird. Vielleicht kann die mangelnde Beliebtheit des Mediums auf einen Mangel an Lichtspielhäusern in den ländlichen Regionen im Norden zurückgeführt werden. Eine Analyse vorhandener Vermittlungskonzepte zeigt, dass für wenig besiedelte Gebiete insbesondere mobile Angebote geeignet sind. Erwähnenswert ist hier beispielsweise ein Projekt aus Estland: das Modell "Kinobus". Junge Filmemacher bringen mit einem zum rollenden Kino umfunktionierten Bus eine eher unkonventionelle Kinokultur in die Dörfer. Die besondere Atmosphäre des Freiluftkino-Erlebnisses trägt natürlich sehr zur Begeisterung für die estnische Filmszene bei. Die jungen Filmemacher veranstalten zudem Workshops, in denen Kinder lernen können, wie eigene Filme entstehen, was wiederum ihre Medienkompetenz stärkt. Das genannte Jugendfilmzentrum in Hannover könnte einen tragfähigen Ansatz für Infrastrukturen bieten, die entsprechende Maßnahmen in Niedersachsen tragen. Eine nicht unerwünschte Nebenwirkung solcher Konzepte liegt in der Förderung des Interesses junger Leute an anspruchsvollen Filmen.

In NRW, Berlin und Brandenburg hält sich das Interesse für Film in etwa die Waage. Allerdings äußern speziell die jungen Leute in NRW wenig Interesse für anspruchsvolle Filme der Kunstszene, wohingegen die Berliner hierfür eine besonders ausgeprägte Vorliebe haben. Es wäre daher ggf. auch für NRW zu erwägen, ob man die Kunstfilmszene, die sich dort auf zahlreiche Programmkinos, Vereine und Initiativen stützt, dahingehend fördert, ihre Öffentlichkeitsarbeit stärker auf ein junges Publikum auszurichten. Die Filmförderung NRW leistet hier bereits wertvolle Arbeit, die vielleicht noch stärker in die Richtung der Jugendlichen gelenkt werden könnte. Dass die Unterhaltungskultur "Comedy" bei den jungen Leuten in NRW besonders beliebt ist, bestätigt ein weiteres Mal die These, dass die kulturelle Infrastruktur die Nachfrage bestimmt. NRW und speziell Köln vermarkten sich selbst ausgesprochen erfolgreich als "Comedyhochburg". Seit 1991 wird das Internationale Köln Comedy Festival in der Rheinmetropole veranstaltet, wo auch zahlreiche quotenstarke Comedy-Fernsehsendungen – etwa die Harald-Schmidt-Show – vor Publikum aufgezeichnet werden. Ähnliches gilt für das Musical: Städte wie Köln, Bochum und Essen haben ihr eigenes Musicaltheater. Die dort stattfindenden "Events" werden bundesweit beworben und locken Zuschauer von weit her an.[139] In Brandenburg hingegen sind derartige Spielstätten kaum vorhanden – was seinen Nachklang im verhältnismäßigen Desinteresse der jungen Leute für diese Sparte findet.

Die empirischen Studien des ZfKf haben gezeigt, dass kulturelles Interesse nicht grundsätzlich mit der tatsächlichen Nutzung kultureller Angebote in der Region gleichgesetzt werden darf. So kann man kulturelle Interessen auch in medialen Formen, durch Tonträger oder Bildmedien, pflegen. Daher nachfolgend ein Kontrollblick auf die Nutzung von Kulturangeboten: Betrachtet man zunächst den bisherigen Besuch von kulturellen Veranstaltungen in den einzelnen Regionen allgemein, setzt sich die bei den Interesseneinschätzungen festgestellte Tendenz fort. Entsprechend platzieren sich Berlin und Brandenburg in einem Ranking vorne. Knapp 90 % der jungen Leute in den beiden Regionen haben schon einmal ein Kulturangebot besucht. Bei immerhin etwa zwei Dritteln fand der letzte Besuch innerhalb des vergangenen Jahres statt. Im Vergleich zum Bundesdurchschnitt etwas schlechter schneidet erneut nur Niedersachsen ab.

Übersicht 110: Kulturbesuch allgemein und speziell innerhalb der letzten 12 Monate

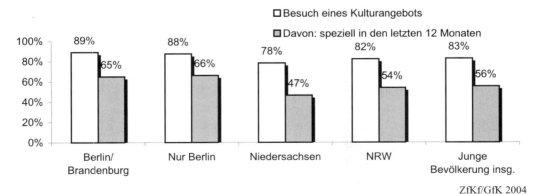

ZfKf/GfK 2004

---

[139] Vgl. dazu: Dössel, Christine: Die Liebe zum Leichten. In: *Süddeutsche Zeitung*, 31. März 2006, S. 9

Schlüsselt man die Kulturbesuche nach Sparten auf, zeichnet sich – wie die folgende Übersicht veranschaulicht – ein recht ähnliches Bild zu den nach Sparten abgefragten Interessen der jungen Leute.

Die jungen Berliner sind hier – von wenigen Ausnahmen abgesehen – wieder führend. Die Jugendlichen in Brandenburg haben, analog zu ihren Interessensbekundungen, anteilig tendenziell noch häufiger Filmvorstellungen und Tanzdarbietungen besucht, die jungen Leute aus NRW entsprechend Comedy-Veranstaltungen. Die Häufigkeit der Kinobesuche von jungen Leuten aus Brandenburg wird möglicherweise nicht zuletzt durch dort veranstaltete Filmfestivals angeregt, so beispielsweise in Cottbus oder Eberswalde.

In den Sparten Oper und Operette fällt die etwas stärkere Aktivität der jungen Leute aus Niedersachsen ins Auge. Sie besuchen diese von den Altersgenossen vergleichsweise selten genutzten Angebote fast genau so häufig wie die Berliner Jugendlichen, die hier ebenfalls sehr aktiv sind. Vielleicht steht diese Vorliebe in Beziehung zu dem besonderen Engagement einzelner Musiktheater in Niedersachsen. Die Staatsoper Hannover führt dort neben TUSCH (Theater und Schule) auch das Programm "OpuS" (Oper und Schule) durch. Auch die Initiative "Junge Oper NRW & Niedersachsen" setzt in der Schule an, um Kinder und Jugendliche in beiden Bundesländern für das Musiktheater zu gewinnen.

Übersicht 111: Bisheriger Besuch kultureller Spartenangebote von jungen Leuten in den einzelnen Regionen

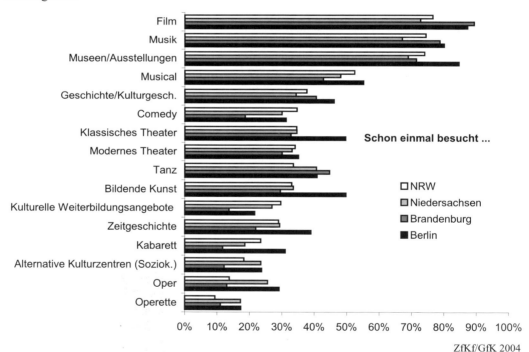

ZfKf/GfK 2004

Besonders häufig besuchen die Jugendlichen in Niedersachsen zudem soziokulturelle Zentren. Allein in der Landesarbeitsgemeinschaft Soziokultur Niedersachsen, die übrigens u. a. auch Mitglied des Niedersächsischen Heimatbundes ist, sind zur Zeit 53 Kulturzentren bzw. -initiativen integriert. Es ist gut vorstellbar, dass diese Einrichtungen auch in kleineren Städten zu finden sind, so dass sie der "Landjugend" als Treffpunkt willkommen sind.

Natürlich kann eine Analyse aufgrund der Angebote, die Jugendliche bisher mindestens ein Mal besucht haben, keine eindeutige Einschätzung bringen. Da diese Besuche häufig mit der Schule oder den Eltern – und vielleicht nicht unbedingt freiwillig – gemacht wurden, ist der dabei gewonnene Eindruck nicht immer positiv und eine "Wiederholungstat" nicht automatisch vorprogrammiert.

Die Angaben von wiederholten Nutzern kultureller Angebote lassen dagegen eher sichere Schlüsse zu, weil sie zeigen, welchen kulturellen Konzepten es gelingt, die jugendlichen Zielpersonen erfolgreich an sich zu binden. Die folgende Übersicht zur Mehrfachnutzung belegt eine ähnliche Frequentierung der Sparten durch die jungen Leute in den einzelnen Regionen, wie sie schon bei der einfachen Nutzung beobachtet werden konnte.

Übersicht 112: Mehrfache Besuche kultureller Spartenangebote von jungen Leuten in den einzelnen Regionen

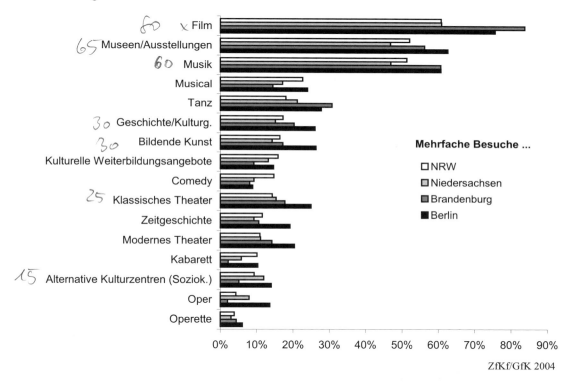

ZfKf/GfK 2004

Das regionale Besucherverhalten für verschiedene Musikkonzerte wurde bislang noch nicht im Detail untersucht. Erstellt man eine Rangfolge der Musikrichtungen, fallen im Regionenvergleich die jungen Berliner als große Fans besonders von klassischer Musik auf. Die bereits angesprochene Bedeutung von Programmen der großen städtischen Ensembles und Konzerthäuser wird durch die Beobachtung ein weiteres Mal betont.

Wie für die Berliner ist der Besuch von Rockkonzerten vor allem für die Brandenburger Jugend eine beliebte Freizeitbeschäftigung. Folklore und Neue Musik bzw. Avantgarde werden als Live-Darbietungen hingegen anteilig öfter von den jungen Leuten aus Niedersachsen besucht. Unter Umständen ist dies eine Begleiterscheinung von Festivals, die in Niedersachsen für diese Musikrichtungen veranstaltet werden, etwa das "Masala Weltbeat Festival" in Hannover, das Hildesheimer "Open Air Sinti Musikfestival" oder die "Fiesta Salsamba" in Hameln. In Niedersachsen ist auch die Zahl der Festivals für Neue Musik besonders hoch. Laut einer entsprechenden Studie[140] liegt ihr Anteil bei etwa zehn Prozent. Erwähnenswert sind hier vor allem Veranstaltungen, die eine Symbiose zwischen Musik und neuen Technologien schaffen und die daher für junge Leute besonders interessant sind, etwa "Klangart" in Osnabrück oder "Neue Musik Lüneburg". Solche Musikrichtungen schaffen es in NRW oder Brandenburg hingegen kaum, junge Zielgruppen zu erreichen.

Übersicht 113: Bisheriger Konzertbesuch einzelner Musikrichtungen von jungen Leuten in verschiedenen Regionen

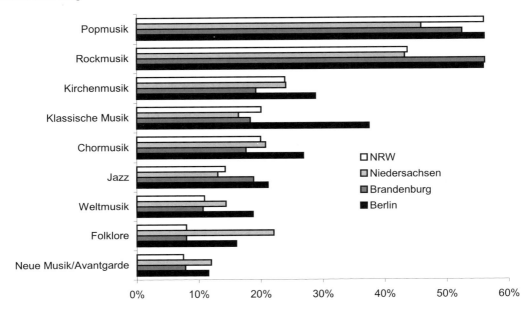

ZfKf/GfK 2004

Dies gilt grundsätzlich auch für Klassische Musik, die dazu auch bei der niedersächsischen Jugend vergleichsweise wenig Anklang findet. Der Fokus auf die regionale Verteilung der Mehrfachbesucher von Musikkonzerten bestätigt letztlich die schon erläuterten Beobachtungen, die im Rahmen des einmaligen Konzertbesuchs verschiedener Musikrichtungen gemacht werden konnten.

Abschließend werden auch die Vorlieben der jungen Leute in der Sparte Tanz in den einzelnen Regionen unter die Lupe genommen. Sie ist bei den jungen Leuten allgemein in etwa so beliebt wie das Musical und wird anteilig in einem ähnlichen Verhältnis besucht, wobei die jungen Leute aus Brandenburg hier besonders aktiv sind. Dass sich in Brandenburg der Tanz einer besonderen Beliebtheit erfreut, spiegeln auch zahlreiche Tanz-Vereine in dieser Region wider. Das Internet-Portal "Tanz im Schulsport" (www.tanz-im-schulsport.de) bietet ein Forum für die Zusammenarbeit von Tanzvereinen und Schulen in Brandenburg, die nunmehr bereits seit rund zehn Jahren besteht. Die Initiative bietet unter anderem Lehrerfortbildungen an, die vom Ministerium für Bildung, Jugend und Sport des Landes Brandenburg anerkannt werden.

---

[140] Zech, Christian/Lorenz, Christian: Musikfestivals in Niedersachsen. Hg.: Niedersächsisches Ministerium für Wissenschaft und Kultur, Hannover, November 2002

Welche Tanzrichtungen werden nun von den jungen Leuten besonders angenommen? Laut der folgenden Übersicht wurden von den jungen Leuten vor allem Angebote aus dem Bereich Modern Dance bzw. Jazztanz, Ballett und Breakdance (schon einmal) besucht. Während das Interesse in den einzelnen Regionen für Modern Dance verhältnismäßig ausgeglichen ist, sind Ballett- und Breakdance-Aufführungen vor allem bei den jungen Berlinern und Brandenburgern beliebt. Ein Besuchsdefizit in Niedersachsen zeigt sich im Bereich der Ballettaufführungen, wohingegen Folkloretanzdarbietungen in Niedersachsen deutlich stärker gefragt sind als in anderen Regionen. Analog dazu ist das Interesse der Jugend in Niedersachsen an Aufführungen musikalischer Folklore stärker ausgeprägt. Im Gegensatz dazu kann man für die jungen Leute in NRW festhalten, dass sie anteilig deutlich weniger Tanzveranstaltungen besuchen. Ein sehr deutliches Defizit zeigt sich für diese Bevölkerungsgruppe im Bereich des Zeitgenössischen Tanztheaters.

Übersicht 114: Bisheriger Besuch folgender Tanzdarbietungen von jungen Leuten in den einzelnen Regionen

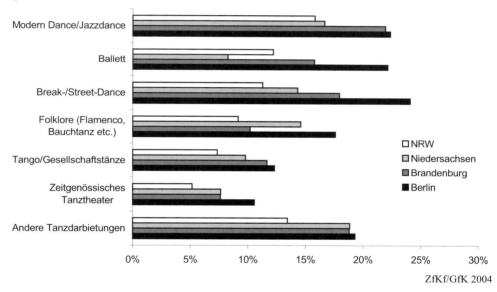

ZfKf/GfK 2004

Die Analyse der Interessensschwerpunkte von Mehrfachbesuchern entsprechender Tanzdarbietungen in den einzelnen Regionen stützt die eben geschilderten Beobachtungen zu den länderspezifischen Unterschieden. Erwähnenswert ist hier lediglich die überdurchschnittliche Zahl an Mehrfachbesuchern in Brandenburg im Bereich des Modern Dance bzw. Jazzdance, die das stärkere Interesse der jungen Brandenburger an Tanz noch einmal unterstreicht.

Das in den Regionen unterschiedlich ausgeprägte Interesse für Weltmusik und Folklore wird nachfolgend noch einmal unter dem Aspekt genereller Berührungspunkte der jungen Leute mit Kunst aus fremden Kulturkreisen untersucht (vgl. die Übersicht auf der folgenden Seite).

Eine überraschende Beobachtung lässt sich dabei für Nordrhein-Westfalen machen, eines der Bundesländer mit vergleichsweise hohen Migrantenzahlen: Immerhin etwa drei Viertel der jungen Leute aus NRW geben an, dass sie bisher noch keine Kunst aus fremden Kulturkreisen erlebt haben. Das wird allerdings nur von etwa einem Viertel der Befragten auf fehlende Angebote zurückgeführt. Daraus lässt sich schließen, dass die bestehenden Maßnahmen für interkulturelle Begegnung nur selten ein junges Publikum erreichen.

Mit einem Anteil von 32 % beklagen die jungen Brandenburger das Fehlen von Darbietungen aus fremden Kulturkreisen am vehementesten. Berlin dagegen zeigt sich wiederum vorbildlich: Im Vergleich zu den anderen Bundesländern haben nur 50 % der jungen Leute noch nie ein Kunstangebot aus fremden Kulturkreisen besucht. Dabei führen lediglich 10 % den mangelnden Kontakt mit anderen Kulturen auf fehlende Angebote zurück. Dass Berlin hier erneut eine Vorreiterrolle einnimmt, deutet darauf hin, dass die Programme der örtlichen Veranstalter – genannt wurde hier schon das Haus der Kulturen der Welt – die multikulturelle Bevölkerungszusammensetzung der Metropole auf sinnvolle Weise aufgreifen.

Übersicht 115: Anteile junger Leute ohne Berührungspunkte mit Kunstdarbietungen aus fremden Kulturkreisen in den einzelnen Regionen

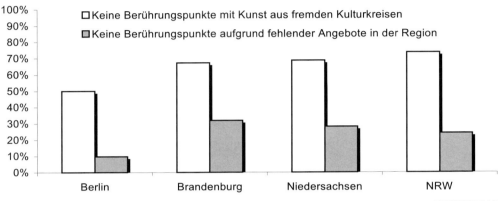

ZfKf/GfK 2004

In der Gesamtbetrachtung kann festgehalten werden, dass die Interessen und Vorlieben für kulturelle Sparten in den einzelnen Bundesländern unterschiedlich ausgeprägt sind. Es gibt also regionale Unterschiede in der Kulturvermittlung, was im Übrigen auch internationale Vergleiche des im Zuge des Jugend-KulturBarometers gewonnenen Datenmaterials mit Zahlen aus anderen Länderstudien bestätigen, die in Kapitel 2.4 exemplarisch dargestellt wurden.

Mit Blick auf die in Kapitel 2.3 vorgestellte Jugend-Kulturtypologie kann man festhalten, dass in Berlin besonders viele *Literaturfans* und *Zeitgenössische Grenzgänger* zu verzeichnen sind. In Niedersachsen trifft man besonders häufig auf *"Klassische" junge Kulturfans*, was zu dem noch zu erläuternden tendenziell konservativeren Bildungsbegriff dieser Gruppe passt. In Brandenburg wiederum finden sich mehr *Popkulturisten*, aber auch zahlreiche *Kreative kulturelle Allesfresser*.

Grundsätzlich ist zu konstatieren, dass sich das Kulturklima Berlins – und weitgehend auch das Brandenburgs – auf die kulturelle Aktivität junger Leute offenbar besonders positiv auswirkt. In Brandenburg ist das Interesse an klassischen Kulturformen allerdings nicht so ausgeprägt wie in Berlin. Hier sind eher typisch jugendliche Sparten wie Film oder Popmusik beliebt. Wie sieht es nun abschließend mit den finanziellen Ausgaben der jungen Leute für Kultur aus und wie groß ist ihre Bereitschaft, weite Wegstrecken für spezielle Kulturangebote in Kauf zu nehmen?

In der folgenden Übersicht zeigt sich, dass die jungen Leute in NRW, die in der Einschätzung ihrer finanziellen Lage in der Gesamtbetrachtung im oberen Mittelfeld anzusiedeln sind, überraschend am wenigsten Geld für künstlerische Hobbys und kulturelle Unternehmungen ausgeben. Und obwohl gerade die jungen Brandenburger und Berliner ihre finanzielle Situation anteilig schlechter einschätzen als die Befragten aus anderen Regionen, geben sie das meiste Geld für kreative und kulturelle Freizeitaktivitäten aus – was sich wiederum mit der festgestellten kulturellen Konsumfreude der jungen Berliner und Brandenburger deckt. Dass das finanzielle Einkommen heute weniger deutlich mit der tatsächlichen kulturellen Partizipation korreliert als andere Aspekte – etwa die Bildung – konnte schon in anderen ZfKf-Studien beobachtet werden. Trotzdem nennen besonders die Berliner hohe Eintrittspreise als Grund für kulturelle Teilnahmslosigkeit – ein Punkt, der im Verlauf noch thematisiert wird. Die hohe kulturelle Aktivität der jungen Berliner hat übrigens eine erwähnenswerte positive "Nebenwirkung": Sie verbringen weniger Zeit mit Medien wie Fernsehen oder Computer. Eine Ausnahme bildet das Radio, das sie vergleichsweise oft anschalten. Die geringere Mediennutzung schließt allerdings auch Bücher mit ein.

Übersicht 116: Durchschnittliche jährliche Ausgaben für Kunst und Kultur in der Freizeit in den einzelnen Regionen

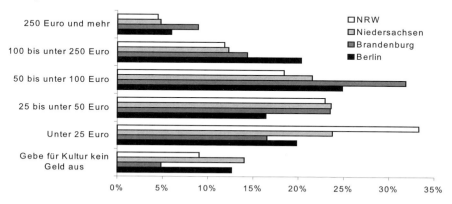

ZfKf/GfK 2004

Dass die kulturelle Mobilität der jungen Leute mit der kulturellen Infrastruktur in den einzelnen Regionen korreliert, überrascht mit Blick auf das bisher Gesagte kaum. Der Anteil der jungen Berliner, die schon einmal mehr als 100 km für ein kulturelles Angebot zurückgelegt haben, ist deutlich geringer als in den anderen Bundesländern – schließlich finden sie die meisten Kulturstätten in unmittelbarer Nähe.

Übersicht 117: Weiteste Entfernung, die die Befragten in den einzelnen Regionen bisher für ein Kulturangebot zurückgelegt haben

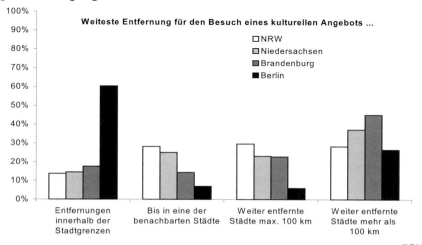

ZfKf/GfK 2004

Etwa 60 % der jungen Hauptstädter haben sich bisher auf das kulturelle Angebot innerhalb der Stadtgrenzen beschränkt. Im Hinblick auf weitere Entfernungen sind die jungen Leute aus Brandenburg und Niedersachsen kulturell am mobilsten. Die beschriebene ländliche Struktur Niedersachsens kann hier als ein plausibler Grund angeführt werden, ebenso die kulturelle Anziehungskraft der Metropole Berlin für das Zurücklegen längerer Wegstrecken der Brandenburger, die vermutlich häufig nach Berlin fahren.

2.8.3 Zu den kulturellen Vermittlungspartnern in den einzelnen Regionen

Vorausgehend wurde dargelegt, inwieweit das Interesse der Jugendlichen an kulturellen Angeboten in den einzelnen Regionen mit der vorhandenen kulturellen Infrastruktur zusammenhängt. Ohne überzeugende Vermittler oder erfolgreiche didaktische Programme aber ist eine junge, lebendige Kulturszene gar nicht vorstellbar. Die Multiplikatoren für die kulturelle Vermittlungsarbeit bei jungen Zielgruppen sind daher im Folgenden Gegenstand der Betrachtung.

Speziell für Brandenburg zeigt sich an folgender Übersicht, dass die Eltern als Begleiter der Jugendlichen bei Kulturangeboten überdurchschnittlich engagiert sind. Auch gleichaltrige Freunde, die Grundschule und der Kindergarten bzw. die Kindertagesstätte spielen eine größere Rolle als in den anderen Ländern. Lediglich in Berlin kann wiederum Ähnliches beobachtet werden. Im Gegensatz zu Niedersachsen und Nordrhein-Westfalen scheint das soziale Umfeld bei Kulturbesuchen junger Leute in den erstgenannten Regionen allgemein stärker eingebunden zu sein.

Übersicht 118: Personen oder Institutionen, die junge Leute in den einzelnen Regionen bisher bei Kulturbesuchen begleitet haben

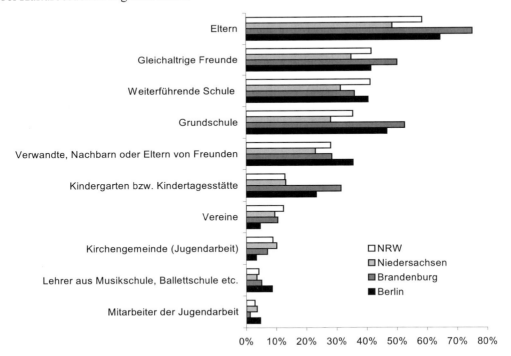

ZfKf/GfK 2004

Die Rolle der sozialistischen Kulturdidaktik in diesem Kontext wurde eben bereits angesprochen, und es ist anzunehmen, dass auch in diesem Fall noch ein entsprechender Einfluss spürbar ist. In der DDR wurden – etwa in den beschriebenen Kulturhäusern – kulturelle Erlebnisse oft im Familienverbund oder zusammen mit Freunden wahrgenommen.[141] Auffällig ist hier auch die starke Einbeziehung von Bildungseinrichtungen, die das spätere Publikum schon sehr früh erreichen, also Kindergarten und Grundschule. Hierin zeigt sich neben Berlin insbesondere Brandenburg fortschrittlich. Im Falle von Berlin ist hier natürlich wiederum auf die kulturelle Infrastruktur zu verweisen. Wenn Eltern, Nachbarn und Freunde verstärkt kulturelle Angebote besuchen, entwickeln die Kinder in der Nachahmung ihrer Vorbilder oft ähnliche Vorlieben. Diesen engen Zusammenhang zwischen Elternhaus und der kulturellen Partizipation junger Leute hat das Jugend-KulturBarometer allgemein darlegen können.

Das Engagement der weiterführenden Schulen bei der Kulturvermittlung ist überall in etwa gleich stark. In Niedersachsen und NRW ist tendenziell zudem die Kirche als Begleiter bei Kulturangeboten aktiv. Anteilig etwas stärker spielt in Niedersachsen die Ganztagsschule eine Rolle als Kulturvermittler, wobei der Anteil junger Leute, die bisher eine solche Einrichtung besuchen, allerdings recht gering ist.

Die Ergebnisse des Jugend-KulturBarometers zeigen sehr deutlich, dass kulturelle Bildung umso nachhaltiger wirkt, je früher sie einsetzt. In diesem Sinn soll nachfolgend beleuchtet werden, wann die jungen Leute in den einzelnen Regionen zum ersten Mal mit einem Kulturangebot in Berührung gekommen sind. Gemäß der hier sehr aktiven Kindergärten und Grundschulen sind Brandenburg und Berlin "Spitzenreiter" in der frühen kulturellen Vermittlung.

Übersicht 119: Zeitpunkt des ersten Kulturbesuchs junger Leute in den einzelnen Regionen

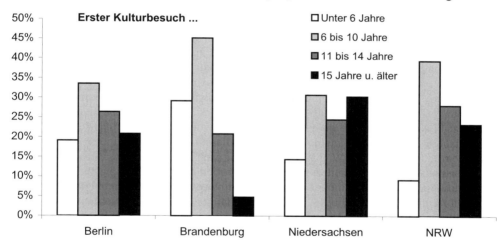

ZfKf/GfK 2004

Auch in NRW wird die Grundschulzeit überdurchschnittlich oft als Einstiegsphase für Kulturbesuche genannt. Es stellt sich an dieser Stelle die Frage, inwieweit die verstärkte Einführung der offenen Ganztagsschule in NRW und die damit einhergehende Förderung kultureller Bildungskonzepte dabei schon eine Rolle spielen können. In Niedersachsen fehlt es im Regionsvergleich an Ansätzen für die frühkindliche kulturelle Bildung und entsprechenden Konzepten für die

---

[141] Vgl. dazu Groschopp, Kulturelle Jugendarbeit in der DDR und Kulturhäuser in der DDR, a.a.O.

Grundschulzeit. Vielleicht ist nicht zuletzt dies ein Grund, warum die jungen Leute in Niedersachsen insgesamt weniger kulturinteressiert sind.
Die enge Beziehung zwischen einer stärkeren Partizipation der Berliner und Brandenburger Kindergärten an der Gestaltung kultureller Bildung und dem entsprechend hohen Anteil an jungen Leuten, die in den beiden Bundesländern schon im Vorschulalter mit Kultur in Berührung kamen, lässt vermuten, dass sich offenbar viele Eltern, die ansonsten als Begleiter für Kulturbesuche eine zentrale Rolle einnehmen, nicht trauen, mit ihren Kindern im Vorschulalter schon Kulturangebote zu besuchen – vermutlich aus Angst, sie zu überfordern oder aufgrund der Befürchtung, die anderen Besucher durch ein unruhiges Kind zu stören. Es wäre daher förderlich, auf der einen Seite die kulturelle Vermittlungsarbeit in Kindergarten und Grundschule auszubauen und auf der anderen Seite verstärkt kulturelle Angebote für Familien mit kleinen Kindern zu schaffen.

2.8.4 Künstlerische Aktivitäten der jungen Leute in den einzelnen Regionen

Neben dem Erlebnis professioneller Kulturdarbietungen bildet die eigene, schöpferisch-kreative Arbeit einen wesentlichen Teil der kulturellen Aktivität. In diesem Bereich liegt Niedersachsen im Regionsvergleich – wenn auch knapp – an erster Stelle. 52 % der dortigen Jugendlichen waren in ihrer Freizeit schon einmal künstlerisch aktiv, 37 % pflegen derzeit nach eigenen Angaben ein künstlerisches Hobby. Analog dazu sind die jungen Niedersachsen, neben den Jugendlichen aus NRW, bei der Nutzung kultureller Weiterbildungsangebote ebenfalls besonders aktiv (vgl. Übersicht 111). Möglicherweise belebt der Mangel an kulturellen Angeboten in der ländlichen Umgebung gerade die kulturelle Beschäftigung in Eigeninitiative.
Bei der Frage nach dem Ausüben künstlerischer Aktivitäten in außerschulischen kulturellen Bildungseinrichtungen – etwa Jugendkunstschulen – liegen NRW und Berlin vorne, was zumindest zum Teil mit der hohen Anzahl der Einrichtungen in diesen Bundesländern erklärt werden kann. In NRW sind vor allem die Musikschulen in einem dichten Netz in der Region etabliert, es gibt aber auch viele Jugendkunstschulen, auch wenn sie nicht so zahlreich sind wie die Musikschulen. In ländlich geprägten Regionen wie Niedersachsen ist es dagegen nicht ohne Weiteres möglich, eine den Bedarf deckende Struktur von leicht erreichbaren Bildungseinrichtungen zu realisieren.

Übersicht 120: Künstlerische Freizeitaktivitäten der jungen Leute in den einzelnen Regionen

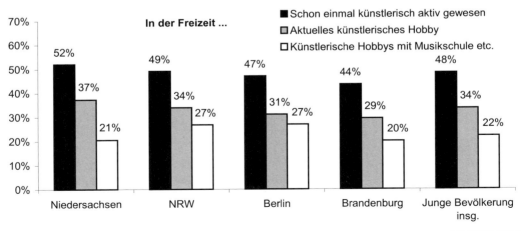

ZfKf/GfK 2004

Wie folgende Übersicht veranschaulicht, können bei den jungen Leuten in den einzelnen Bundesländern auch bei den künstlerischen Betätigungsfeldern Unterschiede beobachtet werden. In Niedersachsen ist das Musikmachen als Hobby überdurchschnittlich beliebt. Dass Unterricht mit musikalischem Schwerpunkt besonders in Niedersachsen erfolgreich ist, illustriert der Beitrag Hans Walters zu den Bläserklassen an niedersächsischen Schulen in Kapitel 4.2.

In der Bundeshauptstadt fotografieren die jungen Leute besonders gern. Dass vor allem die jungen Berliner ein überdurchschnittliches Interesse an Fotografie haben, wurde oben mit Verweis auf die starke Präsenz der Fotografie in der Berliner Museumslandschaft bereits dargelegt. Ähnliches trifft im Bereich Tanz für Brandenburg zu: Die Jugendlichen dort besuchen besonders häufig Tanzdarbietungen; entsprechend wird das Tanzen als Freizeitbeschäftigung von den Brandenburgern mit Abstand am häufigsten genannt. Die Korrelation zwischen künstlerisch-kreativen Aktivitäten und kulturellen Interessen lässt sich demnach auch in der regionalen Betrachtung sehr eindeutig belegen.

Übersicht 121: Aktuelle künstlerische Betätigungsfelder junger Leute in einzelnen Regionen

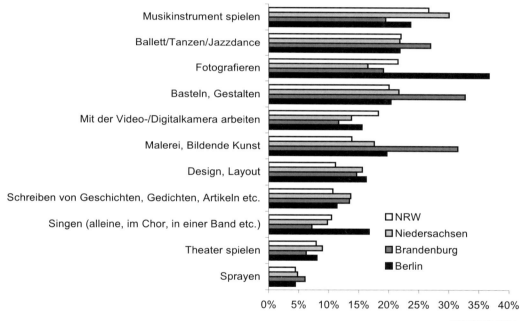

ZfKf/GfK 2004

In Berlin steht – im Vergleich zu den anderen Regionen – auch das Singen bei den Jugendlichen hoch im Kurs. Dies ist sicherlich auf die lebendige Musikszene der Stadt zurückzuführen, in der auch noch nicht etablierte Bands oder Liedermacher in Kneipen oder auf kleinen Bühnen ihr Publikum finden. Die jungen Brandenburger hingegen üben sich lieber in weniger öffentlichen Kunstformen wie bildkünstlerisches Gestalten oder Basteln, und heben sich damit deutlich von den Hobbys der Jugendlichen aus den anderen Bundesländern ab.

Die außerschulische Kunstpädagogik hat in Brandenburg – insbesondere in vernetzter Form – zwar noch keine allzu lange Tradition, der Brandenburgische Landesverband der Jugendkunstschulen und kulturpädagogischen Einrichtungen wurde erst 1992 gegründet. Eine im April 2005 geschlossene Rahmenvereinbarung zwischen dem Brandenburgischen Verband Bildender Künstler und Künstlerinnen e.V. (BVBK) und dem Ministerium für Bildung, Jugend und Sport des Landes Brandenburg, der Kooperationen der Künstler mit brandenburgischen Ganztagsschulen fördert,[142] macht jedoch beispielhaft deutlich, dass das hierin liegende Potential nicht ungenutzt bleibt.

Auf die Frage, welchen dieser Aktivitäten die Jugendendlichen in der Schule (also im Rahmen von schulischen Arbeitsgemeinschaften) nachgehen, wird in Niedersachsen und NRW besonders oft die Schülerzeitung genannt. Speziell in NRW finden auch Schultheater-Gruppen regen Zulauf. Da für diesen Bereich keine auffällige Korrelation etwa mit einem intensiveren Besuch von Theaterangeboten in NRW oder einem verstärkten Interesse der jungen Leute für Theater allgemein zu verzeichnen ist, erstaunt Letzteres ein wenig. Derartiges Engagement in der Schule könnte jedoch hervorragend für die Begeisterung junger Menschen für die Theaterszene genutzt werden. Es wäre daher vorteilhaft, mehr Berührungspunkte zwischen den schulischen Theatergruppen und öffentlichen Häusern zu schaffen. Beispielhaft ist hier ein weiteres Mal das Kooperationsmodell TUSCH (Theater und Schule) in Berlin und Hamburg sowie das daran angelehnte Programm "KLaTSch! – Kulturelles Lernen an (Off) Theater und Schulen" in Sachsen-Anhalt anzuführen. Für die Sparte Musik existieren mit "tutti pro" der Jeunesses Musicales Deutschland und der Deutschen Orchestervereinigung (DOV) oder dem "Netzwerk Orchester und Schule" der DOV in Zusammenarbeit mit dem Verband deutscher Schulmusiker (vds) sowie dem Arbeitskreis für Schulmusik und allgemeine Musikpädagogik (AfS) vergleichbare Initiativen, die Patenschaften zwischen professionellen Klangkörpern und Jugend- bzw. Schulorchestern anregen (vgl. den Beitrag von Gerald Mertens in Kapitel 4.2).

Als Fazit dieser Betrachtung kann also auch für die künstlerisch-kreative Aktivität festgehalten werden, dass regionale Unterschiede existieren. Im Vergleich mit Ergebnissen internationaler Studien zur künstlerischen Aktivität können wiederum über regionale Zusammenhänge hinaus ebenfalls Differenzen zwischen einzelnen europäischen Ländern ermittelt werden, die gleichfalls auf die jeweiligen Traditionen, unterschiedliche kulturelle Infrastrukturen und unterschiedliche Vermittlungsformen zurückgeführt werden können (vgl. hierzu auch Kapitel 2.4).

2.8.5   Partner für künstlerische Aktivitäten in den einzelnen Regionen

Ein Blick auf die Akteure, die junge Leute zu künstlerischen Tätigkeiten anregen und sie dabei anleiten, ist bei der Untersuchung der verschieden gelagerten Interessen junger Leute in den einzelnen Regionen natürlich unabdingbar.

Die Schule spielt bei künstlerischen Aktivitäten junger Leute vor allem in Berlin und Niedersachsen eine wichtige Rolle. Die nunmehr schon zehn Jahre bestehende Tradition der Musikklassen an niedersächsischen Schulen wurde bereits genannt, ebenso die vielfältigen Berliner Aktivitäten wie TUSCH oder "TanzZeit" (vgl. die Beiträge von Renate Breitig und Ursula Jenni in Kapitel 4.4). Der Unterricht in den Musikklassen wird übrigens oft in Kooperation mit Musikschulen in der Region durchgeführt. Lange Anfahrtswege in privater Regie am Nachmittag können so speziell in ländlichen Gebieten vermieden werden.

Vor allem in NRW profilieren sich Musikschulen ebenfalls als Vermittler. Dies gilt auch für außerschulische kulturelle Bildungseinrichtungen wie Ballettschulen oder Jugendkunstschulen. Dass letztere in der folgenden Übersicht nicht dargestellt sind, liegt an ihrer geringen Anzahl in den analysierten Gebieten, die nicht mit der flächendeckenden Infrastruktur der Musik-, Ballett- und Tanzschulen zu vergleichen ist. Vereine werden als Partner bei der künstlerischen Kreativität in NRW und auch in Brandenburg sehr oft genannt. Die Kirche nimmt in NRW und Niedersachsen tendenziell ebenfalls eine wichtigere Rolle ein.

Brandenburg zeigt sich im Kontext dieser Betrachtungen ein weiteres Mal als Vorreiter bei der frühen Kunstvermittlung: Der Stellenwert des Kindergartens als "Anstifter" zur künstlerischen

---

[142] Vgl. dazu Keuchel/Aescht: KULTUR:LEBEN in der Ganztagsschule, a.a.O., S. 32

Aktivität ist in diesem Bundesland besonders hoch. Zudem sind in Brandenburg auch die Kultureinrichtungen als Anbieter bzw. Partner bei künstlerischen Aktivitäten stärker vertreten als in den anderen Bundesländern – was sich, wie oben gesehen, in der kulturellen Freizeitgestaltung der jungen Bewohner niederschlägt.

Übersicht 122: Personen oder Institutionen, mit denen junge Leute in den einzelnen Regionen bisher künstlerisch aktiv gewesen sind

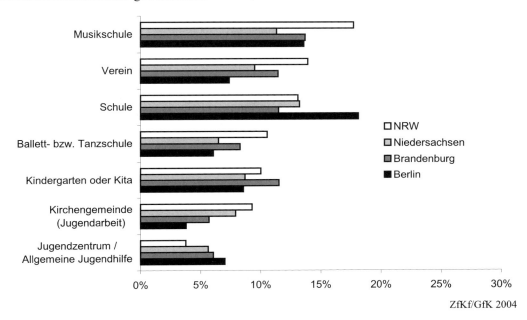

2.8.6 Ursachenforschung und Maßnahmen für ein verstärktes kulturelles Interesse junger Leute

Der konservative Kunst- und Kulturbegriff der Jugendlichen aus Niedersachsen wurde im Verlauf der Ausführungen bereits thematisiert. Diese assoziieren anteilig viel häufiger nur die klassischen Angebote wie Oper, Theater oder Bildende Kunst mit Kultur allgemein. Möglicherweise liegt dies nicht zuletzt daran, dass es in der Region an populären oder originellen kulturellen Angeboten für Jugendliche fehlt. In Niedersachsen werden solche Veranstaltungen oder Programme auf jeden Fall anteilig seltener besucht als in den anderen Ländern. Vielleicht brauchen junge Menschen jedoch zunächst eine eigene Kultur, um eine stärkere Bindung zu traditionellen kulturellen Strukturen aufbauen zu können. Möglicherweise bedingt eine gewisse Distanz die Anerkennung früher als unzeitgemäß eingestufter Ausdrucksformen. Das autonome Ausleben jugendlicher Ausdrucksformen könnte durch ein Überdenken von Vorurteilen Toleranz gegenüber früher abgelehnten kulturellen Werten schaffen.

Der konservative Kulturbegriff der jungen Leute aus Niedersachsen trägt jedenfalls nicht dazu bei, dass diese davon ausgehen, dass sie in späteren Jahren, im fortgeschrittenen Erwachsenenalter, aktiver an klassischen Kulturangeboten partizipieren. Auf die Frage, ob sie die Angebote der so genannten Hochkultur mit 45 Jahren voraussichtlich nutzen werden, reagieren die jungen Niedersachsen sogar zurückhaltender als die Befragten aus anderen Regionen. Anders die Berliner: Ihre Neigung, Kultur als reine Freizeitbeschäftigung einzustufen, lässt sie offenbar ein regelrecht entspanntes Verhältnis zur Hochkultur entwickeln, das sich positiv auf das entsprechende Nutzungsverhalten auswirkt. Dies bedeutet jedoch nicht, dass sie ausschließlich der Eventcharakter kultureller Ereignisse lockt. Auf die Frage nach ihren Erwartungen an einen Kulturbesuch nennen die jungen Berliner zwar überdurchschnittlich oft Unterhaltung, aber auch Bildung. Was geben nun die jungen Leute, die sich wenig bzw. überhaupt nicht für Kultur interessieren, in den einzelnen Regionen als Gründe für ihr Desinteresse an? Die Hauptgründe liegen gemäß der folgenden Übersicht in der Ablehnung kultureller Aktivitäten im sozialen Umfeld, hier insbesondere dem Freundeskreis, was mit der Dominanz anderer Freizeitbeschäftigungen einhergeht. Die Auswertung der aktuellen Hobbys hat gezeigt, dass für die jungen Leute neben künstlerischen Aktivitäten vor allem der Computer und sportliche Aktivitäten einen sehr hohen Stellenwert haben. Weniger wichtig sind organisatorische Fragen, etwa der Erwerb der Eintrittskarten. Dennoch können neben diesen Übereinstimmungen durchaus regionale Unterschiede beobachtet werden, die die bisherige Analyse stützen: So vertreten die jungen, nicht kulturinteressierten Berliner anteilig deutlich weniger oft die Meinung, dass ihr Desinteresse auf eine mangelhafte Angebotsdichte zurückzuführen sei. Dafür halten sie die Kulturangebote, wie die jungen Brandenburger auch, tendenziell eher für zu teuer. Die jungen Leute aus Niedersachsen geben auf diese Frage erwartungsgemäß andere Antworten: Zum einen thematisieren sie die Schwierigkeit der Heimfahrt nach einem Kulturbesuch am Abend etwas häufiger, dazu kommt das Fehlen von Informationen und das mangelnde Kulturangebot in ländlichen Regionen allgemein. Entsprechend ihrer konventionellen Einschätzung von Kultur halten sie diese häufig für "uncool".

Übersicht 123: Gründe für kulturelles Desinteresse junger Leute in den einzelnen Regionen

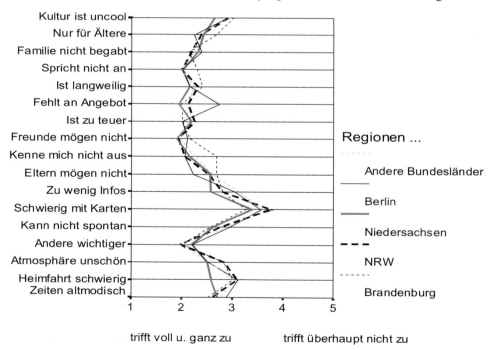

ZfKf/GfK 2004

Danach befragt, wie man sie künftig mehr für Kultur begeistern könnte, befürworten die jungen Berliner und Brandenburger ganz eindeutig die Senkung der Eintrittspreise. In NRW und Berlin wird ein jugendgerechteres Ambiente in den Kulturhäusern gefordert. Ein besseres Kulturangebot am Wohnort wünschen sich, mit Ausnahme der Berliner, die Jugendlichen in allen Regionen. Dasselbe gilt für die bessere Anbindung der Kulturangebote an den öffentlichen Personennahverkehr. Für Brandenburg fällt auf, dass sich die weniger kulturinteressierten Jugendlichen einfachere Kartenerwerbsmöglichkeiten wünschen. Die in dieser Befragtengruppe auch auffällig oft geforderte Gründung von Jugendkulturclubs lässt sich ein weiteres Mal als Nachklang vergangener Zeiten einordnen.[143]

Übersicht 124: Maßnahmen zur Förderung der eigenen kulturellen Partizipation nach Meinung mittelmäßig bis überhaupt nicht kulturinteressierter junger Leute in den einzelnen Regionen

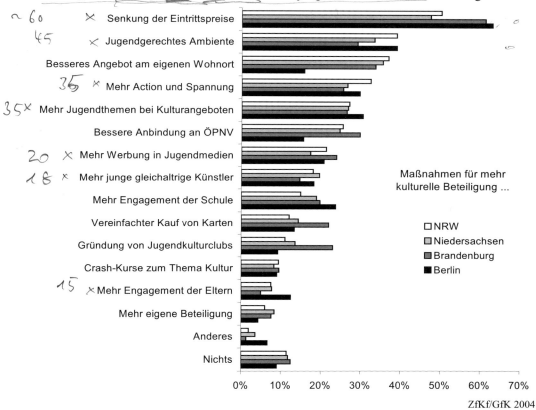

Obschon der vereinfachte Zugang zu Tickets für die kulturelle Teilnahme allgemein weniger entscheidend ist, kann dieser Punkt vor allem vor dem Hintergrund, dass junge Leute heute immer mehr dazu neigen, ihre Freizeitgestaltung spontan zu planen, für die intensivere Nutzung von Kulturangeboten sehr wohl eine Rolle spielen.[144] Die folgende Übersicht verdeutlicht das Interesse junger Leute an kurzfristigeren Erwerbsmöglichkeiten von Eintrittskarten. Allein der Last-Minute-Verkauf steht in dem Ranking an vierter, das Einlösen von Gutscheinen für eine beliebige Veranstaltung an dritter Stelle. Diese Konstellation, insbesondere der hohe Stellenwert des Last-Minute-Verkaufs, weicht doch deutlich von den Wünschen der Befragten im Alter von über 25 Jahren ab. Der Regionsvergleich zeigt bei den Kartenerwerbsmöglichkeiten interessanterweise sehr unterschiedliche Präferenzen. Die jungen Leute aus NRW und Niedersachsen

---

[143] Vgl. Groschopp: Kulturelle Jugendarbeit in der DDR, a.a.O.
[144] Vgl. dazu: Keuchel: Rheinschiene – Kulturschiene, a.a.O., S. 133 ff.

bevorzugen den Kartenerwerb über das Internet, in NRW sind zudem die örtlichen Vorverkaufsstellen für Veranstaltungen besonders attraktiv. Die jungen Brandenburger präferieren die Gutschein-Variante, die jungen Berliner hingegen den Last-Minute-Verkauf. Für letztere ist auch der Erwerb von Karten per SMS eher vorstellbar.

Übersicht 125: Bevorzugte Kartenerwerbsmodelle bei jungen Leuten in den einzelnen Regionen

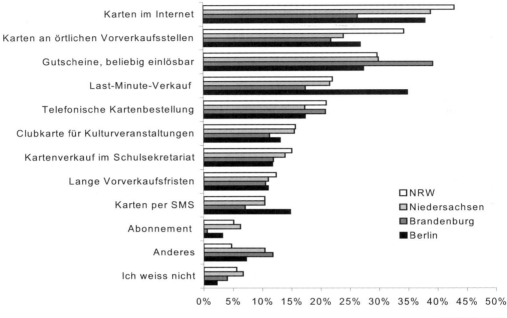

Analog zu der deutlichen Vorliebe der jungen Berliner für kulturelle Last-Minute-Angebote, kann man im Regionsvergleich feststellen, dass diese am ehesten dazu neigen, ihre Freizeit spontan zu gestalten. Und nicht nur das: Die jungen Berliner votieren überdurchschnittlich oft für einen späteren Beginn von Kulturveranstaltungen. Demgemäß bevorzugen sie Medien, die kurzfristig über Veranstaltungen informieren. Neben dem SMS-Service wird von ihnen häufiger auch die Information durch das Radio gewünscht. Die jungen Leute aus NRW favorisieren – wie bei der Bestellung der Karten auch – bei den Informationen zur Veranstaltung eine stärkere Einbeziehung des Internet.

Betrachtet man abschließend die länderspezifischen Vorlieben der jungen Leute für bestimmte Veranstaltungsformen, fällt vor allem auf, dass die Berliner deutlicher Massenveranstaltungen und Clubs bevorzugen. In Brandenburg kommen städtische Veranstaltungsaktionen, z. B. eine "Nacht der Museen" besonders gut an, wohingegen die Jugendlichen in Niedersachsen eher Veranstaltungsformen den Vorzug geben, die weniger event-orientiert sind und mehr Raum für individuelle Gestaltung lassen. Letzteres ist übrigens ein genuin niedersächsisches Phänomen und kein Trend, der in ländlichen Regionen allgemein beobachtet werden kann.

2.8.7 Zusammenfassende Betrachtung der Empfehlungen für die analysierten Regionen

Die zum Teil sehr deutlichen regionalen Unterschiede im kulturellen Partizipationsverhalten der jungen Leute können, wie gesehen, auf verschiedene Teilaspekte zurückgeführt werden. Zu nennen sind hier vor allem die kulturelle Infrastruktur, aber auch die Vernetzung des sozialen Umfelds mit der Kulturszene oder das besondere Engagement kulturpolitischer Initiativen.

Berlin profitiert bei der Zielgruppenansprache deutlich von seiner kulturellen Dichte und betont damit letztlich, welche Anziehungskraft Kultur bei entsprechender Angebotsvielfalt auch auf die junge, vermeintlich "kulturferne" Generation haben kann. Auch die Vermittlung klassischer Kulturangebote in der Stadt zeigt ausgesprochen positive Auswirkungen. Die stärkere Einbindung der Schulen als Partner bei kulturellen Aktivitäten scheint sich zu bewähren, und auch die Einbeziehung des weiteren sozialen Umfelds in die Kulturvermittlung ist vorbildlich. Es ist zu erwarten, dass diese Effekte mit Schulinitiativen wie TUSCH oder "TanzZeit" noch verstärkt werden. Die trotz allem eher durchschnittliche künstlerische Freizeitaktivität der jungen Berliner könnte beispielsweise stärker über Schulprojekte ausgeglichen werden. Besonders deutlich ist die Nachfrage – bei kulturellen Angeboten ebenso wie bei kreativen Aktivitäten – für den Bereich Fotografie. Hier empfiehlt es sich, an die bestehende Ausstellungsvielfalt anknüpfend das Kurs- und Workshopangebot zu erweitern. Die Begeisterung für das Medium Fotografie bietet zudem Ansatzpunkte, durch Schnittstellen zu anderen Künsten das Interessenspektrum der Jugendlichen zu erweitern. Insgesamt zeigt die junge Generation in Berlin im Vergleich zu anderen Bundesländern eine sehr entspannte Einstellung zur Kultur. Sie wird hier weniger – gewissermaßen auf einem Podest – aus der Distanz betrachtet, sondern im sozialen Umfeld durchaus als selbstverständlich empfunden. Grundsätzlich scheint eine solche Haltung die kulturelle Partizipation Jugendlicher deutlich zu befördern, weswegen das "Berliner Modell" in vieler Hinsicht als vorbildhaft gelten kann.

Derart vielversprechende Vorraussetzungen dürfen jedoch nicht als "Ruhekissen" verstanden werden. Die Analysen legen für Berlin und Brandenburg nahe, dass die offene Einstellung zur Kultur nicht zuletzt auch mit den Traditionen der DDR zusammenhängt, die durch entsprechende Programme zur Volksbildung "Kultur für alle" durchsetzte. In Brandenburg können folglich ähnliche Effekte beobachtet werden. Sollte dieser Aspekt in der Tat eine größere Rolle spielen, so sind kontinuierliche, begleitende Maßnahmen gefragt, die dieses ausgeprägte Kulturinteresse bewahren und weiter fördern. Wie schon erläutert, sollte dies idealerweise durch die stärkere Verankerung der kulturellen Bildung im Kindergarten oder Kindertagesstätten geschehen. Je früher kulturelle Bildung ansetzt, desto mehr Erfolg wird ihr beschieden sein.

Entsprechend wird das Brandenburger Kulturklima von den jungen Einwohnern ebenfalls sehr wohlwollend bewertet. Das soziale Umfeld der Befragten ist anteilig sehr stark an den kulturellen Aktivitäten beteiligt und fungiert so als wichtiger Interessens- und Aktivitäts-Multiplikator. "Wenn es der Kulturpolitik gelingt, den sozialen Rahmen dafür zu schaffen, also *Anlässe, Gelegenheiten und Treffpunkte* für kulturelle Ereignisse zu arrangieren, dann bekommt auch der kommunikative Kern der Integrationskultur als E- und U-Kultur einen *neuen Sinn* und der Anteil der Kulturinteressenten und -besucher wird wieder steigen."[145]

Zudem fällt in Brandenburg auf, dass die Kindergärten und Grundschulen kulturell und künstlerisch aktiver sind als in den anderen Regionen. Die Brandenburger sind, im Gegensatz zu den Berliner Jugendlichen, stärker an jugendkulturellen, weniger an klassischen Kulturangeboten interessiert, besonders an Film und Tanz. Defizite zeigen sich lediglich in der Vermittlung von E-Musik und Folklore. Man sollte grundsätzlich erwägen, ob es nicht sinnvoll ist, Konzepte zu entwickeln, die der Kultur gegenüber offen eingestellte junge Leute noch mehr für klassische Ausdrucksformen begeistern. Es fällt auf, dass die Jugendlichen in Brandenburg das Fehlen von Kunstdarbietungen aus fremden Kulturen deutlicher anmerken als ihre Altergenossen aus den anderen Bundesländern. Überdurchschnittlich viele wenig kulturinteressierte junge Leute in Brandenburg fordern zudem die Einrichtung von Jugendkulturclubs, wo sie Kultur mit Gleich-

---

[145] Opaschowski, Horst W.: Wachstumsgrenzen des Erlebnismarktes. Folgen für die Kulturpolitik. Vortrag im Rahmen des 3. Kulturpolitischen Bundeskongresses "publikum.macht.kultur" am 24. Juni 2005 in Berlin, S. 11, siehe: http://www.kupoge.de/kongress/2005/doku.htm

altrigen erleben können. Hier eröffnet sich ein potentielles Betätigungsfeld der Jugendbildung, das für eine zunehmend multikulturelle Gesellschaft vielversprechendes Potential bietet.

Auffällig ist auch der hohe Anteil Jugendlicher in NRW, die noch keine Berührungspunkte mit Kunstdarbietungen aus fremden Kulturkreisen hatten. Dies ist angesichts der Tatsache, dass es in NRW eine große Zahl insbesondere junger Migranten gibt, umso bedenkenswerter. Die Entwicklung und Etablierung funktionierender Konzepte für mehr kulturellen Austausch ist umso wichtiger, als das Integrationspotential solcher Maßnahmen und die positiven Auswirkungen auf das soziale Miteinander nicht zu unterschätzen sind.

Das Kulturinteresse der jungen Leute in NRW rangiert im Regionsvergleich im Mittelfeld. Es zeigen sich – wie in Brandenburg und Niedersachsen auch – vor allem Defizite in der Vermittlung klassischer Kulturangebote. Schlecht bestellt ist es in NRW besonders um die Vermittlung von E-Musik und Tanz. Wie man das Interesse für das zeitgenössische Tanztheater wecken und stärken kann, das in NRW besonders wenig beliebt ist, veranschaulichen die ideenreichen Jugendangebote des *tanzhaus nrw* in Düsseldorf, die in Kapitel 4.4 beschrieben sind. Vielversprechend ist auch die Etablierung von Tanz im Angebot der offenen Ganztagsschule, wie sie das Landesbüro Tanz NRW praktiziert. Die jugendgerechtere Vermittlung von "ernster" Musik kann durch die Musikschulen, die in NRW sehr verbreitet sind, geleistet werden. Ähnliche Maßnahmen empfehlen sich auch für die Darstellende Kunst: Es ist festzustellen, dass die vergleichsweise hohe Anzahl von Theatergruppen an den nordrhein-westfälischen Schulen kaum Auswirkungen auf das Interesse der jungen Leute an professionellen Theaterdarbietungen hat. Erfolgversprechend wären hier Initiativen wie das beschriebene Patenschafts-Modell, das Schultheatergruppen und professionelle Theaterensembles verbindet und so nicht zuletzt das Theaterpublikum von morgen anspricht und "infiziert".

Obschon die jungen Leute in NRW sehr gern ins Kino gehen, ist das Interesse an anspruchsvollen Filmen vergleichsweise gering. Auch hier sollten unterstützende Maßnahmen erwogen werden, z. B. eine deutlicher zielgruppenorientierte Ansprache oder stärker auf Schulen zugeschnittene Programmgestaltungen, um diese – zugegebenermaßen nicht leicht konsumierbare – Kunstform zu stärken und so auch die Medienkompetenz der jungen Leute zu fördern. Ein Partner für entsprechende Kooperationen kann die Filmstiftung NRW sein, die in ihrer Reihe "Spectrum Junger Film" Nachwuchsfilmer fördert. Vorstellbar wären zum Beispiel Vorführungen in Schulen, bei denen junge Filmemacher ihre Arbeit vorstellen und mit den Schülern diskutieren.

Die Jugendlichen in Niedersachsen bevorzugen u. a. alternative Zentren als Orte für kreative Betätigung und Kulturerlebnisse. Sie zeigen allerdings allgemein eine gewisse kulturelle Zurückhaltung, die – wie bereits dargelegt – sehr komplexe strukturelle Ursachen haben kann. Hier kann es folglich zunächst lohnend sein, in grundsätzliche Maßnahmen für mehr kulturelle Partizipation zu investieren. Dass vor allem die jungen Leute mit niedriger Schulbildung noch weniger für kulturelle Angebote zu begeistern sind als die Vergleichsgruppe in den anderen Regionen, wurde bereits angesprochen. Auch die Frage, ob eine funktionierende Infrastruktur für jugendkulturelle Angebote nicht eine der wesentlichen Voraussetzungen für die stärkere Identifikation der Jugendlichen mit Kultur und letztlich auch der so genannten "Hochkultur" ist, ist vor diesem Hintergrund von wesentlicher Bedeutung. Allgemein fällt nämlich auf, dass der Kulturbegriff der jungen Leute in Niedersachsen sich auf klassische Kultur konzentriert. Diese vergleichsweise traditionsbewusste Einschätzung geht jedoch – von Ausnahmen abgesehen – nicht mit einer stärkeren Nutzung klassischer Kulturangebote einher. Das liegt sicher auch daran, dass größere Theater, Opernhäuser oder Museen mit Kapazitäten für die zielgruppenorientierte Kulturvermittlung in der Umgebung vielfach schlichtweg fehlen. Zwar gibt es etwa am Braunschweiger Staatstheater das Projekt "Theater und Schule", doch die Bewohner von Gegenden wie dem Wendland oder der Nordseeküste bleiben hiervon unberührt.

Defizite zeigen sich in Niedersachsen auch im Bereich Film – eine Kultursparte, die bei den jungen Leuten eigentlich sehr beliebt ist. Hier sollte überlegt werden, inwieweit mobile Angebote wie der estnische "Kinobus" mehr kulturelles Leben in weniger dicht besiedelte Gegenden bringen kann. Ähnlich arbeitet das *multimediamobil Salzgitter*, das seit 2004 die Arbeit mit digitalen Medien in niedersächsischen Schulen und außerschulischen Bildungseinrichtungen vermittelt. Vergleichbare Angebote, die beispielhaft sein können, verzeichnet der "Medienpädagogische Atlas Niedersachsen"[146] der Niedersächsischen Landesmedienanstalt und des Niedersächsischen Ministeriums für Soziales, Frauen, Familie und Gesundheit.

Besonders in Niedersachsen, aber auch in NRW, kann und sollte folglich vor allem in den Schulen angesetzt werden, um junge Leute wieder mehr für Kultur zu begeistern. Ein gutes Beispiel hierfür ist unter anderem das lebendige Projekt "Hauptschule in Bewegung" der Stadt Hannover, dessen Erfolge in Kapitel 4.1 geschildert werden. Inwieweit die Schule als Kooperationspartner für die kulturelle Bildung besonders geeignet ist, zeigt auch das vorausgehend beschriebene regionale Modell der Musikklassen in den niedersächsischen Schulen. Als künstlerisches Hobby ist das Musizieren mit Instrument in Niedersachsen in der Tat auch am häufigsten vertreten – die Jugendlichen sind im Vergleich sogar etwas stärker künstlerisch aktiv, allerdings weniger mit außerschulischen kulturellen Bildungseinrichtungen. Das tendenziell etwas deutlichere Interesse der niedersächsischen Jugend für Oper kann vielleicht nicht zuletzt auf Bemühungen von Aktionen wie "Junge Oper" in Niedersachsen zurückgeführt werden, die Musiktheaterangebote direkt in die Schulen bringen. Dies ist vor allem auf dem Land sicherlich ein sinnvolles Mittel, wiederum die Schulen auch in außerschulische Kulturangebote stärker einzubinden. In der Gruppe bzw. mit der Schulklasse sind auch weitere Anfahrtswege leichter zu bewerkstelligen.

Im Vergleich zu den anderen Regionen mangelt es in Niedersachsen und NRW auch an der stärkeren Einbeziehung der Kindergärten und Grundschulen als wesentliche Vermittler und auch als Orte kultureller Bildung. Dass die frühe Erziehung zur Kultur vielfach ein nachhaltiges kulturelles Interesse bewirkt, kann nicht oft genug betont werden – eine Maxime, die in den beiden Bundesländern verstärkt in die Praxis umgesetzt werden kann. Ein weiterer Partner, der speziell in Niedersachsen und NRW für kulturelle Bildungsarbeit auch stärker eingesetzt bzw. angesprochen werden kann, ist die Kirche, die hier auch schon einige Aktivitäten unternimmt.

Für das Kulturmarketing ist festzuhalten, dass die jungen Berliner wie auch die Jugendlichen aus Brandenburg eine ausgeprägte Neigung zur spontanen Freizeitplanung haben. Sehr beliebt sind bei ihnen Last-Minute-Angebote für Veranstaltungskarten, zunehmend gefragt sind SMS – sowohl zur Information als auch für den Kartenverkauf. Besonders in Berlin wird das Radio als Informationsmedium der jungen Zielgruppen stärker genutzt als in anderen Regionen. Diese Eigenheiten können im Marketing und vor allem bei der Öffentlichkeitsarbeit berücksichtigt werden, um das junge Publikum gezielt anzusprechen. Der weitere Ausbau des Internet als Informationskanal und Kartenanbieter für Kulturveranstaltungen wird vor allem von den jungen Menschen in NRW gewünscht, kann aber – da das Internet gleichfalls bei der kurzfristigen Planung hilft – auch allgemein gelten.

Tendenziell wäre den jungen Leuten aus Berlin und Nordrhein-Westfalen ein mehr auf jugendliche Umgangsformen ausgerichtetes Ambiente in den Kultureinrichtungen willkommen, ebenso die Senkung der Eintrittspreise. Kultur gilt besonders bei den jungen Berlinern und Brandenburgern als teurer Spaß, was von den weniger kulturinteressierten Jugendlichen oft als Hinderungsgrund angegeben wird. Man sollte daher prüfen, ob diese Vorbehalte im Einzelfall berechtigt sind und gegebenenfalls weitere Ermäßigungen für junge Leute anbieten bzw. die Jugend-Rabatte besser publik machen. Die jungen Leute in Brandenburg legen eine hohe Mobilitätsbereitschaft für kulturelle Angebote an den Tag, die sich vermutlich vielfach in Richtung Berlin als kulturelle Metropole orientiert. Mit Blick auf die üblichen Zeiten kultureller Veranstaltungen empfehlen sich für Brandenburg und auch Niedersachsen also vor allem eine bessere Anbindung

---

[146] http://www.medienpaedagogischeratlas-niedersachsen.de

an den öffentlichen Nahverkehr und auch vereinfachte Kartenerwerbsmöglichkeiten. Besonders beliebt ist bei der Brandenburger Jugend der Gutschein, der für selbst gewählte Veranstaltungen einlösbar ist. In Niedersachsen sollte verstärkt auf Angebote gesetzt werden, die einen hohen Grad an persönlicher Mitgestaltung garantieren, etwa die individuelle Ansprache kleinerer Jugendgruppen, denn kulturelle Massenveranstaltungen sind bei der niedersächsischen Jugend weniger gefragt. Unabdingbar für die verstärkte Ansprache junger Zielgruppen allgemein ist ein deutlicher auf jugendliche Interessen und Bedürfnisse ausgerichtetes Ambiente von Kultureinrichtungen und kulturellen Veranstaltungen: DJs bei Vernissagen, Lounge-Atmosphäre in der Altmeistergalerie – der Kreativität sind hier, wie in allen anderen Bereichen auch, keine Grenzen gesetzt.

Der Berliner Kulturnachwuchs hat im Regionsvergleich durchschnittlich die höchsten Ausgaben für Kultur vorzuweisen, ist dabei in der Auswahl der Angebote deutlich "berlinzentriert" und ausgesprochen aktiv in allen kulturellen Bereichen. Diese und andere Ergebnisse des Jugend-KulturBarometers machen deutlich, dass eine Investition in die kulturelle Bildung der Zielgruppe immer auch eine Investition in die Kulturlandschaft einer Region ist.

2.9 Zum kulturellen Kapital einer Gesellschaft – Warum lohnt es sich, in kulturelle Bildung zu investieren?

Immer wieder wird versucht, empirisch oder auch auf anderem Wege den Wert der kulturellen Bildung zu beweisen. Es gibt vor allem im Bereich der Musik Studien, die sich mit dem Nachweis der Nützlichkeit der musikalischen Förderung beschäftigen. Zu nennen ist hier beispielsweise die schon in Kapitel 2.2 erwähnte Studie von Hans Günther Bastian[147] oder neuere neurophysiologische Forschungen, die belegen, dass die Hirntätigkeit durch das Musizieren oder das Hören von Musik auf unterschiedliche Weise stimuliert wird.[148] Grundsätzlich sind diese "Nachweise" insofern problematisch, als die Neurophysiologie ein noch recht junges Forschungsfeld ist. Abläufe im Gehirn können zwar mittlerweile gut verfolgt werden, was jedoch wirklich hinter den Prozessen steht und was sie nun eigentlich auslöst bzw. wie die Laborsituation die Probanden ggf. beeinflusst, ist noch schwer abzuschätzen. Das Problem bei empirischen Nachweisen liegt vielfach in ihrer experimentellen Anlage. So werden die Erfolge einer Gruppe mit verstärkter kultureller Bildung – bei Bastian mit mehr musikalischer Bildung – oftmals mit einer "normalen" Gruppe verglichen. "Ein methodischer Fehler" […] "denn jeglicher zusätzlicher Schulunterricht wirkt sich positiv auf die Intelligenzentwicklung aus."[149] Dieses Vorgehen ist also insofern nicht legitim, als die besseren Erfolge der kulturell und künstlerisch geförderten Gruppe auch darin begründet sein können, dass sie generell oder in einem bestimmten Bereich stärker gefördert wurden als die Vergleichsgruppe. So kann man annehmen, dass sich Transfererfolge in anderen Bereichen auch einstellen, wenn die zusätzliche Förderung im sportlichen oder mathematischen Bereich erfolgte. Dies ist auch die zentrale Kritik einer vom Bundesministerium für Bildung und Forschung in Auftrag gegebenen Studie, die mehr als 200 Untersuchungen zu den Auswirkungen aktiven Musizierens auf die geistigen Kompetenzen prüfte und im Ergebnis in Teilen den Studien über Transferleistungen widerspricht bzw. deren Argumentation in Frage stellt.[150]

Mit einer ähnlichen Problematik muss sich auch das Jugend-KulturBarometer auseinander setzen, wenn im Rahmen der Ergebnisse positive Wechselwirkungen oder Transferleistungen der kulturellen Bildung auf andere gesellschaftliche oder bildungsspezifische Prozesse festgestellt werden. In Kapitel 2.5 zur Ursachenforschung wurde sehr deutlich, dass die Förderung der kulturellen Bildung mit einem bildungsorientierten Elternhaus und vielfach dem Besuch eines Gymnasiums in Zusammenhang steht, weshalb positive Wechselwirkungen, die man an dieser Stelle nachweist, auch auf das bildungsorientierte Umfeld zurückgeführt werden können. Die Problematik eines Nachweises wird durch die Erkenntnis von Kapitel 2.2, nach der viele junge Leute, die kulturell aktiv sind, auch in anderen Bereichen vielfältige Hobbys pflegen, beispielsweise Sport treiben oder mit dem Computer umgehen, noch verstärkt. Durch aktuelle Studien[151] zur jungen Bevölkerung in Deutschland wird immer deutlicher, dass sich diese zunehmend in

---

[147] Bastian, Hans Günther: Musikerziehung und ihre Wirkung. Eine Langzeitstudie an Berliner Grundschulen 2000; Bastian, Hans Günther: Kinder optimal fördern – mit Musik. Mainz 2001

[148] Vgl. dazu: Dartsch, Michael: Musik und Transfer – ein weites Feld. Hans Günther Bastians Untersuchung und ihre Folgen. In: nmz 2003/02, S. 24 und die entsprechende Literaturliste, u.a. auch: Petsche, Hellmuth: Musik – Gehirn – Spiel. Beiträge zum 4. Herbert von Karajan-Symposium Heidelberg 1989; Petsche, Hellmuth: Musikalität im Blickwinkel der Hirnforschung. In: Persönlichkeitsentfaltung durch Musikerziehung. Hg.: Scheidegger, Josef/Eiholzer, Hubert, Aarau 1997. S. 81 - 96

[149] Ralph Schumacher, Privatdozent für Philosophie an der Berliner Humbold-Universität, in der am 10. April erschienenen Ausgabe des Magazins GEO WISSEN zum Thema "Kindheit und Erziehung"

[150] Schumacher, Ralph: Macht Mozart schlau? Die kognitiven Effekte musikalischer Bildung. Hg.: Bundesministerium für Bildung und Forschung, Berlin 2006

[151] Vgl. u. a. den 12. Kinder und Jugendbericht, a.a.O., oder: Pisa 2000 – Ein differenzierter Blick auf die Länder der Bundesrepublik Deutschland. Hg.: Baumert J./Artelt, C./Klieme, E./Neuband, M./Prenzel, M./Schiefele, U./Schneider, W./Tillmann, K.-J./Weiß, M., Opladen 2003

zwei Gruppen unterteilen lässt: einer sehr leistungs- und bildungsorientierten Gruppe einerseits und andererseits einer Gruppe, die eben nicht adäquat von Elternhaus und Schule gefördert wird – oder auch überspitzt: "die mit allen Chancen und die mit gar keinen."[152]

Um Wechselwirkungen mit dem allgemeinen Bildungsniveau bei Korrelationen zwischen kultureller Bildung und anderen gesellschaftlichen Faktoren weitgehend auszuschließen, werden daher nachfolgend immer die Gymnasiasten bzw. Abiturienten mit und ohne kulturelle Bildungsförderung in ihren positiven und negativen Einstellungen gegenübergestellt und umgekehrt die Einstellungen der Hauptschüler, die künstlerisch oder kulturell aktiv sind, mit den Hauptschülern ohne solche Aktivität verglichen. Damit kann man zumindest die Schulbildung als weiteren Einfluss-Faktor ausschließen und zugleich indirekt auch bis zu einem gewissen Grad das Elternhaus. Denn in den neuesten PISA-Studien wurde sehr deutlich, dass der Schulerfolg auch mit dem Bildungshintergrund des Elternhauses korreliert.[153]

Im Rahmen des Jugend-KulturBarometers wurden neben den künstlerischen und kulturellen Aktivitäten und den Einstellungen gegenüber Kultur auch allgemeine Fragen zur aktuellen Lebenssituation gestellt – mit dem Hintergrund, zu überprüfen, ob die Lebenssituation positiver erlebt wird, wenn man künstlerisch und kulturell aktiv ist. In der Tat kann in der folgenden Übersicht bei jungen Leuten in den verschiedenen Bildungsgruppen bei der Beurteilung ihrer derzeitigen Lebenssituation und ihrer sozialen Stellung im Kontext der Ausübung aktueller künstlerischer Hobbys ein signifikanter Unterschied beobachtet werden. Dabei wurden wegen der Hauptschüler die aktuellen Hobbyaktivitäten im Sinne eines weiten Kulturbegriffs berücksichtigt, der beispielsweise auch Breakdance oder Graffiti beinhaltet.

Übersicht 126: Beurteilung der derzeitigen Lebenssituation und sozialen Stellung bei jungen Leuten mit niedriger bzw. hoher Schulbildung im Kontext künstlerischer Hobbyaktivitäten

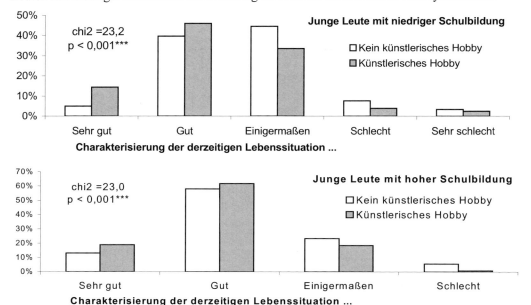

ZfKf/GfK 2004

---

[152] Berth, Felix: Gespaltene Generation. Es gibt zwei Sorten Jugendliche im Land: die mit allen Chancen und die mit gar keinen. In: *Süddeutsche Zeitung*, 2.6.06, S.4

[153] Die Institution Schule und die Lebenswelt der Schüler - vertiefende Analysen der PISA 2000-Daten zum Kontext von Schülerleistungen. Hg.: Schümer,G./Tillmann, K.-J./Weiß, M., Wiesbaden 2004

So schätzen die Hauptschüler bzw. Hauptschulabsolventen, die derzeit ein künstlerisches Hobby ausüben, ihre derzeitige Lebenssituation tendenziell positiver ein als Hauptschüler bzw. Hauptschulabsolventen, die dies nicht tun. Eine ähnliche Relation kann man bei den Gymnasiasten bzw. Abiturienten beobachten. Demgemäß kann man die These aufstellen, dass insbesondere künstlerische Aktivitäten in der Freizeit die Lebensqualität und damit die positive Einschätzung der eigenen Lebenssituation erhöhen.

In diesem Kontext ist auch das Verhältnis der jungen Leute zu ihren Eltern interessant, wenn diese mit ihren Kindern gemeinsam künstlerisch und/oder kulturell aktiv sind. Dabei können im Verhältnis der Kinder zu den Eltern auffällige Unterschiede beobachtet werden, wenn ein oder beide Elternteile mit ihren Kindern schon gemeinsam kulturelle Aktivitäten unternommen haben. Dies gilt wiederum für alle Bildungsgruppen. Auffällig ist, dass das Verhältnis der Hauptschüler bzw. Hauptschulabsolventen im Vergleich zu den Gymnasiasten bzw. Abiturienten zu ihren Eltern in dem beschriebenen Fall noch deutlich positiver ist. Das gemeinsame Kulturerlebnis wird offensichtlich von den jungen Leuten mit niedriger Schulbildung noch wesentlich stärker als etwas Besonderes empfunden als bei ihren Altersgenossen mit hoher Schulbildung. In der folgenden Übersicht ist exemplarisch der Kulturbesuch der jungen Leute mit ihrem Vater zum allgemeinen Verhältnis zum Vater in Beziehung gesetzt. Ähnliche Werte erzielt man für den gemeinsamen Kulturbesuch mit der Mutter.

Übersicht 127: Einstellung der jungen Leuten in den einzelnen Bildungsgruppen zu ihrem Vater im Kontext eines gemeinsamen Kulturbesuchs mit dem Vater

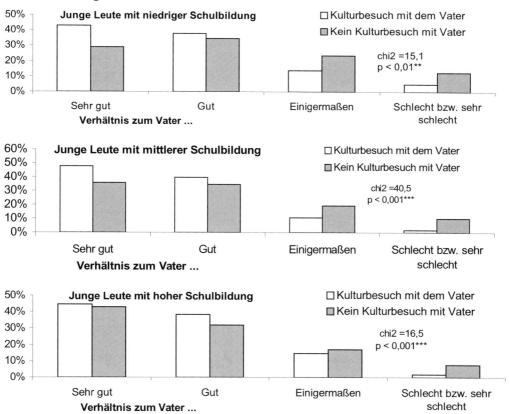

ZfKf/GfK 2004

Natürlich ist speziell dieses Ergebnis mit großer Vorsicht zu betrachten, denn neben dem gemeinsamen kulturellen Erlebnis kann das Verhältnis auch einfach deshalb gut sein, weil die Eltern sich generell für gemeinsame Unternehmungen Zeit nehmen und so mehr Zuwendung zeigen.

Versucht man eine Art "Wohlfühlfaktor" für die jungen Leute zu bestimmen, indem man den Mittelwert für die Variablen "Beurteilung der derzeitigen Lebenssituation", "Verhältnis zum Vater" und "Verhältnis zur Mutter" in Form eines Index zusammenstellt (vgl. die folgende Übersicht), wird die grundsätzliche Beziehung zwischen künstlerischer und kultureller Aktivität und einem positiven Lebensgefühl in allen drei Bildungsgruppen noch einmal deutlich. Auch hier fällt auf, dass diese Beziehung bei den Hauptschülern bzw. Hauptschulabsolventen am deutlichsten ist, während bei den Gymnasiasten bzw. Abiturienten für das positive Lebensgefühl offenbar noch viel mehr Faktoren eine Rolle spielen als Kunst und Kultur. Nach der vorausgehenden Betrachtung kann auf jeden Fall festgehalten werden, dass Kunst und Kultur in unterschiedlichem Ausmaß ein positives Lebensgefühl und die Harmonie in der Familie begünstigen können.

Übersicht 128: "Wohlfühlindex"[154] für die Lebens- und Familiensituation im Kontext des Kulturinteresses und der aktuellen Ausübung eines künstlerischen Hobbys bei jungen Leuten in den einzelnen Bildungsgruppen

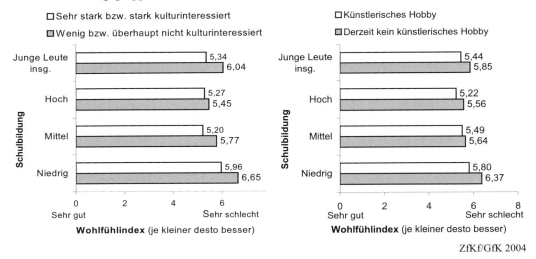

ZfKf/GfK 2004

Ein Vergleich der einzelnen Bildungsgruppen zeigt zudem, dass sich der Medienkonsum von künstlerisch oder kulturell aktiven und nicht aktiven Jugendlichen zum Teil deutlich unterscheidet. Wie in der folgenden Übersicht deutlich wird, sehen zum Beispiel die jungen Leute, die ein künstlerisches Hobby im Sinne eines klassischen Kulturbegriffs ausüben, in hohen wie niedrigen Bildungsgruppen signifikant weniger fern als diejenigen, die sich in der Freizeit derzeit nicht künstlerisch betätigen. Ähnliche Beziehungen kann man feststellen, wenn man in diesem Punkt nach dem Kulturinteresse der jungen Leute differenziert. Die kulturell Aktiven sehen weniger fern als die nicht Kulturinteressierten. Sehr deutlich wird dies – wie in Kapitel 2.8 dargelegt – übrigens in der Region Berlin, in der die jungen Leute kulturell sehr aktiv sind und gleichzeitig

---

[154] Die Benotung von 1 (sehr gut) bis 5 (sehr schlecht) für die Variablen "Beurteilung der derzeitigen Lebenssituation", "Verhältnis zum Vater" und "Verhältnis zur Mutter" wurden in Form einer Summenvariabel, die als Wohlfühlindex deklariert wurde, aufaddiert und dann jeweils der Mittelwert des Index für einzelne Gruppierungen gebildet.

eine geringere Mediennutzung (inklusive Fernsehen) angeben als ihre Altergenossen aus anderen Bundesländern.

Übersicht 129: Fernsehkonsum junger Leute mit niedriger und mit hoher Schulbildung im Kontext der Ausübung eines Hobbys im Sinne eines klassischen Kulturbegriffs

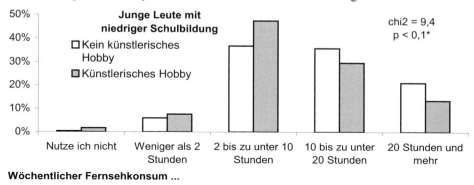

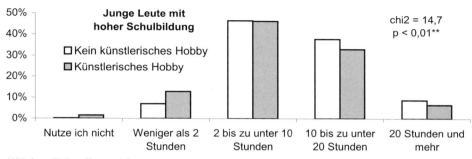

ZfKf/GfK 2004

Dagegen ist der Anteil der Vielhörer und Vielnutzer von Hörfunk unter den Kulturinteressierten allgemein signifikant höher als unter den nicht Kulturinteressierten und dies innerhalb aller Bildungsgruppen, wie folgende Übersicht unterstreicht.

Übersicht 130: Hörfunkkonsum im Kontext des Kulturinteresses allgemein bei jungen Leuten mit niedriger und mit hoher Schulbildung

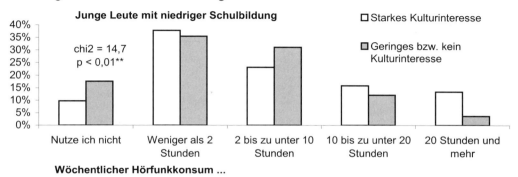

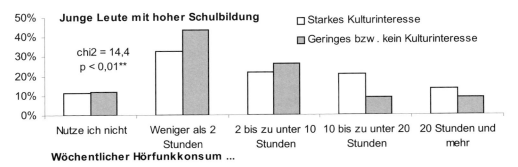

ZfKf/GfK 2004

Neben einer Reduzierung des Fernsehkonsums kann die Beschäftigung mit Kunst und Kultur nach den Ergebnissen des Jugend-KulturBarometers noch eine weitere wichtige Funktion übernehmen: Sie kann als "Kitt" in einer multikulturellen Gesellschaft fungieren. Die nationale Identität eines Menschen wird durch die Kultur seines Landes geprägt. Das Kennenlernen einer fremden Kultur beginnt in der Regel durch die Auseinandersetzung mit dem kulturellen Erbe einer Nation, der Musik, der Kunst, der Architektur oder der Geschichte eines Landes. Kulturelle Aktivitäten können daher Grenzen öffnen, ohne dass man die Sprache eines Landes versteht oder das Land, mit dessen Kultur man sich beschäftigt, besucht haben muss. Umgekehrt schärfen diese Erfahrungen auch die Wahrnehmung der eigenen Kultur und schaffen kulturelle Identität.[155] Dass dies vor allem für die heutige junge Bevölkerung wichtig ist, zeigt der neue Fokus ihrer persönlichen Definition von Kunst und Kultur, die eben vor allem durch die Kultur der Völker und Länder geprägt ist, wie in Kapitel 2.1 dargelegt wurde. In Kapitel 2.4 wurde zudem deutlich, dass vor allem die jungen klassisch Kulturinteressierten, aber auch die jungen Kulturinteressierten allgemein, besonders häufig Berührungspunkte mit Kunst aus anderen Kulturkreisen angegeben, sich also für die Rezeption dieser Kunst geöffnet haben. Diese Tendenz kann auch der folgenden Übersicht entnommen werden, die belegt, dass sich junge kulturinteressierte Gymnasiasten bzw. Abiturienten anteilig deutlich häufiger mit Kunst aus fremden Kulturkreisen beschäftigt haben als nicht Kulturinteressierte. Dies gilt in der selben Relation auch für die Hauptschüler bzw. Hauptschulabsolventen.

Übersicht 131: Berührungspunkte mit Kunst aus anderen Kulturkreisen im Kontext des Kulturinteresses junger Leute in den einzelnen Bildungsgruppen

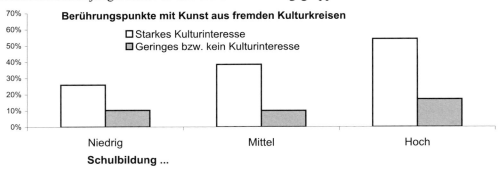

ZfKf/GfK 2004

---

[155] Keuchel, Susanne: Kulturelle Schnittstellen zwischen sozialen Prozessen, Wirtschaft, Technik, Bildung, Forschung und den Künsten. In: Kulturelle Bildung in Deutschland. Hg.: Keuchel, Susanne/Wiesand, Andreas Johannes, Bonn 2000. S. 8

Dass die Auseinandersetzung mit Kunst die Offenheit gegenüber fremden Kulturen fördert, konnte in einer Folgefrage im Rahmen des Jugend-KulturBarometers weiter untermauert werden. So wurden die jungen Leute, die schon einmal Kontakt mit Kunst aus fremden Kulturkreisen hatten, zu deren Förderung in Deutschland befragt. Es zeigen sich bei diesen Positionen deutliche Unterschiede zwischen kulturinteressierten und nicht kulturinteressierten Gymnasiasten, die in folgender Übersicht dargelegt sind. Von einer entsprechenden Differenzierung der Hauptschüler bzw. Hauptschulabsolventen wurde an dieser Stelle abgesehen, da die Fallzahl mit Kontakten zur Kunst aus fremden Kulturkreisen für weitere Differenzierungen zu klein und damit nicht mehr so aussagekräftig ist.

Übersicht 132: Persönliche Einstellung zur Förderung von Kunst aus fremden Kulturkreisen bei jungen Leuten, die schon Kontakt mit dieser Kunst hatten und eine hohe Schulbildung haben

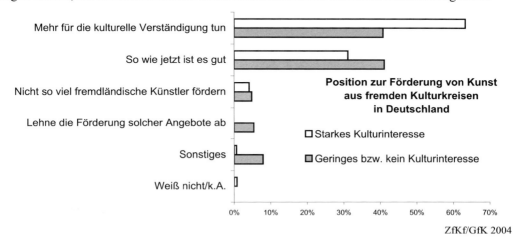

Die jungen Leute, die noch keine Berührung mit Kunst aus fremden Kulturkreisen hatten, wurden nach den Gründen gefragt, warum das sich bisher nicht ergeben hat. Eine ausführliche Liste der genannten Gründe kann Kapitel 2.4 entnommen werden. Mit Blick auf die oben angesprochene gesellschaftliche Funktion von Kunst als Bindemittel einer kulturell vielfältigen Gesellschaft ist eine Analyse, wer von den jungen Leuten sich gegenüber der Rezeption von Kunst aus fremden Kulturkreisen grundsätzlich ablehnend zeigt, sehr aufschlussreich.

Übersicht 133: Grundsätzlich ablehnende Haltung gegenüber Kontakten mit Kunst aus weiter entfernten Kulturkreisen bei jungen Leuten, die bisher noch keine entsprechenden Kontakte hatten, differenziert nach hohen und niedrigen Bildungsgruppen

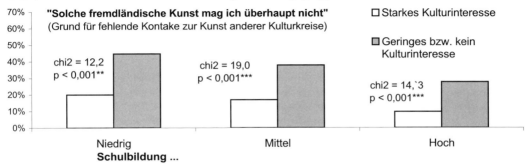

Auch hier korreliert das Kulturinteresse sehr deutlich mit einer vergleichsweise offenen Haltung gegenüber Kunst aus fremden Kulturen bzw. es fällt ins Auge, dass die nicht Kulturinteressierten "fremdländische" Kunst anteilig eher grundsätzlich ablehnen – und zwar in allen Bildungsgruppen, also auch bei den Gymnasiasten. Dass nicht nur die kulturelle Partizipation am gesellschaftlichen Angebot, sondern auch die eigene künstlerische Aktivität helfen kann, sich fremden Kulturen gegenüber zu öffnen, dokumentiert auch Werner Lindler in seiner Evaluation von Bildungswirkungen in der kulturellen Kinder- und Jugendarbeit. So konnte er neben vielen ermittelten Bildungseffekten auch feststellen, dass die beteiligten Kinder- und Jugendlichen, "toleranter mit (fremden) Mitmenschen" umgingen.[156] Kunst und Kultur als Faktor für ein besseres Miteinander im gesellschaftlichen Leben, auch mit Menschen verschiedener Herkunft und Traditionen, wurde auch schon in deutschen Kulturprojekten erfolgreich umgesetzt, z. B. im Rahmen des Projekts "Begegnung mit dem Fremden". Es handelte sich hierbei um den Aufbau eines Netzwerkes kleinerer und mittlerer Museen zur Entwicklung und Erprobung innovativer kulturpädagogischer Arbeitsformen in der Auseinandersetzung mit dem Thema Fremdenfeindlichkeit. In einzelnen Projekten wurden aktuelle Tendenzen von Ausländerfeindlichkeit in unserer Gesellschaft, der Einfluss des Fremden auf die eigene Kultur, aber auch das "Befremden", das oftmals gegenüber Zeitgenössischer Kunst zum Ausdruck kommt, thematisiert.[157] Erwähnenswert sind hier natürlich noch viele weitere Projekte, beispielsweise das Theater-Projekt "Herkommen – Hingehören", das "Erfahrungen von Fremdheit als produktives Moment theaterpädagogischer Arbeit" mit Jugendgruppen aus Thüringen und Hessen erprobte.[158] Bei einer Analyse weiterer positiver Wechselwirkungen von Kunst und Kultur mit anderen gesellschaftlichen Prozessen fällt neben der Offenheit gegenüber fremden Kulturen das stärkere Interesse für Politik und Zeitgeschichte bei jungen kulturinteressierten Leuten auf. Für Politik und Zeitgeschichte interessieren sich nur sehr wenige junge Leute, nämlich jeweils 13 %. Aber diejenigen, die sich für eben diese Themenfelder interessieren, sind auch auffällig insbesondere an klassischen Kultursparten interessiert:

Übersicht 134: Anteil der Interessenten an klassischen Kultursparten unter den Interessenten einzelner, nicht kultureller Themenfelder und den jungen Leuten insgesamt

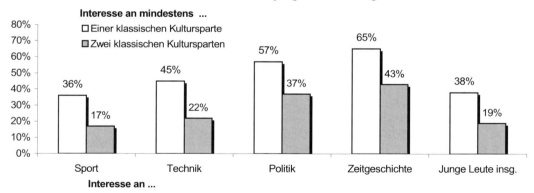

ZfKf/GfK 2004

---

[156] Lindler, Werner: Ich lerne zu leben. Evaluation von Bildungswirkungen in der kulturellen Kinder- und Jugendarbeit in Nordrhein-Westfalen. Qualitätsanalyse im Wirksamkeitsdialog. Hg.: Landesvereinigung Kulturelle Jugendarbeit NRW e.V., Dortmund 2003. S. 74

[157] Begegnung mit dem Fremden. Ein museumspädagogischer Modellversuch. Hg.: Landesstelle für Museumsbetreuung Baden-Württemberg, Stuttgart 1998

[158] Abschlussbericht: Modellversuch "Herkommen – Hingehören". Erfahrungen von Fremdheit als produktives Moment theaterpädagogischer Arbeit mit schulischen und außerschulischen Jugendgruppen aus Thüringen und Hessen 1995 bis 1998. (nicht veröffentlicht)

Es zeigen sich für die Haltung gegenüber klassischen Kultursparten unter an Politik und Zeitgeschichte Interessierten signifikante Unterschiede zur jungen Bevölkerung allgemein und auch zu den an anderen Themen wie Sport oder Technik Interessierten. Ein verstärktes Kulturinteresse im Kontext des politischen Engagements zeigt sich auch bei den Jugendgruppen, die eher politisch motiviert sind, wie der Antifa oder Umweltschützern, die in der folgenden Übersicht aufgeführt sind:

Übersicht 135: Anteil der Interessierten an mindestens einer klassischen Kultursparte bei Jugendgruppen mit politischem Engagement bzw. politischen Themen

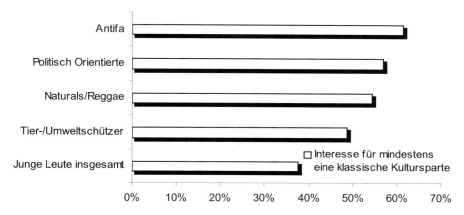

ZfKf/GfK 2004

Eine stärkere Beziehung zwischen dem Interesse an Politik und Kultur ist nachzuvollziehen, wenn man die Korrelation der Offenheit gegenüber Kulturkreisen im Kontext aktiver kultureller Teilhabe betrachtet. Wenn Kunst und Kultur die Bereitschaft zum Erleben neuer Perspektiven, den Blick in einen fremden Kulturkreis stärken, warum nicht auch den Blick für das allgemeine gesellschaftliche Miteinander in der Gesellschaft? Spannend ist an dieser Stelle vor allem die Korrelation der an Politik Interessierten mit den an klassischen Kulturangeboten Interessierten. Beinhalten Kultur und speziell die klassischen Kultursparten etwa besondere Impulse, die zu mehr politischer Teilhabe aktivieren? Kunst und Politik pflegen seit jeher eine interessante Beziehung, da sich die Politik der Kunst vielfach schon bediente,[159] aber auch in Kunstwerken der eigene politische Wille zum Ausdruck kommt. "[…] auch jenseits der Tagesaktualität inszeniert sich Kunst zunehmend als politisches Statement, von der Documenta über die RAF-Ausstellung in den Berliner Kunstwerken bis zur Auseinandersetzung um den Palast der Republik. Globalisierung, Migration, Krieg, soziale Deklassierung prägen die Spielpläne der Theater und die Programme der Museen."[160] Angesichts einer anwachsenden Politikverdrossenheit der Jugend[161] könnte die hier analysierte Beziehung eine Schlüsselfunktion einnehmen. Schafft man es, junge Leute mehr für klassische Kultur zu begeistern, schafft man es vielleicht auch, mehr politisches

---

[159] Vgl. z. B. den Vortrag "Eine kleine Ikonographie der Macht – Politiker vor zeitgenössischer Kunst in Bild und Text" von Wolfgang Ullrich anlässlich des Kunstkongress "Kunst Macht Politik" der Heinrich-Böll-Stiftung am 23. und 24. September 2005 Berlin, der demonstrierte, wie Politiker sich mit Kunst inszenieren.

[160] Ralf Fücks, Vorstand der Heinrich-Böll-Stiftung, in seiner Eröffnungsrede zum Kongress "Kunst Macht Politik".

[161] Deutsche Shell (Hg.): Jugend 2002. Zwischen pragmatischen Idealismus und robustem Materialismus. 14. Shell Jugendstudie. 5. Aufl. Frankfurt a. M., 2004

Engagement bei ihnen zu wecken.[162] In diesem Sinne wird nachfolgend noch einmal genauer aufgeschlüsselt, wofür sich besonders politisch und zeitgeschichtlich interessierte Jugendliche im Bereich der klassischen Künste interessieren.

Übersicht 136: Interesse an folgenden klassischen Kultursparten bei den jungen Leuten, die sich für Politik und für Zeitgeschichte interessieren, im Vergleich zur jungen Bevölkerung allgemein

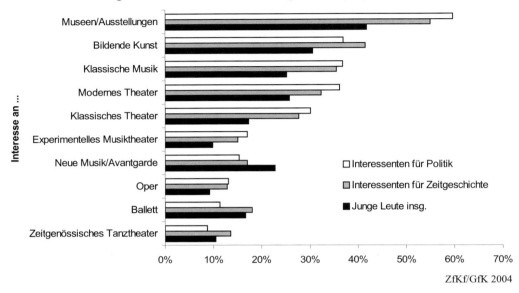

ZfKf/GfK 2004

Politikinteressierte Jugendliche zeigen überdurchschnittliches Interesse vor allem für den Bereich Museen und Ausstellungen, besonders der Bildenden Kunst, aber auch für Klassische Musik sowie das Moderne und Klassische Theater. Das Theater fungiert seit je her als Spiegel der Zeitgeschichte oder als Medium der politischen Stellungnahme. Es wäre sehr spannend zu untersuchen, wie man zum Beispiel mit gezielten Theateraktionen das politische Interesse der Jugend beleben kann, was beispielsweise auch mit dem Festival "Politik im freien Theater"[163] der Bundeszentrale für politische Bildung beabsichtigt ist.

Abschließend werden auch noch einmal bildungsspezifische Faktoren untersucht, die mit einer verstärkten Teilhabe an Kunst und Kultur in Beziehung stehen. Sehr auffällig ist hier vor allem das deutlich ausgeprägtere Leseverhalten der jungen Leute, die kulturell oder künstlerisch aktiv sind. In der folgenden Übersicht wird die durchschnittliche wöchentliche Lesezeit der jungen Leute in der Freizeit dargestellt, wobei hier explizit das Lesen von Schulbüchern, z. B. als Hausaufgabe, ausgeschlossen wurde.

Sehr deutlich zeigt sich an folgender Übersicht die positive Wechselwirkung von kulturellem Interesse und Leseverhalten in der Freizeit vor allem bei den jungen Leuten mit niedriger Schulbildung. Liegt der Nichtleseranteil bei den wenig bzw. gar nicht kulturinteressierten Hauptschülern und Hauptschulabsolventen beispielsweise bei 55 %, reduziert sich dieser bei den an Kultur Interessierten immerhin auf 31 %. Hingegen ist der Vielleseranteil, 10 Stunden und mehr in der

---

[162] Ähnliche Ergebnisse konnten auch in einer ZfKf-Bevölkerungsumfrage für den Senator für Wissenschaft und Kunst Bremen beobachtet werden; vgl.: Fohrbeck, Karla/Wiesand, Andreas Johannes: Kulturelle Öffentlichkeit in Bremen. Hg.: Senator für Wissenschaft und Kunst der Freien Hansestadt Bremen. Bremen 1980

[163] Mustroph, Tom: Sehnsucht nach Erfahrung. Das Festival Politik im Freien Theater. November 2005. http://www.goethe.de/kue/the/thm/de939580.htm (Zugriff am 13.05.06)

Woche, in dieser Gruppe bei den Kulturinteressierten fünf Mal so hoch wie bei den gering Kulturinteressierten.

Übersicht 137: Durchschnittliche wöchentliche Lesezeit von Büchern (keine Schulbücher) in der Freizeit im Kontext des Kulturinteresses allgemein bei jungen Leuten mit niedriger und mit hoher Schulbildung

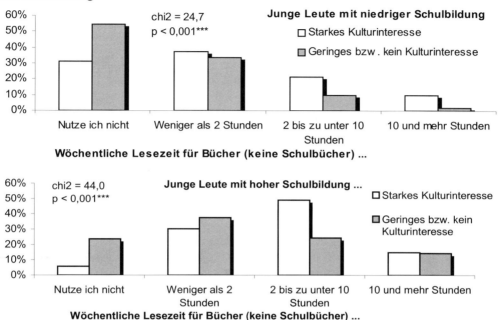

Signifikante Unterschiede zeigen sich auch, wenn man die kulturinteressierten Gymnasiasten bzw. Abiturienten den weniger kulturinteressierten Altersgenossen gegenüberstellt. So ist der Anteil der Nichtleser unter den Kulturinteressierten in dieser Gruppe verschwindend gering und gleichzeitig vor allem der Anteil der jungen Leute, die zwei bis unter 10 Stunden in Lesen von Büchern in der Freizeit investieren, besonders hoch. Ähnliche Korrelationen für beide Bildungsgruppen kann man zwischen dem Lesen als Freizeitbeschäftigung und den künstlerischen Aktivitäten beobachten, insbesondere wenn die fraglichen Jugendlichen auch schon einmal ein künstlerisches Bildungsangebot besucht haben. Allerdings kann man sowohl beim Kulturinteresse als auch bei den künstlerischen Aktivitäten tendenziell festhalten, dass sich die gemessenen Wechselwirkungen von Kunst und Kultur hier auch beim Lesen, ähnlich wie bei den Wohlfühlfaktoren, stärker auf die jungen Leute mit niedriger Schulbildung auswirken. Wenn die Beschäftigung mit Kunst und Kultur sich auf die Lesekompetenz junger Leute in der Tat so positiv auswirkt, ist dies natürlich ein sehr schlagkräftiges Argument für die bildungspolitische Forderung nach mehr kultureller Bildung. Denn gerade in der PISA-Studie stellte sich die Lesekompetenz der jungen Deutschen schlecht dar. So waren in der PISA-Studie 2000 mit Schwerpunkt Lesekompetenz der Anteil der Leseversager nur noch in Lettland, Luxemburg, Mexiko und Brasilien höher als in Deutschland.[164] Das Lesen gilt jedoch als eine der wichtigsten Basiskompetenzen, die in der Schule vermittelt werden.

---

[164] Die PISA-Analyse. Sind deutsche Schüler doof? Auf: *Spiegel-Online*, 13.12.2001, siehe: http://www.spiegel.de/unispiegel/schule/0,1518,172357,00.html (Zugriff 3.06.06)

Eine weitere Beziehung konnte zwischen kultureller Teilhabe und dem Spaß an bestimmten Schulfächern gemessen werden. So haben kulturinteressierte und künstlerisch aktive junge Leute anteilig signifikant häufiger Lieblingsfächer in der Schule, was der folgenden Übersicht entnommen werden kann.

Übersicht 138: Anzahl von Lieblingsfächern in der Schule im Kontext des Kulturinteresses allgemein bei jungen Leuten mit niedriger und mit hoher Schulbildung

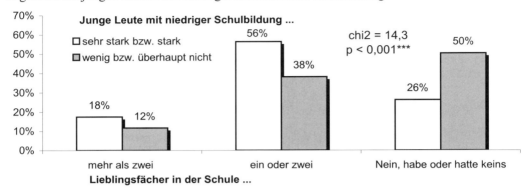

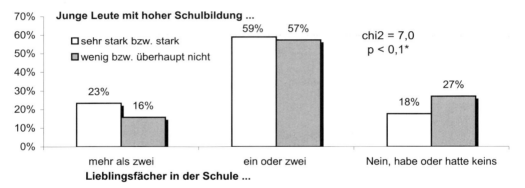

ZfKf/GfK 2004

Besonders auffällig sind auch hier die Unterschiede bei den jungen Hauptschülern bzw. Hauptschulabsolventen im Kontext des Kulturinteresses. In dieser Bildungsgruppe liegt der Anteil der jungen Kulturinteressierten mit Lieblingsfächern bei beachtlichen 74 % im Vergleich zu 50 % der wenig kulturinteressierten Jugendlichen, die Lieblingsfächer haben. Auch hier kann man zudem eine ähnliche Korrelation im Kontext der künstlerischen Aktivitäten feststellen. Junge Leute, die ihre Ausdrucksfähigkeit durch künstlerisch-kreative Aktivitäten in der Freizeit erproben und sich durch kulturelle Erlebnisse ansprechen lassen, lassen sich offenbar auch von anderen Bildungsinhalten intensiver anregen, so dass sie mehr Spaß am Unterricht haben und so auch eher von Lieblingsfächern statt von "Pflichtveranstaltungen" sprechen. "Kulturelle Bildung in diesem Sinne ist integrales Element von Allgemeinbildung und hat die Aufgabe, junge Menschen in ihrer Identität und Selbstgewissheit zu bestärken, ihre sozialen, intellektuellen und kreativen Fähigkeiten zu fördern."[165]

---

[165] Olbertz, Jan-Hendrik: Bildung ist stets auch "kulturelle Bildung". In: Kinder zum Olymp. Wege zur Kultur für Kinder und Jugendliche. Hg.: Welck, Karin von/Schweizer, Margarete, Köln 2004, S. 43

Es soll nachfolgend noch ein letztes Beispiel genannt werden, das vor allem auch die stärkere Selbstbestimmtheit und das Selbstbewusstsein junger kulturinteressierter und künstlerisch aktiver Leute in niedrigeren Bildungsgruppen aufzeigt.

Übersicht 139: Anteil speziell der Schüler, die wissen, was sie später werden wollen, im Kontext der Ausübung eines künstlerischen Hobbys in den einzelnen Bildungsgruppen

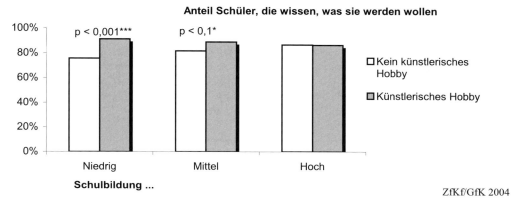

Schüler mit niedrigem Bildungshintergrund, die ein künstlerisches Hobby ausüben, wissen eher, was sie später einmal werden wollen als diejenigen, die kein künstlerisches Hobby pflegen. Tendenziell kann man in diesem Punkt auch eine schwache Korrelation bei den Realschülern beobachten. Keinen Zusammenhang erkennt man in diesem Kontext bei der Gruppe junger Leute, die ein Gymnasium besuchen. Als Grund für eine bessere Einschätzung des späteren beruflichen Werdegangs können neben mehr Selbstbewusstsein ebenfalls Fähigkeiten angeführt werden, die Werner Lindler in der schon zitierten Studie zu Bildungswirkungen in der kulturellen Kinder- und Jugendarbeit beschreibt, so durch Kunst, "die Dinge genauer anzusehen", "aktiv die eigene Meinung einzubringen" oder auch "die eigene Ratlosigkeit zu überwinden".[166]

Dass einige Wechselwirkungen von Kunst und Kultur vor allem bei jungen Leuten mit bildungsfernem Hintergrund viel stärker zu Tage treten als vergleichsweise bei besser gebildeten Bevölkerungsgruppen, konnte auch in anderen Studien zu Wechselwirkungen der kulturellen Bildung beobachtet werden, so beispielsweise in einer niederländischen Langzeitstudie zur kulturellen Bildung in der Grundschule.[167] Auch hier konnten positive Wechselwirkungen wie starkes Selbstbewusstsein, Urteilsvermögen oder gesteigerte soziale Kompetenzen vor allem bei den Grundschulkindern aus bildungsfernen Elternhäusern beobachtet werden. Man kann vermuten, dass bei jungen Leuten mit bildungsnahem Hintergrund viele weitere Faktoren die positiven Entwicklungen in anderen Bildungs- und gesellschaftlichen Bereichen beeinflussen.

Als Resümee ist aber festzuhalten, dass zwischen Kunst und Kultur und anderen gesellschaftlichen Prozessen für alle Bildungsgruppen zahlreiche positive Wechselwirkungen beobachtet werden konnten, die nahe legen, dass künstlerische und kulturelle Betätigung junge Leute in der gesellschaftlichen aber auch persönlichen Wahrnehmung stärkt. Zu erwähnen ist hier vor allem die Neugier und Offenheit gegenüber dem Fremden, aber auch der Gesellschaft allgemein sowie die ausgeprägte Vorliebe für Bücher und die vergleichsweise geringe Zeit, die vor dem Fernseher verbracht wird. Dies alles geht zudem offenbar mit einem positiven Bewusstsein um die eigene gesellschaftliche Rolle einher.

---

[166] Lindler, Werner: Ich lerne zu leben, a.a.O. S. 74

[167] Forschungsprojekt "Kulturelle Bildung in Grundschulen" der Universität Maastricht, Dr. Marion Prieckarts, vorgestellt auf der Tagung "Kulturelle Bildung in Europa fördern. Ein Beitrag zu Partizipation, Innovation und Qualität", 8. – 10. Juni 2006, Graz

Das Jugend-KulturBarometer ist natürlich keine Studie, die primär darauf angelegt war, die Auswirkungen von Kunst und Kultur zu evaluieren und Interaktionen zwischen diesen und anderen gesellschaftlichen Bereichen zu messen. In ihrem Forschungsspektrum kann die Studie nur auf Korrelationen mit anderen gesellschaftlichen Prozessen und Feldern verweisen, in denen sich kunst- und kulturinteressierte junge Leute von den nicht Aktiven signifikant unterscheiden. Die Daten dieser Studie bringen noch keinen Nachweis, dass positive Faktoren wie Spaß am Lesen, Selbstbewusstsein oder Offenheit für das Fremde nun wirklich durch künstlerische und kulturelle Aktivität beeinflusst werden oder ob nicht vielleicht erstgenannte Faktoren, wie Offenheit und Selbstbewusstsein mit dazu beitragen, dass man in seinem sozialen Umfeld auch kulturell und künstlerisch aktiv ist. Es fällt jedoch auf, dass die analysierten gesellschaftlichen und bildungsspezifischen Faktoren, die im Kontext des Jugend-KulturBarometers zu Kunst und Kultur in Beziehung stehen, auch in anderen Wirkungsstudien, beispielsweise die schon zitierten von Bastian[168] und Lindler[169], herausgearbeitet wurden. Lindler geht dabei davon aus, dass Bildung durch kulturelle Kinder- und Jugendarbeit "angeregt, jedoch nicht determiniert werden"[170] kann. Bastian verweist noch einmal explizit darauf, dass "die Wirkungen von Musikerziehung stets von komplexen, interagierenden Einflussfaktoren in einem systematischen Variablennetz abhängig sind"[171] – also immer individuell im Rahmen "unterschiedlicher Erziehungssubjekte und -situationen" zu betrachten sind.

Dennoch sollte der immer wieder beobachtete Zusammenhang zwischen Kunst und Kultur und so genannten Schlüsselkompetenzen dazu ermutigen, in die kulturelle Bildung zu investieren, wobei man dies natürlich immer auch in erster Linie tun sollte, um das Künstlerisch-kreative im Menschen zu aktivieren und nicht Kunst funktionell nur als Vermittler von Schlüsselkompetenzen einzusetzen. Johannes Rau bringt dies bei seiner Eröffnung des Kongresses "Kinder zum Olymp!" in Leipzig auf den Punkt, wenn er fordert: "So nützlich Kunst und kulturelle Bildung ohne jeden Zweifel auch sein können, so wenig dürfen wir sie auf ihre Nützlichkeit reduzieren. Wir brauchen sie jenseits von Nützlichkeit und Verwertbarkeit, weil sie eine der Formen sind, in denen wir Menschen uns die Welt aneignen und damit auch unsere Möglichkeiten, die Welt zu gestalten."[172] Wenn wir jedoch feststellen, dass zu einer erfüllten Erfahrungswelt und der Lebensbildung Kunst und Kultur unverzichtbare Bestandteile sind, sollte man möglichst allen Bevölkerungsgruppen eine kulturelle Teilhabe ermöglichen. Neben den hier ermittelten Wechselwirkungen gibt es zudem noch ein viel stärkeres Argument, nämlich das Engagement der Eltern, insbesondere derer, die früher selbst kulturelle Bildungsangebote wahrgenommen und einen entsprechenden Bildungshintergrund haben. Diese betonen nicht nur den wichtigen Stellenwert von Kunst und Kultur für das Erlernen eben diskutierter Schlüsselkompetenzen wie Kreativität, soziale Kompetenzen, Fleiß etc., wie dies in Kapitel 2.5 ausführlich dargelegt ist, sondern sind auch bereit, beachtlich viel Zeit und Geld in kulturelle Bildungsangebote zu investieren, mit der Überzeugung, dass sie die Lebenschancen aber auch die Lebensqualität ihrer Kinder verbessern.

"Mitten in dem furchtbaren Reich der Kräfte und mitten in dem heiligen Reich der Gesetze baut der ästhetische Bildungstrieb unvermerkt an einem dritten, fröhlichen Reiche des Spiels und des Seins, worin er dem Menschen die Fesseln aller Verhältnisse abnimmt und ihn von allem, was Zwang heißt, sowohl im Physischen als im Moralischen entbindet."[173]

---

[168] Bastian, a.a.O.

[169] Lindler, a.a.O.

[170] Lindler, a.a.O., S. 79

[171] Bastian, a.a.O., S. 31

[172] Rau, Johannes: Grußwort zur Kongresseröffnung. In: "Kinder zum Olymp!" Zur Notwendigkeit ästhetischer Bildung von Kindern und Jugendlichen. Dokumentation zur Tagung am 29. bis 30. Januar 2004 im Gewandhaus Leipzig. Hg.: Kulturstiftung der Länder/PwC-Stiftung, Berlin 2004, S. 16

[173] Schiller, Friedrich: Über die ästhetische Erziehung des Menschen. Neuauflage Stuttgart 1965, S. 125

III. **Weitere empirische Erhebungen rund um das Themenfeld Jugend, Kultur und Freizeit**

III. Weitere empirische Erhebungen rund um das Themenfeld Jugend, Kultur und Freizeit

Das Jugend-KulturBarometer ist die erste Umfrage, die sich ausführlich und ausschließlich mit den kulturellen Interessen und Erfahrungen junger Menschen bundesweit auseinandersetzt. Für andere Bereiche sind junge Menschen als Gegenstand zahlreicher empirischer Untersuchungen laut Max Fuchs "die am besten erforschte Gruppe in der Gesellschaft"[174] in Deutschland.[175] Eine der bekanntesten und auch die erste ihrer Art ist die Shell-Jugendstudie, die seit über 50 Jahren bis heute 14 Mal von unterschiedlichen Instituten durchgeführt wurde. Die Befragungen befassen sich mit Werten, politischen und sozialen Vorstellungen und dem gesellschaftlichen Engagement der deutschen Jugendlichen. Die Bundesregierung gibt zudem in regelmäßigen Abständen einen Bericht über die Situation von Kinder- und Jugendlichen in Auftrag, auch einige Länder veröffentlichen derartige Bestandsaufnahmen. Wichtige Basisarbeit zur Erforschung der Lebenswelt junger Leute leistet auch das Deutsche Jugendinstitut (DJI), das seit 1963 besteht.
Daneben gibt es eine Vielzahl Untersuchungen universitärer, wissenschaftlicher oder kommerzieller Institute, die zum Teil sehr eng eingegrenzte Bereiche der jugendlichen Lebenswelt unter die Lupe nehmen oder auf aktuelle Fragestellungen reagieren, beispielsweise die Studien des Deutschen Jugendinstitutes zu rechtsextremen Strömungen unter Jugendlichen.[176] Eine 1998 durchgeführte Befragung des Fachbereichs Jugendförderung am Bezirksamt Neukölln[177] beispielsweise korrespondiert in ihrer Zielsetzung teilweise mit dem Jugend-KulturBarometer: Erfragt und analysiert wurde das Freizeitverhalten unterschiedlicher sozialer Gruppen in dem Berliner Stadtteil, um die dortige Angebotsstruktur bedarfsgerecht verändern zu können.
Die hier vorgestellten Ergebnisse verschiedener Studien beleuchten – ergänzend zu den Fragestellungen des Jugend-KulturBarometers – spezielle Bereiche aus der Welt der Jugendlichen. Manche machen Kunst und Kultur auf den ersten Blick Konkurrenz, etwa kommerzielle Moden und Trends, die – wie Wilfried Ferchhoff zeigt – inzwischen nicht nur das Konsumverhalten der meisten Jugendlichen wesentlich beeinflussen, sondern auch den Habitus mancher Erwachsener (Stichwort "Jugendwahn"). Auch die von Gunnar Otte analysierte Leipziger Clubgängerszene mag mancher sich nicht in Kulturtempeln wie dem dortigen Gewandhaus vorstellen können. Die Zusammenfassung des DJI-Jugendsurvey von Martina Gille räumt mit einem immer noch gängigen Vorurteil gegenüber Jugendlichen auf: Diese legen sehr wohl Wert auf traditionelle soziale Werte. Die Studie betont zudem – analog zum Jugend-KulturBarometer – die Bedeutung von Chancengleichheit für die Entwicklung junger Generationen. Ein nicht genuin jugendbezogenes Thema, allerdings von hoher Relevanz für die in dieser Publikation diskutierten Bildungskonzepte, umreißt der Beitrag Franz Krögers und Emine Tutucus zum Stand der interkulturellen Arbeit in Deutschland. Gewissermaßen ein Porträt kulturell sehr aktiver Jugendlicher zeichnet Kerstin Hübner in ihrem Text zur Evaluation des FSJ Kultur, durch das zahlreiche Jugendliche ihr kulturelles Engagement in professionellem Umfeld beweisen. Carola Anhalt wiederum beschreibt mit der Befragung zu den Jugendkonzerten des WDR, wie die zielgruppenorientierte Optimierung eines Best-Practice-Beispiels aus der kulturellen Kinder- und Jugendbildung funktionieren kann.

---

[174] Fuchs, Max: Was bedeutet der kulturelle Wandel bei Jugendlichen für Kulturinstitute? Auf der Suche nach den Zielgruppen. Vortrag beim Kulturkongress 2003: "Jugend-Kultur vs. Senioren-Kultur?!", in Rendsburg; siehe: www.akademieremscheid.de/publikationen/aufsaetze_fuchs.php, S. 2

[175] Eine Bestandsaufnahme findet sich im Themenheft Jugendforschung der Zeitschrift DISKURS des Deutschen Jugendinstituts, Heft 1/2003

[176] So z. B. Skinheads, Neonazis, Mitläufer. Täterstudien und Prävention. Hg.: Klaus Wahl, Opladen 2003

[177] Siehe: http://www.neukoelln-jugend.de/freizeitstudie/ (Zugriff am 24.4.06)

3.1 Aktuelle Trends aus der Jugendforschung
Wilfried Ferchhoff

3.1.1 Gesellschaftliche Umbrüche und Hintergründe: Das Design bestimmt das Bewusstsein/Individualisierung, Pluralisierung, Flexibilisierung, Mobilisierung, Globalisierung, Internationalisierung, Glokalisierung, Mediatisierung und Kommerzialisierung scheinen die "catch all terms" zu sein, die im Zusammenhang vieler Enttraditionalisierungs- und Entritualisierungsprozesse nicht nur die Warenmärkte umschreiben.

Insbesondere bei Kindern und Jugendlichen entwickeln sich im Zusammenhang des experimentellen Umgangs mit unterschiedlichen Lebensentwürfen und der eigenen Biographie offene Interpretationspraxen der Sinnsuche. Neben dem zweifelsohne vorhandenen Wunsch nach verlässlichen Bindungen und eindeutigen Identitäten, die aber nicht mehr so ohne weiteres in einer stabilen Matrix garantiert werden können, gibt es heute eine Fülle von Variationen und Vermischungen verschiedener Stil- und Ausdruckselemente in einem eher künstlich orientierten und inszenierten Ganzen, in dem sich wechselbarer und vergänglicher Sinn konstituieren, das aber auch ironisch fruchtbar gemacht werden kann. Das Aufweichen traditioneller Lebensbindungen – **von den flexibilisierten und fragilen Arbeitsformen,** von der Familien- und Verwandtschaftsorientierung über die Dorf- und Religionsgemeinschaft bis hin zu ständischen, zu klassen- und schichtspezifischen Lebensmilieus, die das Zentrum des Lebens ausmachten – hat auch dazu geführt, dass ein sich ganz *fraglos zu Hause fühlen* bei den meisten Menschen abgenommen hat. Vertrautheits- und Schutzräume wurden nicht zuletzt auch im Medium entfesselter Globalisierungen eingeschränkt. Stattdessen erhalten die einzelnen Menschen immer mehr Wahlmöglichkeiten für ein *eigenwilliges oder eigensinniges* Leben. Die Zahl der möglichen Lebensformen und Lebensstile wächst ebenso wie die der Vorstellungen von Normalität und Identität. Vor diesem Hintergrund entstand und entsteht eine Art kultureller Supermarkt für Sinnangebote aller Art. Denn mit dem Verblassen der großen religiösen und säkularen Weltdeutungen wurden und werden Sinnangebote diffuser, unvollendeter, uneindeutiger, fragiler, kontingenter und auch zu immer kurzlebigeren Modephänomenen. Der flotte Zeitgeist, die instrumentelle Logik und der noch viel schneller zupackende, ökonomisch grundierte Marketingbereich feiern eine Entwicklung oder versuchen sie gewinnbringend auszubeuten. Das schließt auch ein, dass der aus Traditionen und vielen Selbstverständlichkeiten entlassene Mensch heute mental typischerweise im Freien steht. Die verallgemeinerbaren Grunderfahrungen der Menschen sind heute vornehmlich eine "ontologische Bodenlosigkeit" mit vielen Entritualisierungen nicht nur in religiösen Bereichen, eine radikale Enttraditionalisierung sowie die Aufweichung oder gar der Verlust von ehemals unstrittig akzeptierten Lebenskonzepten. Diese Entwicklung hat auf sämtliche traditionsmächtige gesellschaftliche Institutionen Auswirkungen: Gewerkschaften, Verbände, politische Parteien, Kirchen und Vereine. Die traditionellen Instanzen der Sinnvermittlung bangen um ihre Glaubwürdigkeit und ihre Deutungsmonopole. Die "Sehnsucht nach Kohärenz, Anerkennung und Sinn" bleibt gerade auch im Kontext der Erfahrungsvielfalt und des Deutungs- und Weltanschauungspluralismus dennoch bestehen. Der individualisierte Sinn-Bastler gewinnt im Medium der gesellschaftlichen Norm der freien Selbstgestaltung an Bedeutung. Dass es immer weniger Selbstverständlichkeiten gibt etwa vom *guten* oder *richtigen* Leben, kann der Einzelne auch nicht mehr auf etablierte Verhaltens- und Denkmuster zurückgreifen, sondern muss sich für die eine oder andere Möglichkeit entscheiden. Solche verheißungsvollen Normen zur Selbstgestaltung sowie solche vielschichtigen Sinn-Basteleien und Pluralisierungen von Lebensformen können nen zumindest bei fehlenden materiellen, sozialen und psychischen Ressourcen schwerwiegende Konsequenzen haben. So gesehen kann bei der Nicht-Bewältigung komplexer Wirklichkeits- und Möglichkeitsdimensionen ein Gegentrend entstehen, der durchaus fundamentalistische Züge annehmen kann. Die Sehnsucht nach Prägnanz und Abdichtung, nach Re-Mythisierung, nach letzten Verbindlichkeiten und fundamentalistisch austarierten Ordnungsprinzipien, nach stabilen "Vereindeutigungen" und abgeschlossenen Ordnungen scheint sich selbst bei denjenigen eingenistet zu haben, die einmal außenseiterisch und erneuerungstüchtig die innere Ausgrenzungslogik alter Ordnungen anzeigten. Die Ressourcen des grenzenlosen Individualismus und Ich-Fiebers scheinen für manche erschöpft zu sein. Der Dauerstress der Ich-Suche birgt Risiken, kann zur Erbaulichkeit und zur Betroffenheitslyrik, aber auch zur mentalen Einigelung, zur Vorhut, zur Suche nach dumpfer Gemütlichkeit und Gemeinsamkeit werden. Hier werden auszubalancierende Alternativen, Möglichkeiten, Ambivalenzen und Beziehungsnetzwerke zugunsten von Eindeutigkeiten aufgegeben. Entweder dazugehören oder ausgeschlossen sein, entweder einheimisch oder fremd, entweder gut oder schlecht, entweder Freund oder Feind, entweder Liebe oder Hass usw. Auch (neue) fundamentalistische Strömungen verschiedenster Art, die vor allem Symbole des Selbstwert- und Zugehörigkeitsgefühls mittels Praktiken der Ab- und Ausgrenzung sowie der Intoleranz vermitteln, wären in diesem Zusammenhang zu erwähnen. Das permanente Ausbalancieren von instabilen Werten und Welten (zuweilen mit Selbst-Ironie und paradoxem Humor), die Fähigkeit, verschiedene Sinnsysteme und Wirklichkeitskonstellationen auch als Mischformen wahrzunehmen und zwischen ihnen übergehen zu können sowie Dinge multiperspektivisch von mehreren Seiten aus zu betrachten, multiple Wahlmöglichkeiten zuzulassen oder gar zu leben, ist zumeist im starren, enggeführten, narzisstischen Interessenhorizont kaum möglich.

Jugendspezifische Erfahrungswelten werden biographisch komplexer und zugleich risikoreicher, in denen zunehmend – obgleich zuweilen gewünscht – einheitliche Ziele und Werte abhanden kommen können. Die Individualisierungschancen werden begleitet mit erheblichen Risiken und erkauft durch die Lockerung von sozialen und kulturellen Bindungen. Der Weg vom "Schicksal" zur freien Entfaltung ist auch ein Weg in eine zusehends soziale und kulturelle Ungewissheit, in moralischer und wertmäßiger Widersprüchlichkeit und in eine erhebliche Zukunftsungewissheit. Risiken des Leidens, des Unbehagens und der Unruhe, die teilweise die Bewältigungskapazität zumindest von wenig qualifizierten Jugendlichen überfordern, während viele Jugendliche – übrigens ganz anders als viele Erwachsene – das erfahrungsgesättigte Gefühl haben, mit Instabilitäten etwa im sozialen Nahraum Familie (Trennungen, Scheidungskinder, alleinerziehende Elternteile, neue Väter, neue Mütter und neue Geschwister) oder mit den flexiblen Anforderungen der heutigen Erwerbsarbeit (der Krise der Arbeitsmärkte wird mit eigener realitätsnaher Kompetenz und Leistung begegnet, neben funktional bewerteten Bildungsabschlüssen werden persönliche Ressourcen – kommunikative und soziale Kompetenz, Medienkompetenz – genutzt) positiv umzugehen und ganz gut durch eine unwägbare Zukunft navigieren zu können.[178]

3.1.2 Gesellschaftliche Prozesse der Individualisierung, Entritualisierung und Enttraditionalisierung führen auch dazu, dass der Körper und das Körperbewusstsein ("Versportung", z. T. auch als Leib; Erfahrungen von Körperzuständen, die eine enggeführte Betrachtung und Wahrnehmung transzendieren können) in den Mittelpunkt gerückt werden.

In den westlichen Arbeitsgesellschaften waren Körperkult und Körperbewusstsein nur im Zusammenhang von nicht maschinellen Arbeitsprozessen hochgeschätzt. Die Zeigelust, Inszenierung und Modellierung des Körpers waren – insbesondere auch vor dem Hintergrund der christlich-puristischen Traditionen (Körperschutz vor Witterung, Sexualfeindlichkeit etc.) – eng, allenfalls auf bestimmte Berufsmilieus begrenzt. Es kam nicht nur im Adel und Bürgertum zu einer Umhüllung und Tabuisierung der Körper. Nahezu alle Körperteile wurden via Kleidung

---

[178] Streit, Alexander von: Einfach jung. Warum die Jugendlichen deutlich weniger zum Pessimismus neigen als ihre Eltern. In: *Frankfurter Rundschau* vom 23.04. 2005

oftmals mehrfach umhüllt. Mehr Haut wurde nur in den arbeitenden Bevölkerungskreisen im Zuge der Arbeit gezeigt, während hochgeschätzte, vornehme Blässe den nicht arbeitenden Bevölkerungsmilieus vorbehalten blieb.

Was wird heute zu Beginn des 21. Jahrhundert geschätzt: Der egotaktische, leicht aufgedrehte, kontaktfreudige, erlebnisbereite, gutgelaunte, optimistische und erfolgreiche Selbst-Animateur. "Gut drauf zu sein", "prima Laune ausstrahlen" und "gute Stimmung verbreiten" scheint zum unhintergehbaren Lebensmotto geworden zu sein. Dabei handelt es sich im Wesentlichen um einen Persönlichkeits- bzw. Charaktertypus, den David Riesman schon in den 50er Jahren als "außengeleiteten" umschrieben hat, der sich außerordentlich flexibel an die jeweiligen Lebenssituationen anpasst und sich selbst dabei noch abwechslungsreich in Szene setzt, die Techniken des virtuosen Rollenspiels im bunten Mix als Patchwork-Karriere und Patchwork-Persönlichkeit perfekt beherrscht, die "Zeitzeichen" entdeckt, dem "Zeitgeist auf der Spur ist", "hellwach alles aufsaugt, was wichtig sein könnte", die bewegliche Jagd nach Gelegenheiten und neuen Möglichkeiten souverän nutzt, die schönheitsoperierte "Nase stets im Wind hat", immer genau spürt, was gefordert und verlangt wird, den "Instant-Markt" kontrolliert und beherrscht sowie das "Instant-Erlebnis" und den "Instant-Genuss" bevorzugt. Und wer heute im Zusammenhang des neuen Schönheitswahns nicht modisch gestählt und gestylt – übrigens auch in manchen Arbeitszusammenhängen – daherkommt, dem wird meistens Leistungsbereitschaft und Durchsetzungsvermögen etwa als Führungskraft oder als Liebhaber abgesprochen. Der dicke Bauch oder auch nur die kleinen Speckfalten oder Bauchringe haben schon längst als Zeichen der Prosperität ausgedient und können vor dem Hintergrund des Bodykults auch nicht mehr allein durch Reichtum und Macht ausgeglichen werden, gleichwohl Reichtum und Macht wiederum Schönheit (mit)definieren. "Fit to win" und nicht "fat to lose". "Fit for fun" ist nicht nur als Zeitschrift sehr erfolgreich, sondern auch als Restaurantkette mit kalorienreduzierter Kost. Die eingravierten Lebenserfahrungen und -spuren individueller Lebensgeschichte sind nicht erwünscht. Selbst die ehemals nicht als hässlich eingeschätzten Falten im Männergesicht, Speckwülste und große Bauchumfänge gehen im Zuge des gesellschaftlichen Jugendkults für Ältere nicht mehr als Reifezeugnis, Erfahrungsreichtum und Charakterausdruck durch. Der Körper wird durch hohe Fitnessansprüche und durch die (Jugend)Mode strengen Kontrollen unterworfen.[179] Die Anforderungen, Erwartungen aber auch die Unterwerfungen an das Äußere, an das Outfit, an die Erotik, an das Schönheits- und Erfolgsideal in die Richtung konfektionierter Jugendlichkeit (attraktiv, schlank, sportiv, fit, gesund, wohlgeformt, dynamisch, vital, in Grenzen muskulös, makellos glatt rasierter Körper, manchmal mit Körperschmuck (Tattoos), Gel im Haar schon für achtjährige Jungen, garniert etc.) beflügeln und quälen mittlerweile nicht nur Frauen, sondern zunehmend auch Männer.

Die ständige Provokation durch perfekte Körper in den audiovisuellen Medien, in der Werbung und in der Mode lösen nicht nur bei vielen jungen Menschen Lebenskrisen aus. Neben Selbstkasteiung, verkniffener Askese und verkrampfter Kalorienzählerei quälen sich nicht selten viele miesepetrig mit allerlei Diäten herum – ohne allerdings die lästigen Pfunde zu verlieren. Man ist auf der Hatz nach der nie erreichbaren Perfektion. Diese Perfektion wird in einem neuen Schönheitsideal verherrlicht. Magere Teenie-Stars und zumeist flachbrüstige Models wie Kate Moss, Nadja Auermann und Eva Padberg haben vollbusige Stars abgelöst. Schon elfjährige Mädels setzen sich oftmals, was ideale Rollenmodelle und ideale Körpermaße angeht, massiv unter Druck. Viele Teenager haben ohnehin das Gefühl, zu dick, nicht attraktiv, nicht schön, nicht sexy genug zu sein. Sie wissen ganz genau, welche Pop-Stars welche Diät- und Hungerkuren machen. Nahrungsverweigerung und Fressattacken wechseln sich ab. Anorexie (Magersucht) und Bulimie sind weitverbreitete Krankheiten unter zumeist weiblichen Teenagern, die ihren

---

[179] Zybok, Oliver: Aussichtslose Unabhängigkeiten. Kein Ende des Jugendwahns. In: Coolhunters. Jugendkulturen zwischen Medien und Markt. Hg.: Neumann-Braun, Klaus/Richard, Birgit, Frankfurt a. M. 2005, S. 218

Idolen mit Kleidergröße 32 oder 34 nacheifern. Und auch die Zunahme des bei ebenfalls weiblichen Teenagern immer populärer werdenden Ritzens scheint ein Indiz für ein gestörtes Verhältnis zum Körper zu sein.

Abnehmen gehört auch im Medium unterschiedlicher Diätratgeber ("Moppel-Ich" von Susanne Fröhlich war im Jahre 2004 das erfolgreichste Sachbuch in Deutschland) nicht nur bei Frauen zur Lieblingsbeschäftigung in der westlichen Welt, gleichwohl die Menschen trotz Diätenjahrmarkt, trotz bester Psycho-Tipps und Psycho-Tricks zum Schlankbleiben gegen Durchhänger, Hungerattacken, Jo-Jo-Effekten und Frust sowie täglich neuer Fitness-, Schlankheits- und Anti-Sauwetter-Programme nicht dünner, sondern immer fettleibiger und dicker werden. Medizinische "Änderungsschneiderei" respektive plastische Chirurgie (Schönheitschirurgie als "Bildhauerei am Menschen") in allen denkbaren Varianten hat – medial durch Sezierungsprogramme unterstützt – selbst wenn immer häufiger der Pfusch am Körper nachgewiesen wird, Hochkonjunktur – Körpertuning, Face Styling, Lifting, Lid-Straffung, Sandstrahlung im Gesicht, Penisverlängerung, Waden- und Brustimplementation, Fettabsaugen der Hüften, der Oberschenkel und des Gesäß'. Hinzu kommt die nicht unproblematische Einnahme von Anabolika zur Muskelsteigerung. Man strebt zumindest äußerlich und vornehmlich mechanistisch den perfekten Body an, der das Ergebnis von Crash-Diäten, eigener Arbeit, Askese und Disziplin ist. Selbst die traditionelle, von innen kommende "wahre Schönheit" gilt nicht mehr als "Trostpflästerchen" für diejenigen, die beim Aufpolieren des äußeren Scheins nicht mithalten können und wollen.

3.1.3 Zäsuren der Kindheits- und Jugendphase

- die Metapher *Jugend* wandert in alle Altersklassen
- Verjugendlichung der Gesellschaft
- Placebo Jugendlichkeit

Nicht nur werden im Vergleich zu vormodernen traditionellen, sondern auch zu modernen industriellen und postindustriellen Gesellschaften mittlerweile die Grenzen und Grenzziehungen zwischen Jugend- und Erwachsensein immer uneindeutiger. Kindheit, Jugend und Erwachsensein gehen manchmal ineinander über und können sich auf paradoxe Art vermischen. Die Übergangszäsuren in das Erwachsenenalter verschwimmen immer mehr. Die arbeitsgesellschaftliche oder industriegesellschaftliche respektive postindustrielle Definition von Jugend, wie es Walter Hornstein ausdrückt, "*steht im ausgehenden 20. Jahrhundert in Frage*". Wenn generell die "Arbeitsgesellschaft zum Problem wird, dann muss auch die Jugendphase als Phase der biographischen Vorbereitung auf diese Gesellschaft zum Problem werden." Der reduzierte Stellenwert der *Jugend* "zeigt sich auch ganz praktisch-politisch: Wenn *Jugend* nicht mehr so viel wert ist, dann darf sie auch nicht mehr soviel kosten; dann heißt dies auch Reduzierung von BAföG, der Ausbildungsplätze, der Kosten für Schulen und Studienplätze." *Jugend* scheint auch deshalb zu Beginn des 21. Jahrhundert nicht mehr so viel wert zu sein, weil ihr Anteil an der Gesamtbevölkerung immer weiter abnimmt. *Jugend* hat ihren *Mehrheitswert* verloren und gewinnt an *Seltenheitswert* (Hondrich). In Deutschland sind nur noch 20% der Bevölkerung unter 20 Jahre alt. Und ihr Anteil wird in den nächsten Jahren noch weiter sinken. Dieser Prozess der Altersklassenumschichtung beschleunigte sich noch erheblich schneller, wenn nicht die vergleichsweise vielen Migranten-Jugendlichen bzw. die Jugendlichen mit ausländischer Herkunft ihn ein wenig aufhalten würden. Diese Verschiebungen im Rahmen der gesellschaftlichen Altersgruppenverteilung haben zweifellos Auswirkungen auf alle gesellschaftlichen Lebensbereiche. Jugendliche durchlaufen heute eine Vielzahl von Statuspassagen, die aber inzwischen als Teilmündigkeiten immer mehr über institutionelle Verfestigungen und Einrichtungen (etwa über das variante Übergänge ermöglichende Bildungssystem, über globale Verschränkungen und mediale Verflüssigungen der komplexen Lebensverhältnisse) sehr abstrakt gesteuert und geregelt werden und keine direkte soziokulturelle und moralisch-pädagogische Einwirkung mehr leisten wollen oder können. Dabei verschwinden traditionelle Initiationsriten, alte Rituale und

Verbindlichkeiten. Im Vergleich zu den traditionellen Gesellschaften, in denen die Grenzziehungen zwischen Jugend- und Erwachsensein sehr klar und eindeutig geregelt waren, sind die heutigen Übergangszäsuren viel entritualisierter und verschwommener. Selbst die noch vor einigen Jahrzehnten gültigen Teilmündigkeiten (sexuelle, wirtschaftliche, mediale Mündigkeit, Ablösung vom Elternhaus, Heirat, Berufseintritt usw.) sind flexibler und kontingenter geworden. Jugendliche Leitbilder strahlen – sicherlich durch den heutigen gesellschaftlich vermittelten Jugendkult unterstützt – was jugendlichen Lebensstil und jugendliches Aussehen angeht, mittlerweile als Placeboeffekte in alle Altersklassen hinein. Viele Erwachsene mit den positiven konnotierten Eigenschaften der Jugendlichkeit fühlen und empfinden sich als die *eigentlichen, ewigen* Jugendlichen.

3.1.4 Gegenwartsorientierung von Jugend

- Hedonistische, lust- und spaßvolle Lebensgefühle
- Wunscherfüllung sofort
- Das traditionelle "deferred gratification pattern" resp. die Zukunftsbezogenheit treten in den Hintergrund

Die meisten Jugendlichen sind mit ihrem gegenwartsbezogenen Jugendlichen(da)sein zufrieden. Die zukunftsorientierten Versprechungen und Verheißungen, später einmal Erwachsenenrollen einzunehmen, berührt sie im Augenblick der Gegenwart nicht so sehr. Sie haben Gründe dafür. Moderne westliche Gesellschaften stellen immer weniger institutionalisierte, formalisierte bzw. ritualisierte Übergänge von der Welt der Jugendlichen in die Welt der Erwachsenen bereit. In eine solche Lücke stoßen seit einigen Jahrzehnten die sich zeitlich entgrenzenden Jugendkulturen mit ihren vielfältigen Angeboten und Ausdifferenzierungen.[180]

Die Lebensphase *Jugend* hat sich von einer relativ klar definierbaren Übergangs-, Existenz- und Familiengründungsphase zu einem eigenständigen und relativ offenen Lebensbereich gewandelt. Die Übergänge von der Kindheit in die Jugendphase sowie in das Erwachsensein werden zunehmend entritualisiert und entkoppelt. Die Übergänge sind fließender geworden.[181] Es ist zu einer so genannten "Statusinkonsistenz" der Jugendphase gekommen. Dies bedeutet, dass die Gestalt der Statusübergänge nach einem gestaffelten Muster erfolgt. Für heutige Jugendliche ist es typisch, dass sie lebensaltersspezifisch sehr früh bestimmte Teilselbstständigkeiten wie finanzielle, mediale, konsumtive, erotische, freundesbezogene und öffentliche Teilautonomie erreichen, während ökonomische und familiäre Selbstständigkeit mit reproduktiver Verantwortung zumeist, wenn überhaupt, sehr spät erfolgen.

Auch die Zielspannung *Erwachsenwerden* hat nachgelassen. Denn Jugendliche haben in der Regel spätestens seit den 60er Jahren nicht zuletzt via Medien und Konsum "einen fast unbeschränkten Zugang zu den konkreten Wirklichkeitsbereichen der erwachsenen Welten." Und seit Jahren können wir beobachten, dass Jugendliche ihren hochgeschätzten Jugendstatus beibehalten möchten und nicht unbedingt mehr erwachsen werden wollen, während Erwachsene immer jugendlicher werden wollen. *Jugend* verjugendlicht und bleibt gewissermaßen "unter sich". Es scheint sich für viele Jugendliche nicht mehr zu lohnen, erwachsen zu werden. Denn auch der gesellschaftlich zugewiesene jugendliche Status des Sich-Vorbereitens (auf eine bessere Lebenszukunft) und des (Ab)Wartens hat an Bedeutung verloren, denn der traditionelle Sinn des Jugendalters, der lange Zeit durch Anstrengung, zunächst einmal Verzicht leisten, um später die

---

[180] Rink, Dieter: Beunruhigende Normalisierung. Zum Wandel von Jugendkulturen in der Bundesrepublik Deutschland. In: *Aus Politik und Zeitgeschichte* 5/2002, S. 3 - 6

[181] Hurrelmann, Klaus: Lebensphase Jugend. Eine Einführung in die sozialwissenschaftliche Jugendforschung. Weinheim-Basel 2004 (7., vollständig überarbeitete Auflage), S. 34 ff.

Belohnungen einzustreichen, und durch Gratifikationsaufschub im Sinne des so genannten "deferred gratification pattern" bestimmt wurde, ist brüchig geworden.
Jugend kann so gesehen nicht mehr nur als Wartestand oder als bildungs-bürgerliches und psychosoziales Moratorium verstanden werden, sondern weist (nachdem die Zukunft äußerst ungewiss erscheint, das Band von *Jugend und Fortschritt* zerrissen ist und der Dreiklang: *Jugend – neue Zeit – Zukunft* nicht mehr so ohne weiteres trägt) durch neue Quantitäten und Qualitäten in wachsendem Maße gegenwartsorientierte Finalität auf. Der "Sinn des Jugendalters" ist auch deshalb brüchig geworden, weil im Zusammenhang der "Transformation der Arbeitsgesellschaft" eine zunehmende Entkopplung von Bildungs- und Beschäftigungsstatus stattgefunden hat. Nicht zuletzt mit der Masse der Vergabe von Bildungstiteln und -zertifikaten sowie den veränderten Konstellationen des Arbeitsmarktes geht auch die *statusverleihende Funktion* der Bildungszertifikate in Bezug auf den ehemals legitimierten Anspruch auf bestimmte Berufspositionen zurück. Auch die ehemals nicht reflexiv gewordene Hintergrundgewissheit, dass Zukunft schon irgendwie klappen würde, ist brüchig geworden. Dennoch suchen viele Jugendliche ganz pragmatisch und privatistisch nach Lösungen für Zukunftsfragen. Viele meinen, dass die großen gesellschaftlichen Zukunftsprobleme der Welt (Kriege, Armut, Umweltzerstörung, Arbeitslosigkeit) nicht zu lösen sind, privat ist aber einiges machbar: Zukunftspessimismus bei globalen Problemen der Welt ist nicht selten gepaart mit einem Optimismus für den eigenen Lebensweg. Darüber hinaus ist Jugendzeit für einen Teil der heute Heranwachsenden nicht mehr nur primär Reifungs- und Übergangsphase (von der Kindheit zum Erwachsenen), *Vorbereitung auf etwas Späteres* (Karriere und Erfolg, materieller Wohlstand in der Zukunft etc., obgleich auch diese Wertvorstellungen mehrheitlich sehr geschätzt werden)[182], sondern auch eine eigenständige, lustvolle und bereichernde Lebensphase, also Selbstleben, jetzt zu lebendes, gegenwärtiges, manchmal auch stark durch Markt, Konsum, Mode, Musik und Medien bestimmtes, hedonistisch genussreiches, manchmal aber auch insbesondere in den von prekären Arbeitsverhältnissen, sozialen Marginalisierungen und Perspektivlosigkeiten bedrohten jugendlichen Lebensmilieus nur ein durch die mühsame Bewältigung von Alltagsaufgaben geprägtes Leben.
Viele Jugendliche leben heute sowohl freiwillig als auch unfreiwillig betont *gegenwartsbezogen*, um sich Optionen offen zu halten, um flexibel auf ungewisse, nicht kalkulierbare, diffuse Lebenssituationen zu reagieren. Die Aktualität des Augenblicks gewinnt Prominenz und Übergewicht gegenüber der ungewissen Zukunft. Eine solche gegenwartsorientierte Struktur des Jugendalltags kommt vor allen Dingen den heutigen differenzierten und diversifizierten und nach dem *subito-Prinzip* des *sofort-Genusses* funktionierenden Angeboten des Jugendkonsum- und Medienmarktes entgegen. Denn diese weisen, vornehmlich unterstützt durch Werbung und Gleichaltrigengruppe, in der Regel einen hohen ausdrucks- und identifikationsintensiven sowie spiralförmigen Aufforderungscharakter zum Mitmachen und Kaufen auf. Die angepriesenen Angebote und Erlebnisse scheinen kleine und große *Träume* im Hier und Jetzt schnelllebig, aber auch transitorisch unverbindlich zu befriedigen. Immerhin: *Jugend nur im Wartestand* scheint es vor dem Hintergrund solcher gesellschaftlichen Entwicklungstendenzen kaum noch zu geben. Die Sehnsucht von Jugendlichen während der Jugendzeit nach dem vollen Erwachsenenleben hat auch vor dem Hintergrund der "Identifikation und Imitation der Gleichaltrigengruppen" ihre treibende Kraft verloren. Man kann den Eindruck gewinnen, dass es sich nicht für alle Jugendliche nicht nur ökonomisch gesehen lohnt, sich im engen Arbeitsmarkt zu platzieren und sich vorbereitend in die konventionellen Formen des Erwachsenenlebens einzuüben und damit – in der altbewährten Logik – in der Jugendlichkeit geschätzten und hofierenden Gesellschaft er-

---

[182] Zinnecker, Jürgen: Alles ist möglich und nichts gewiss. Deutschlands erste Jugendgeneration im 21. Jahrhundert. In: Coolhunters. Jugendkulturen zwischen Medien und Markt. Hg.: Neumann-Braun, Klaus/Richard, Birgirt, Frankfurt a. M. 2005, S. 177

wachsen zu werden, weil (jenseits der vollen Erwerbsarbeit fast) alles schon in der Kindheits- und noch mehr in der Jugendphase erfahren, durchlebt und erlebt werden kann.

3.1.5 *Jugendliche sind heute auch Trendsetter für viele Erwachsene vor allem in den Bereichen Schönheit, Mode, Körperlichkeit (Körpergestaltung, Bewegung, Konsum, Medien, Werbung, Musik, Sport, Technik, Sprache etc.)*

- Die Erfahrungsvorsprünge der Älteren gegenüber den Jüngeren haben sich relativiert
- Weisheiten und Erfahrungen treten zurück

Schon im 19. Jahrhundert hat sich in bezug auf die "Bewertung der Lebensalter" ein Leitbildwandel vollzogen, indem an die Stelle des Alters als des Zustands höchsten und ausgereiften Wissens das Bild des dynamischen, kräftigen und anpassungsfähigen, deshalb auch besonders leistungskräftigen jungen Menschen trat, der als Arbeitskraft und (später) als Konsument besonders umworben wurde.

Dieser Umwerbungsprozess von Jugendlichen hat sich dann in der zweiten Hälfte des 20. Jahrhunderts erheblich dynamisiert und tangiert bzw. relativiert immer mehr auch die ehemaligen Erfahrungsvorsprünge der Älteren. Der Alleinvertretungsanspruch der älteren Generationen, mit Weisheit und Klugheit die Jüngeren anzuleiten oder gar zu prägen bzw. zu bestimmen, stößt an Grenzen, verliert vor allem infolge der Dynamik technischer und jugendkultureller Innovationen sowie der Allgegenwart der Medien an Bedeutung. Die Älteren können nicht mehr für sich in Anspruch nehmen, dass sie die einzige wichtige Instanz sind, die zur Vermittlung und Deutung kulturell gültiger Wissensbestände stimmen und bei Nichteinhaltung sanktionieren, was die *wahren*, *guten* und *richtigen* Normen und Werte sind, die sich Jugendliche heute aneignen sollen. Traditionen, Erfahrungswissen, soziokulturelle Deutungsmuster und ehemals bewährte Lebensplanungskompetenzen werden den heutigen gesellschaftlichen Anforderungen keineswegs mehr gerecht. Der lebenszeitliche Erfahrungsvorsprung der Älteren schwindet, die "Einwirkungen der älteren Generation auf die jüngere haben nachgelassen, und das Lebensalter ist kein Entscheidungskriterium für Kompetenzen. Noch Schleiermacher hatte in seiner "Grundlegung einer Theorie der Erziehung" und in seinem philosophisch-pädagogischen Denken zu Anfang des 19. Jahrhunderts das "Generationenverhältnis als den Ort bestimmt, an dem das Erbe, die Tradition von der älteren Generation an die nachwachsende durch Erziehung weitergegeben werden sollte."

Aber schon Kurt Tucholsky sprach davon, dass Erfahrung nicht alles sei: "Erfahrung heißt gar nichts. Man kann eine Sache auch 20 Jahre falsch gemacht haben." Die Erfahrungsvorsprünge der Älteren gegenüber den Jüngeren haben sich sogar *doppelt relativiert*. Auf der einen Seite erlernen viele Jugendliche "heute augenscheinlich" nicht nur in schulischen Kontexten "mehr Neues, das die Älteren nicht kennen und deshalb auch nicht weitergeben können, als zu früheren Zeiten." Auf der anderen Seite sind viele Wissenselemente und ist vieles vom dem, was die Älteren früher gelernt haben – zumindest unter arbeitsmarktspezifischen, aber auch unter sonstigen lebenspraktischen Gesichtspunkten –, heute veraltet und damit wertlos geworden. Die Veränderung, die explosionsartige Vermehrung, die hohe Umschlagsgeschwindigkeit und somit das schnelle Veralten des nicht nur technischen Wissens ist enorm. In diesem Zusammenhang verändert sich auch das "komplizierte Beziehungsmuster von Autorität und Gehorsam, von Wissen und Nachfrage, von Vorbild und Nachahmung." Zudem ist in den Beziehungen zwischen Eltern und auch anderen pädagogischen Bezugspersonen, Kindern und Jugendlichen eine Liberalisierung, Aufzehrung und Abschwächung – in "postautoritären pädagogischen Milieus"[183] – der elterlichen und anderen pädagogischen Autoritäten in vielen Lebensbereichen zu konstatieren. Es scheint kaum noch im Zuge der *Nivellierung der Generationsunterschiede* oder sogar der

---

[183] Zinnecker, a.a.O., S. 181

Umkehrung des *Generationengefälles ein Autoritätsgefälle* zu geben, in dem "das Alter zum Entscheidungskriterium würde". Und auch die Wirksamkeit von ehemals selbstverständlichen Mustern der Lebensführung für Jugendliche wie Achtungs-, Höflichkeits- und Schweige-Regeln (bspw. das Reden oder das Urteilen und vor allem die Entscheidungen über bestimmte Dinge, das früher nur den Erfahrenen und Älteren zugestanden wurde), hat abgenommen. Die "Einordnungs- und Bescheidenheitskulturen" sowie die Respektkulturen gegenüber dem Alter haben nachgelassen.

Die Machtbalance zwischen Jüngeren und Älteren hat sich enorm gewandelt. Jugendliche, manchmal schon Kinder, sind etwa im familiären Lebenszusammenhang als gleichberechtigte Partner viel stärker beim Aushandeln von Entscheidungen beteiligt – und dies nicht nur, wenn es um Ausgehzeiten, Geschmacksvorlieben, Kosmetik, Körperpflege, Kleidung, um die Zusammenstellung von Mahlzeiten, um Urlaubsziele, um Zeitrhythmen im Tagesablauf, sondern auch, wenn es um die Anschaffung von langfristigen Konsumgütern oder um das politische Engagement geht. Im Zusammenhang der Aufzehrung traditioneller Konventionen und Sinnbestände ist daran zu erinnern, dass heute kaum noch eine Norm und kaum noch eine Konvention selbstverständlich ist und unhinterfragbar bleibt. Im Zuge der Durchsetzung gegenüber Kindern und Jugendlichen bleiben Konventionen revisionsfähig und müssen mindestens begründet werden. Sie werden zur Reflexion freigegeben.

Die Kluft zwischen den Generationen ist auch deshalb tendenziell eingeebnet worden, weil zentrale Wirklichkeitsausschnitte entweder (wie in vielen Erlebnisbereichen und im Freizeitsektor) in vielerlei Hinsicht übereinstimmen oder unterschiedliche Erfahrungsfelder (wie Schule und Arbeitsplatz) zumindest jenseits altersgruppenspezifischer Differenzen ähnlich strukturiert sind und vergleichbare Aneignungsprozesse und Überlebensstrategien nahe legen. Hinzu kommt, dass im Zuge eines solchen Verblassens des Unterschiedes zwischen Jugendlichen und Erwachsenen – etwa in Stil- und Geschmacks-, aber auch in Moral- und Gewissensfragen – ein Prozess gegenseitiger Beeinflussung stattfinden kann. In gewisser Weise strahlen die Jüngeren auf die Älteren[184] zurück und es kommt zu einer *retroaktiven* oder *beiderseitigen* Sozialisation. In vielen Hinsichten haben sich die traditionellen pädagogischen Verhältnisse umgedreht. Eltern müssen von ihren Kindern lernen.

Mittlerweile sind in den Bereichen Mode, Geschmack, Konsum, Freizeit, Sexualität, Sport, Technikbeherrschung, Computer, Neue Medien sowie insbesondere im Rahmen der Gestaltung von Lebensstilfragen (Zeichenwelten, Codes, Symbole usw.) Jugendliche Erwachsenen gegenüber (initiiert und unterstützt durch Medien und Werbung) gar zu Vor-, Leitbildern und Meinungsführern geworden. Und in vielen Sport-, Mode-, Computer-, Sexualitäts- und Gesundheitsbereichen besitzen viele Jugendliche gegenüber Erwachsenen häufig *unverkennbare Wettbewerbsvorteile*. Sie sind etwa im Computer-Bereich die *Experten* und *Lehrmeister* der Älteren. Viele nutzen wie selbstverständlich und durchaus kreativ die elektronischen Kommunikationsmöglichkeiten der Computertechnik weltweit, E-Commerce, den Abruf von Datenbanken, das elektronische Briefeschreiben (E-Mail), Chats, Videospiele und Spielkonsolen, das SMS-Schreiben, das souveräne Surfen im Internet, die interaktiven Programme, mit denen Texte, Graphiken, Bilder und Töne zusammengefügt werden können und zeigen nicht nur im Cyber-Space i. d. R. mehr Durchblick als ihre Eltern und Pädagogen. Zudem sind sie oftmals auch angesichts ihrer sportiven Motorik und ihres augen- und sinnfälligen ästhetisch-erotischen Gehalts und *Körperkapitals* die erfolgversprechenden und Jugendlichkeit verkörpernden Trendsetter, während den Älteren meistens nur die undankbaren Rollen von Sympathisanten oder "Nachzüglern" jenseits anderer, dem quasi-natürlichen Prozess des Alterns in der Regel nicht so sehr

---

[184] So schon Mannheim, Karl: Das Problem der Generationen. In: Kölner Vierteljahreshefte für Soziologie, 6. Jg., Heft 2/1928, S. 157 - 185

ausgesetzter und damit weniger gefährdeter Handlungsressourcen (Bildungs- und Berufstitel, Geld, Besitz etc.) verbleiben.

3.1.6 Die (Neuen) Medien (Videoclip, PC, Internet, Handy usw.) verändern Wahrnehmungsgewohnheiten und -muster

- Diversifizierungen der Medien, Zielgruppen und Milieus
- Verhältnis von Realität und Virtualität
- Verhältnis von Tiefe und Oberfläche
- Ortsgebundenheit und Ortsungebundenheit
- Schnelligkeit, Überblendung, Fragmentierung
- Sampling, (Re)Mixing, Switching, Hopping etc.

Die Welt der nicht pädagogisch bearbeiteten und gestalteten Jugendkulturen ist die der Pop-Songs und Pop-Stars, der Filmidole, der Videoclips und MP3-Player, der CDs und Handys, der Fernseher und Diskotheken, der multimedialen PCs, der LAN-Partys, der Newsgroups, Chats, also der ganzen bunten Medienwelt, produziert und beherrscht zunehmend von den Sphären Konsum und Kommerz. Thrill, Events, stilvolle Selbstpräsentation, Surfen in allen Lebensvarianten und raffiniertes Styling sind wichtige Grundlagen dieser zumeist symbolisch und ästhetisch aufgeladenen Ausdrucks- und Erlebniswelten. In diesem Zusammenhang spielt vor allem die Bricolage-Metapher eine zentrale Rolle. Den Begriff "Bricolage" hat Levi Strauss in seiner strukturalen Anthropologie entwickelt. Er meint wörtlich Bastelei, die Neuordnung und Rekontextualisierung von Objekten, um neue Bedeutungen zu kommunizieren, und zwar innerhalb eines Gesamtsystems von Bedeutungen, das bereits vorrangige und sedimentierte, den gebrauchten Objekten anhaftende Bedeutungen enthält. Die Verwendung eines Gegenstandes, eines Stils oder einer Mode kann insbesondere in jugendeigenen Stilkreationen qua Um- oder Neucodierung jenseits traditioneller weltanschaulicher Zeichencodes, Wirklichkeitsausschnitte und Orientierungsmuster durch die Verbindung und Verwendung fremder Kontexte (Embleme, Symbole) gestischen und demonstrativen Charakter annehmen.

Der große Reiz für Jugendliche besteht nun darin, durch solche Bricolagen raffinierter Zitat-Verweise zuweilen zu provozieren, öffentliche und gruppenspezifische Beachtung zu erzielen, Zugehörigkeit zu erwerben und auszudrücken. Es besteht der Wunsch, sich gesellschaftliche Wirklichkeit anzueignen und nicht davor zu stehen sowie Zugehörigkeiten zu einer Gruppe, zu einem Milieu oder zu einer Teilkultur auszudrücken oder auszuleben. Hinzu kommt, dass eine funktional-differenzierte, kalte Welt als zusammenhängend erlebt werden kann, um ein Stück Lebensbewältigung, Verortung, Sicherheit und Heimat über die wechselnden Sinnsysteme, Szenen und Ausdrucksmöglichkeiten (wieder)zufinden.

Indem der Jugendkultur alles, nicht nur das Sprachmaterial, zum Zeichen werden kann, darüber hinaus unsere Alltagsräume mit Zeichen durchsetzt sind (von den Verkehrssignalen über die Werbung bis zu Anordnung und Gestaltung von Straßen und Plätzen), ist eine Optionsvielfalt an Deutungen und Zeichen entstanden, die nicht mehr erlauben, sich bestimmte Deutungsobjekte in Ruhe auszuwählen und mit diesen zeitgenügsam umzugehen. Im Gegenteil: Dem Gestaltschauenden, aus der Tiefe der Bedeutung gehenden Blick der 'zarten Empirie' Goethes hat sich heute der oberflächliche, 'zerstreute Blick' oder der 'schnelle Blick' hinzugesellt. Der Alltag erfordert schnelle Entzifferungsleistungen – etwa im Verkehr –, aber auch die Vielzahl der Bilder lässt uns kaum Ruhe. Die Trickschnelligkeit verhindert Deutungszwischenräume; der interpretationsoffene Deutungshorizont, von dem jede hermeneutische Lehre ausgegangen ist, ist verstellt durch die Bilder, hinter denen keine Tiefe mehr vermutet werden muss. Gezeigte Wirklichkeit wird zum surrealistischen Vexierspiel. An die Stelle von Tiefendeutung ist damit das Signalentziffern getreten. Signale vermengen sich in Bricolagen, im Outfit, in den Straßenzeichen der Metropolen, in Fernsehserien, Action-Filmen usf. Während Tiefen-Deutung immer einen reflektierenden Rückbezug enthält, begnügen sich Signale damit, erkannt und entschlüsselt zu werden, und zwar kurzatmig für den jeweiligen Augenblick. So oberflächlich sind übrigens nicht die Jugendlichen, die sich mit Signal-Lernen begnügen. Wenn ihnen nicht vermittelt wird, welche Orientierungen sinnvoll sind, welche Werte benötigt werden, welcher Kanon gilt, welche Deutungsmöglichkeiten nahe liegen, welche Verbindlichkeiten anzustreben sind, wozu sollen sie sich dann entscheiden und auf Dauer stellen, was ihnen keine Kontinuität verspricht? Unsere ästhetisch wahrnehmbare Welt ist in einem hohen Ausmaß bestimmt durch Unzuverlässigkeit und immer neue Überraschungen. Sichern können wir unsere Psyche dann nur noch durch die alltagsroutinierte Wiederkehr des Gleichen (darum die Beliebtheit der Serien), und die Lust an der Überraschung, die nicht immer auf ihren Tiefen-Sinn befragt werden muss. Das Prinzip dieser Schnelligkeit und dieser "abundierenden Zeichenwelt" ist von den Videoclips aufgegriffen, produktiv gestaltet und auf die Spitze getrieben – und ins Ästhetische transformiert worden. Das wahrnehmende Subjekt selbst entzieht sich konventionellen Festlegungen, indem es patchwork-artig *"orientierende Synthetisierungsleistungen"* der *"Ich-Konturierung"* vollbringt, sein – über Kleidung und Körperaccessoires symbolisch inszeniertes und ästhetisch aufgeladenes – Outfit wechselt, von Szene zu Szene geht und auf diese Weise Identifikationsmuster erprobt, die im heutigen Wahrnehmungsreichtum angeboten werden.

Lebensstile, Ausdrucksrichtungen, Zielformulierungen sind bunt und widersprüchlich geworden. Viele Jugendliche gehen zwar heute in den Medienangeboten auf, sie entwickeln aber immer wieder zugleich, an unterschiedlichen Orten und in unterschiedlichen Szenen, einen spezifischen Eigensinn, der es ihnen erlaubt, die Ausdrucksmittel der Trivialkultur als originell und ausdrucksstark sich anzueignen, zum Teil weiterzuentwickeln und auf diese Weise Möglichkeiten von oppositionell unabhängigen und alternativen Symbolisierungen des Selbst zu erzeugen. Die Kultur- und Medienindustrie führt nicht umstandslos zur einfachen Unterwerfung ihrer Nutzer, selbst wenn – wie es im Fachjargon heißt – im heutigen Marketingmix die Produkte ein "Feeling" erzeugen und "emotional positioniert" werden, sondern sie macht durch ihre Allgegenwärtigkeit die Chance für Heranwachsende greifbar, die Alltagskultur, die "common culture" eigeninitiativ und aktiv mitzugestalten bzw. als Ausdrucksweise zu benutzen. Dem kommerziellen Sektor, so mächtig er ist, fällt es schwerer denn je – mit freilich immer subtileren Methoden – junge Konsumenten zu ködern und Vorschriften über Geschmack und Mode zu erlassen, geschweige denn, in ihnen Bedeutungen auf Dauer zu codieren.

Die Allgegenwart der Medien hat auch zu wichtigen kulturellen Verschiebungen auf einem anderen Gebiet beigetragen: <u>Hören</u> und <u>Sprechen</u>, also eher situationsgebundene Ausdrucksformen sind heute nicht nur für Jugendliche bevorzugte Ausdrucksmittel. Stattdessen wird weniger gelesen und geschrieben (obwohl keineswegs verdrängt, vor allem bei den Mädchen). Die Entwicklung geht also von der Literalität zur komplexen Zeichenhaftigkeit des Alltags, in dem die Literalität zunehmend aufgeht. Das sind sicherlich bemerkenswerte kulturelle Verschiebungen, deren Ambivalenz offenkundig ist. Dennoch, solche Entwicklungen sind nicht zufällig und keineswegs allein von der elektronischen Technik- und Medienindustrie in Gang gesetzt und manipuliert.

Die bspw. über den heutigen Medienverbund von Pop-Musik, Pop-Film, Videoclips und PC-Logik transportierten Stilelemente jugendlicher Identitätsbildung arbeiten jenseits geschlossener und uniformierter Sinnsysteme mit der heutigen ambivalenten Sinnpluralität, Sinn-Vervielfältigung und Sinn-Beliebigkeit. Sie sind nicht mehr umfassend oder *multifunktional*, sondern nur begrenzt verpflichtend. Sie sind stattdessen offener und beweglicher, nur lose miteinander verknüpft, relativ beliebig zusammenstellbar und können stets modifiziert werden. So gesehen kann es heute qua Erprobung neuer Lebensformen ohne geschlossene Sinngestalt bastelbiographisch und patchwork-affin zu einem schnellen Wechsel von Identitätsmontagen kommen, die aber materieller und sozialer Ressourcen und Abstützungen bedürfen.

Ein weiterer Gesichtspunkt ist in diesem Zusammenhang zu betrachten:
Jugendkulturen und Jugendszenen haben sich mit den und via Medien vervielfältigt, pluralisiert und individualisiert. Jugendliche und ihre inzwischen ausdifferenzierten Jugendkulturen (von den

manieristischen Schönen und Coolen der Diskotheken und Raves, über die Action-Szenen der wilden Cliquen, Rapper und Skater ganz unterschiedlicher Couleur auf den Straßen, über die religiösen und politischen Fundamentalisten bis zu den sozialen Bewegungen der Engagierten und den institutionell-integrierten Jugendlichen der Vereine und Verbände) stellen sich freilich kulturell nie autonom oder puristisch dar. Denn insbesondere die Medien- und Musikkulturen durchdringen und durchmischen mittlerweile alle Szenen und Lebensstilgemeinschaften.[185]
Eine leicht handhabbare Veränderung und Vorläufigkeit medienvermittelter Identifikation scheint Medien im Lichte der Aufweichung alltagsweltlicher Traditionen und der Individualisierung der Jugendphase so attraktiv zu machen. Es handelt sich gerade nicht um verpflichtendes Engagement und totale Inanspruchnahme, sondern um das "Gefühl distanzierter Zusammengehörigkeit". Man will beides: die Sonnenseiten der ichbezogenen Zugehörigkeit und gleichzeitig die der ichbezogenen Distanz genießen. Übernehmen nun gar medial vermittelte Gemeinschaften, also design- und scheingemäß inszenierte virtuelle Gemeinschaften, Phantomgruppen oder Vorstellungswelten, die nicht mehr durch alltagsweltliche Milieueinbindungen erzeugt werden, sondern die bspw. über CD-Kauf, Mode, Kataloge, Videoclips und durch surfende, virtuelle Mobilität im Internet, durch elektronische Post mit interaktiven Programmen einer kontaktauslösenden, weltweiten Computergemeinde oder durch virtuelle Teilnahme an Pop-Events in die Wirklichkeit eingeschrieben werden können und *real* in Form konkreter Interaktionsbeziehungen zwischen Menschen nicht existieren müssen, für Jugendliche sinnstiftenden Heimatcharakter und ersetzen oder ergänzen damit tendenziell konkrete personale Lebensbezüge und Gemeinschaften?

Zur Person: Prof. Dr. Wilfried Ferchhoff ist Dozent für Sozialarbeit an der Evangelischen Fachhochschule Rheinland-Westfalen-Lippe. Der hier vorgelegte Aufsatz fasst aktuelle Ergebnisse aus seinen Forschungen und Publikationen zu den Schwerpunkten Alltags- und Jugendkultur zusammen.

---

[185] Vgl. Baacke, Dieter: Jugend und Jugendkulturen. Darstellung und Deutung. Weinheim/München 2004 (4. Auflage) und Ferchhoff, Wilfried: Jugend zu Beginn des 21. Jahrhunderts. Lebensformen und Lebensstile. 3., vollständig überarbeitete Auflage, Wiesbaden 2006

3.2 Werte, Rollenbilder und Lebensentwürfe der 12- bis 29-Jährigen in Deutschland – Ergebnisse aus dem DJI-Jugendsurvey

Martina Gille

Einleitung

Betrachtet man die Jugendzeit als eine Lebensphase, in der nach Orientierungen, nach Wegweisern für die Zukunft gesucht wird, so geraten auch die Werte oder Leitbilder, an denen sich die Handlungen junger Menschen orientieren, in den Blick. Gerade von jungen Menschen werden die "alten Werte" oder die "Werte der Alten" kritisch hinterfragt und auf eine mögliche Übernahme hin überprüft. Die jungen Generationen geraten häufig in die Kritik, dass sie wichtige Werte nicht mehr vertreten würden, von Werteverlust gerade bei den jungen, nachwachsenden Generationen wird gesprochen. Der Wertewandel wird verantwortlich gemacht – um nur eine Position zu zitieren – für "inflationäres Anspruchsdenken, für Tendenzen zur Ego- und Ellenbogengesellschaft, eine einseitige Freizeit- und Spaßorientierung, einen Verlust moralischer Standards, ausuferndem Individualismus und Privatismus wie auch für eine allgemeine Erosion des Gemeinsinns."[186]

Nicht nur die Wertorientierungen, sondern auch die Rollenbilder für Frauen und Männer haben sich in den letzten Jahrzehnten erheblich gewandelt – was auch mit anderen gesellschaftlichen Entwicklungen zusammenhängt, wie z. B. der Bildungsexpansion, der Zunahme der Frauenerwerbstätigkeit, den Tendenzen der Individualisierung von Mustern der Lebensführung und damit der Zunahme von Optionen der Lebensgestaltung. Ob sich die jungen Menschen heute weniger an traditionellen Rollenerwartungen orientieren, dies soll – ebenso wie die Frage von veränderten Wertorientierungen – anhand von Ergebnissen des DJI-Jugendsurvey[187] dargestellt werden, der in drei Befragungswellen seit Beginn der 90er Jahre den Wandel von Lebensverhältnissen, Wertorientierungen, politischen Einstellungen und Verhaltensweisen bei jungen Menschen in Deutschland untersucht.

Wertorientierungen 12- bis 29-Jähriger

Die im Jugendsurvey erfasste breite Altersspanne von 18 Jahren, die mit 12 Jahren am Ende der Kindheit bzw. mit der Jugendphase beginnt und mit dem 29. Lebensjahr bis ins Erwachsenenalter hineinreicht, legt gerade im Hinblick auf die Beschreibung von Werten und Lebensentwürfen eine nach Alter differenzierte Betrachtungsweise nahe. Werte sind zwar relativ stabile Persönlichkeitseigenschaften, aber durchaus abhängig vom Erreichen bzw. Überschreiten bestimmter Statuspassagen in der Lebensbiographie.[188] Im Jugendsurvey werden Werte als Konzeptionen des individuell Wünschenswerten verstanden. Die Wert-Items beschreiben zum einen wünschens-

---

[186] Hepp, Gerd: Wertewandel und bürgerschaftliches Engagement – Perspektiven für die politische Bildung. In: *Aus Politik und Zeitgeschichte*, B 29/2001, S. 33

[187] Der Jugendsurvey des Deutschen Jugendinstituts (DJI) ist eines der großen replikativen Forschungsprojekte, das im Rahmen der Sozialberichterstattung des DJI durchgeführt wird (Projekthomepage: www.dji.de/jugendsurvey). Das Bundesministerium für Familie, Senioren, Frauen und Jugend unterstützt diese Forschung im Rahmen der Finanzierung des DJI. In den ersten beiden Wellen, die 1992 und 1997 im Feld waren, wurden jeweils ca. 7.000 16- bis 29-jährige deutsche Personen befragt (West: ca. 4.500, Ost: ca. 2.500; Hoffmann-Lange, Ursula (Hg.): Jugend und Demokratie in Deutschland. DJI-Jugendsurvey 1, Opladen 1995; Gille, Martina/Krüger, Winfried (Hg.): Unzufriedene Demokraten. Politische Orientierungen der 16- bis 29jährigen im vereinigten Deutschland. DJI-Jugendsurvey 2, Opladen 2000), in der dritten Welle 2003 ca. 9.100 12- bis 29-Jährige mit deutscher und nicht-deutscher Staatsangehörigkeit (West: ca. 6.300, Ost: ca. 2.800).

[188] Vgl. die Lebenszyklushypothese von Helmut Klages: Wertedynamik. Über die Wandelbarkeit des Selbstverständlichen. Zürich 1988

werte Eigenschaften einer Person, wie z. B. ehrgeizig sein, zum anderen wünschenswerte Verhaltensweisen, wie z. B. ein hohes Einkommen anzustreben.

Am wichtigsten ist den 12- bis 15-Jährigen der Wert "viel Spaß haben" gefolgt von den Werten "eigene Ziele verwirklichen", "anderen Menschen helfen" und "Rücksicht auf andere nehmen" (vgl. Übersicht 140). Die unwichtigsten Werte sind "sich anpassen", "ehrgeizig sein", "tun und lassen, was man will" und "kritisch sein". Bei den 16- bis 29-Jährigen stehen auch jeweils ein Wert der Selbstverwirklichung und des Hedonismus ganz oben in der Rangreihe, und zwar "eigene Fähigkeiten entfalten" und "das Leben genießen".

Übersicht 140: Wertorientierungen der 12- bis 15- und 16- bis 29-Jährigen* nach Geschlecht (Mittelwerte) (der Größe nach angeordnet für 12- bis 15-Jährige insgesamt)

	12 – 15 Jahre		16 – 29 Jahre	
	weiblich	männlich	weiblich	männlich
Viel Spaß haben (12 – 15 J.)/ Das Leben genießen (16 – 29 J.)	9,1	9,1	8,5	8,6
Eigene Ziele verwirklichen (12 – 15 J.)/ Sich selbst verwirklichen (16 – 29 J.)	8,9	8,7	8,5	8,4
Anderen Menschen helfen	9,0	8,5	8,6	8,2
Rücksicht auf andere nehmen	8,8	8,3	8,4	8,0
Eigene Fähigkeiten entwickeln (12 – 15 J.)/ Eigene Fähigkeiten entfalten (16 – 29 J.)	8,4	8,4	8,7	8,7
Etwas leisten	8,4	8,3	8,3	8,4
Sich durchsetzen können (12 – 15 J.)/ Durchsetzungsfähig sein (16 – 29 J.)	8,3	8,2	8,1	8,1
Viel Geld verdienen (12 – 15 J.)/ Ein hohes Einkommen anstreben (16 – 29 J.)	7,8	8,4	7,4	7,9
Ein aufregendes, spannendes Leben führen	7,8	7,9	6,8	7,2
Auf Sicherheit bedacht sein	8,0	7,7	8,0	7,7
Pflichtbewusst sein	7,9	7,6	8,5	8,3
Unabhängig sein	7,5	7,5	8,4	8,4
Verantwortung für andere übernehmen	7,4	7,2	7,9	7,5
Sich anpassen	6,9	7,1	6,3	6,3
Ehrgeizig sein	6,6	6,6	7,6	7,8
Tun und lassen, was man will	6,3	6,4	5,8	6,0
Kritisch sein	6,4	6,2	7,7	7,6
n	1090	1064	3449	3507

Quelle: DJI-Jugendsurvey 2003

* Die Frage lautet für die 12- bis 15-Jährigen: "Wie wichtig sind dir persönlich die folgenden Verhaltensweisen? Benutze bitte die von 1 bis 6 reichende Skala. 1 bedeutet ‚überhaupt nicht wichtig', 6 bedeutet: ‚sehr wichtig'. Mit den Werten dazwischen kannst du die Wichtigkeit abstufen." Für die Darstellung in der Übersicht wurde die 6-stufige Skala in eine 10-stufige Skala überführt, damit die Mittelwerte mit den 16- bis 29-Jährigen vergleichbar sind.
Die Frage lautet für die 16- bis 29-Jährigen: "In jeder Gesellschaft gibt es unterschiedliche Vorstellungen darüber, welche Eigenschaften und Verhaltensweisen von Menschen wünschenswert sind und welche nicht. Bitte sagen Sie mir zu jeder Verhaltensweise auf dieser Liste, wie wichtig es für Sie persönlich ist, so zu sein oder sich so zu verhalten. Benutzen Sie bitte die von 1 bis 10 reichende Skala. 1 bedeutet ‚überhaupt nicht wichtig', 10 bedeutet ‚sehr wichtig'. Mit den Werten dazwischen können Sie die Wichtigkeit abstufen."

An dritter Stelle kommt bei den Älteren jedoch schon ein Wert der Konvention, nämlich "pflichtbewusst sein". Das untere Ende der Rangreihe bilden "ein hohes Einkommen anstreben", "ein aufregendes, spannendes Leben führen", "sich anpassen" und "tun und lassen, was man will". Die persönliche Lebenserfüllung und Selbstverwirklichung sind somit zentrale Orientierungen für junge Menschen. Dies ist aber nicht mit einer egoistischen Haltung gleichzusetzen, denn soziale Werte genießen in beiden Befragtengruppen hohe Priorität. Auch der Gemeinschaft gegenüber verpflichtende Werte wie Pflicht und Leistung spielen eine beträchtliche Rolle, wohingegen Konformismus ("sich anpassen") und eine egoistische Haltung ("tun und lassen, was man will") am wenigsten gewünscht werden.

Im Folgenden soll der Einfluss wichtiger soziodemographischer Merkmale auf die Werte junger Menschen beschrieben werden. Wichtige Einflussfaktoren sind die Geschlechtszugehörigkeit, das Lebensalter und das Bildungsniveau. Die Mädchen und jungen Frauen sind deutlich prosozialer orientiert als ihre männlichen Altersgenossen. Auch in der jüngsten Shell-Jugendstudie wurden ähnliche geschlechtsspezifische Werteprofile beschrieben.[189] Mädchen und junge Frauen sind stärker normorientiert und sicherheitsbewusster. Dies kommt vor allem in der höheren Bewertung folgender Werte zum Ausdruck: Respekt vor Gesetz und Ordnung, Streben nach Sicherheit, Gesundheitsbewusstsein, Berücksichtigung von Gefühlen, Toleranz, Umweltbewusstsein, soziales Engagement und Religion. Während sich für Durchsetzungsfähigkeit, eine Eigenschaft, die eher als typisch männlich galt, in der 14. Shell-Jugendstudie und auch im Jugendsurvey 2003 keine geschlechtsspezifischen Differenzen zeigen, wird "Macht und Einfluss" deutlich höher von den männlichen Befragten bewertet. Dagegen sind soziales Engagement, Hilfsbereitschaft, Emotionalität und Religiosität Tugenden, die nach wie vor eher von den Frauen als von den Männern angestrebt werden.

Bei der Betrachtung des Lebensalters als ein Einflussfaktor auf Werte muss berücksichtigt werden, dass das Lebensalter eng mit individuellen Reifungsprozessen und dem Erreichen traditioneller Statuspassagen verknüpft ist. Werte der sozialen Verpflichtung wie Verantwortungsübernahme und Pflichtbewusstsein gewinnen mit dem Lebensalter an Bedeutung – dies ist begleitet von Prozessen der Rollenübernahme in Partnerschaft, Familie und Beruf –, hedonistische, egoistische Werte wie "tun und lassen, was man will" und eine konformistische Haltung wie "sich anpassen" verlieren dagegen an Wichtigkeit.

Darüber hinaus ist das Bildungsniveau ein wichtiger Faktor, der Werte beeinflusst: Je höher das angestrebte bzw. das erreichte Bildungsniveau ist, desto weniger wichtig werden hedonistische Orientierungen, materielle Werte und eine Orientierung an Sicherheit genommen. Dagegen sind Befragte mit höheren Bildungsaspirationen bzw. Bildungsabschlüssen pflichtbewusster und zeigen höhere Kritikbereitschaft. Dies könnte man dahingehend interpretieren, dass hohe Bildungsqualifikationen die Chancen junger Menschen, sich in der Gesellschaft gut zu positionieren, erhöhen und Möglichkeiten für Kritik eröffnen.

Weitere Merkmale, wie die Wohn- und Lebenssituation, das Aufwachsen in den alten bzw. neuen Bundesländern sowie der Migrationshintergrund beeinflussen ebenfalls die Wertpräferenzen. Das Ausmaß ihrer Wirkung ist aber gegenüber dem Lebensalter, der Geschlechtszugehörigkeit und dem Bildungsniveau deutlich nachgeordnet.

In der empirischen Werteforschung ist in den letzten Jahren von verschiedenen Forschern ein Bedeutungsgewinn konservativer Werte insbesondere bei den jüngeren Generationen festgestellt worden.[190] Auch im Vergleich der drei Jugendsurvey-Wellen zeigt sich im Zeitverlauf, dass Werte der Konvention wie Pflichtbewusstsein, Leistung und Materialismus und der Prosozialität wichtiger werden.[191] Die konventionellen Werte gewinnen nach einem leichten Rückgang 1997 wieder an Bedeutung und übersteigen nun das Niveau von 1992. Die prosozialen Werte erfahren vor allem seit 1997 einen starken Bedeutungsgewinn. Selbstentfaltung bleibt eine wichtige Zielvorstellung für junge Menschen. Der einzige Wertebereich, der einen schwachen Bedeutungs-

---

[189] Gensicke, Thomas: Individualität und Sicherheit in neuer Synthese? Wertorientierungen und gesellschaftliche Aktivität. In: Jugend 2002. Hg.: Deutsche Shell, Hamburg 2002, S. 148 f.

[190] Hradil, Stefan: Der Wandel des Wertewandels. In: *Gesellschaft - Wirtschaft - Politik* (GWP) 4/2002, S. 409 - 420; Klein, Markus: Gibt es die Generation Golf? Eine empirische Inspektion. In: KZfSS, Jg. 55, Heft 1/2003, S. 99 - 115; Gensicke, a.a.O.

[191] Die Trendaussagen zum Jugendsurvey beziehen sich auf die 16- bis 29-jährigen deutschen Befragten.

verlust erfährt, ist der Hedonismus. Gensicke beobachtet bei den Wertorientierungen Jugendlicher (15- bis 25-Jährige in den alten Bundesländern) zwischen 1987 und 2002 einen Bedeutungszuwachs materialistischer bzw. traditioneller Werte. "Fleiß und Ehrgeiz" (von 62 % auf 75 %), das "Streben nach Sicherheit" (von 69 % auf 79 %) sowie "Macht und Einfluss" (von 27 % auf 36 %) werden von den Jugendlichen wichtiger genommen. Engagementbezogene Werte verlieren dagegen an Bedeutung. Dieses veränderte Werteprofil von Jugendlichen charakterisiert Gensicke mit dem Begriff der Pragmatisierung. Für Jugendliche hat danach die Bewältigung konkreter und praktischer Probleme Vorrang vor "übergreifenden Zielen der Gesellschaftsreform."[192]

Ansichten zur Rolle von Frauen und Männern in der Gesellschaft

Die im Jugendsurvey erfassten Normvorstellungen junger Menschen zur Arbeitsteilung von Frauen und Männern in der Gesellschaft thematisieren das Verhältnis von Frauen und Männern in Familie, Beruf und Politik. Dabei interessiert, ob sich in den Haltungen junger Menschen noch ein traditionelles Bild geschlechtsspezifischer Arbeitsteilung finden lässt, das den Frauen im Hinblick auf familiäres Engagement eine bevorzugte und im Hinblick auf berufliche und politische Beteiligung eine gegenüber Männern weniger bedeutsame Rolle zuschreibt, oder ob es hier zu einer Auflösung traditioneller Rollenbilder und einer Zunahme egalitärer Rollenvorstellungen gekommen ist.

Bei den Rollenbildern zum Stellenwert von Familie und Erwerbsarbeit weisen die Mädchen und jungen Frauen die Rolle des Mannes als Hauptverdiener noch entschiedener zurück als die jungen Männer (vgl. Übersicht 141).

Sie unterstützen auch weniger die Aussage, dass die Frau zu Hause bei den Kindern bleiben und der Mann arbeiten gehen solle. Die meisten Befragten stimmen der Aussage, "ein Mann, der zu Hause bleibt und den Haushalt führt, ist kein ‚richtiger' Mann" nicht zu, wobei die Mädchen und jungen Frauen dies noch etwas vehementer ablehnen. Die Aussagen, dass Männer für die Kindererziehung genauso geeignet sind wie Frauen und sich mehr Zeit für die Familie nehmen sollten, wenn Kinder da sind, werden mehrheitlich unterstützt, wobei hier wiederum die weiblichen Befragten ein Engagement von Männern in der Familie noch stärker befürworten.

Auch bei beiden Statements zur Rolle der Frau in Öffentlichkeit und Politik urteilen die Mädchen und jungen Frauen stärker im Sinne egalitärer Rollenvorstellungen: Zwar wird von gut 70 % aller Befragten die Forderung, dass es mehr Frauen in politischen und öffentlichen Führungspositionen geben solle, unterstützt, aber hier zeigen sich mit 21 bzw. 22 Prozentpunkten Differenz doch deutliche geschlechtsspezifische Antwortprofile. Die provokative Aussage "Frauen gehören nicht in die Politik bzw. in die Bundesregierung" wird von fast allen Befragten abgelehnt. 14 % der 12- bis 15-Jährigen sind der Meinung, dass Frauen nicht in die Politik gehören, aber immerhin 18 % der Jungen und nur 10 % der Mädchen stimmen hier zu. Das engere und noch stärker provokative Statement, dass Frauen nicht in die Bundesregierung gehören, wird nur noch von 6 % der weiblichen und 12 % der männlichen Befragten im Alter von 16 bis 29 Jahren befürwortet.

Traditionelle Rollenbilder – für eine zusammenfassende Betrachtung wurde hierfür der Index "traditionelle Geschlechtsrollenorientierung" erstellt (vgl. Übersicht 141) – werden also von der Mehrheit der Befragten nicht unterstützt. Allerdings stimmt die jüngere Altersgruppe den traditionellen geschlechtsspezifischen Rollenerwartungen stärker zu. Insgesamt sind jedoch die Unterschiede zwischen den beiden Geschlechtergruppen größer als diejenigen zwischen den beiden Altersgruppen.

---

[192] Gensicke, a.a.O., S. 152 f.

Übersicht 141: Ansichten zur Rolle von Frauen und Männern in der Gesellschaft nach Geschlecht (in %)*	12 – 15 Jahre		16 – 29 Jahre	
	weiblich	männlich	weiblich	männlich
A. Auch wenn eine Frau arbeitet, sollte der Mann der "Hauptverdiener" sein, und die Frau sollte die Verantwortung für den Haushalt tragen (nur 16 - 29 Jahre)	-	-	25	36
B. Es sollte viel mehr Frauen in politischen und öffentlichen Führungspositionen geben	80	59	85	62
C. Wenn Kinder da sind, soll der Mann arbeiten gehen und die Frau zu Hause bleiben und die Kinder versorgen	35	50	29	38
D. Frauen gehören nicht in die Politik (12 - 15 Jahre) / Frauen gehören nicht in die Bundesregierung (16 - 29 Jahre)	10	18	6	12
E. Ein Mann, der zu Hause bleibt und den Haushalt führt, ist kein "richtiger Mann"	15	20	10	14
F. Männer sind für die Kindererziehung genauso geeignet wie Frauen	87	82	89	83
G. Wenn Kinder da sind, soll der Mann weniger arbeiten und sich mehr Zeit für die Familie nehmen	81	75	77	73
Traditionelle Geschlechtsrollenorientierung (Index**)	22	40	14	26

Quelle: DJI-Jugendsurvey 2003

* Zustimmung = Skalenpunkte 4 bis 6 auf einer Skala von 1 ("stimme überhaupt nicht zu") bis 6 ("stimme voll und ganz zu"). Die Frage lautete für die 12-15-Jährigen: "Wie sollten deiner Meinung nach Frauen und Männer ihr Zusammenleben gestalten? Inwieweit stimmst du den folgenden Aussagen zu?" Die Frage lautete für die 16- bis 29-Jährigen: "Im Folgenden geht es um die Situation von Männern und Frauen im Alltagsleben. Inwieweit stimmen Sie persönlich diesen Aussagen zu?"
** Der Index ist ein Summenindikator aus den drei Items C, D und E, der dann durch drei dividiert wurde, so dass er einen Skalenbereich von 1 bis 6 hat. Der Index wurde folgendermaßen re-codiert: 1,0 bis 1,34 = niedrig; 2,35 bis 2,9 = mittel und 3,0 bis 6,0 = hoch. Hier sind die Prozentwerte für die Kategorie "hoch" dargestellt.

Ein weiterer wichtiger Einflussfaktor auf Rollenorientierungen ist neben der Geschlechtszugehörigkeit das Bildungsniveau. Nicht nur die besser gebildeten weiblichen Befragten, von denen man berufliche Karrierepläne und einen stärkeren Wunsch nach einer Vereinbarkeit von Familie und Erwerbsarbeit erwarten kann, sondern auch die männlichen Befragten mit höheren Bildungsambitionen unterstützen eher egalitäre Rollenvorstellungen, wenn auch insgesamt auf einem niedrigeren Niveau. Hierzu tragen sicherlich die in höheren Bildungsgängen vermittelten Werte bei, die eine Gleichstellung von Frauen und Männern in der Gesellschaft stärker betonen. Während es Anfang der 90er Jahre noch erhebliche Unterschiede in den Rollenorientierungen von west- und ostdeutschen Befragten gab,[193] haben sich 2003 diese Unterschiede fast aufgehoben. Es ist nur noch ein leicht erhöhtes Niveau an Traditionalismus in den alten Bundesländern zu finden, allerdings sind die Unterschiede zwischen west- und ostdeutschen Frauen noch vorhanden. Insbesondere die jungen Frauen in den neuen Bundesländern beanspruchen stärker als ihre westdeutschen Geschlechtsgenossinnen eine gleichberechtigte Teilhabe an der Gesellschaft. Über die drei Wellen des Jugendsurvey zeigt sich die Zunahme moderner Rollenerwartungen bei jungen Menschen. Dabei sind höhere Bildungsressourcen unverändert wichtige Voraussetzungen für die Entwicklung egalitärer Rollenbilder.

---

[193] Vgl. Gille, Martina: Werte, Rollenbilder und soziale Orientierung. In: Gille/Krüger, a.a.O., S. 143 – 203

Lebensentwürfe junger Frauen und Männer

Wie die im vorhergehenden Abschnitt dargestellten Rollenerwartungen junger Menschen zeigen, sind egalitäre Rollenvorstellungen in der heutigen jungen Generation weit verbreitet, und die Entwicklung dieser Orientierungen innerhalb von 11 Jahren macht deutlich, dass diese weiter an Bedeutung gewinnen, wobei jedoch traditionelle Vorstellungen noch häufiger von den jungen Männern vertreten werden. Die im Jugendsurvey thematisierten traditionellen und nicht-traditionellen Frauen- und Männerbilder waren eher allgemein formuliert, ohne auf die konkreten Lebenspläne der Befragten direkt Bezug zu nehmen. Im Folgenden sollen die Zukunftsvorstellungen junger Menschen dargestellt werden, wobei für die jüngeren Befragtengruppen natürlich die inhaltlichen Vorstellungen über ihre zukünftige Lebensgestaltung hinsichtlich Partnerschaft, Kindern und Beruf noch nicht so konkret und nah an der eigenen Lebensrealität sein können wie für die älteren Befragtengruppen.

Eine Schwerpunktsetzung künftiger Lebensgestaltung auf Haushalt und Kinder kommen für fast zwei Fünftel der jüngeren und fast ein Drittel der älteren Befragtengruppe in Frage, wobei die Geschlechterdifferenzen bei den ab 16-Jährigen größer sind (vgl. Übersicht 142). Dass der Beruf das Wichtigste im Leben sein wird, diese Aussage erfährt insgesamt mehr Zustimmung und wird von den männlichen Befragten stärker unterstützt.[194]

Übersicht 142: Lebensentwürfe 12- bis 29-Jähriger nach Geschlecht (in %)*				
	12 – 15 Jahre		16 – 29 Jahre	
	weiblich	männlich	weiblich	männlich
A. Ich möchte mich hauptsächlich um Kinder und Haushalt kümmern	43	34	41	23
B. Ich möchte die Hausarbeit mit meinem Partner/meiner Partnerin teilen	89	73	90	77
C. Der Beruf wird für mich das Wichtigste im Leben sein	46	58	47	61

Quelle: DJI-Jugendsurvey 2003

* Zustimmung zu den Skalenpunkten 4 bis 6 einer Skala von 1 ("trifft überhaupt nicht zu") bis 6 ("trifft voll und ganz zu"). Fragestellung für die 12- bis 15-Jährigen: "Wenn du an deine Zukunft, an Familie und Beruf denkst, sage mir bitte zu jeder der folgenden Aussagen, inwieweit diese auf dich zutreffen." Fragestellung für die 16- bis 29-Jährigen: "Wenn Sie an Ihre Zukunft denken, sagen Sie mir bitte zu jeder der folgenden Aussagen, inwieweit diese auf Sie zutreffen."

Zieht man zur Betrachtung der entsprechenden Antwortverteilungen nur die Skalenpunkte 5 und 6 heran, die als starke Zustimmung gewertet werden können, so reduzieren sich die Anteilswerte deutlich: 19 % der 12- bis 15-jährigen Mädchen und 18 % der 16- bis 29-jährigen Frauen stimmen dann einer Konzentration auf Kinder und Haushalt stark zu und nur 13 % bzw. sieben Prozent der männlichen Vergleichsgruppe. Dass der Beruf einmal das Wichtigste im Leben sein wird, dem stimmen 20 % der Mädchen und 17 % der jungen Frauen stark zu, aber jeweils 30 % der männlichen Vergleichsgruppe.

Die große Mehrheit der jungen Menschen lehnt also eine einseitige Lebensplanung ab, die entweder die Familie oder den Beruf zum Lebensmittelpunkt macht. Insofern spielen Lebensentwürfe, die von der herkömmlichen Arbeitsteilung zwischen Frau und Mann ausgehen, nur noch eine nachgeordnete Rolle. Allerdings weisen die noch bestehenden geschlechtsspezifischen Antwortprofile zu diesen Zukunftsvorstellungen auf tradierte Geschlechterbilder hin, wonach die

---

[194] Die Anteilswerte beziehen sich auf die Skalenpunkte 4 bis 6 einer 6-stufigen Skala mit den Endpunkten 1 = trifft überhaupt nicht zu und 6 = trifft voll und ganz zu.

Frau sich stärker den familiären Aufgaben und der Mann sich dem Beruf zu widmen habe.[195] Sich mit dem Partner die Hausarbeit zu teilen, wünschen sich vier Fünftel der Befragten – die weiblichen Befragten allerdings wiederum stärker.

Die im Jugendsurvey erfassten Zukunftsvorstellungen können nicht beanspruchen, alle relevanten Lebensinhalte zu thematisieren und sie können auch nicht die Prozesse des Ineinandergreifens, des sich einander Widersprechens und des Verschiebens von Lebensschwerpunkten in einzelnen Lebensphasen abbilden. Sie geben nur einen groben Anhaltspunkt dafür, welche Rolle einseitige Lebensentwürfe im Hinblick auf Familie oder Beruf spielen und welchen Stellenwert die partnerschaftliche Lebensplanung bei jungen Menschen hat. Von daher ist es auch nicht verwunderlich, dass Prioritätensetzungen für Familie oder Beruf bei beiden Befragtengruppen nicht als einander ausschließende Optionen wahrgenommen werden, sondern relativ unverbunden nebeneinander stehen.

Den hier vorgestellten Lebensentwürfen in Hinsicht auf Kinder, Haushalt, familiäre Arbeitsteilung und Beruf ist gemeinsam, dass junge Frauen und Männer sich hierbei in ihren Zukunftsvorstellungen deutlich unterscheiden. Soweit es die begrenzte Itemauswahl erlaubt, von Lebensentwürfen zu sprechen, zeichnen sich hier durchgehend geschlechtsspezifische Profile ab. In den Zukunftsvorstellungen der befragten Mädchen und Frauen kommt eine geringere Berufsorientierung, eine höhere Familienorientierung und ein stärkerer Wunsch nach einer partnerschaftlichen Teilung der Hausarbeit als bei den Männern zum Ausdruck. Diese Geschlechterdifferenz vergrößert sich erheblich, wenn die jungen Frauen mit Ehemann und Kind(ern) zusammenleben. In den nicht-ehelichen Lebensgemeinschaften wird allerdings die partnerschaftliche Arbeitsteilung von Frauen und Männern im Gegensatz zu den Ehepaaren noch deutlicher betont. Wie bei den allgemeinen Rollenerwartungen haben auch bei den Lebensentwürfen die erreichten Bildungsqualifikationen der Befragten einen großen Einfluss. Der längere Verbleib in den Bildungsinstitutionen verschiebt Familiengründung und Berufseintritt in spätere Lebensabschnitte und macht eine frühzeitige Festlegung auf eher stereotype Lebensentwürfe nicht notwendig, und zugleich erfahren egalitäre Rollenvorstellungen mehr Unterstützung.

Verknüpft man die Lebensentwürfe mit den Normvorstellungen, so zeigen sich sehr deutliche Antwortmuster bei den 12- bis 29-Jährigen: Eine traditionelle Geschlechtsrollenorientierung und ein Lebensentwurf, der die partnerschaftliche Arbeitsteilung betont, widersprechen einander. Darüber hinaus unterstützt eine traditionelle Geschlechtsrollenorientierung bei Frauen die Wahl eines einseitigen Lebensentwurfs in Hinblick auf "Kinder und Haushalt" und bei Männern in Hinblick auf den Beruf. Bei den 12- bis 15-Jährigen zeigt sich allerdings beim Zusammenhang von traditionellen Orientierungen und der Präferenz für einen berufsorientierten Lebensentwurf ein nicht ganz konsistentes Bild: Hier zeigt sich sowohl bei den Mädchen wie auch bei den Jungen der Effekt, dass ein traditionelles Frauenbild und eine Konzentration des späteren Lebens auf den Beruf einander unterstützen. Dies könnte auch dem Umstand geschuldet sein, dass sich die 12- bis 15-Jährigen in einer Lebensphase befinden, in der Fragen nach Ausbildung und Berufswahl besonders virulent sind und von daher der künftige Beruf eine besonders hohe Bedeutung hat. Möglicherweise haben die 12- bis 15-Jährigen aber auch einen Lebensentwurf, in dem sich Frauen zwar "hauptsächlich um Haushalt und Kinder kümmern", aber der Beruf für sie zunächst als Teilzeittätigkeit und in einer späteren nachelterlichen Familienphase doch wichtig ist.

---

[195] Für die jüngeren Befragtengruppen sind diese Zukunftsvorstellungen zum Teil jedoch noch nicht beantwortbar. Die Antwortkategorie "weiß noch nicht" wählen bei Item A 11 % der 12- bis 13-Jährigen und sieben Prozent der 14- bis 15-Jährigen.

Zusammenfassung

Werte der Selbstentfaltung und Kritikfähigkeit sind jungen Menschen besonders wichtig. Sehr hohe Bedeutung haben auch prosoziale Werte, d. h. die Rücksichtnahme und Verantwortung gegenüber anderen Menschen, die seit 1997 stark an Bedeutung gewonnen haben. Deutlich nachgeordnet sind konventionelle Werte wie Pflichtbewusstsein, Anpassung und Sicherheit und hedonistische Werte wie "ein aufregendes, spannendes Leben führen" und "tun und lassen, was man will". Die Ergebnisse des Jugendsurvey unterstützen keine Annahmen eines möglichen Werteverlusts oder problematischer Werteentwicklungen bei der jungen Generation. Im Zeitverlauf überwiegen Wertzuwächse gegenüber Wertverlusten. Der einzige Wertebereich, der an Bedeutung verliert, ist der Hedonismus, die anderen Werte gewinnen – mehr oder minder stark – an Wichtigkeit.

Bedenkenswert ist jedoch, dass bestimmte Teilpopulationen der Jugend in ihren Möglichkeiten, ihre privaten Lebensentwürfe, ihre beruflichen und öffentlichen Teilhabechancen zu realisieren, benachteiligt sind. Die erworbenen schulischen und beruflichen Qualifikationen stellen eine wichtige Ressource dar für die Entwicklung von Wertorientierungen und Lebensentwürfen sowie für die Positionierung in der Gesellschaft und das Ausmaß an Handlungsoptionen im allgemeinen. Die gesellschaftlichen Perspektiven der Mädchen und jungen Frauen werden nach wie vor von geschlechterhierarchischen Strukturen eingeschränkt. Es gibt offensichtlich starke gesellschaftliche und institutionelle Barrieren, die Frauen daran hindern, in bestimmte gesellschaftliche Bereiche, die mit wirtschaftlicher und politischer Macht verbunden sind, vorzudringen.

Zur Person: Die Soziologin Martina Gille arbeitet am Deutschen Jugendinstitut im Bereich Jugendforschung mit Schwerpunkt Wert- und Geschlechterorientierungen Jugendlicher und junger Erwachsener mit Blick auf individuelle Lebenslage, Lebensentwürfe und soziales Engagement.

3.3 "Don Giovanni ist doch auch Ausländer!"
Zur Situation interkultureller Kulturarbeit in Deutschland
Emine Tutucu/Franz Kröger

Seit 2004 führt das Institut für Kulturpolitik (IfK) der Kulturpolitischen Gesellschaft ein Projekt durch, in dem Stand, Aufgaben und Perspektiven der interkulturellen Arbeit in der kulturellen Bildung untersucht werden. Es wird gefördert vom Bundesministerium für Bildung und Forschung (BMBF), die Laufzeit beträgt zweieinhalb Jahre.

Ziel ist es, den Zusammenhalt multiethnischer Gesellschaften zu fördern und die kulturellen Eigenarten ihrer Bewohner und Bewohnerinnen als Bereicherung zu begreifen. Letztlich soll ein konstruktiver Beitrag zur Integration vor allem junger, in Deutschland lebender Menschen aus unterschiedlichen Ländern, Kulturen und Ethnien geleistet werden.

Neben eher theoretischen Betrachtungen, Sekundäranalysen und Netzwerkarbeiten im Themenfeld, ist die Evaluierung von Daten zur interkulturellen Kultur- und Bildungsarbeit im kommunalpolitischen Handlungsfeld ein Schwerpunkt des Projekts. Von daher steht die migrationsspezifische Arbeit der deutschen Kultur- und Jugendämter im Fokus der Untersuchung.

Da interkulturelle Kulturarbeit kommunalpolitisch betrachtet eine klassische Querschnittsaufgabe ist, kann jede Umfrage immer nur Teilbereiche der komplexen Thematik beleuchten. Zudem ist der ressortspezifische Blick der Befragten nicht frei von Wunschdenken und Legitimationsbedürfnis. Und zu guter Letzt spielt auch die Tatsache eine Rolle, dass das Erkenntnisinteresse von Auftraggebern und Projektnehmern den Intentionen der handelnden Akteure vor Ort nicht immer gerecht wird.

Die nachfolgenden Ausführungen verstehen sich als Resümee nach knapp zweijähriger Projektphase. Im Zentrum steht dabei die Auswertung der bundesweiten Umfrage bei den kommunalen Kulturämtern, die durch einen Ausblick auf die entsprechende Untersuchung der kommunalen Jugendämter – die im Sommer 2005 abgeschlossen werden konnte – ergänzt wird.

Anlage, Adressat und Rücklauf

Nach erheblichen Vorarbeiten (Pre-Tests in ausgewählten Kulturämtern) wurde im Dezember 2004 eine Umfrage gestartet, die den Stand der interkulturellen Kulturarbeit auf kommunaler Ebene bundesweit eruieren sollte. Der vierseitige Bogen umfasste 10 Leitfragen – von Angaben zu Gemeindegröße und Ausländeranteil über Aussagen zu konzeptionellen Grundlagen und Finanzausstattung bis hin zur Nennung vorbildhafter Projekte und Maßnahmen in den Städten und Gemeinden.

Adressaten der Umfrage waren die kommunalen Kulturämter und Kulturbüros. Bundesweit wurden alle 400 Kommunen über 30.000 Einwohner angeschrieben; geantwortet haben mehr als 200 Kommunen, in die Auswertung sind schließlich 181 Fragebögen eingegangen, was einem Rücklauf von etwas mehr als 45 % entspricht.[196]

Die Ergebnisse machen deutlich, dass die Auskunftsbereitschaft mit der Größe der Städte und Gemeinden steigt. So haben nahezu zwei Drittel der befragten Kommunen über 250.000 Einwohnern geantwortet, während bei den Kleinstädten zwischen 30.000 und 50.000 Einwohnern eine ebenso große Anzahl überhaupt nicht reagiert hat. Diese Differenz ist sicher nicht nur der besseren infrastrukturellen und personellen Ausstattung der Kulturverwaltungen geschuldet, sondern legt auch Rückschlüsse auf den Grad der interkulturellen Sensibilisierung in Großstäd-

---

[196] Die negativen Reaktionen auf die Umfrage waren höchst unterschiedlich. Die meisten informierten darüber, dass man den Fragebogen nicht ausfüllen könne, da es keine migrationsspezifischen Ansätze in der kommunalen Kulturverwaltung gebe. Entweder existierte vor Ort keine relevante Gruppe von Zuwanderern oder das Kulturangebot wurde als "universalistisch" deklariert, d. h. für alle Bürger und Bürgerinnen gleichermaßen entwickelt und zugänglich.

ten nahe. Kurzum: Metropolen sind eher fähig und bereit, Außenstehenden Einblick in ihre migrationsspezifische Kulturarbeit zu vermitteln als Klein- und Mittelstädte.

Durchschnittliche Migrantenanteile

Neben der Einwohnerzahl wurde auch nach dem Anteil von Migrantinnen und Migranten an der Bevölkerung der Kommune gefragt. Hier zeigt sich, dass Zuwanderung vor allem in Großstädten stattfindet.[197]
Der Migrantenanteil steigt mit der Größe der Orte: In Kommunen mit über 100.000 Einwohnern leben durchschnittlich ca. 12,4 % Menschen ohne deutschen Pass. Bei den kleineren Gemeinden mit einer Einwohnerzahl zwischen 30.000 und 100.000 liegen die Anteile ausländischer Bürger und Bürgerinnen bei ca. 8,3 %.

Übersicht 143

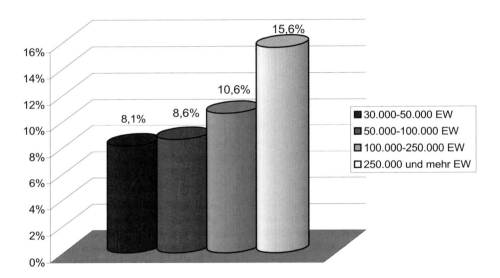

Allerdings gehen in diese Auswertung nur Stadtbewohner und -bewohnerinnen ohne deutschen Pass ein. Menschen, die die deutsche Staatsbürgerschaft haben und zugleich einen ausgeprägten Migrationshintergrund (Spätaussiedler, Kontingent-Flüchtlinge, Eingebürgerte) aufweisen, werden hier nicht berücksichtigt. Neben den so genannten Spätaussiedlern ist besonders die Einbürgerung der "Gastarbeiternachfahren" nicht nur ein Problem der "Ausländerstatistik"[198], sondern auch der städtischen Migrationspolitik. Denn bestimmte kommunale Leistungen wie Weiterbildungsangebote, Arbeitsmarkthilfen und Sprachkurse etc. sind an den "Ausländerstatus" geknüpft, auch wenn das neue Zuwanderungsgesetz hier eine Angleichung bewirken dürfte.

---

[197] Bundesweit ist das nationale "Ranking" der etwa 7,3 Mio. in Deutschland lebenden Migranten und Migrantinnen nach Staatsbürgerschaft wie folgt: 1. Türkei mit ca. 2 Mio., 2. (ehem.) Jugoslawien mit ca. 800.000, 3. Italien mit ca. 610.000, 4. Griechenland mit ca. 360.000, 5. Polen mit ca. 310.000 (Quelle: Statistisches Jahrbuch 2003, S. 65)

[198] So hat etwa das Statistische Bundesamt in Wiesbaden kürzlich die "Bereinigung" des Ausländerzentralregisters bekannt gegeben. Danach sanken die entsprechenden Angaben durch Einbürgerung, Wegzug, Rückkehr etc. um nahezu 600.000 Personen. (Destatis-Pressemeldung vom 2.5.05)

Vor allem die Kinder und Enkelkinder der "ersten Gastarbeitergeneration" sind es aber, denen die gesellschaftliche Integration trotz deutschem Pass nur schwer gelingen will – und die eine immer größere Gruppe der Bevölkerung stellen.[199] Ebenso fehlen die Personen, die sich illegal in Deutschland – Schätzungen sprechen von bis zu 1 Mio. Menschen – aufhalten.[200] Versucht man vor diesem Hintergrund eine vorsichtige Schätzung der "Migrationspopulation" in Deutschland, scheint eine Zahl um 14 Mio. nicht unrealistisch.[201]

Konzeptionelle Grundlagen der interkulturellen Kultur- und Bildungsarbeit

Gefragt wurde auch nach den konzeptionellen Grundlagen der kommunalen Kulturarbeit und Kulturpolitik mit bzw. für Migrantinnen und Migranten. Den Fragebögen ist zu entnehmen, dass lediglich 20 % der Ämter ein ausgearbeitetes Konzept bzw. eine Leitlinie für die interkulturelle Kultur- und Bildungsarbeit vorzuweisen haben. 78 % der befragten Städte verfügen in dieser Hinsicht weder über konzeptionelle Grundlagen, noch über eigene Förderkriterien.[202]

Interessant ist in diesem Zusammenhang der Vergleich mit einer ähnlichen Studie, die die Kulturpolitische Gesellschaft im Jahre 2002 für das Ministerium für Städtebau und Wohnen, Kultur und Sport in Nordrhein-Westfalen erstellt hat. Damals war auch nach den konzeptionellen Grundlagen der interkulturellen Kulturarbeit gefragt worden.[203] Dem aktuellen Ergebnis zufolge hat sich die interkulturelle Konzeptentwicklung zumindest in NRW verbessert. Diese Entwicklung macht sich besonders in den größeren Städten des Ruhrgebiets (z. B. Dortmund und Essen) bemerkbar, die ihre diesbezüglichen "Grundsatzpapiere" in den letzten Jahren weiter ausgearbeitet haben.

Je nach Größe der befragten Kommunen kann diese Einschätzung bundesweit gelten. Größere Städte sind in der Regel konzeptionell besser aufgestellt und im kulturpolitischen Umgang mit der Migrationsproblematik aktiver. Nicht zuletzt verfügen sie über mehr spezialisiertes Personal. Es gibt allerdings auch Ausnahmen: So sind etwa die Mittelstädte Remscheid und Solingen – letztere als langjähriger Sitz des landeseigenen Zentrums für Zuwanderung (LZZ) – mit einem entwickelten Profil in Sachen interkultureller Pädagogik konzeptionell durchaus mit den Großstädten vergleichbar. Aber auch Osnabrück und Münster im Rahmen ihrer Friedensstadt-Aktivitäten oder Rheine im Zuge des Integrationswettbewerbs der Bertelsmann-Stiftung sowie Görlitz aufgrund der Kulturhauptstadtbewerbung haben sich bundesweit interkulturell profilieren können. Auch Erfurt mit seinem beispielgebenden Engagement im deutsch-jüdisch-russischen Kulturaustausch kann hier genannt werden. Dennoch dominieren – wie Übersicht 144 illustriert – die Großstädte auch konzeptionell-programmatisch die Fachdiskussion sowie die darauf aufbauende interkulturelle Praxis.

---

[199] Schon heute haben mehr als 30 % aller Neugeborenen in der Bundesrepublik zumindest einen Elternteil mit nichtdeutscher Herkunft, und Grundschulklassen mit weniger als 20 % "eingeborenen" deutschen Schülern sind in Großstädten keine Seltenheit. Vgl. Schweitzer, Helmuth/Zander, Margherita: Ist die soziale Arbeit mit ihrem Deutsch am Ende? Perspektiven interkultureller Orientierung in der Stadt. In: *Sozial Extra*, Mai 2005, S. 6 f.

[200] Zuwanderer in der Stadt. Empfehlungen zur stadträumlichen Integrationspolitik. Hg.: Schader Stiftung/Deutscher Städtetag/difu u. a., Darmstadt 2005 (www.zuwanderer-in-der-stadt.de). Die "Ausländeranteile" können dabei von etwa 25 % in Frankfurt/M. bis zu drei Prozent in Rostock stark variieren.

[201] Eine Zahl aus NRW mag diese Schätzung verdeutlichen: Nach Angaben des Zentrums für Türkeistudien (www.zft-online.de) haben in den letzten 20 Jahren ca. 1/3 der hier lebenden Türkinnen und Türken die deutsche Staatsangehörigkeit angenommen.

[202] Das bedeutet nicht, dass sich die entsprechenden Kommunen dem Phänomen Zuwanderung ohne jegliche theoretische Fundierung oder fachliche Leitlinie stellen. Es existieren ressortübergreifende Integrationskonzepte oder organisationspolitische Vorgaben, z. B. ein "kommunales Integrationsmanagement" in Arnsberg. Kulturpolitisch überwiegt dabei jedoch Alltagshandeln ohne konzeptionelle Anleitung.

[203] Kröger, Franz: Situation und Aufgaben der interkulturellen Kulturarbeit in Nordrhein-Westfalen. Kulturpolitische Gesellschaft/Eigenverlag, Bonn 2003

Übersicht 144

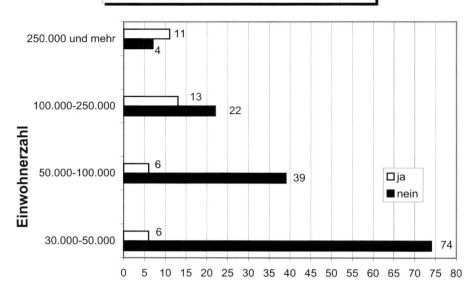

n=181

Es muss allerdings vor allzu viel Optimismus gewarnt werden. Vier von fünf befragten Kommunen in Deutschland betreiben eine interkulturelle Kulturpolitik, die weniger konzeptionell begründet, denn aus der alltäglichen Praxis erwachsen ist. Und diese reduziert sich dabei häufig auf im weitesten Sinne sozialpädagogisch orientierte Freizeitangebote und migrationsspezifische Beratungsleistungen, bei denen vor allem allgemeine Lebenshilfen (Rechtsberatung, Sprachkurse, Ausbildungsbegleitung, Anti-Gewalttraining etc.) angeboten werden. Mit Kunst und Kultur als Instrument und Medium der Interaktion und Verständigung haben diese jedoch nur am Rande zu tun.

In diesem Zusammenhang dürfen auch nicht die zahlreichen Migranten-, ethnischen Kultur- und sonstigen Selbsthilfevereine vergessen werden, die gleichfalls als Kulturvermittler und Integrationsagenturen tätig sind. Deren zumeist ehrenamtliches Engagement ist für das interkulturelle Milieu einer Stadt oder Gemeinde ebenso wichtig wie das entsprechende kommunale Angebot. Aber auch hier spielen explizit künstlerische Angebote keine herausragende Rolle. Schätzungen für NRW sprechen von maximal einem Drittel aller Vereinsaktivitäten im Kunst- und Kulturbereich.[204] Entsprechend sehen die bundesdeutschen Kommunen in unserer Umfrage hier keinen Schwerpunkt ihrer interkulturellen Förderpolitik.

Die konzeptionelle Fundierung der interkulturellen Kulturarbeit ist indes nur die eine, ihre finanzielle Ausstattung die andere Seite der Medaille. Und hier lässt sich allgemein ein Trend nachweisen, im Zuge der allgemeinen Haushaltskonsolidierung auch die kulturelle Migrationsarbeit "zur Kasse zu bitten". Fast alle befragten Kulturverwaltungen haben z. T. überproportionale Einsparungen zu verkraften, auch wenn es einzelnen Kommunen (z. B. Osnabrück, Essen) immer noch gelingt, im Zuge kommunaler Leitbildentwicklung oder internationaler Profilierung (z. B. Kultur-

---

[204] Migration in NRW. Adressen – Selbstorganisationen von Migrantinnen und Migranten. Hg.: Landeszentrum für Zuwanderung Nordrhein-Westfalen, Wuppertal 2001

hauptstadtbewerbung) ihre interkulturellen Etatansätze zu erhöhen.

Ein Opfer dieser Sparpolitik scheinen vor allem die ostdeutschen Städte und Gemeinden zu sein, denen z. T. ganze Haushaltstitel weggekürzt wurden. Berücksichtigt werden muss in diesem Zusammenhang allerdings, dass – gemessen an westdeutschen Standards – die Ausstattung der Kulturetats zwischen Elbe und Oder immer noch erheblich besser ist und der Migrationsdruck hier wesentlich geringer ausfällt.[205]

Sparten-Prioritäten interkultureller Arbeit

Allgemein wird davon ausgegangen, dass Kunst und Kultur als vornehmlich nonverbale Formen zwischenmenschlicher Kommunikation und Interaktion besonders geeignet sind, den interkulturellen Dialog zu befruchten. Von daher lag es nahe, die "interkulturelle Affinität" der einzelnen Sparten näher in den Blick zu nehmen.

In welchen Bereichen findet nun interkulturelle Arbeit in der Kommune vornehmlich statt? Welche Sparten eignen sich besonders, welche Kunstform dagegen kaum? Der Fragebogen formulierte entsprechende Leitfragen, Übersicht 145 gibt erste Antworten. Interessant ist in diesem Zusammenhang allerdings, dass ein Viertel der Befragten nicht einmal wusste, ob und in welchen Kunst- und Kultursparten überhaupt interkulturelle Arbeit geleistet wird.

Übersicht 145

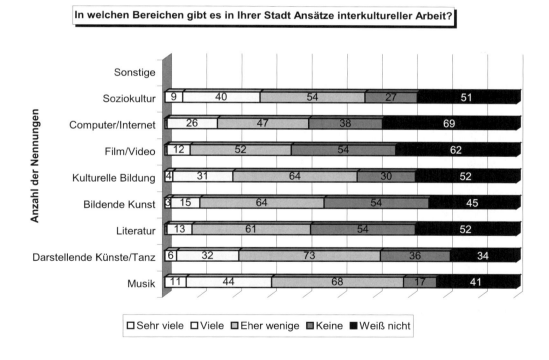

---

[205] In den Gesprächen mit den betroffenen Kulturverwaltungen wurde allerdings immer wieder auf die "Spätaussiedler" als neue Zuwanderungsgruppe sowie auf "jüdische Kontingentflüchtlinge" verwiesen, die das "eigentliche" Migrationsphänomen im Osten darstellten.

Generell lässt sich indes auch hier festhalten, dass mit steigender Einwohnerzahl sowohl das Wissen um die interkulturelle Praxis wie auch die Anzahl der entsprechenden Betätigungsfelder zunimmt.

Ein klassischer Ort der interkulturellen (Projekt-)Arbeit ist danach die Musik. Etwa 30 % aller befragten Kommunen sehen hier die künstlerische Kreativität der Migrantinnen und Migranten besonders häufig aufgehoben. An zweiter Stelle rangiert die Soziokultur mit ca. 24 %, gefolgt von der darstellenden Kunst mit etwa 19 % und der kulturellen Bildung mit ca. 18 %.

Nun ist die Musik sicher ein Genre, das sich gerade durch seine Internationalität und Nonverbalität auszeichnet und besonders von Jugendlichen gern zur künstlerischen Selbstdarstellung genutzt wird. Zudem ist hier das Gruppenerlebnis – in der Band, im Orchester – von nicht unerheblicher Bedeutung. Die Soziokultur markiert dagegen, ebenso wie die kulturelle Bildung in den Jugendkunstschulen und kulturpädagogischen Einrichtungen, eher einen cross-over-Bereich. Hier sind vielfältige Sparten und Kunstrichtungen vertreten, und hier wirkt ein explizit interkulturelles Selbstverständnis, das den Zugang für Migranten und Migrantinnen erleichtern dürfte.

Bei der Gewichtung der Darstellenden Kunst ist die Einschätzung indes schwieriger, denn ihre Ausübung ist mit einigem Aufwand verbunden, sie erfordert Infrastruktur und Personal und verlangt Geduld. Laut Rücklauf werden im Theater gemeinhin große Menschheitsthemen jenseits nationaler Präferenzen wie Liebe, Eifersucht oder Tod behandelt. Und im Tanz geht es vornehmlich um "Körpersprache", die durch die Musik noch verstärkt wird. Ein weiterer Grund dürfte das bewusste interkulturelle Wirken entsprechender Einrichtungen sein. So hat etwa das Tanzbüro NRW im Zuge der Etablierung der Offenen Ganztagsschule sein interkulturelles Engagement in den Grundschulen des Landes erheblich ausgeweitet. Und prompt zeigen die Rückläufe aus Nordrhein-Westfalen eine signifikant häufigere Nennung von Tanz als bevorzugte interkulturelle Sparte.

In der Einschätzung der befragten Kulturämter nur von untergeordneter Bedeutung sind dagegen die Bereiche Bildende Kunst, Literatur und Film/Video.

Einrichtungs-Prioritäten interkultureller Arbeit

Nun liegt es natürlich nahe, von der Sparte auf die Einrichtung zu schließen, auch wenn man berücksichtigt, dass viele dieser Angebote jenseits städtischer Zuständigkeit erfolgen. Von daher wurde auch nach der interkulturellen Bedeutung kommunal getragener oder teilfinanzierter Kultureinrichtungen gefragt.

Wie die nachfolgende Übersicht zeigt, erzielen die höchsten Relevanzwerte ("sehr wichtig" & "wichtig") Volkshochschule und Bibliotheken mit über 60 %. Dies überrascht, spielte doch bei den Sparten die Literatur eher eine untergeordnete Rolle. Es ist davon auszugehen, dass hier vor allem die Alphabetisierungs- und Integrationskurse (VHS) sowie die muttersprachlichen Angebote (Stadtbibliothek) der entsprechenden Einrichtungen gemeint sind, die von vielen Kulturverwaltungen als grundlegend für den Integrationsprozess angesehen werden.

Auf Platz 3 der Skala folgt der Migrantenkulturverein, d. h. eine Selbsthilfeorganisation der Zuwanderer, obwohl Nachfragen auf Seiten der Verwaltung erhebliche Informationslücken über die künstlerische Tätigkeit solcher Vereine belegen. Wahrscheinlich spielen hier auch psychologische Motive eine Rolle: Je mehr die kulturelle Versorgung von den Migranten und Migrantinnen selbst geleistet wird, desto weniger sieht sich die kommunale Kulturpolitik in der Pflicht, tätig zu werden.

Einen ähnlich großen Stellenwert weisen die Soziokulturellen Zentren mit immerhin noch knapp 44 % der Antworten ("sehr wichtig" & "wichtig") auf.[206] Offensichtlich werden deren Angebot

---

[206] Die besondere interkulturelle Bedeutung der Soziokultur wurde bereits in der schon erwähnten NRW-Studie unterstrichen, die ebenfalls bei ca. 50 % der Antworten dieser Sparte bzw. ihren Zentren eine wichtige Rolle im interkulturellen Austausch zuschrieb. Nun kann man NRW durchaus als Stammland der Soziokultur bezeichnen, da hier

und Zielgruppenarbeit als besonders tauglich erachtet, die Existenz einer multikulturellen Gesellschaft mit künstlerischen Mitteln zu thematisieren. Die entsprechenden Einrichtungen haben damit das Diktum der neuen Kulturpolitik, nämlich "Kultur für alle" zu ermöglichen, besonders erfolgreich umgesetzt.

Übersicht 146

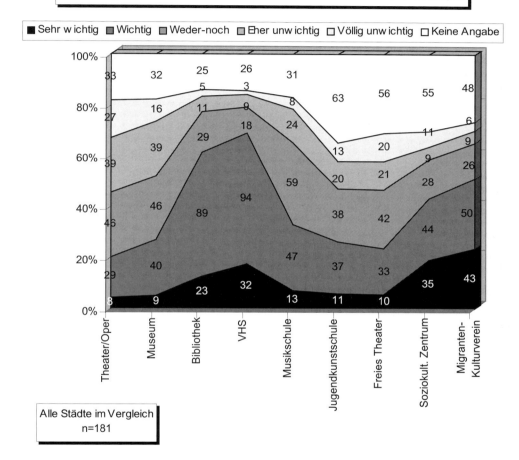

Theater, Oper und Museen, aber auch Jugendkunst- und Musikschulen sowie Freie Theater rangieren auf den hinteren Plätzen des interkulturellen Einrichtungsrankings. Das immer noch bildungsbürgerlich geprägte Repertoire der großen Häuser scheint demnach Zuwanderer kaum anzusprechen.[207] Aber auch die relative Bedeutungslosigkeit von Musik- und Jugendkunstschulen

---

ausgesprochen viele etablierte Zentren existieren. Das nun bundesweit festgestellte Ergebnis beweist, dass sich die Soziokultur mittlerweile auch in den anderen Bundesländern interkulturell etablieren konnte.

[207] Mit einer Ausnahme: In den Gesprächen mit Repräsentanten und Repräsentantinnen derartiger Einrichtungen wurde häufig darauf verwiesen, dass speziell "Spätaussiedler" eine neue Publikumsgruppe ausmachen. Begründet wurde dies vor allem mit dem traditionellen Kulturbegriff und der "hochkulturellem Sozialisation" der GUS-Staaten.

sowie Freien Theatern verlangt nach Erklärung. Hier dürften neben den Kosten auch Angebotsprofile eine Rolle spielen, denen eben keine interkulturelle Affinität zugetraut wird.[208]

Interkulturelle Zielsetzungen

Die finanzielle Förderung interkultureller Kulturarbeit ist umso wirkungsvoller, je mehr sie sich auf ein eigenständiges Förderkonzept stützt. Hatte bereits Übersicht 145 diesbezüglich allgemeine konzeptionelle Grundlagen benannt bzw. deren Fehlen aufgezeigt, wurde nach interkulturellen Kompetenzen gefragt, deren Entwicklung die kommunale Kulturpolitik besonders befördern möchte.

Da – wie oben ausgeführt – ausgearbeitete konzeptionelle Förderkriterien in den meisten Kommunen fehlen und von daher auch keine "Erfolgskontrolle" seitens der Kulturverwaltung erfolgt, machten über 40 % der Verantwortlichen keine Angaben über die Schwerpunkte der Förderpolitik. Allgemein überwiegen Zielsetzungen wie "Toleranz", "Sprachkompetenz" sowie "Kennenlernen anderer Kulturen". Nahezu die Hälfte der Befragten wünscht sich vor allem Kompetenzentwicklung in diesen Bereichen. Auch hier dominieren die Großstädte und zwar sowohl in den absoluten Einzelwerten wie auch in der Bandbreite der Antworten.

Übersicht 147

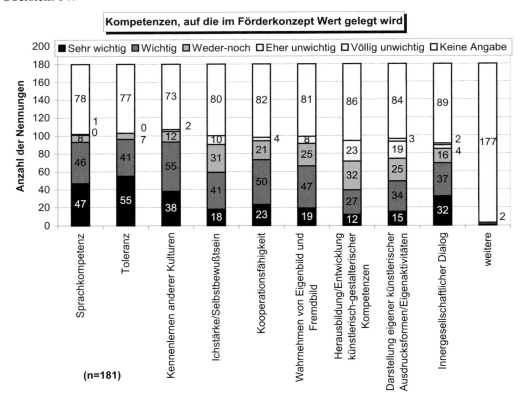

[208] Diese Sichtweise der kommunalen Kulturverwaltung korrespondiert allerdings nur bedingt mit dem Selbstverständnis und dem Angebot entsprechender Einrichtungen. So sehen besonders Musikschulen (z. B. vor dem Hintergrund der zahlreichen Casting-Shows im Fernsehen) und die freie Tanzszene (z. B. im Zuge der Etablierung der OGTS in NRW) eine steigende Nachfrage von Kindern und Jugendlichen mit Migrationshintergrund.

Für weniger wichtig werden dagegen Fähigkeiten wie "Entwicklung künstlerisch-gestalterischer Kompetenzen" und "Darstellung eigener künstlerischer Ausdrucksformen" sowie "Selbstbewusstsein" erachtet, die nur von etwa 20 bis 30 % der Befragten als relevant angesehen werden. Es dominiert ein Kulturbegriff, der eher sozial-kommunikativ geprägt ist; Kunst als reflexive Eigentätigkeit spielt darin kaum eine Rolle.

Auch hier sollte man sich indes vor vorschnellen Einschätzungen hüten. Die in den Fragebögen zum Ausdruck kommende "Kompetenzaffinität" der Kommunen ist den jeweiligen Profilen der städtischen Kulturpolitik geschuldet. Die Antworten spiegeln immer auch die Praxis der gesamtstädtischen Kulturpolitik wieder, ebenso übrigens auch deren Wunschvorstellungen.

Selbstqualifizierungsanspruch der Kulturverwaltung

Der Aufbau und die Weiterentwicklung interkultureller Kompetenzen ist nicht nur eine nach außen wirkende Aufgabe kommunaler Kulturpolitik, sondern gehört auch zum internen kulturpolitischen Qualitätsmanagement. Daher wurden die Verantwortlichen in den Kulturämtern abschließend dazu befragt, durch welche Maßnahmen sie ihre interkulturellen Kompetenzen sicherstellen.

Nun ist die institutionalisierte Selbstreflexion und die eigenorganisierte Weiterbildung noch ein relativ junges Feld der kommunalen Kulturverwaltung. Gerade interkulturelle Kunst- und Kulturangebote zeichnen sich häufig dadurch aus, dass weder das Genre, noch die Akteure, noch das Publikum hinreichend bekannt sind, man folglich auf externen Rat angewiesen ist. Und guter Rat ist teuer.

Die Modernisierung der Kommunalverwaltung ist vor allem eine Angelegenheit der Großstädte, wo seit den 90er Jahren "neue Steuerungsmodelle" mit dezentraler Ressourcenverantwortung, eigenständiger Budgetierung, Controlling und Produktverantwortung greifen.[209] In Klein- und Mittelstädten ist dagegen die Kulturverwaltung nicht selten ein Ein(e)-Mann/Frau-Betrieb mit weitgehend ehrenamtlichem "Unterbau". Hier ein interkulturelles Qualitätsmanagement zu vermuten, dürfte dem Alltagshandeln im "Amt" nicht gerecht werden.

So ist es nicht verwunderlich, dass ca. 32 % der Kulturverwaltungen zu diesem Punkt keine Angaben machen. Das nachfolgende Schaubild 7 macht aber auch deutlich, dass eine institutionalisierte Zusammenarbeit – wenn überhaupt – vor allem mit dem Ausländer- bzw. Integrationsbeirat erfolgt sowie mit vor Ort vorhandenen Migrantenorganisationen. Auch Internet-Schulungen und Weiterbildungen sollen die interkulturellen Kompetenzen der Mitarbeiter sicherstellen. Ganz am Ende rangieren eine entsprechende Personalpolitik[210] sowie das erst langsam sich durchsetzende "intercultural mainstreaming".

Allerdings gibt es auch hier Ausnahmen. So fördert z. B. die Berliner Kulturverwaltung die Einstellung entsprechend geschulter türkischer Mitarbeiterinnen und Mitarbeiter, erwägt das Nürnberger Kulturreferat den Einsatz von "Kulturdolmetschern"[211] und entwickeln z. B. die Städte Arnsberg, Castrop-Rauxel, Dortmund, Essen, Hamm und Hagen verwaltungsintern kulturelle Partizipationskonzepte für Migranten und Migrantinnen.[212] Allgemein lässt sich festhalten, dass zumindest das Bewusstsein für die Notwendigkeit einer interkulturellen Qualifizierung der kommunalen Kulturverwaltung gewachsen ist.

---

[209] Vgl. z. B. Oertel, Martina / Röbke, Thomas: Reform kommunaler Kulturverwaltungen. Ergebnisse einer Umfrage in Kommunen über 30.000 Einwohnern, Heft 5 der Materialien des Instituts für Kulturpolitik, Kulturpolitische Gesellschaft/Eigenverlag, Bonn 1999

[210] Was angesichts des allgemeinen Stellenabbaus in der Kommunalverwaltung auch nicht ungewöhnlich sein dürfte.

[211] Die z. B. in den Niederlanden und der Schweiz etablierten Kulturdolmetscher sind interkulturell qualifizierte Migranten und Migrantinnen, die Neubürgern die kulturelle und gesellschaftliche Integration erleichtern sollen.

[212] Das Projekt wird gefördert vom "Referat für interkulturelle Kunst und Kulturarbeit" der Kulturabteilung der Staatskanzlei des Landes NRW.

Übersicht 148

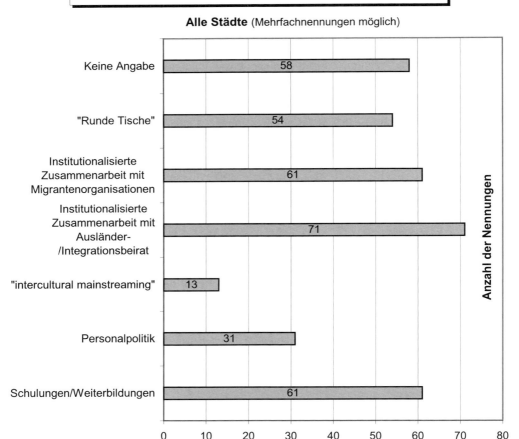

Ausblick

Interkulturelle Kulturpolitik führt in der Bundesrepublik immer noch ein Schattendasein. Das überrascht umso mehr, als inzwischen offenkundig sein dürfte – was durch die Reform des Staatsbürger- und Zuwanderungsrechts auch seinen juristischen Niederschlag gefunden hat –, dass Deutschland ein Einwanderungsland ist, dessen Zukunft multi-ethnisch und multikulturell geprägt sein wird.

Die vielen Überlegungen und Ansätze in Politik, Wirtschaft, Bildungs- und Sozialsystem, das Zusammenleben, den Dialog und den Austausch der Menschen auch mit kulturellen Mitteln zu begünstigen, können nicht darüber hinweg täuschen, dass die Kulturpolitik im gesellschaftspolitischen Integrationsdiskurs sich stärker bemerkbar machen muss als bisher geschehen.

Interkulturelle Kulturarbeit kann eine Arbeitsmarkt- und Bildungspolitik, die vor allem die Lebenschancen Jugendlicher mit Migrationshintergrund bestimmt, nicht ersetzen. Im Gegensatz zu diesen kann sie aber die positiven Kompetenzen der Zuwanderer (z. B. Mehrsprachigkeit, Risikobereitschaft, Anpassungsfähigkeit und daraus erwachsende Kreativität) betonen und ihnen Raum zur Entfaltung geben.

Und sie sollte sich dabei stärkere Bündnisgenossen suchen, die im gleichen Aufgabenfeld aktiv sind. Die Auswertung der entsprechenden Umfrage bei den kommunalen Jugendämtern ist in dieser Hinsicht ein "Wink mit dem Zaunpfahl". In den zahlreichen Häusern der offenen Jugendarbeit, in den Kindertagesstätten und anderen kulturpädagogischen Einrichtungen wird nämlich ein ähnlich breites Spektrum interkultureller Kulturarbeit praktiziert, wie es auch für die kommunale Kulturverwaltung typisch ist.[213]

Bestimmend ist hier allerdings ein eher "weicher" Kulturbegriff, der die Grenzen zur Sozial- und Freizeitarbeit mit Kindern und Jugendlichen schnell überschreitet. Auch Sport spielt als Medium des interkulturellen Austausches eine nicht zu unterschätzende Rolle. Der eher unspezifische kulturelle Bezug hat indes auch seine Vorteile. Gerade in den Einrichtungen der Kinder- und Jugendarbeit ist die Klientel vertreten, die man in vielen Einrichtungen der kommunalen Kulturarbeit eher nicht antrifft.

Eine konzertierte Aktion von Kultur- und Jugendamt, in der sukzessive weitere, mit "Ausländerfragen" befasste Verwaltungen integriert werden, mag in dieser Hinsicht auch den interkulturellen Dialog in der Stadt neu befruchten. Und nicht zuletzt würde davon auch die kulturelle Bildung insgesamt profitieren, die sich zunehmend als Lebenskunst[214] versteht. Die Welt vor der eigenen Haustür und ihre künstlerische Erschließung wären dann ebenso vielfältig und interessant wie der Kulturimport, etwa in Form einer italienischen Oper aus dem 18. Jahrhundert.

Zu den Autoren:
Die Soziologin Emine Tutucu hat sich nach dem Studium der Soziologie, Psychologie und Erziehungswissenschaften an der Rheinischen Friedrich-Wilhelms-Universität Bonn auf interkulturelle Projektarbeit spezialisiert. Sie ist Mitarbeiterin am Institut für Kulturpolitik der Kulturpolitischen Gesellschaft Bonn.

Der ausgebildete Lehrer Franz Kröger ist als Sozialwissenschaftler bei der Kulturpolitischen Gesellschaft bzw. dem dort angesiedelten Institut für Kulturpolitik angestellt und für die Durchführung des hier vorgestellten Projekts verantwortlich. Er arbeitet schwerpunktmäßig in den Bereichen interkulturelle Kulturarbeit, regionale Kulturpolitik in NRW und kulturelle Qualifizierung.

---

[213] Die entsprechende Ergebnisse sind dokumentiert unter: www.kupoge.de/kulturorte.
[214] So etwa der entsprechende Ansatz der Bundesvereinigung Kulturelle Jugendbildung (BKJ); nachzulesen unter: www.bkj.de.

3.4 Das Freiwillige Soziale Jahr in der Kultur
Motivationen, Hintergründe und Erwartungen junger Engagierter
Kerstin Hübner

Jugend, Bildung, Kultur und Engagement – auf diesen vier gesellschaftlichen Konstituenten fußt die Idee des freiwilligen sozialen Jahres in der Kultur (FSJ Kultur, www.fsjkultur.de).
Gemäß den Freiwilligensurveys von 1999[215] und 2004[216] engagieren sich Jugendliche in erheblichem Umfang und auf vielfältige Art freiwillig. Sie erweisen sich als "aktivste" Gruppe in der Gesellschaft im Sinne des "Mitmachens" in Vereinen, Gruppen und Initiativen und als Altersgruppe mit dem größten Engagementpotenzial.
Der Anteil der freiwillig Engagierten unter Jugendlichen von 14 bis 30 Jahren lag 1999 bei 37 %, 2004 wurden 36 % ermittelt. Sehr hoch ist die persönliche Bedeutung des Engagements: 80 % der Jugendlichen empfinden ihr Engagement als wichtigen oder sehr wichtigen Teil ihres Lebens.
17 % (1999) bzw. 20 % (2004) der 14- bis 30-jährigen partizipieren an kulturellen Angeboten als gemeinschaftlich Aktive, fünf Prozent (1999 und 2004) engagieren sich freiwillig. Der Kulturbereich ist damit bei Jugendlichen ebenso wie beim Bevölkerungsdurchschnitt der drittgrößte Bereich der Gemeinschaftsaktivität – nach Sport/Bewegung und Freizeit/Geselligkeit und noch vor Schule/Kindergarten, Soziales, Kirche/Religion oder Umwelt-/Tierschutz sowie anderen, kleineren Bereichen.
Knapp zwei Drittel der freiwilligen Tätigkeiten im Kulturbereich basieren auf einem Engagement in Vereinen (über alle Engagementbereiche hinweg sind dies dagegen nur 43 %). Kulturengagement findet ansonsten selbst organisiert (neun Prozent), in festen Einrichtungen oder freien Initiativen (1999: jeweils sieben Prozent) und in der Kirche (1999: fünf Prozent) statt. D. h., dass der Organisationsgrad von Engagement in der Kultur stark ausgeprägt ist, aber auch informelle Formen Bedeutung haben. Jugendliche engagieren sich zu 47 % in Vereinen (1999), in Kirchen (12 %), in Einrichtungen (11 %), erst dann folgen informelle Zusammenhänge (selbstorganisierte Verbünde: acht Prozent, Initiativen: sieben Prozent).
Freiwillig Engagierte verbinden unterschiedliche Erwartungen mit ihren Tätigkeiten. Der Freiwilligensurvey weist hierzu drei Typen aus: gemeinwohlorientierte (1999: 32 % der engagierten Bevölkerung), geselligkeitsorientierte (36 %) und interessenorientierte (32 %).
Der Kulturbereich war in der Untersuchung 1999 unter den Engagementbereichen am stärksten geselligkeitsorientiert (51 %), weit schwächer interessenorientiert (28 %) und einer der am wenigsten gemeinwohlorientierten (21 %). Die jüngste Altersgruppe der 14- bis 30-Jährigen war 1999 nur zu 19 % gemeinwohlorientiert und zu 38 % interessenorientiert. Die größte Gruppe von 43 % war demnach – wie in der Kultur – geselligkeitsorientiert. Hier werden 2004 Veränderungen zugunsten der Interessenorientierung (+ 9 %) und der Gemeinwohlorientierung (+ 2 %) deutlich, d. h., zugleich hat die Geselligkeitsorientierung bei jugendlichen Engagierten um 11 % abgenommen.
Ausgangspunkt der Bundesvereinigung Kulturelle Jugendbildung (BKJ, www.bkj.de) für den Aufbau des FSJ Kultur war die Überzeugung, dass der Kulturbereich gut geeignet ist, Jugendlichen einen Gestaltungs- und Experimentierraum für bürgerschaftliches Engagement zu geben. Die Flexibilität und Offenheit des kulturellen Feldes für neue Ideen und gesellschaftliche Verän-

---

[215] Vgl. Rosenbladt, Bernhart von: Ergebnisse der Repräsentativerhebung 1999 zu Ehrenamt, Freiwilligenarbeit und Bürgerschaftlichem Engagement. Bd. 1: Freiwilliges Engagement in Deutschland: Gesamtbericht, Hg.: Bundesministerium für Familie, Senioren, Frauen und Jugend, Stuttgart/Berlin/Köln 2000

[216] Vgl. TNS Infratest Sozialforschung/Picot, Sibylle: Freiwilliges Engagement in Deutschland 1999 – 2004. Freiwilliges Engagement Jugendlicher im Zeitvergleich. Ergebnisse der repräsentativen Trenderhebung zu Ehrenamt, Freiwilligenarbeit und bürgerschaftlichem Engagement. Durchgeführt im Auftrag des Bundesministeriums für Familie, Senioren, Frauen und Jugend. München, 2005 (Freiwilligensurvey 2004)

derungen sind gute Voraussetzungen dafür, den Engagementwillen von Jugendlichen in entsprechende Aufgabenprofile zu übersetzen.

Den Trägern des FSJ Kultur – der BKJ und ihren Mitgliedsstrukturen – ist es seit nunmehr fünf Jahren gelungen, das Interesse von Kultureinrichtungen nach jungen freiwilligen Mitarbeiterinnen und Mitarbeitern mit dem Bedürfnis von Jugendlichen nach Bildung, Orientierung und Engagement in der Kultur zusammenzubringen. Dabei entsteht ein gesellschaftlicher Mehrwert, denn durch ihr konkretes Engagement in Form gemeinwesenbezogener Projekte vor Ort bereichern die Freiwilligen das kulturelle Angebot. 450 Jugendliche engagieren sich seit September 2005 deutschlandweit in Kultureinrichtungen der Hoch- und Breitenkultur, in ländlichen Regionen und den Ballungszentren deutscher Großstädte.

Sie unterstützen für ein Jahr im Vollzeitdienst die tägliche Arbeit in ihren Einsatzstellen (Theaterpädagogische Zentren, Musikschulen, Kunstwerkstätten, Museen, Kulturzentren) und realisieren eigenverantwortliche Projekte. Die Träger des FSJ Kultur tragen die Verantwortung für die fachliche Begleitung der Einsatzstellen und die persönliche Betreuung der Freiwilligen. Sie gewährleisten die Ausgestaltung des FSJ Kultur als ganzheitliches Bildungsjahr.

Die Evaluation des FSJ Kultur

Die von 2001 bis 2004 durchgeführte Evaluation wurde als Selbstevaluation, als systematische, datenbasierte Untersuchung durchgeführt. Daten wurden mit dem Ziel erhoben, die Umsetzung der Qualitätskriterien und -standards im FSJ Kultur zu überprüfen, aber auch darüber hinaus Aussagen zu den Strukturen, Prozessen und Ergebnissen im FSJ Kultur treffen zu können.

Für die Evaluation wurde ein umfangreiches Instrumentarium erarbeitet, das u. a. qualitative und quantitative Befragungen (Fragebogen, Einzelfallanalysen), Berichte, Zertifikate und Statistiken umfasste und alle Akteure im FSJ Kultur – Freiwillige, Einsatzstellen, Träger – einbezog. Die erfassten Daten wurden zentral ausgewertet.

Die folgenden Aussagen beruhen vorrangig auf der Erhebung der Teilnehmer und Teilnehmerinnen in den Jahrgängen 2001/02, 2002/03 und 2003/04 per Abschlussfragebogen[217] und in den Jahrgängen 2002/03 und 2003/04 zusätzlich per Einstiegsfragebogen.[218] An einigen Stellen werden die Aussagen der Einsatzstellen zu den benannten Zeitpunkten hinzugezogen.

Im Jahr 2004 führte zusätzlich das Institut für Kultur- und Medienmanagement Hamburg (Institut KMM) eine externe Evaluation durch. Es befragte aktuelle und ehemalige Freiwillige des FSJ Kultur (n = 125, teilnehmende Jugendliche) sowie eine repräsentative Vergleichsgruppe – Jugendliche in Schulen und Berufsschulen (n = 797, nicht-teilnehmende Jugendliche).

Außerdem wird Bezug genommen auf die zentrale statistische Erfassung des FSJ Kultur sowie die Befragung ehemaliger Freiwilliger im Jahr 2005.

Allgemeine Aussagen zu Bewerbern, Bewerberinnen und Freiwilligen im FSJ Kultur

Das FSJ Kultur stößt vorrangig auf das Interesse von jungen Frauen, die 77 %[219] der Bewerbungen senden. 79 % der Bewerber und Bewerberinnen sind Abiturienten oder haben die Fachhochschulreife.[220] Da 14 % der Bewerberinnen und Bewerber unter 18 Jahren und neun Prozent über 21 Jahren sind, stellen die 19- und 20-Jährigen die größte Gruppe. Insgesamt 3,5 % der Bewerber und Bewerberinnen haben einen Migrationshintergrund.

---

[217] Zeitpunkt: innerhalb der letzten sechs Wochen des FSJ Kultur

[218] Zeitpunkt: innerhalb der ersten sechs Wochen des FSJ Kultur

[219] Statistische Erfassung der Bewerbungen für den Jahrgang 2005/06. Vergleichszahlen 2003/04: 80 %, 2004/05: 79 %

[220] Statistische Erfassung der Bewerbungen für den Jahrgang 2005/06. Die Daten sind über die Jahrgänge hinweg relativ stabil.

Die Struktur der Bewerbungen entspricht nicht den tatsächlich vermittelten Teilnehmern und Teilnehmerinnen am FSJ Kultur: 58 % – und damit weit weniger Freiwillige – sind junge Frauen, 91 % – und damit weit mehr – haben Abitur oder die Fachhochschulreife. Das Altersspektrum ist homogener, und sieben Prozent der Teilnehmer und Teilnehmerinnen haben einen Migrationshintergrund.[221] Gründe hierfür liegen in den Rahmenbedingungen (Jugendarbeitsschutzgesetz, Führerschein, Absagen und Mehrfachbewerbungen der Nicht-Abiturienten, Finanzierung des FSJ Kultur) und Schwerpunktsetzungen (Förderung von Jugendlichen mit Migrationshintergrund, Gender Mainstreaming) sowie im Bewerbungsverfahren, das versucht, Passfähigkeit zwischen Jugendlichen und Einsatzstellen herzustellen.

Sowohl die Struktur der Bewerberinnen und Bewerber, als auch die Zusammensetzung der Teilnehmer und Teilnehmerinnen machen deutlich, dass das FSJ Kultur nicht die bundesrepublikanische Realität der Jugendlichen widerspiegelt. Sehr viel mehr Haupt- und Realschüler und -schülerinnen z. B. nehmen am "klassischen" freiwilligen sozialen Jahr teil und engagieren sich in Alten- und Pflegeheimen, Kindertagesstätten, Behinderteneinrichtungen etc. Ihr Anteil lag 2003/04 bei 55,2 %.[222] Dagegen ist das FSJ Kultur nach dem FSJ Sport der Freiwilligendienst mit dem größten Anteil männlicher Teilnehmer, die im Gesamtdurchschnitt des freiwilligen sozialen Jahres nur 22,8 % ausmachen.

Das vermehrte Interesse von Jugendlichen mit einem höheren Schulabschluss an einem FSJ Kultur entspricht von der Tendenz her den Ergebnissen des Jugend-KulturBarometers, das ebenso starke Korrelationen zwischen Bildungsniveau, Sozialstatus und kultureller Affinität herstellt. Diese Aussage wird dadurch verstärkt, dass die ökonomische Situation der Freiwilligen von der finanziellen Unterstützung des Elternhauses abhängt. Nur 11 % der Freiwilligen geben an, mit ihrem Taschengeld auszukommen. 43 % werden von ihren Eltern unterstützt, 21 % steht das staatliche Kindergeld direkt zur Verfügung und ebenfalls 21 % haben zusätzliche Jobs bzw. Finanzen.[223]

Kulturelles Interesse der Freiwilligen im FSJ Kultur

Teilnehmer und Teilnehmerinnen am FSJ Kultur haben eine viel stärkere Beziehung und Bindung zur Kultur als nicht-teilnehmende Jugendliche (vgl. Übersicht 149). Ihre Eltern haben sie sehr viel häufiger an kulturellen Veranstaltungen partizipieren lassen. 65,6 % der Freiwilligen besuchen aktuell "sehr häufig" und "häufig" Kulturveranstaltungen und verfolgen kulturelle Themen in den Medien ("sehr häufig": 21,4 %, "häufig": 44 %).[224]

Diese Bindung äußert sich auch in der allgemeinen Bedeutung von Kultur im Leben der Jugendlichen (vgl. Übersicht 150). Für 93,6 % der Teilnehmerinnen und Teilnehmer ist Kultur "sehr wichtig" oder "wichtig", nicht-teilnehmende Jugendliche können dieser Einschätzung nur zu 51,9 % folgen.

---

[221] Statistische Erfassung der Teilnehmer/innen für den Jahrgang 2005/06. Die Daten sind über die Jahrgänge hinweg relativ stabil.

[222] Statistik des Bundesarbeitskreises Freiwilliges Soziales Jahr (BAK FSJ) 2003/2004. Hauptschüler/innen: 14,9 %; Realschüler/innen: 40,3 %

[223] Erhebung der Freiwilligen im FSJ Kultur 2001/02

[224] Erhebung des Instituts KMM

Übersicht 149: Teilnahme Jugendlicher an kulturellen Veranstaltungen mit ihren Eltern (pro Jahr) in Prozent

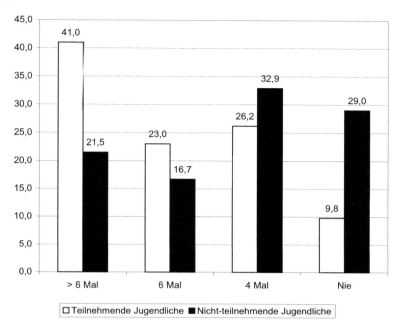

KMM 2004

Übersicht 150: Bedeutung von Kultur im Leben der Jugendlichen in Prozent

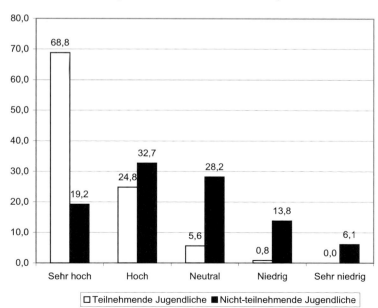

KMM 2004

Engagementinteresse der Freiwilligen im FSJ Kultur

Das FSJ Kultur trifft auf das Interesse bereits aktiver und engagierter Jugendlicher: Wie im Freiwilligensurvey 1999 ausgewiesen, sind 74 % der Jugendlichen generell aktiv (37 %) oder freiwillig engagiert (37 %) – in Vereinen, Verbänden, Initiativen, Projekten, Einrichtungen etc.[225] Allein mit Blick auf die Mitgliedschaft in Vereinen weisen die Teilnehmerinnen und Teilnehmer am FSJ Kultur eine Aktivität bzw. ein Engagement von insgesamt 71 % auf und liegen damit deutlich über den im Freiwilligensurvey genannten Vereins-Werten. Zudem schätzen sie sich tendenziell aktiver als andere Jugendliche in diesen Vereinen ein, was auf eine hohe Engagement-Quote schließen lässt.

Die Hypothese, dass Freiwillige im FSJ Kultur bereits im Vorfeld stärker engagiert sind als Jugendliche im Allgemeinen, bestätigt sich mit Blick auf die Ergebnisse des Instituts KMM. "Sehr oft" und "oft" haben sich 50,4 % der teilnehmenden, aber nur 30,8 % der nicht-teilnehmenden Jugendlichen freiwillig engagiert. 6,5 % der Teilnehmer und Teilnehmerinnen gaben an, sich noch "nie" engagiert zu haben, bei den Nicht-Teilnehmern und -Teilnehmerinnen sind es dagegen über ein Drittel (35,4 %).

In ihrer Biografie sind die Teilnehmerinnen und Teilnehmer am FSJ Kultur sehr viel häufiger Freiwilligen-Rollenmodellen begegnet – engagierten Eltern oder auch befreundeten Freiwilligen in ihrem sozialen Umfeld – als dies bei den nicht-teilnehmenden Jugendlichen der Fall ist.

Übersicht 151: Freiwilliges Engagement von Jugendlichen in der Kultur

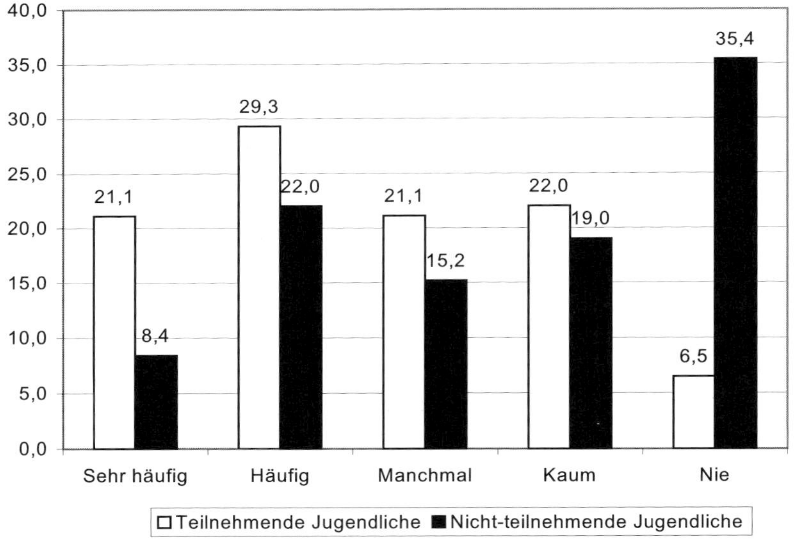

	Sehr häufig	Häufig	Manchmal	Kaum	Nie
Teilnehmende Jugendliche	21,1	29,3	21,1	22,0	6,5
Nicht-teilnehmende Jugendliche	8,4	22,0	15,2	19,0	35,4

KMM 2004

Soziale Integration der Freiwilligen

Hinsichtlich der Sozialfaktoren der Teilnehmerinnen und Teilnehmer wird offensichtlich, dass die Freiwilligen ein großes Netzwerk sozialer Kontakte haben – das zeigt sich u. a. darin, dass 87,2 % der Teilnehmer und Teilnehmerinnen langjährige und nur 3,1 % weniger als zwei Freunde oder Freundinnen haben. Auch die Freiwilligensurveys 1999 und 2004 weisen als wichtigen

---

[225] Ergebnisse des Freiwilligensurveys 1999. Die Daten sind auch 2004, fünf Jahre später, stabil.

Erklärungsfaktor für freiwilliges Engagement das Merkmal eines großen Freundes- und Bekanntenkreises aus.

Beweggründe und Motivation der Freiwilligen für die Teilnahme am FSJ Kultur

Nur 15 % der Freiwilligen im FSJ Kultur haben sich auch für einen anderen – sozialen oder ökologischen – Freiwilligendienst beworben. Das macht deutlich, dass sich ihre ursächliche Motivation tatsächlich auf ein Engagement in der Kultur bezieht. Unterstützt wird diese These auch durch die Erfahrung der Freiwilligen im Bereich der Jugendkulturarbeit: 59,8 % der Freiwilligen äußern, bereits kulturell tätig gewesen zu sein.

Die Freiwilligen im FSJ Kultur zeigen eine hohe Motivation für kulturelle Aufgaben, aber auch für praktische Tätigkeiten. Indem sie ein hohes Engagement für die Sache "Kultur" zeigen, sind sie intrinsisch motiviert.

Übersicht 152: Motivation getrennt nach Geschlecht

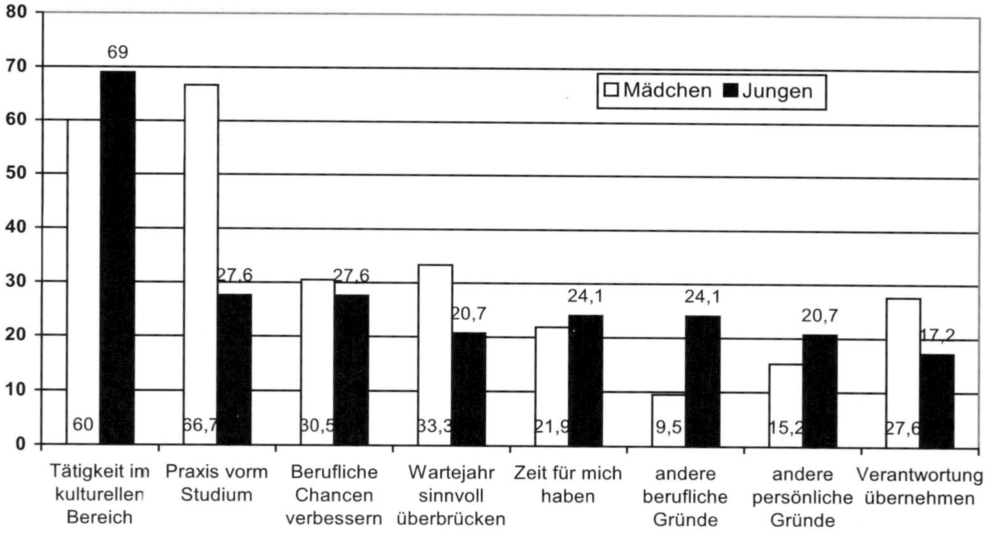

Bei der Betrachtung der Gründe aus Sicht der Mädchen bzw. Jungen liegt vermutlich ein Aspekt der Unterschiedlichkeit in der höheren Zielorientiertheit von weiblichen Jugendlichen in diesem Alter (Praxis erlangen, Chancen verbessern, Wartejahr sinnvoll überbrücken).

Mit dem Engagement im FSJ Kultur wollen die Jugendlichen die eigene berufliche Entwicklung voran bringen, sind aber auch zur Übernahme von Verantwortung bereit. Zu Beginn des Jahres ist dies bei über einem Viertel der Jugendlichen ausgeprägt.

Das FSJ Kultur spricht Haupt- oder Realschülerinnen und -schüler aus anderen Gründen an als Abiturienten und Abiturientinnen. 60 % der Freiwilligen (v. a. Abiturienten) geben an, im kulturellen Bereich arbeiten zu wollen. Für die Haupt- und Realschüler ist es wichtiger, ein Orientierungsjahr zu haben bzw. ein Wartejahr zu überbrücken, als sich explizit mit Kunst und Kultur zu beschäftigen.

Wie stark Jugendliche das FSJ Kultur als Orientierungszeit für sich nutzen wollen, geht aus der Beantwortung der Frage "Was hättest du statt des FSJ Kultur gemacht?" hervor. Nur 37,8 % hätten ein Studium, eine Ausbildung oder eine Arbeitsgelegenheit ergriffen. Für etwas "anderes" – vermutlich Praktika, Jobs, Auslandsaufenthalte… – hätten sich 36,3 % entschieden, während 25,9 % nicht wissen, wie sie die Zeit genutzt hätten.

Die Evaluation des Instituts KMM zeigt ergänzend, dass es für Jugendliche für eine Beteiligung am FSJ Kultur wichtig ist, attraktive Einrichtungen und Aufgabenfelder zu finden (42,3 %), persönliche Interessen zu befriedigen (41,1 %) oder für sich selbst etwas zu tun (34,3 %). 36,9 % geben an, sie würden sich für Kultur begeistern und wollten entsprechende Programme oder Veranstaltungen unterstützen. 35,8 % versprechen sich bessere berufliche Chancen.

Diese Ergebnisse entsprechen der 14. Shell-Jugendstudie[226] und den Freiwilligensurveys. Danach sind individuelle Ansprüche und Spaß bei der Entscheidung für Engagement wichtig.

Mehr und mehr betonen Jugendliche die eigenen – hier kulturellen – Interessen, ob es nun darum geht, Kenntnisse und Erfahrungen zu erweitern, oder darum, auch beruflich aus dem Engagement zu profitieren. Dabei orientieren sie sich an konkreten und praktischen Fragen, die für sie mit persönlichen Chancen und Nutzen verbunden sind.

Einsatzfelder

Im FSJ Kultur steht nicht das eigene künstlerische Tun im Mittelpunkt der Arbeit, sondern die Unterstützung kultureller und künstlerischer Angebote. Dennoch sind bei den kulturell interessierten Freiwilligen die künstlerischen Affinitäten stark ausgeprägt.

Die ideale Einsatzstelle für die teilnehmenden Jugendlichen ist auf dem Gebiet der Künste tätig und hält Aufgaben vorrangig im Bereich kreativer und Teamarbeit bereit. 64,2 % der Teilnehmer und Teilnehmerinnen wollen kreativ arbeiten, 19,3 % eher organisatorisch. Abgelehnt werden administrative und strategische Aufgaben. Teamarbeit – gewünscht von 57,1% – widerspricht nicht dem Wunsch nach eigenverantwortlicher Arbeit (36,6 %).

Das Spektrum der Einsatzstellen ist sehr breit gefächert und gewährleistet damit umfangreiche, bedarfsorientierte Angebote für die Jugendlichen.

Übersicht 153: Einsatzstellen im Jahrgang 2004/05	männlich	weiblich	gesamt
Theater	23,5 %	18 %	20 %
Musikverband/-schule/Orchester/Chor	15 %	13 %	13,5 %
Museum/Gedenkstätte	12 %	14 %	13,5 %
Kulturzentrum	11 %	9 %	9,5 %
Soziokulturelles Zentrum	11 %	8 %	9 %
Medienzentrum/Bürger-TV/-radio/Offener Kanal	8,5 %	6 %	7 %
Bildungsstätte/Akademie/VHS/Jugendherberge	5 %	7 %	6 %
Jugendkunstschule/Kunstwerkstatt	2,5 %	4 %	3,5 %
Koordinierungsbüro/Initiativen	1 %	4,5 %	3,5 %
Mobile Jugendkulturarbeit	0,5 %	2,5 %	2 %
Kino	1 %	1,5 %	1,5 %
Kulturamt/Behörde	1 %	1 %	1 %
Sonstiges	8 %	11 %	10 %

Die befragten Freiwilligen sind v. a. in den folgenden Arbeitsfeldern tätig: Kulturarbeit mit Kindern (48 %), Kulturarbeit mit Jugendlichen (50 %), Projektorganisation (71 %), Öffentlichkeitsarbeit (75 %).[227] Als besonders beliebt zeigen sich die Bereiche mit konkreter und praktischer Kulturarbeit.

---

[226] Jugend 2002. Zwischen pragmatischen Idealismus und robustem Materialismus. 14. Shell Jugendstudie. Hg.: Deutsche Shell, 5. Aufl. Frankfurt a. M., 2004.

[227] Aussagen der Freiwilligen im FSJ Kultur Jahrgang 2001/02

Übersicht 154: Verteilung der Arbeitszeit[228]

Art der Tätigkeit	Einschätzung Freiwillige	Einschätzung Einsatzstellen
Kulturell-künstlerische Aufgaben	14,1 %	20,3 %
Pädagogische Arbeit	10,7 %	8,3 %
Sonstige Arbeit mit Besuchern/Nutzern	12,4 %	12,1 %
Verwaltungstätigkeiten	10,3 %	8,2 %
Organisatorische Aufgaben	17,1 %	14,3 %
Besprechung, Teamberatung, Gremienarbeit	7,8 %	7,4 %
Öffentlichkeitsarbeit	12,9 %	11,7 %
Anleitung durch EST-Verantwortliche/n	4,8 %	6,7 %
Hilfstätigkeiten	8,5 %	5,5 %
Anderes	2,7 %	4,9 %

Von den im ersten Jahrgang 2001/02 befragten Freiwilligen kannten 53 % die Einsatzstelle bereits vor dem FSJ Kultur, z. B. durch ein Ehrenamt (24 %), als Besucher oder Besucherin der Einrichtung (26 %) oder aus Empfehlungen (16 %).

Persönliche Gesichtspunkte

73 % der Freiwilligen geben an, dass sich durch das FSJ Kultur ihre weitere Lebensgestaltung verändert hat, indem sich neue Perspektiven ergeben und sich Lebenssituationen ändern: 19 % der Freiwilligen sind in eine eigene Wohnung, 26 % in eine WG gezogen; neue berufliche Perspektiven konstatieren 59 % der Teilnehmerinnen und Teilnehmer. Für 78 % war es wichtig, Leute kennen gelernt zu haben. Dabei haben 63,9 % durch das FSJ Kultur neue Freunde gewonnen (und diese Freundschaften halten sich), aber 70,7 % meinen zugleich, dass sie weniger Zeit für ihre Freunde als vorher haben (nur 4,5 % äußern sich gegenteilig).

Die als Ehemalige befragten Jugendlichen sagen zu 72,3 % aus, dass ihre aktuelle Tätigkeit im engen oder weiten Sinne kulturell geprägt ist.[229] Sie vermerken zu 90,8 % eine deutliche, nachhaltig profitable Wirkung des FSJ Kultur. 84,8 % geben an, dass sie weiterhin Kontakt zu Mit-Freiwilligen, Einsatzstellen-Mitarbeitern, Freunden und Bekannten haben.

Übersicht 155: Glaubst du, dass du das im FSJ Kultur Gelernte für dein späteres Leben verwenden kannst? (Angaben in Prozent)

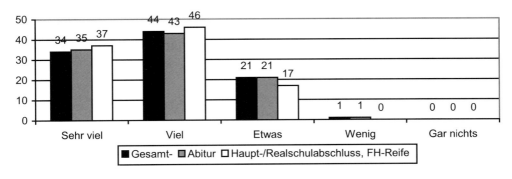

---

[228] Aussagen der Einsatzstellen im FSJ Kultur Jahrgang 2002/03

[229] Aussagen aus der Ehemaligen-Befragung. Datenbasis: 46 Fragebogen und 19 Interviews ehemaliger Freiwilliger im FSJ Kultur

43,5 % der ehemaligen Freiwilligen äußern, dass das FSJ Kultur Einfluss auf ihre Freizeitgestaltung hat. Dieser Einfluss bezieht sich u. a. auf die kulturelle Freizeitnutzung als Konsument oder Konsumentin (Museumsbesuche, Theater, Lektüre, Medien...) und Produzentin bzw. Produzent (Radio, Malerei, Theater...) oder freiwilligem Engagement z. B. auch für die ehemalige Einsatzstelle oder andere Einrichtungen.

Zusätzlich zu den mitgebrachten Kompetenzen wird ein hoher Kompetenzerwerb – von den Freiwilligen und Einsatzstellen – bescheinigt:

Übersicht 156: Skalenmittelwerte[230] der drei erworbenen Kompetenzdimensionen, Freiwilligen- vs. Einsatzstellen-Einschätzung

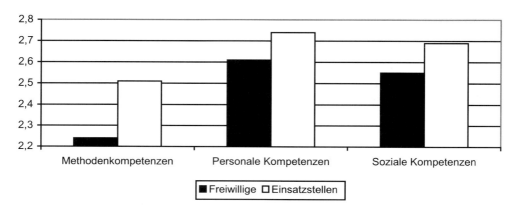

Es zeigt sich ein deutlicher Gender-Effekt für erworbene Kompetenzen, da die weiblichen Freiwilligen angeben, mehr Methoden-, soziale und personale Kompetenzen erworben zu haben. Dagegen gibt es keine signifikanten Unterschiede bei der Einschätzung durch die Einsatzstellen. Abiturientinnen und Abiturienten glauben, v. a. Leistungsfähigkeit und Verantwortungsbewusstsein erworben zu haben. Haupt- und Realschüler und -schülerinnen geben vorrangig den Erwerb von Zielorientierung, Belastbarkeit und Durchhaltevermögen an.

Unabhängig vom Schulabschluss ist der Erwerb von Eigenverantwortung, Reflexionsfähigkeit, Teamfähigkeit, Zuverlässigkeit, Kommunikationsfähigkeit, Präsentationsfähigkeit, Kreativität und selbstständigem Lernen.

Nachhaltiges kulturelles und gesellschaftliches Engagement

Kultur bleibt ehemaligen Freiwilligen wichtig – aktiv und passiv: Neben der Sensibilisierung für kulturpolitische Themen halten sie Kontakt zur Einsatzstelle oder engagieren sich weiterhin kulturell, sie entscheiden sich für eine Ausbildung oder ein Studium in dieser Richtung. Selbst künstlerisch tätig sind nach dem FSJ Kultur 47,4 %, im Freizeitbereich nutzen und konsumieren 68,4 % Kultur regelmäßig.

70,8 % der Ehemaligen haben noch Kontakt zu ihrer ehemaligen Einsatzstelle. Demnach engagieren sich 12,3 % dort noch freiwillig, 10,8 % arbeiten gegen Entgelt (vorrangig auf Honorarbasis), 43,1 sind der Einrichtung freundschaftlich verbunden und 32,3% besuchen die Einrichtung als Gast (Mehrfachnennungen möglich).

Das FSJ Kultur sensibilisiert Jugendliche zudem für wichtige gesellschaftliche Themen und steigert die Bereitschaft, sich auch nach dem FSJ Kultur innerhalb der Gesellschaft für andere und in der Kultur zu engagieren.

---

[230] Skala: 1 – gar keine, 2 – etwas, 3 – sehr viel

Werden die Ehemaligen nach dem Einfluss des FSJ Kultur auf ihr Interesse für politische, gesellschaftliche bzw. kulturelle Themen befragt, halten 80,4 % die prägende Kraft fest.

50,8 % der Ehemaligen engagieren sich nach dem FSJ Kultur weiter freiwillig. Sie tun dies am stärksten – nämlich zu 32,3 % – für die Kultur, zu 15,4 % kirchlich, zu 9,2 % sozial, zu 6,2 % für den Sport bzw. zu 10,8 auf sonstige Art (Mehrfachnennungen möglich). 44,6 % können sich aufgrund der veränderten Lebenssituation, des Zeitmangels oder aufgrund fehlender Gelegenheit aktuell nicht engagieren, geben dies aber als (mögliches) Ziel für die Zukunft an. Nur 4,6 % engagieren sich nicht und können sich dies auch in Zukunft nicht vorstellen.

Fazit:

Für das FSJ Kultur begeistern sich hoch motivierte und kompetente Jugendliche, die hochgradig kulturell interessiert sind und vielfältige Vorerfahrungen in der Kultur mitbringen. Neben ihrer Leidenschaft für Kultur ist es den Freiwilligen mit Blick auf die eigene Lebensbiografie wichtig, sich für andere Menschen und/oder die Sache Kultur zu engagieren, indem sie Verantwortung übernehmen und Projekte verwirklichen. Eine dritte wichtige Entscheidungsgrundlage für ein FSJ Kultur ist, Zeit zur beruflichen Orientierung und für die persönliche Entwicklung zu haben. Diese Erwartungen erfüllen sich in der Einschätzung der Freiwilligen im FSJ Kultur voll und ganz. Insofern ist das FSJ Kultur ein attraktiver und gewinnbringender Freiwilligendienst. Dabei werden die Wirkungen mit zeitlichem Abstand zum FSJ Kultur (Ehemaligen-Befragung) stärker eingeschätzt als direkt zum Ende des FSJ Kultur.

Zur Person: Kerstin Hübner war nach ihrem Studium der Theaterwissenschaft, Kommunikations- und Medienwissenschaft sowie Erziehungswissenschaft am Aufbau des FSJ Kultur beteiligt. Seit 2002 ist sie bei der Bundesvereinigung Kulturelle Jugendbildung e.V. (BKJ) für bürgerschaftliches Engagement und Freiwilligendienste in der Kultur zuständig. Sie ist Bundestutorin für das Projekt "Freiwilliges Soziales Jahr in der Kultur".

3.5 Junge Leute im Klassikkonzert – Ergebnisse einer Jugendkonzertbefragung
Carola Anhalt

Die WDR Jugendkonzerte

Der Westdeutsche Rundfunk Köln (WDR) verfügt über vier Klangkörper: das WDR Sinfonieorchester Köln, das WDR Rundfunkorchester Köln, der WDR Rundfunkchor Köln und die WDR Big Band Köln. Drei dieser Ensembles machen jeweils auf ihre Weise Programme für junge Leute: Die Big Band geht in die nordrhein-westfälischen Schulen, das Rundfunkorchester präsentiert neue oder bearbeitete Musikmärchen für Kinder und das Sinfonieorchester holt die Jugendlichen in seine Konzerte. Ferner beteiligen sich alle an Programmen für Kinder im Radio.

Die Altersgruppe der Jugendlichen zwischen 12 und 21 Jahren soll durch die WDR Jugendkonzerte angesprochen werden. Einerseits ist diese Altersspanne kaum greifbar, andererseits wird für diese Gruppe im klassischen Konzert kaum oder selten etwas angeboten. Kinder lassen sich durch Geschichten oder Mitmachaktionen begeistern, der (neue, individuelle) kritische Jugendliche jedoch muss erst überzeugt werden. Ist er wie ein Erwachsener zu behandeln oder wie ein großes Kind?

Zwar gibt es die Jugendkonzerte des WDR bereits seit den 1960er Jahren, aber der Jugendliche hat sich im Laufe der Zeit in seinen Interessen verändert. Im klassischen Musikbetrieb fiel das erst recht spät auf – oder sagen wir besser, es wurde ignoriert. Erst als die Verkaufsstatistik alarmierend wenig Karten für Jugendliche aufwies, dachte man über neue Konzepte für junge Menschen nach – und hier auch zunächst hauptsächlich für Kinder. Der WDR entwickelte einen neuen Ansatz für seine WDR Jugendkonzerte im Jahr 2002: Die Redaktion erweiterte und verjüngte sich, sie besteht heute aus zwei Redakteurinnen. Die Bewerbung der Konzerte wurde zielgerichteter (Schülerzeitungen, Schulen, Musikschulen), damit einhergehend wurde das grafische Layout der Jugendkonzerte jünger (bunter, frischer…) und eine entsprechende Internetseite www.wdr-jugendkonzerte.de wurde eingerichtet.

Das Motto der WDR Jugendkonzerte in der Saison 2005/06, © WDR

Eine 30-minütige Konzerteinführung um 18 Uhr, eine Stunde vor Beginn des Konzertes, sollte den Einstieg in die Werke des Abends erleichtern. Die Moderatoren dazu kamen zum Teil von der Jugendwelle "EinsLive" des WDR. Es war der Versuch, den Pop-Musik-Moderator in das Gewand des Klassik-Musik-Moderators zu stecken und mit ihm die Musik "leichter" werden zu lassen, aber auch der Versuch, ihn als Zugpferd für die jungen Leute, die sonst nicht in das Konzert kommen, einzuspannen.

Der Versuch scheiterte. Jemand, der sich mit der musikalischen Materie nicht identifizieren kann, ist nicht authentisch und kann auch keinen Funken überspringen lassen. Die Moderation kann nur gelingen, wenn sie glaubhaft ist, wenn sie eine Sprache findet, die jeder versteht, die Neuigkeiten mitteilt und Spannendes erzählt. Also hieß der Folgeschritt der Saison 2003/04: zurück zur Fachkompetenz, aber jünger und frischer sollte sie sein. Dieser Versuch gelang.

Kurzum: Der WDR bietet in seinem Jugendkonzertabonnement vier Konzerte mit dem WDR Sinfonieorchester Köln (und Solisten) und ein Konzert mit der WDR Big Band Köln (und Solisten) an. Der Preis von insgesamt 20 Euro ist attraktiv. Wenn dann auch einmal "Klassik-Stars" wie z. B. der chinesische Pianist Lang Lang in der Reihe vertreten sind, wird der Konzertbesuch noch reizvoller. Die Konzerte selber sind nicht moderiert, die jungen Leute sollen das Ereignis so erleben wie es "Tradition" ist. Hinzu kommt die 30-minütige Einführung, in der sehr anschaulich über die Werke des Abends bzw. die Hintergründe der Entstehung, die Zeitgeschichte oder die Lebensumstände des Komponisten informiert wird.

Eine Grundlage für die weitere Entwicklung der WDR Jugendkonzerte war im Jahr 2003 eine Jugendkonzertbesucher-Umfrage, die den Redakteurinnen Aufschluss über ihre Zielgruppe geben sollten. Sie soll an dieser Stelle in ihren wichtigsten Ergebnissen vorgestellt werden.

Die Jugendkonzert-Umfrage

Am 15. Mai 2003 führte die WDR Medienforschung in einem WDR Jugendkonzert eine Befragung unter den Jugendkonzert-Besuchern als Zwischenstandserhebung durch. Im Rahmen dieser Untersuchung wurden Informationen über die jugendlichen Besucher gewonnen und deren Informationskanäle über die Jugendkonzertreihe in der Kölner Philharmonie untersucht. Die Zielsetzung der Studie war zudem, das jugendliche Konzertpublikum zwischen 12 und 21 Jahren zu Primärerfahrungen mit klassischer Musik zu befragen und die Rezeptionsmotive des jugendlichen Konzertpublikums kennen zu lernen.

Studiendesign

An diesem Abend spielte das WDR Sinfonieorchester Köln unter der Leitung seines Chefdirigenten Semyon Bychkov. Auf dem Programm standen Werke von Antonín Dvořák (Konzert h-moll für Violoncello und Orchester op.104) und Johannes Brahms (Sinfonie Nr. 1 c-moll op. 68). Die Einführung vor Beginn des Konzertes moderierte Christian Schruff (*1963), der im WDR die Kindersendung "Lilipuz", aber auch das "Klassikforum" auf der Kulturwelle WDR 3 moderiert.

Die Fragebögen wurden den Besuchern mit Kugelschreibern bei Eintritt in die Kölner Philharmonie von Mitarbeitern der Firma "result" überreicht. Es wurden nur Besucher berücksichtigt, die nach dem optischen Eindruck unter 30 Jahre alt waren. Unabhängig von der Fragebogenübergabe wurde die Anzahl der unter 30-jährigen Besucher durch Personal, das mit Countern ausgestattet an den Haupteingängen positioniert war, ermittelt. Auch hier war der optische Eindruck das Auswahlkriterium zur Zählung. Die ausgefüllten Fragebögen konnten in der Pause nach dem ersten Musikstück in dafür vorgesehene Boxen geworfen oder bei Mitarbeitern des beauftragten Instituts abgegeben werden.

Insgesamt wurden 778 Personen unter 30 Jahren unter den Konzertbesuchern gezählt, davon erhielten 564 (73,8 %) einen Fragebogen. Von den 564 verteilten Fragebögen wurden 415 (n = 415) ausgefüllte Fragebögen abgegeben, dies entspricht einer Rücklaufquote von 73,6 %, was als sehr gut zu bewerten ist. 318 Personen waren in der für die Auswertungen bevorzugten Altersgruppe zwischen 12 und 21 Jahren, davon verteilten sich die Altersstufen 12 – 14, 15 – 17 und 18 – 21 Jahre ungefähr jeweils zu einem Drittel. Unter diesen Befragten waren 42,5 % männlich und 57,5 % weiblich.

Der Fragebogen

Die Fragen wurden nach folgenden Bereichen gegliedert: Soziodemographie, Freizeit und Musikinteresse, klassische Musik und Konzertbesuch.

Ein Auszug aus den insgesamt 19 Fragen:
(Antwortmöglichkeiten nach Häufigkeit, z.T. auch Mehrfachnennungen)

Wie häufig unternimmst Du folgende Freizeittätigkeiten?
- Kino
- Theater/Ballett/Oper
- Museumsbesuch
- Pop/Rock-Konzert
- Sportveranstaltung
- Bücherei/Bibliothek
- Parties/Disco

(Klassische Konzerte wurden gesondert abgefragt)

Und wie oft machst Du folgende Dinge?
- Radio hören
- Fernsehen
- Zeitung/Zeitschrift lesen
- Internet nutzen
- CD und Ähnliches hören

Machst Du selbst Musik?
- Ja, in einer Band/einem Orchester
- Ja, in einem Chor
- Ich spiele alleine
- Nein

Ich wurde auf klassische Musik aufmerksam durch ...
- Kindergarten
- Schule
- Eltern
- Geschwister
- Freunde
- Fernsehen
- Radio
- Öffentliche Konzerte
- Eigenes Musizieren

Wann hast Du zum ersten Mal ein klassisches Konzert besucht?

Mit wem besuchst Du klassische Konzerte üblicherweise?
- Mit meinen Eltern
- Mit Freunden
- Mit Verwandten
- Mit meiner Schulklasse

Wie hast Du von diesem Konzert erfahren?

Wie bist Du an die Karte gekommen?

Wie gefällt Dir bislang...

- der Veranstaltungsort
- die Konzerteinführung
- der erste Teil des Konzertes (Antonin Dvořák)

Soziodemographische Ergebnisse

Der Wohnort

Die Hälfte der Jugendlichen kam aus dem Stadt- und Randbereich von Köln, aber interessanter war, dass die andere Hälfte aus der Umgebung bis zu 100 km anreiste. Der Kultur-Standort Köln mit der Kölner Philharmonie als besonderem Ort sowie die Qualität eines Spitzenorchesters wirken attraktiv genug, um auch aus abgelegenen, vielleicht auch (hoch-) kulturärmeren Gebieten einen weiteren Weg auf sich zu nehmen.

Die Schulbildung

An dem Abend der Umfrage waren 90 % (von n = 415, hier ohne Altersbeschränkung) aller Jugendlichen Schüler eines Gymnasiums. Fünf Prozent besuchten die Gesamtschule mit dem Ziel, einen höheren Abschluss zu erreichen. Lediglich zwei Prozent kamen von der Realschule, sowie von Berufsschulen und nur ein Prozent von der Hauptschule. Es sind signifikant viele Schüler von weiterführenden Schulen in den WDR Jugendkonzerten vertreten.

Übersicht 157: Schulbildung (in %)
Basis: Jugendkonzertbefragung 2003 (hier: ohne Alterbeschränkung: n = 415)

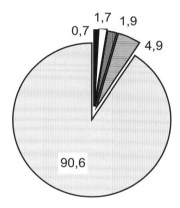

Die Freizeitinteressen

Mehr als die Hälfte der Jugendlichen besucht mindestens einmal im Monat eine Party oder Diskothek. Auf dem zweiten Platz der Freizeitbeschäftigungen folgt der Bücherei-/Bibliotheksbesuch mindestens einmal im Monat mit ebenfalls über 50 %. Sportveranstaltungen (18,2 % mehrmals im Monat) und Kino (15,7 % mehrmals im Monat) werden weniger häufig von den Jugendlichen besucht.

Übersicht 158: Freizeit- und Musikinteressen
Basis: Jugendkonzertbefragung 2003 (n = 318)

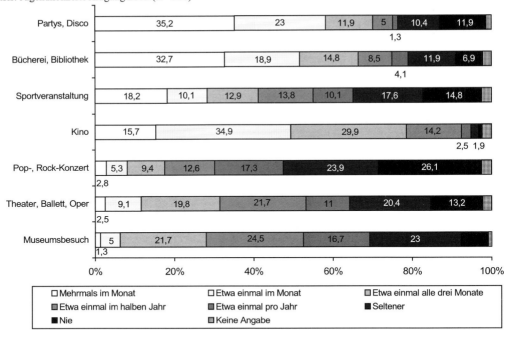

Bei dem Besuch von Sportveranstaltungen und Bibliotheken kann man einen geschlechtsspezifischen Unterschied feststellen: Jungen und junge Männer besuchen im Vergleich zu Mädchen und jungen Frauen weniger häufig Bibliotheken: Knapp 60 % der weiblichen Befragten geben an, einmal im Monat oder häufiger eine Bibliothek zu nutzen. Nur 40 % der männlichen Befragten geben diese Besuchsfrequenz an, dafür besucht ein Viertel der männlichen Jugendlichen seltener als einmal pro Jahr oder nie eine Bücherei.

Umgekehrt ist das Verhältnis bei dem Besuch von Sportveranstaltungen: Besuchen knapp ein Viertel der Jungen und jungen Männer mehrmals im Monat eine Sportveranstaltung, tun dies nur 14 % der Mädchen und jungen Frauen. Ungefähr die Hälfte der weiblichen Befragten besucht nur einmal pro Jahr, seltener oder nie eine Sportveranstaltung. Diese Befunde decken sich mit Ergebnissen der JIM Studie 2002,[231] bei der 12- bis 19-jährige Jugendliche befragt wurden. Demnach besuchen 17 % der männlichen Jugendlichen täglich oder mehrmals pro Woche eine Sportveranstaltung (weibliche Befragte zu acht Prozent). Sieben Prozent der Mädchen nutzen hingegen täglich oder mehrmals pro Woche eine Bücherei, von den Jungen tun das vier Prozent.

Konzerte

Interesse für Live-Musik/klassische Musikkonzerte

Über ein Viertel (26,1 %) der Befragten geben an, nie ein Rock- oder Pop-Konzert zu besuchen (s. Übersicht 158). Kulturelle Veranstaltungen wie Theater, Ballett und Oper werden von den Befragten dagegen relativ häufig besucht: 41,5 % gehen zumindest einmal im halben Jahr oder sogar einmal im Vierteljahr zu einer solchen Veranstaltung.

---

[231] Vgl. JIM 2002: Jugend, Information, (Multi-) Media. Basisuntersuchung zum Medienumgang 12- bis 19-jähriger. Medienpädagogischer Forschungsverbund Südwest. Baden-Baden 2003, S. 5.

Die Besuche klassischer Konzerte wurden noch einmal gezielt aufgeschlüsselt. Nach deren Häufigkeit befragt, geben drei Viertel an, im letzten halben Jahr ein bis fünf klassische Konzerte besucht zu haben. Und 39,5 % haben im letzten halben Jahr immerhin noch ein bis zwei klassische Konzerte besucht (s. Übersicht 159).

Übersicht 159: Besuch von klassischen Musikkonzerten
Basis: Jugendkonzertbefragung 2003 (n = 318)

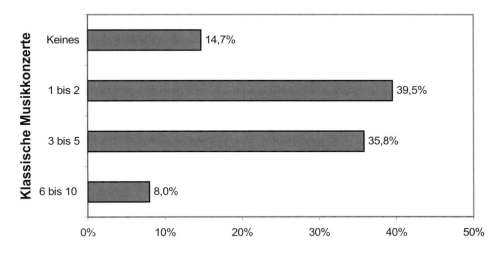

Insgesamt unterscheiden sich die befragten Jugendkonzertbesucher hinsichtlich ihres Freizeitverhaltens von anderen Jugendlichen. Der repräsentativen Studie zur Massenkommunikation[232] aus dem Jahr 2000 zufolge, bei der 14- bis 19-Jährige befragt wurden, gehen Jugendliche generell häufiger ins Kino (36 % mehrmals im Monat) und ins Theater (acht Prozent mehrmals im Monat) und besuchen weniger häufig eine Sportveranstaltung (12 % mehrmals im Monat) als die Jugendkonzertbesucher. Der Besuch klassischer Konzerte wurde dort nicht gesondert untersucht, so dass die Theaterbesuche zumindest zum Teil hier mit eingerechnet werden können.

Die Mediennutzung

CDs, Radio, Fernsehen und Internet

CDs und andere Tonträger spielen in der Freizeit der jungen Menschen und als Medium nach wie vor eine große Rolle, egal welche Musikrichtung gehört wird. Drei Viertel der Befragten hören täglich Musik von CDs oder anderen Tonträgern. Aber auch das Radio als Musikmedium bleibt mit 70,4 % interessant. Fernsehen dagegen wird von den Befragten weniger häufig genutzt: 59,7 % der Jugendlichen geben an, es täglich einzuschalten. Das sind zwar mehr als die Hälfte, jedoch im Vergleich zu anderen Studien relativ wenige Nutzer.
Die befragten Jugendkonzertbesucher zeigen hier ein deutlich unterschiedliches Verhalten zu anderen Jugendlichen. Aus der JIM-Studie geht hervor, dass 94 % der 12- bis 19-jährigen Jugendlichen täglich fernsehen! (Radio hören liegt dort bei 86 % und CDs hören bei 93 %).

---

[232] MK 2000: Massenkommunikation VI. Eine Langzeitstudie zur Mediennutzung und Medienbewertung 1964 – 2000. Hg.: Berg, Klaus/Ridder, Christa-Maria, Baden-Baden 2002, S. 210 f.

Übersicht 160: Mediennutzung
Basis: Jugendkonzertbefragung 2003 (n = 318)

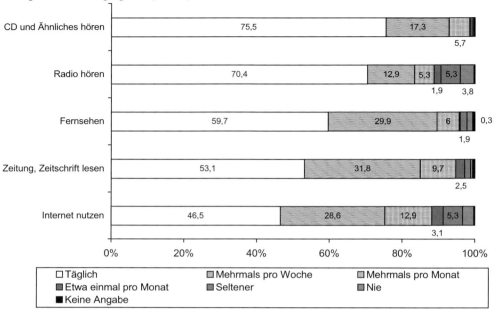

Das Internet wird von knapp der Hälfte täglich genutzt, immerhin drei Viertel nutzen es mehrmals in der Woche. Insgesamt zeigt sich bei den WDR Jugendkonzertbesuchern eine weit höhere Internetverbreitung als bei anderen Jugendlichen: 94,7 % der Befragten nutzen zumindest selten, also gelegentlich, das Internet. In Untersuchungen vergleichbarer Altersgruppen liegen die Angaben bei 76,9 %.[233]

Musikalische Sozialisation

Die Hinführung zu klassischer Musik[234] erfolgte überwiegend durch das Elternhaus und das (oft damit verknüpfte) eigene Musizieren (s. Übersicht 162, Mehrfachantworten).
Auch die Schule bzw. der Musikunterricht steht bei den Befragten als deutlicher Impulsgeber an dritter Stelle. Dies zeigt, dass die praktische und theoretische Auseinandersetzung mit Musik für eine positive Grundhaltung und das Interesse an klassischer Musik von enormer Bedeutung ist.
Als Vergleich sei hierzu auch der E.M.A.-Trend[235] aus dem Frühjahr 2003 genannt, in dem sich dieses Ergebnis, dass klassische Musik durch die Familie initiiert wird, bestätigt. Das Interesse für klassische Musik scheint somit in der Regel in der Kindheit etabliert zu werden.
Im Gegensatz zu den Umfrage-Ergebnissen des WDR Jugendkonzerts nehmen im E.M.A.-Trend allerdings Schule und öffentliche Konzerte eine wesentlich geringere Bedeutung ein.
In diesem Zusammenhang erscheint das nächste Ergebnis nur noch eine weitere Bestätigung zu sein: Die meisten Jugendlichen im WDR Jugendkonzert machen selber Musik, indem sie ein Instrument spielen oder singen.

---

[233] 14-19-Jährige in der ARD/ZDF-Online Studie, vgl. van Eimeren, Birgit: Internetnutzung Jugendlicher. In: *Media Perspektiven* 2/2003, S. 67 - 75

[234] Die Frage lautete: "Ich wurde auf klassische Musik aufmerksam durch ..."

[235] E.M.A. (Elektronische Medienanalyse) Trend-Welle 5, 2003 (Februar/März 2003)

Übersicht 161: Musikalische Sozialisation
Basis: Jugendkonzertbefragung 2003 (n = 318)

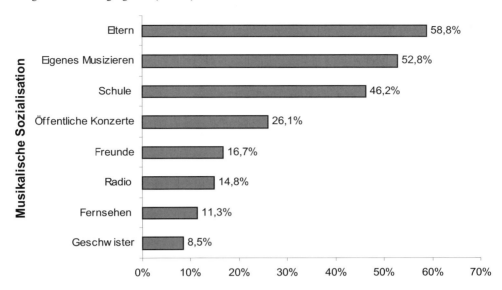

Eigenes Musizieren

77,4 % der befragten Jugendkonzertbesucher zwischen 12 und 21 Jahren geben an, selbst zu musizieren. Von diesen singen 20,8 % in einem Chor, 41,5 % singen oder spielen in einer Band oder einem Orchester. 35,8 % spielen Einzelinstrumente.

Übersicht 162: Eigenes Musizieren
Basis: Jugendkonzertbefragung 2003 (n = 318)

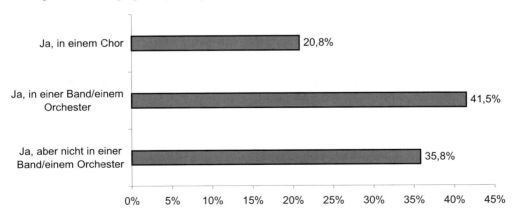

Der Zugang zu klassischer Musik scheint durch die Auseinandersetzung mit Musik in der Familie, aber auch durch eigene musikalische Aktivitäten als fester Bestandteil der Freizeitbeschäftigung im Leben der jungen Menschen verankert zu werden. In der Vergleichsbefragung innerhalb des E.M.A.-Trends (s. o.) geben nur die Hälfte (50,4 %) der 14- bis 29-Jährigen – die mindestens gelegentlich Klassik hören – an, selber zu musizieren. Miteinander verknüpft erscheint letztlich dann auch der weiterführende Bezug auf Schule und Musikschule, durch die das bereits bestehende Interesse an klassischer Musik weiter gefördert wird.

Befragt, mit wem die Jugendlichen üblicherweise ein klassisches Konzert besuchen (Mehrfachantworten möglich), geben über 50 % der Jugendkonzertbesucher an, klassische Konzerte üblicherweise mit ihren Eltern zu besuchen.

Übersicht 163: Mit wem geht der Jugendliche ins Konzert?
Basis: Jugendkonzertbefragung 2003 (n = 318)

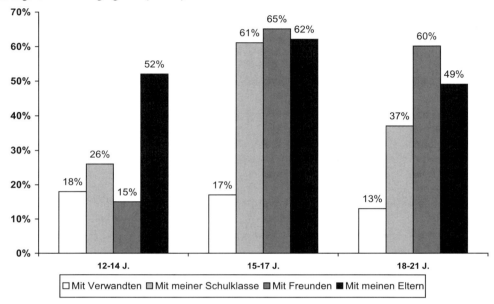

47 % gehen mit ihren Freunden zu Konzerten und 39 % mit der Schulklasse. Dabei zeigen sich deutliche Unterschiede in den Altersgruppen: Werden 12- bis 14-Jährige überwiegend von ihren Eltern begleitet, so gehen 18- bis 21 Jährige in Begleitung ihrer Freunde oder mit ihren Eltern zu klassischen Konzerten. Bei Jugendlichen zwischen 15 und 17 Jahren liegen Eltern, Freunde und die Schulklasse ungefähr auf gleichem Niveau bei ca. 60 %.

In der vorliegenden Stichprobe wurde der Kontakt mit klassischer Musik und klassischen Konzerten zu einem überwiegenden Teil durch die Familie initiiert und von dieser begleitet. In der Altersgruppe der 15- bis 17-Jährigen liegt ein deutlich höherer Verkauf von Abonnements und Karten über die jeweilige Schule vor.

Fazit

Für die Veranstalter der WDR Jugendkonzerte ergaben sich aus der Umfrage von 2003 eine Reihe neuer Ansätze für die Aufarbeitung der Inhalte der Konzertreihe. Aus dem wichtigen Ergebnis, dass klassische Musik durch das Elternhaus initiiert wird und daraus folgend auch die ersten Klassik-Konzertbesuche im Kindesalter stattfinden, ergibt sich, dass interessierte Eltern gut über die Jugendkonzertangebote informiert sein sollten. Ferner wollte der WDR sein Angebot aber darüber hinaus auch interessierten Jugendlichen außerhalb des Elternhauses bekannt machen – und das nicht nur als Werbemaßnahme, sondern über die Inhalte. Für die öffentlich-rechtliche Institution intensivierte sich so die Zusammenarbeit mit den Schulen.

Seit Sommer 2003 bietet der WDR auf vielfachen Wunsch der Fachlehrer Begleitmaterial für Schulen an. Das ist eine aufwendige, weit über das einzelne Konzert hinausreichende Textsammlung mitsamt Bildern, Biografien, Analysen und zeitlichen Querverweisen in Form einer CD-ROM und zwei CDs, auf denen die entsprechenden Musikbeispiele vorhanden sind. Diese Materialsammlung wird interessierten Schulen als Lehrer-Begleitmaterial kostenlos zur Verfügung gestellt (derzeit in Nordrhein-Westfalen 600 Schulen). Der Schwerpunkt liegt dabei auf "eigenständigem" Erarbeiten anhand des Materials – entweder durch den Lehrer ausgewählt oder aber im Projekt. Freies und selbständiges Arbeiten der Schüler liegt mittlerweile im Trend des Unterrichtens. Durch die komplexe Materie der CD-ROM ist das erst ab der höheren Mittelstufe und in der Oberstufe möglich. Das betrifft den aus der Umfrage bekannten Jugendlichen, der die weiterführende Schule besucht und der musikalisch vorgebildet ist. Er kann sich durch das zusätzliche Angebot noch konkreter auf die Konzerte vorbereiten oder vorbereiten lassen. Diese Arbeit lohnt mit der Zeit – Werke, Komponisten, Hintergründe werden schon im vorhinein im Unterricht behandelt und dementsprechend besser "verstanden".

Zunehmend gewinnt der WDR das Publikum seiner Jugendkonzerte aus dieser Zusammenarbeit: Viele der Abonnements gehen an ganze Schulklassen und Leistungskurse, was wiederum stark vom Engagement der einzelnen Lehrer und Lehrerinnen abhängt. In der Saison 2005/06 verzeichnet der WDR in seinen Jugendkonzerten immerhin 700 verkaufte Jugendabonnements.

Der nächste Schritt führte im Jahr 2005 dazu, den Jugendlichen nicht mehr nur als Rezipienten, als Besucher ins Konzert zu holen, sondern ihn aktiv mitwirken zu lassen: Schüler und Schülerinnen sollten selber in die Rolle des Musik-Vermittlers schlüpfen. In dem Pilotprojekt "Schüler im WDR Jugendkonzert 2005" haben die Redakteurinnen der WDR Jugendkonzerte einen Leistungskurs Musik eingeladen, der unter Anleitung eines Referenten und ihres Lehrers mithilfe der CD-ROM innerhalb einer Woche drei Aufgaben lösen sollte: 1. eine Pressekonferenz durchzuführen, auf der die neue CD-ROM (Saison 2005/06) vorgestellt wurde, 2. die 30-minütige Einführung für Jugendliche vor dem WDR Jugendkonzert auf der Bühne der Kölner Philharmonie zu gestalten und 3. ein Radiofeature zum Jugendkonzert für WDR 3 zu erstellen (Interviews mit den Künstlern, Eindrücke beim Hören, Hintergründe der Werke etc.).

Heraus kamen drei ganz eigenständige, unterschiedliche, hochinteressante Beiträge, bei denen jeder merken konnte, wie der Funke übergesprungen war. Für die Musikredaktion im WDR war es mehr als eine Bestätigung der Arbeit für die Zukunft: Die Schüler und Schülerinnen waren engagiert und haben die Aufgaben kompetent gelöst – und: Sie hatten sogar noch Spaß dabei.

Zur Person: Carola Anhalt ist Musikredakteurin beim Westdeutschen Rundfunk Köln (WDR). Sie ist dort tätig in der Redaktion Dramaturgie der Klangkörper und unter anderem zuständig für die WDR Jugendkonzerte.

3.6 Jugendkulturen in Clubs und Diskotheken – Empirische Publikumsanalysen aus Leipzig

Gunnar Otte

Musik kann als das wichtigste Medium angesehen werden, dessen sich Jugendliche für ihre Identitätskonstruktion und ihr Gesellungsverhalten bedienen. Musik meint dabei im Wesentlichen populärmusikalische Stile. Besonders die Untersuchung öffentlicher Ausdrucksformen jugendlicher Musikkulturen ist interessant, und dafür bieten Clubs und Diskotheken einen etablierten Kontext. Nach dem Boom von Diskotheken im Zuge des "Disco-Fiebers" Ende der 1970er Jahre haben sich sowohl Großraumdiskotheken – mehrere Tanzflächen und Erlebnisbereiche umfassend – als auch kleinere, genrespezifische Clubdiskotheken als fester Bestandteil der Freizeitsphäre Jugendlicher und junger Erwachsener durchgesetzt. Mit der Popularisierung elektronischer Musikstile um 1990 (House, Techno, später Drum'n'Bass) hat die Clubkultur nochmals an Bedeutung gewonnen: Als Veranstaltungsstätten wurden oftmals leerstehende Gebäude mit einem Charme der Nichtkommerzialität angeeignet, das Do-It-Yourself-Paradigma von Musikproduktion und DJing setzte Kreativität unter Jugendlichen frei und der Einsatz von Lichtinstallationen ("Visuals") schuf eine Schnittstelle von Musikkultur und Medienkunst. In welcher konkreten Ausprägung auch immer: Die Partizipation an der Club- und Diskothekenkultur markiert einen weit verbreiteten Übergangsritus von der Jugendphase ins Erwachsenenalter.[236]

Empirische Analysen der Publika solcher Einrichtungen, insbesondere quantitativ-standardisierter Art, sind äußerst rar. In diesem Beitrag möchte ich Ergebnisse eines Projektes präsentieren, das den ambitionierten Versuch unternimmt, die Funktionsweise des Clubmarktes am Beispiel der Stadt Leipzig zu untersuchen. Die Fragen, die im Kontext des Jugend-KulturBarometers von Interesse sind, lauten: Nach welchen Kriterien sind die Publika innerhalb dieses Marktes strukturiert? Welche Arten der Auseinandersetzung mit Musik suchen die Jugendlichen dort? Und schließlich: Welches Verhältnis zur Hochkultur haben die Clubbesucher?

Methodische Anlage der Untersuchung

Um die Aussagekraft der Ergebnisse einschätzen zu können, ist ein kurzer Blick auf das methodische Vorgehen erforderlich. Die Studie ist explizit multimethodisch angelegt, doch im Zentrum der folgenden Ausführungen stehen die im März/April 2004 durchgeführten, standardisierten Umfragen in zwölf Clubpublika mit insgesamt 864 Befragten. Die Einrichtungen wurden aus der Gesamtheit aller Clubs im Raum Leipzig mit dem Ziel der Abdeckung eines breiten Spektrums von Musikgenres ausgewählt: von elektronischen Genres (House, Techno, Drum'n'Bass) über Black Music (Hip-Hop, Reggae/Dancehall, Dancefloor Jazz) und gitarrenorientierten Stilen (Indie, Rock, Hardcore/Punk) bis zu Gothic/Darkwave. Einbezogen wurden unterschiedliche Einrichtungstypen: von einer Großraumdiskothek über stilistisch spezialisierte Clubs bis zu Einrichtungen der Alternativkultur. Da in jedem Club nur eine Befragung stattfand, wurden möglichst typische Abende festgelegt. Vor Ort wurden einzelne Besucher nach dem Zufallsprinzip ausgewählt und im Eingangsbereich der Clubs mit einem vierseitigen Fragebogen schriftlich befragt. Die Daten können in ihrer Qualität als sehr gut eingeschätzt werden und sind repräsentativ für den jeweiligen Befragungsabend. Keine Repräsentativität kann für die Gesamtheit aller Clubgänger in Leipzig beansprucht werden: In der Stichprobe sind Jugendliche mit starkem Musikinteresse und nischenorientierten Musikpräferenzen überproportional vertreten, der "Mainstream" ist unterrepräsentiert.

---

[236] Zur Vereinfachung wird im folgenden die ohnehin unklare Trennung von "Clubs" und "Diskotheken" nicht weiter verfolgt, sondern übergreifend von "Clubs" gesprochen.

Soziodemographische Eckdaten

Das Gros des Clubpublikums stellt die Altersgruppe der 18- bis 25-Jährigen (75,5 %). 4,6 % der Befragten sind jünger als 18, und 19,9 % älter als 25 Jahre. Es handelt sich bei den Jugendlichen also meist um junge Erwachsene, oftmals in der Lebensphase der Postadoleszenz. Ein Großteil der Befragten ist ökonomisch nicht voll unabhängig: 38,1 % sind Studenten, 14 % Auszubildende, 11 % Schüler und 2,9 % Wehr- oder Zivildienstleistende. Lediglich 27,6 % gehen hauptberuflich einer regulären Erwerbstätigkeit nach (weitere 6,3 % sind aus anderen Gründen nicht erwerbstätig). Mit Blick auf den höchsten erreichten Schulbildungsabschluss weisen 31,6 % der Befragten maximal Realschulniveau auf, 68,4 % haben das Abitur. Zusätzlich können 11,3 % der Besucher einen Fachhochschul- oder Universitätsabschluss vorweisen.[237] Das Geschlechterverhältnis ist nahezu ausgewogen, männliche Besucher sind mit 56 % leicht stärker vertreten als weibliche.

Besuchsmotive und die Bedeutung von Szenen und Cliquen

Der Clubbesuch ist im Wesentlichen durch zwei Beweggründe motiviert: Er dient der tanzorientierten Musikrezeption und der Geselligkeit in einem öffentlichen Kontext. Unter den Geselligungsmotiven ist den Befragten das Zusammensein mit Freunden besonders wichtig, gefolgt von dem Wunsch, neue Leute kennen zu lernen (3,56) und zu flirten (3,19). Bevorzugt wird dabei ein Publikum, das dem eigenen Stil entspricht. Beim Tanzen (4,05) wird Musik, die man kennt, gegenüber solcher präferiert, die einen geringen Bekanntheitsgrad hat (Übersicht 164).

Übersicht 164: Motive beim Clubbesuch (Mittelwerte auf einer Skala von 1 bis 5)[238]

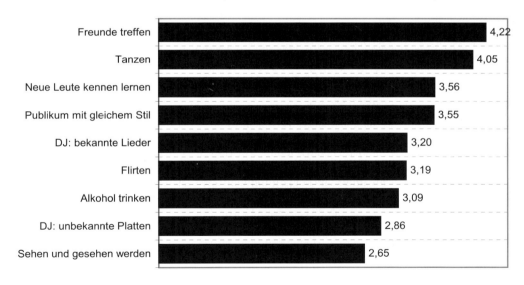

---

[237] Die Stichprobe weist – bezieht man sie auf die Gesamtheit der Clubgänger in Leipzig – höchstwahrscheinlich eine Verzerrung in Richtung Höhergebildeter auf. In den unterrepräsentierten Großraumdiskotheken und anderen Clubs, die man in punkto Musik- und Clubästhetik eher dem "Mainstream" zurechnen kann, ist der Anteil Höhergebildeter nämlich vergleichsweise gering. Einer eigenen Bevölkerungsumfrage in Mannheim im Jahr 2001 zufolge ist die Besuchshäufigkeit von Clubs nicht statistisch signifikant durch Variablen der sozialen Schicht oder Bildung erklärbar, d. h. das Clubpublikum umfasst – im Gegensatz zur Bildungsselektivität von Hochkultureinrichtungen – alle Bevölkerungsschichten gleichermaßen.

[238] Fragetext: "Wie wichtig sind dir ganz allgemein folgende Dinge bei einem Clubbesuch?"; Antwortkategorien: "sehr wichtig" (= 5), "ziemlich wichtig" (= 4), "teils, teils" (= 3), "eher unwichtig" (= 2), "völlig unwichtig" (= 1)

Die landläufige Vorstellung, in Clubs gehe es um das kennen lernen von Beziehungspartnern, hat durchaus Realitätsgehalt: Personen ohne festen Partner sind dort statistisch überrepräsentiert. In unserer Stichprobe sind 55,5 % der Befragten gegenwärtig partnerlos und lediglich 17,3 % sind am Befragungsabend in Partnerbegleitung erschienen. Allerdings ist es unangebracht, den Clubkontext auf die Funktion des "Aufreißens" zu reduzieren. Zum einen dominiert, wie wir gesehen haben, die Pflege "sozialen Kapitals" jenseits von Intimbeziehungen, zum anderen spielt die identitätsstiftende soziale Integration in Musikszenen eine enorm wichtige Rolle – und dieser Aspekt ist hier von besonderem Interesse.

Auf die Frage, wie viele der Freunde, mit denen man abends ausgeht, einen ähnlichen Musikgeschmack haben wie der Befragte selbst, ergibt sich folgende Antwortverteilung: Knapp 32 % meinen "fast alle", eben so viele "mehr als die Hälfte", 23 % antworten "etwa die Hälfte", 11 % "weniger als die Hälfte" und drei Prozent "fast niemand". Demnach stellt die Ähnlichkeit im Musikgeschmack ein wichtiges Kriterium dar, nach dem Jugendliche ihre Interaktions- und Ausgehpartner wählen. Die Cliquen von Jugendlichen weisen allgemein musikbezogen eine beträchtliche Homogenität auf.

Über die engen Bezugspersonen hinaus fühlen sich viele Clubgänger einer oder mehreren Musikszenen zugehörig oder nahestehend, nämlich 45,9 % der Befragten. 22,4 % rechnen sich einer Szene zu, 14,2 % zwei Szenen, 9,1 % drei Szenen und mehr. Dabei ist zu beachten, dass die von einer Person genannten Szenen häufig eine enge musikalische Affinität aufweisen, wenn etwa die elektronischen Genres "House" und "Techno" angegeben werden.[239]

Das Szenekapital

Inspiriert durch Pierre Bourdieu, die Lebensstilforschung und die britischen "Club Culture Studies" – maßgeblich Sarah Thornton – wird in der Soziologie die Bedeutung "subkulturellen" bzw. "Szenekapitals" für die Organisation von Jugendszenen diskutiert.[240] Der Grundgedanke besteht darin, dass Jugendliche Zeit-, Geld- und kognitive Ressourcen auf kreative Weise in szenespezifische Konsumgüter, Kompetenzen und Aktivitäten investieren und dabei einen Kapitalstock akkumulieren, der soziale Anerkennung innerhalb der jeweiligen Szene abwirft und sogar in Berufskarrieren – als DJ, Produzent, Clubbetreiber, Journalist, usw. – transformiert werden kann. Wir haben versucht, anhand empirischer Indikatoren zu bestimmen, über welche Menge von Szenekapital die Clubgänger verfügen. Sie wurden gefragt, in welchem Ausmaß sie Erfahrungen mit szenebezogenen Aktivitäten haben, Szenewissen über die Rezeption von Musikzeitschriften erwerben und Szeneobjekte in Form von Tonträgern besitzen.

Wie Übersicht 165 zeigt, haben sich viele Jugendliche schon bei der Organisation von Konzerten, Partys oder Clubs engagiert (29,9 %), in einem Club gearbeitet (24,1 %), in einer Band Musik gemacht (19,6 %) oder als DJ Platten aufgelegt (17,7 %). Seltener sind Erfahrungen mit der Produktion von Musik oder dem Rezensieren von Platten. Auch die regelmäßige Lektüre von Musikzeitschriften betreibt nur ein kleiner Teil.

Die acht Indikatoren lassen sich zu einem Szenekapitalindex zusammenfassen, indem für jeden Befragten addiert wird, auf wie vielen der in Übersicht 165 dargestellten Dimensionen er eine positive Ausprägung aufweist. Der resultierende Index kann Werte von 0 bis 8 annehmen. Nach dieser Definition verfügen 39,9 % der Befragten über keinerlei Szenekapital. Dieser Personenkreis lässt sich eher an den Randzonen jugendkultureller Musikszenen verorten. Umgekehrt ist für diejenigen mit hohen Indexausprägungen anzunehmen, dass sie eine Nähe zum Kernbereich

---

[239] Eine Auszählung der subjektiven Szenezugehörigkeiten nach Musikgenres ist wenig aussagekräftig, weil ihre Verteilung in unserer Stichprobe abhängig ist von der Anzahl der in den einzelnen Clubs Befragten. Daher unterbleibt eine solche Aufstellung. Ähnliches gilt für die abgefragten Musikpräferenzen.

[240] Bourdieu, Pierre: Die feinen Unterschiede. Kritik der gesellschaftlichen Urteilskraft. Frankfurt a.M. 1982; Thornton, Sarah: Club Cultures. Music, Media and Subcultural Capital. Hanover 1996

von Szenen aufweisen bzw. selbst zur "Organisationselite" zählen.[241] Dies kann maßgeblich für diejenigen im Wertebereich von 4 bis 8 gelten, insgesamt 11,6 %.

Übersicht 165: Indikatoren des Szenekapitals der Clubbesucher (in %)[242]

Szenebezogene Aktivitäten:	
In einer Band Musik gemacht (ohne Chor und Orchester)	19,6
Als DJ in Clubs oder bei Privatpartys Platten aufgelegt	17,7
Musik produziert	11,8
Einen Club, Konzerte oder öffentliche Partys organisiert	29,9
In einem Club gearbeitet (z. B. als Barkeeper oder Türsteher)	24,1
Plattenrezensionen geschrieben	5,7
Szenewissen:	
Regelmäßige Lektüre von Musikzeitschriften	10,3
Szeneobjekte:	
Besitz von mehr als 200 Tonträgern	20,8

Für die soziale Position innerhalb der Clubszene ist das Szenekapital eine zentrale Variable. Deshalb ist es interessant zu untersuchen, wer über wie viel Szenekapital verfügt und mit welchen Verhaltensmerkmalen dieser Umfang zusammenhängt. Die Bedeutung verschiedener Strukturierungsfaktoren lässt sich statistisch mit Hilfe von bivariaten, linearen Regressionsmodellen schätzen. Dabei versucht man, der interindividuellen Variation auf dem Szenekapitalindex unter Rückgriff auf einzelne erklärende Einflussfaktoren Rechnung zu tragen. Je bedeutsamer ein Einflussfaktor ist, d. h. je besser er zwischen Personen mit hohen und niedrigen Szenekapitalwerten differenzieren kann, umso höher ist der so genannte Anteil erklärter Varianz (korrigiertes R^2). Die Ergebnisse lassen sich Übersicht 166 entnehmen: Die Länge der Balken zeigt die Erklärungskraft verschiedener Einflussgrößen.

Betrachtet man zunächst sozialstrukturell definierte Gruppen, fällt als wichtigste Strukturierungslinie das *Geschlecht* ins Auge, das allein 7,5 % der Variation in den Ausprägungen des Szenekapitalindex erklärt. Übertragen auf die Indexwerte bedeutet das: Die männlichen Clubbesucher verfügen – mit einem mittleren Indexwert von 1,76 – über doppelt so viel Szenekapital wie die weiblichen, deren Wert durchschnittlich bei 0,88 liegt. Eine inhaltliche Erklärung dieser massiven Geschlechterdifferenz hat verschiedene Sozialisationseinflüsse zu berücksichtigen: das ausgeprägtere Technikinteresse von Jungen; die größere Neigung der männlichen Befragten zu "härterer" Musik, welche gerade in den Szenekernen goutiert wird; die unter Mädchen stärker verbreitete Investition in schulisch legitimierte Kompetenzen, etwa Lesen und hochkulturelle Aktivitäten.

Von Bedeutung ist auch das *Alter*: Während das Szenekapital der unter 20 Jahre alten Jugendlichen gering ist (0,88), steigt es bei den 20- bis 22-jährigen an (1,41), um bei den 23- bis 25-jährigen seinen Hochpunkt zu erreichen (1,61); bei den noch Älteren liegt es geringfügig darunter. Der Alterseinfluss verdeutlicht, dass Szenekapital Zeit bedarf, um kultiviert zu werden. Mit Blick auf den *Erwerbsstatus* finden wir die höchsten Ausprägungen unter Studenten (1,57) und denjenigen, die derzeit nicht erwerbstätig sind (2,02). Dieser Befund ist höchst interessant, denn er zeigt, dass der zeitliche Aufschub der Bildungs- bzw. Erwerbskarriere durch informelles Ler-

---

[241] Vgl. zum Modell von Szenen als Anordnung konzentrischer Kreise: Hitzler, Ronald/Bucher, Thomas/Niederbacher, Arne: Leben in Szenen. Formen jugendlicher Vergemeinschaftung heute. Opladen 2001

[242] Fragetexte: "Hast du dich schon einmal in folgender Weise mit Musik beschäftigt?" (nein/ja); "Wie oft liest du Musikzeitschriften?" (nie/manchmal/oft); "Wie viele Musik-Tonträger (CDs, Platten, Kassetten) hast du ungefähr?" (weniger als 50/50 - 100/100 - 200/200 - 500/mehr als 500)

nen in jugendkulturellen Szenen produktiv genutzt wird. Relativ gering ist dagegen das Szenekapital der Schüler (1,03), Auszubildenden (1,12) und Zivil- bzw. Wehrdienstleistenden (1,17); bei den Erwerbstätigen beträgt der Wert 1,25.

Übersicht 166: Erklärung der Ausstattung mit Szenekapital (Anteil erklärter Varianz in %)

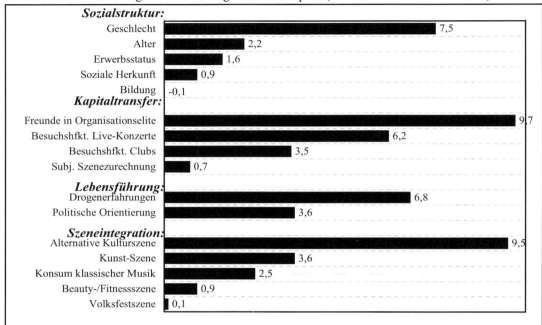

Interessant ist ferner, dass die *Bildung* – abgesehen vom Studentenstatus – nahezu keinen Einfluss auf das Volumen des Szenekapitals hat. Während die beträchtliche Bildungsabhängigkeit "hochkulturellen Kapitals" immer wieder nachgewiesen wird, ist der Erwerb von Kompetenzen, die in der Clubszene honoriert werden, bildungsspezifisch relativ offen. Hinzuweisen ist gleichwohl auf einen signifikanten Einfluss des Elternhauses: Mit steigender *sozialer Herkunft* (gemessen am Bildungsniveau der Eltern) nimmt das erworbene Szenekapital leicht zu. Statistisch lässt sich zeigen, dass das mit der höheren Bildung der Eltern assoziierte Interesse für Hoch- und Alternativkultur an die Jugendlichen weitergegeben wird und ein generalisiertes Kulturinteresse mit sich bringt, das zur höheren Akkumulation szenespezifischen Kapitals führt.

Je stärker die Clubgänger in *Musikszenen integriert* sind, umso höher fällt ihr Szenekapital aus: Mit der Besuchshäufigkeit von Live-Konzerten und Clubs nimmt das Szenekapital deutlich zu (6,2 % bzw. 3,5 % erklärte Varianz). Wer Freunde hat, die als Clubveranstalter oder DJ tätig sind, hat erheblich höhere Szenekapitalwerte (1,73 vs. 0,68). Und wer sich selbst einer Musikszene zurechnet, weist ebenfalls ein höheres Szenekapital auf. Alle diese Variationen machen deutlich, dass Szenekapital im Szenekontext gepflegt werden muss.

Zwei Aspekte der Lebensführung – der Umgang mit Drogen und die politische Orientierung – sind von Interesse, denn sie zeigen, dass außermusikalische Dimensionen mit dem Umfang des Szenekapitals zusammenhängen. Wir haben die Clubgänger gefragt, ob sie schon folgende Substanzen probiert haben, die als die verbreitetsten illegalen "Party-Drogen" gelten: Cannabis, Mushrooms, LSD, Ecstasy, Speed und Kokain. Die Menge der *Drogenerfahrungen* korreliert positiv mit dem Szenekapital. Auf den aktuellen Drogengebrauch lässt sich davon aber nicht schließen. Die Szeneintegration kann einen Anreiz darstellen, über Drogen mitreden zu können – nicht aber zwangsläufig, sie fortwährend zu konsumieren. Zudem ist eine politische Linksorientierung bedeutsam für ein ausgeprägtes Szenekapital: Wer sich auf einer Skala von 0 (= extrem links) bis 10 (= extrem rechts) weit links einordnet (Skalenwerte 0 und 1), hat im Schnitt einen Indexwert von 2,29; wer sich "Mitte-links" sieht (2 und 3), einen Wert von 1,56; wer sich zur Mitte zählt (4 bis 6), liegt bei 1,15; wer eine Rechts-Neigung hat (7 bis 10), bei 1,07. Der oft mit hohem Szenekapital verbundene künstlerisch-intellektuelle Selbstanspruch geht offenbar mit einer gesellschaftskritischen Perspektive einher.

In der letzten Rubrik von Übersicht 166 wird untersucht, inwieweit ästhetische Einstellungen und Kompetenzen, die auf der Kapitalakkumulation in *anderen Szenen* beruhen, in die Clubszene *transferiert* werden. So ist anzunehmen, dass Jugendliche, die häufig die *alternative Kulturszene* frequentieren und mit der dort verbreiteten partizipativen Kultur vertraut sind, auch in der Clubszene engagementbereit sein werden.[243] Dies ist sehr deutlich der Fall (Anteil erklärter Varianz: 9,5 %): Ein regelmäßiger, mindestens monatlicher Besuch von Angeboten der Alternativkultur ist mit sehr hohem Kapital in der Clubszene verbunden (2,67); mit sinkender Besuchshäufigkeit nimmt das Szenekapital ab (bis zu einem Wert von 0,87 für die Nichtbesucher). Nicht ganz so stark, aber ebenfalls erklärungskräftig ist die Teilnahme an der *Kunstszene* sowie der Konsum *klassischer Musik*. Die Teilnahme an diesen Formen der Hochkultur impliziert ein erhöhtes Kapital in clubbezogenen Musikszenen. Einen negativen statistischen Einfluss übt hingegen die Teilnahme an der Beauty- und Fitnessszene aus: Wer häufig Solarien und Fitness-Center besucht, zählt innerhalb der Clubszene nicht zu den Inhabern hoher szenespezifischer Kapitals.

Das Verhältnis von Clubkultur und Hochkultur

Ein Verbindungsglied zwischen dem städtischen Club- und Hochkultursegment besteht, wie wir soeben gesehen haben, in hohem Szenekapital und in der Herkunft aus einem bildungshöheren Elternhaus. Überraschend ist aber, wie gering der Stellenwert insbesondere klassischer Musik für das Clubpublikum ist. Auf die Frage nach dem Gefallen klassischer Musik ergibt sich folgende Antwortverteilung: 5,3 % "sehr", 13 % "ziemlich", 20,3 % "mittelmäßig", 20,7 % "wenig" und 40,5 % "gar nicht". Die geringe Präferenzintensität ist insofern erstaunlich, als in unserer Stichprobe das durchschnittliche Bildungsniveau aufgrund des hohen Studentenanteils hoch ist. Und innerhalb der Clubkultur gilt – wie für die Bevölkerung allgemein –, dass mit steigender Bildung das Interesse an Hochkultur wächst: Während 9,9 % der Besucher mit Realschulabschluss oder geringerer Bildung klassische Musik "sehr" oder "ziemlich" gefällt, sind es unter den Studenten 25,1 % und unter den Fachhochschul- und Universitätsabsolventen 23 %. Eingehendere, multivariate Analysen zeigen, dass dafür zum Teil ein Alterseffekt verantwortlich ist: Mit zunehmendem Alter steigt das Interesse an klassischer Musik – und dies macht sich bereits unter den älteren Studenten und Besuchern mit Tertiärbildungsabschluss bemerkbar.[244]

Ein weiterer bedeutsamer Einfluss auf ein erhöhtes Klassikinteresse geht von einem nach Musikvorlieben heterogenen Freundeskreis aus: Die musikalische Vielfalt in der Bezugsgruppe bietet offenbar erhöhte Gelegenheit, mit klassischer Musik in Kontakt zu kommen und diese gemeinsam zu kultivieren.

Die geringe Neigung zu klassischer Musik überträgt sich in eine geringe Besuchshäufigkeit von Klassikkonzerten und Opern: Knapp ein Viertel der Befragten gibt an, mindestens einmal pro Jahr eine solche Aufführung zu besuchen, die restlichen seltener oder nie (Übersicht 167). Etwas häufiger sind Besuche von Theateraufführungen, Kunstausstellungen und Angeboten der Alter-

---

[243] Vgl. zu solch einer breiten Perspektive städtischer Szenen: Schulze, Gerhard: Die Erlebnisgesellschaft. Kultursoziologie der Gegenwart. Frankfurt a. M. 1992, Kap. 10; Otte, Gunnar: Sozialstrukturanalysen mit Lebensstilen. Eine Studie zur theoretischen und methodischen Neuorientierung der Lebensstilforschung. Wiesbaden 2004, Kap. 11

[244] Möglicherweise handelt es sich um einen Selektionseffekt: Befragte, die auch in fortgeschrittenem Alter noch Clubs besuchen, weisen eventuell eine musikalisch größere Geschmacksbreite auf als solche, die das nicht tun.

nativkultur. Wie oben gezeigt wurde, sind für Personen mit hohem Kapital in der Clubszene gerade die Alternativ- und Kunstszene wichtige Scharnierstellen zum Clubkontext. Zudem zeigt sich, dass Kulturangebote wie Live-Konzerte populärer Genres sowie Kinofilme deutlich höhere Nutzungshäufigkeiten aufweisen als klassische Hochkultureinrichtungen.

Übersicht 167: Nutzungshäufigkeiten verschiedener Kulturangebote (Zeilenprozente)

	1 Mal oder mehrmals pro Monat	5 – 10 Mal pro Jahr	1 – 4 Mal pro Jahr	seltener	nie
Klassische Konzerte, Opern	2,9	7,4	14,2	30,9	44,7
Theater	4,1	11,6	21,6	33,3	29,4
Kunstausstellungen, Galerien	5,8	14,3	22,1	31,9	26,0
Angebote der Alternativkultur	6,3	13,2	19,4	28,6	32,5
Programm-Kinos	15,4	22,0	17,8	25,7	19,1
Multiplex-Kinos	17,4	33,8	19,3	19,5	10,0
Konzerte (Pop, Rock, Hip-Hop, usw.)	12,9	18,4	28,4	27,6	12,7

Der Besuch dieser Kultureinrichtungen variiert erheblich nach Personengruppen. Fasst man die Nutzungshäufigkeiten in den Bereichen klassischer Musik, Theater und bildender Kunst zusammen, ergeben sich maßgeblich folgende, sehr deutlich ausgeprägte Variationen: Die Besuchsfrequenz steigt mit der Herkunft aus bildungshöheren Elternhäusern; mit höherer eigener Bildung – mit dem Abiturniveau und nochmals mit einem Tertiärbildungsabschluss; mit dem Studentenstatus – dem gegenüber der Erwerbsstatus als Auszubildender den stärksten negativen Kontrast darstellt; mit hohem clubkulturellen Szenekapital; mit einem musikbezogen heterogenen Freundeskreis; und mit dem weiblichen Geschlecht.[245] Die einzelnen Publika in der Leipziger Clubszene sind nach diesen Merkmalen sehr unterschiedlich zusammengesetzt und entsprechend lässt sich zeigen, dass die großteils studentischen Besucher eines gitarrenorientierten Indie-Clubs mit hohem Szenekapital eine wesentlich stärkere Affinität zur Hochkultur aufweisen als etwa die Besucher einer Großraumdiskothek, in der Auszubildende und Schüler überwiegen und Fragen einer modischen Körperinszenierung eine deutlich größere Rolle spielen als musikbezogene Kompetenzen.

Schlussfolgerungen

Letztere Bemerkungen weisen darauf hin, dass bei der Diskussion über Clubkultur nicht von einem homogenen Clubpublikum auszugehen ist. Der Clubmarkt ist in ein breites Spektrum von Einrichtungen ausdifferenziert, die sich auf der Angebotsebene nach Musikgenres und Einrichtungsästhetiken unterscheiden lassen und die in der sozialen Komposition ihrer Publika erheblich differieren können. Dabei findet man zum Teil ein Fortwirken schichtspezifischer Unterschiede, die sich alltagsästhetisch über mehrere Jahrzehnte zurückverfolgen lassen: Publika mit überwiegend niedrigen bis mittleren Bildungsabschlüssen, für die die Gesellungsfunktion des Clubkontextes von primärer Bedeutung ist und in denen das "Körperkapital" offensiv inszeniert wird, stehen Publika mit akademischem Niveau gegenüber, in denen dominant die Kultivierung musikbezogenen Szenekapitals stattfindet. Daneben gibt es ein breites Segment von Clubs, deren Publika sich durch einen relativ offenen, "demokratischen" Zugang auszeichnen. Auch finden sich Clubs, die ein Renommee als Aushängeschilder anspruchsvoller Sub- und Popkultur genießen und deren Publika versierte musikbezogene Kompetenzen haben, aber gleichwohl

---

[245] Dies sind Ergebnisse multivariater, linearer Regressionen mit einem Hochkulturindex als abhängiger Variable. Die aufgeführten Einflüsse haben unter Konstanthaltung der jeweils übrigen Variablen Bestand.

schichtübergreifend und bildungsunabhängig zusammengesetzt sind. Dies unterscheidet beträchtliche Teile der Clubkultur von den Einrichtungen der Hochkultur, die nahezu durchgängig einer Bildungsselektivität im Zugang unterliegen.

Gelegentlich wird gemutmaßt, dass die Clubkultur die Hochkultur im Publikumszuspruch ablösen könnte. Diese Einschätzung scheint übertrieben. Zunächst ist festzuhalten, dass die Partizipation an der Clubkultur lebenszyklisch an die Postadoleszenzphase und ihre Ausdrucksformen gebunden ist. Daneben gibt es Hinweise, dass Personen mit dem Alter in die Formen der Hochkultur hineinwachsen.[246] Dieser Prozess ergreift allerdings nicht alle sozialen Schichten gleichermaßen, sondern hängt empirischen Erkenntnissen zufolge von Bildung und Beruf ab. Die Clubkultur kann hingegen – trotz aller sozialen und symbolischen Grenzziehungen, die sie durchlaufen und deren wichtigste vielleicht das Ausmaß verfügbaren Szenekapitals darstellt – als sozialer Erfahrungszusammenhang gelten, der in der Lage ist, im Rahmen historisch variabler Musikmoden ganze Generationen miteinander zu verbinden.

Zur Person: Der promovierte Soziologe Gunnar Otte ist wissenschaftlicher Mitarbeiter am Institut für Kulturwissenschaften der Universität Leipzig. Die hier vorgestellte Studie zählt zu seinen neueren Arbeiten auf dem Feld der empirischen Sozialforschung, die er insbesondere mit Blick auf die Lebensstilforschung sowie die Kultur- und Jugendsoziologie betreibt.

---

[246] Vgl. als instruktiven Beitrag zu dieser Frage: Hartmann, Peter H.: Lebensstilforschung. Darstellung, Kritik und Weiterentwicklung. Opladen 1999, Kap. 6.4

IV. Eine Auswahl von Praxisbeispielen rund um das Themenfeld Jugend, Kunst und Kultur

IV. Eine Auswahl von Praxisbeispielen rund um das Themenfeld Jugend, Kunst und Kultur

Die im Folgenden vorgestellten Projektbeispiele können natürlich nur einen ersten Einblick in die Vielfalt kulturellen Lebens in der Kinder- und Jugendarbeit vermitteln. Eine Vielzahl an bundesweiten Programmen, regionalen Netzwerken bis hin zu privaten Einzelinitiativen geben jungen Menschen Gelegenheit, sich künstlerisch zu betätigen und einen eigenen Blick auf kulturelle Phänomene zu entwickeln. Vereinzelt haben derartige Impulse jedoch weniger Durchschlagskraft als in vernetzter Form. In letzter Zeit entstehen mehr und mehr Plattformen und Foren, die kulturelle Kinder- und Jugendbildung unterstützen und fördern. Genannt sei hier etwa die bundesweite Jugendkultur- und -bildungsinitiative der Kulturstiftung der Länder, KINDER ZUM OLYMP!, die besonders die Zusammenarbeit von Erziehern und Lehrern mit Künstlern oder Institutionen bei kulturellen Aktivitäten in Kindergärten und Schulen fördert und auch auszeichnet (www.kinderzumolymp.de).[247] Ähnlich arbeitet das Netzwerk der Bundesvereinigung kulturelle Jugendbildung e.V. (BKJ), das unter www.kultur-macht-schule.de ganz konkrete Hilfestellungen und Anregungen für Kooperationen von Schulen mit außerschulischen Bildungsanbietern bereithält. Dass der Schwerpunkt hierbei so deutlich auf dem Bereich Kindergarten und Schule liegt, zeigt, dass eine der zentralen Beobachtungen des Jugend-KulturBarometers mehr und mehr Berücksichtigung findet: Die Kinder und Jugendlichen werden am ehesten in ihrem persönlichen Umfeld erreicht – und dabei nehmen Einrichtungen wie Hort und Schule einen Großteil der Zeit ein.

Die in diesem Buch getroffene Auswahl von Beispielen geht zu einem großen Teil auf die im Februar 2005 veranstaltete Fachtagung des ZfKf zu den ersten Ergebnissen des Jugend-KulturBarometers zurück. In der Bundesakademie für kulturelle Bildung Wolfenbüttel diskutierten Experten aus den verschiedensten Bereichen kultureller Praxis die Ergebnisse der Studie. Großen Raum nahm dabei die Vorstellung gelungener Projekte aus den Sparten Musik, Bildende Kunst/Museen, Theater/Tanz, Musiktheater, Literatur und nicht zuletzt Kultur allgemein ein. Für die Publikation wurde zudem ergänzend der Bereich "Kunst, Kultur und Neue Medien" aufgenommen. Die beiden hier beschriebenen Projekte entstammen dem Programm der Bund-Länder-Kommission für Bildungsplanung und Forschungsförderung (BLK) "Kulturelle Bildung im Medienzeitalter" (www.kubim.de), dessen fünfjährige Entwicklungs- und Erprobungsphase vom ZfKf begleitet wurde.

---

[247] Vgl. dazu auch: KINDER ZUM OLYMP! Lernen aus der Praxis. Europäischer Kongress zur kulturellen Bildung Hamburg, 22. – 24. September 2005. Hg.: Kulturstiftung der Länder/Kulturstiftung des Bundes/Kulturbehörde der Freien und Hansestadt Hamburg, Berlin 2006

4.1 Kultur allgemein

Ganztagsschulen als Pilotschulen im Netzwerk von Schule, Kultur und Nachbarschaft

Werner Frömming

Die Faszination der "Superstars" ist ungebrochen, verengt aber doch etwas den Blick auf weiterführende Interessen von Kindern und Jugendlichen, die sich im Rahmen von Kinder- und Jugendkulturarbeit entfalten lassen. Der hochkonzentrierte Vortrag eines selbstgeschriebenen Gedichts – erlebt im Rahmen des "Plattform-Festivals" im Hamburger Ernst-Deutsch-Theater zum Thema "Gewalt" – kann da genauso auf Entwicklungspotenziale verweisen wie das mitreißende Spiel der in Hamburg inzwischen stadtbekannten Trommelgruppe "Hot Schrott", die am Osdorfer Born (Stadtteil mit hohem Anteil sozial Benachteiligter) für eine ganz eigene Art von "Aufruhr" sorgt. Die Suche nach Lebens- und Freizeitqualitäten muss sich also nicht in medial inszenierten Großereignissen einerseits und dem Fernsehdauerkonsum andererseits erschöpfen. Das bestätigen auch zahlreiche spannende Projekte, die sich im Umfeld aktueller Schulinitiativen entwickelt haben (siehe Schulwettbewerb KINDER ZUM OLYMP! der Kulturstiftung der Länder oder die Initiative der Bundesvereinigung Kulturelle Jugendbildung e.V. (BKJ) "Kultur mach Schule" u. a. m.).

Performance "Big Dance", Royston Maldoom und NDR-Bigband mit Hamburger Schülern, Foto: Herbert Grohmann

Aufbruchstimmung ist angezeigt. In der Schule und an ihren Grenzlinien zur freien Kulturarbeit und Jugendhilfe entwickelt sich ein Interesse, bisher unverbundene Arbeitsansätze – ganz im Sinne einer Kultur des Aufwachsens[248] – stärker aufeinander zu beziehen und damit Kindern und Jugendlichen verbesserte Ausgangsbedingungen für eine gelungene Bildungsbiografie und die Entwicklung ihrer Persönlichkeit zu bieten.

Rahmenkonzept Kinder- und Jugendkulturarbeit in Hamburg

In Hamburg hat die Diskussion zwischenzeitlich neue Ideen und neue Kooperationsbündnisse hervorgebracht. Die großen und kleinen Fachbehörden (Schulbehörde, Soziales und Familie, Kulturbehörde, Wissenschaftsbehörde, Senatskanzlei), die Bezirke und auch die Aktiven aus der Kinder- und Jugendkulturszene sind unter der Federführung der Kulturbehörde zusammengerückt und haben im Sommer 2004 das "Rahmenkonzept Kinder- und Jugendkulturarbeit in Hamburg" auf den Weg gebracht (Senatsdrucksache 18/649). Der Impuls war von der Einsicht getragen, dass es zwischen den beteiligten Behörden zu einer verstärkten Anstrengung bei Abstimmung der unterschiedlichen Förderperspektiven kommen muss, um Kindern, Jugendlichen und ihren Familien einen breiteren Zugang zu Kunst und Kultur zu ermöglichen bzw. das künstlerische Potenzial von Kindern und Jugendlichen zu fördern.

---

[248] Forderung des 10. Kinder- und Jugendberichts 1998; Bericht über die Lebenssituation von Kindern und die Leistungen der Kinderhilfen in Deutschland. Hg.: Bundesministerium für Familie, Senioren, Frauen und Jugend 1998

Im fachlichen Austausch war besonders spannend zu erleben, dass sich durchaus ein Konsens zu Grundlagen der Kinder- und Jugendkulturarbeit herstellen ließ. Dazu gehörte, dass sich kulturelles Vermögen nicht allein in der Rezeption von Kunstwerken, sondern ganz wesentlich auch im Alltagsleben und im sozialen Umfeld der Kinder und Jugendlichen entfaltet. "Kultur" wurde daher als ein Experimentier- oder "Suchraum" verstanden, in dem Kinder und Jugendliche Handlungs- und Erfahrungsspielräume entdecken und gestalten können. Kinder und Jugendliche wachsen in vorhandene kulturelle Strukturen hinein. Sie nehmen sie auf und verändern sie. Kinder suchen Freiräume, entwickeln Neues und gestalten zugleich das Alte um. Die gemeinsame Auffassung war, diese Kultur des Aufwachsens mit anregenden Impulsen zu begleiten und vor kommerziellen, ideologischen und religiösen Verengungen zu schützen. Dabei sollte ein besonderes Augenmerk auf der Aneignung des kulturellen Erbes liegen. Traditionen vermitteln sich eben nicht als Bestand, sondern müssen in jeder Generation wieder entdeckt und neu angeeignet werden.

Ein wesentlicher Impuls der Hamburger Initiative ist, die unterschiedlichen – und in ihrer Wirkung Abgrenzungen verstärkenden – Systematiken der großen Teilsysteme Kultur, Schule und Jugendhilfe zu überwinden. Vor diesem Hintergrund orientiert sich das Rahmenkonzept an Handlungsfeldern. Benannt sind:

1. Kulturelle Bildung als Schlüsselkompetenz
2. Transkulturelle Dynamik
3. Schule und kulturelle Bildung
4. Lokale Vernetzung, globaler Horizont: zeitgemäße Stadtteilkultur
5. Demokratie: Mitbestimmung und Gestaltung
6. Mediale Initiativen
7. Bewegungskultur
8. Kulturelle Traditionen
9. Öffentlichkeitsarbeit
10. Ausbildung, Fortbildung und Forschung
11. Koordination, Schnittstellen, Netzwerke

(Ganztags-)Schule mit neuen Aufgaben und Chancen

Dabei kommt der (Ganztags-)Schule eine ganz besondere Rolle als Moderatorin und Koordinatorin kultureller Projektarbeit im Kooperationsfeld von schulischer und außerschulischer Projektarbeit zu. Aus meiner Sicht liegt hier eine außerordentliche Chance, Schule neu zu denken und in kooperativen Strukturen zusammen mit außerschulischen Partnern bzw. Künstlerinnen und Künstlern neue Partnerschaften aufzubauen und neue Arbeitsformen und Zeitmuster (Stichwort: "Rhythmisierung") zu entwickeln. Die Öffnung von Schule in Richtung neuer Kooperationsstrukturen und die Einbindung z. B. von Kultur und Jugendhilfe kann neue Chancen zur Profilierung oder Neupositionierung von Schule eröffnen und mit kultureller Projektarbeit die Lernkultur und damit die Kultur der ganzen Schule verändern helfen. Gewinnen werden die Schülerinnen und Schüler, gewinnen werden aber auch die Lehrerinnen und Lehrer. Der Hamburger Journalist Reinhard Kahl hat das in seinen Filmen immer wieder eindringlich darstellt. Aus meiner Sicht ist die Chance besonders groß, wenn es gelingt, kulturelle Bildungsarbeit über die verkürzte Rolle eines Lückenfüllers am Nachmittag hinaus strukturell im schulischen Alltag zu verankern!

Mit Blick auf die besondere Bedeutung von Schule hat der Hamburger Senat erste Maßnahmen parallel zum Beschluss über das Rahmenkonzept auch in diesen unmittelbaren Zusammenhang gestellt. Zu nennen sind: Die Multiplikatorendatenbank "Netzwerk kulturelle Bildung", die die Erhöhung der Angebotstransparenz im Kooperationsfeld Schule/außer-schulische Kultureinrichtungen und Projekte gewährleistet (www.kulturnetz.hamburg.de). Zudem werden drei Ganztagsschulen (eine Grundschule, eine Gesamtschule und ein Gymnasium) als Pilotschulen mit kulturellem Profil ausgewählt, denen die Kulturbehörde drei Jahre lang jeweils 10.000 € per anno zur Verfügung stellt. Das Projekt "Theater und Schule" (www.tusch-hamburg.de) wird ausgebaut und weiter differenziert. In Anlehnung an TuSch wird in Kooperation mit dem Landesmusikrat das Projekt "Orchestermusiker gehen in Schulen" etabliert. Dabei arbeiten im Rahmen von Projekten der musikalischen Grundbildung an Schulen Orchestermusiker in unterschiedlichen Besetzungen mit Kindern und Jugendlichen. Und nicht zuletzt wird an jeder Hamburger Schule ein "Kulturpartner" als Moderator und Koordinator kultureller Projektarbeit eingesetzt. Weitere Initiativen werden folgen.

Nur aus dem Zusammenspiel der unterschiedlichen Potenziale aller Partner wächst ein anregendes, kulturelles Milieu für Kinder und Jugendliche. Und das brauchen wir nicht nur in Hamburg. Weitere Details zum Hamburger Rahmenkonzept und Netzwerk kulturelle Bildung finden sich unter www.kinderkultur.hamburg.de oder sind in der Kulturbehörde zu erfragen.

Zur Person: Werner Frömming ist Referent für Kinder- und Jugendkultur und Stadtteilkultur in der Hamburger Kulturbehörde, die das Rahmenkonzept zum Ausbau und der Vernetzung kultureller Bildung und Förderung von Kindern und Jugendlichen in Hamburg koordiniert und vorantreibt.

Experimentelle Jugendkulturarbeit: DÜSSELDORF IST ARTIG - Jugend macht Kunst

Petra Winkelmann

Was Jugendliche an Kunst und Kultur interessiert, wissen Jugendliche am besten. Das haben sich das Kulturamt Düsseldorf und die Vodafone Stiftung Deutschland zum Leitsatz gemacht und veranstalteten im September 2004 mit DÜSSELDORF IST ARTIG (www.duesseldorf-ist-artig.de) erstmals einen Ideenwettbewerb, der die Kreativität von Jugendlichen in den Mittelpunkt stellte, sie bei der Entwicklung ihrer eigenen kreativen Ideen und Ausdrucksmöglichkeiten unterstützte und ihnen ein öffentliches Forum bot.

Dem voraus gegangen waren intensive Gespräche mit Jugendlichen, in denen es um Fragen ging, die den jungen Leuten am Herzen lagen: Warum wird das, was Jugendliche selbst kreativ gestalten wollen, nicht zur Kenntnis genommen? Warum gibt es keinen Raum für jugendliche Kreativität und warum interessiert sich niemand dafür?

Das Kulturamt Düsseldorf und die Vodafone Stiftung Deutschland nahmen diese Fragen ernst und zogen daraus die Konsequenz: Gemeinsam entwickelten Stadt, Stiftung und Jugendliche ein Konzept zur Förderung jugendlicher Kreativität. Das eigenverantwortliche, aktive Gestalten der Jugendlichen stand dabei im Vordergrund.

DÜSSELDORF IST ARTIG war ein offener, kreativer Ideenwettbewerb für Jugendliche von 14 bis 23 Jahren. Jeder, der eine Idee hatte, konnte sich bewerben – sowohl einzeln als auch in Gruppen. Künstlerische Freiheit und ausgefallene Vorschläge waren ausdrücklich gewünscht. Die besten Ideen sollten nicht prämiert, sondern mit künstlerischer und sonstiger Unterstützung realisiert und präsentiert werden. Kern des Projektes war infolgedessen die knapp viermonatige Realisationsphase, in der die Umsetzung der Ideen mit professioneller Unterstützung der künstlerischen Mentoren und Mentorinnen im Mittelpunkt stand. Für jede künstlerische Sparte stand jeweils ein Künstler bzw. eine Künstlerin als Mentor bereit. Außer den Mentorinnen und Mentoren für Musik, bildende Kunst, Literatur, Tanz, Theater, Film/Video, Fotografie gab es eine weitere Mentorin für die Sparte "Crossover", in der sich Mode und Design trafen. Ihre Aufgabe war es, die Jugendlichen zu beraten und sie bei der Umsetzung ihrer Ideen zu unterstützen – bis zur Präsentationsreife. Die intensive Begleitung und Betreuung des Projektes durch das ARTig-Team und die gleichberechtigte Beteiligung von Jugendlichen an der ARTig-Jury machten aus DÜSSELDORF IST ARTIG ein Projekt von Jugendlichen für Jugendliche. Diese enge Zusammenarbeit mit Jugendlichen hat u. a. bewirkt, dass das ursprüngliche Konzept an einigen Stellen überarbeitet und gemeinsam mit den Mentoren und Mentorinnen in einem stetigen Prozess immer wieder modifiziert wurde.

Das wurde etwa bei der Werbung für DÜSSELDORF IST ARTIG deutlich. Anstelle herkömmlicher Werbemaßnahmen war die gesamte Strategie in erster Linie auf die direkte, persönliche Ansprache Jugendlicher abgestellt. Das ARTig-Team und die ARTig-Botschafter sprachen die Jugendlichen in ihrer unmittelbaren Umgebung an: in Schulen, in Freizeitclubs, in der Altstadt und auf Straßenfesten. Sie erklärten immer wieder die Idee und unterstützten alle Interessierten bei ihrer Bewerbung. Dafür richteten sie beispielsweise feste ARTig-Sprechstunden ein.

Diese unmittelbare und persönliche Ansprache bewährte sich und schlug sich in der unerwartet großen Resonanz auf den Ideenwettbewerb nieder: Über 300 Jugendliche bewarben sich mit 96 kreativen Projektideen und bestätigten damit die erste Grundannahme des Ideenwettbewerbs. Gleichzeitig wurde das kreative Potential der Jugendlichen deutlich. Die vielfach geäußerte Bereitschaft, sich auch an der Realisierung von Projektideen anderer zu beteiligen und auf diese Weise an dem Prozess teilzunehmen und ihn mitzugestalten, belegte das große Engagement von Jugendlichen und ihren Wunsch, gemeinsam zu arbeiten.

Die ARTig-Jury beschloss, alle inhaltlich überzeugenden Vorschläge zu fördern, thematisch eng beieinander liegende Ideen zu verknüpfen und allen Bewerberinnen und Bewerbern – unabhängig davon, ob ihre Ideen realisiert würden – die Mitarbeit anzubieten. Gleichzeitig verfolgte DÜSSELDORF IST ARTIG das Ziel, ein Netzwerk von kunst- und kulturinteressierten Jugendlichen aufzubauen.

Zwischen November 2004 und März 2005 fanden neben den monatlichen Netzwerktreffen aller an ARTig beteiligten Jugendlichen unzählige Arbeitstreffen in den einzelnen Arbeitsgruppen statt. Zwischen den Mentorinnen und Mentoren und den Jugendlichen entwickelten sich vertrauensvolle, gute (Arbeits-)Verhältnisse, was positive Auswirkungen auf die Zusammenarbeit und die Ergebnisse hatte.

Am 12.03.2005 fand DÜSSELDORF IST ARTIG mit der großen Abschlusspräsentation im Kinder- und Jugendtheater seinen Höhepunkt: Rund 2.000 Gäste erlebten 12 Stunden lang die Premiere, bei der über 100 Jugendliche in 39 Einzelprojekten ihre kreativen Ideen präsentierten und zeigten, mit welcher Ernsthaftigkeit, Verantwortung und Begeisterung sie ihre künstlerischen Ziele verfolgten.

Die Tanzgruppe "Experimentelle Bewegung im Raum" bei der Präsentation
© Vodafone Stiftung Deutschland gGmbH

Die Freude und die Begeisterung, mit der sich Jugendliche für ihre eigenen Vorhaben einsetzten, aber auch an den Projekten anderer beteiligten, wurde in dem Film "The Making of ARTig" der Düsseldorfer Künstlerin Susanne Fasbender deutlich. Dieser Film über den Projektverlauf und die Abschlusspräsentation und der detailliert beschreibende ARTig-Katalog dienten gleichzeitig der Projektdokumentation. In beiden Medien wurden alle Jugendlichen und ihre Projekte vorgestellt. Für einzelne Sparten gab es zudem spezielle Medien, in denen die Ergebnisse festgehalten wurden: die DVD mit den ARTig-Filmen, das ARTig-Hörbuch und das ARTig-Album auf CD sowie das ARTig-Buch.

Der Erfolg von DÜSSELDORF IST ARTIG ist insbesondere auf folgende Faktoren zurückzuführen:

1. Die Beteiligung von Jugendlichen **auf Augenhöhe** in allen prozessbegleitenden Schritten von der Konzeptentwicklung bis hin zu eigenen Entscheidungen.
2. Jugendliche als (Ver-)Mittler, die ihre Altersgenossen direkt und glaubwürdig für ein Projekt ansprachen, von dem sie selbst überzeugt waren – es war **ihr** Projekt
3. Vertrauen – nicht nur in die Kreativität von Jugendlichen, sondern auch darin, dass sie ihre Sache "in die Hand nehmen".
4. Die kreativen Ideen der Jugendlichen und ihre künstlerische und organisatorische Unterstützung standen immer im Mittelpunkt.

Die Erkenntnis, mit ARTig ein starkes und unmittelbares Bedürfnis von Jugendlichen erkannt und angesprochen zu haben, die ansteckende Begeisterung und der wachsende Zuspruch, machte den Initiatoren schon vor der Abschlusspräsentation deutlich, dass dieses Projekt fortgesetzt werden muss. Im September 2005 ging DÜSSELDORF IST ARTIG II an den Start. Die Ergebnisse des zweiten kreativen Ideenwettbewerbs für Jugendliche werden am 1./2. April 2006 zu sehen sein.

Zur Person: Dr. Petra Winkelmann ist stellvertretende Leiterin des Kulturamtes der Stadt Düsseldorf. Sie leitet dort den Bereich Kinder- und Jugendkultur, wo sie u.a. auch das Kooperationsprojekt der Landeshauptstadt Düsseldorf mit der Vodafone Stiftung Deutschland gGmbH betreut.

Vom Dialog zur Partizipation: Programme für junge Menschen im Haus der Kulturen der Welt

Peter Winkels

NEXT Interkulturelle Projekte (www.next-kultur.org) arbeitet seit sechs Jahren mit dem Haus der Kulturen der Welt (HKW) in Berlin bei der Entwicklung von interkulturellen Jugendprojekten zusammen. Durch die Zusammenarbeit mit Künstlerinnen und Künstlern und Kulturinstitutionen aus aller Welt haben wir einige wichtige Impulse aufgenommen. Die vielleicht wichtigste Anregung ist, in der kulturellen Bildung keinen Selbstzweck zu sehen, sondern sie als Teil eines überlebensnotwendigen langfristigen Marketings zu betrachten. Dieser Marketing-Idee können sich Künstler und Kulturinstitution nicht verschließen, wenn sie auch in Zukunft ein Publikum haben wollen. Zugleich ermöglicht Bildung als Marketing es Künstlern und Institutionen, ihre eigenen Schwerpunkte in der ästhetischen Bildung zu setzen, anstatt sich als willkommenes Zusatzangebot im von der schulischen Bildung dominierten Curriculum instrumentalisieren zu lassen. Neben den weithin diskutierten Bildungsdefiziten liegt eine Notwendigkeit einer eigenständigen Bildungsarbeit auch in den Tendenzen der zeitgenössischen Künste selbst. Sie orientieren sich längst am Weltmarkt und bilden dabei immer wieder neue Formate heraus. Sie erwarten eine wachsende interkulturelle Kompetenz von Machern und Publikum. Die Kulturinstitutionen müssen eigene Anstrengungen unternehmen, das Publikum der Zukunft heranzubilden. Das Haus der Kulturen der Welt ist in diesem internationalen Kulturaustausch bereits seit mehr als 15 Jahren aktiv. In den letzten Jahren hat sich die Programmausrichtung zur zeitgenössischen, avantgardistischen Kunst außerhalb Europas entwickelt, die sich unter dem Einfluss der ökonomischen Globalisierungstendenzen verändert, eigene Wege in die Moderne ausbildet, durch Migrationsbewegungen hybride Formen entwickelt und nicht zuletzt auch Anschluss an einen immer noch vom Westen dominierten Kunstmarkt sucht.
Wie begeistert man nun junge Leute für ein solches Programm? Wie vermeidet man Exotismus, wenn zugleich bekannt ist, dass vermeintlich Exotisches einen besonderen Reiz auf ein junges Publikum ausübt? Wie findet man ein junges Publikum in einer Stadt, die gerade in dieser Altersschicht besonders multikulturell ist? Wie vermittelt man komplexe künstlerische Prozesse, ohne von einem für alle verbindlichen Bildungskanon ausgehen zu können?
Auf der Suche nach Antworten haben wir in den letzten Jahren eine Reihe von Formaten entwickelt, die es einem jungen Publikum ermöglichen, fremden Kulturen auf verschiedenen Niveaus zu begegnen. Allen gemein ist ein dialogischer Ansatz. Das heißt, die Projekte werden in Zusammenarbeit mit Künstlern der Programme des HKW entwickelt. Im Zentrum stehen die künstlerische Arbeit und der Wunsch der Künstler, diese einem jungen Publikum zugänglich zu machen. Dabei zeigt unsere Erfahrung, dass es hier eine große Bereitschaft unter den Künstlern gibt, die eine solche Arbeit aus ihrem Alltag kennen. Zugleich trifft dieser Ansatz oft auf die Skepsis europäischer Programmmacher, die in einer pädagogischen Arbeit eine Herabsetzung des Künstlers sehen. Dieser Skepsis lässt sich unserer Erfahrung nach nur begegnen, wenn die kreative Begegnung zwischen Künstlern und Jugendlichen und die Präsentation der Ergebnisse nach den gleichen professionellen Kriterien gestaltet werden, die auch bei der Umsetzung eines regulären Kulturprogramms gelten. Also basteln wir mit dem indonesischen Künstler Eko Nugroho, um ein aktuelles Beispiel zu nennen, keine Scherenschnitte, sondern übertragen sein Konzept der Street Art auf Kreuzberger Verhältnisse und laden Jugendliche ein, mit ihm das Projekt umzusetzen.
Damit ist der Kern der interkulturellen Jugendprojekte im HKW bereits beschrieben: Workshops und Open Studios, in denen Gäste des HKW, und auch Berliner Künstler, die einen inhaltlichen oder kulturellen Bezug zu den Projekten haben, gemeinsam mit jungen Menschen künstlerische Produktionen in Angriff nehmen und diese einem größeren Publikum präsentieren. Dazu kom-

men niedrigschwellige Angebote, wie Ausstellungsführungen (seit einiger Zeit fast ausschließlich von Künstlern durchgeführt), moderierte Konzerte und Schulbesuche von Künstlern und Kuratoren. In einem *Arts in education forum* bieten wir Lehrerinnen und Multiplikatoren Begegnungen mit Projektpartnern aus nicht-europäischen Ländern an. Darüber hinaus suchen wir regelmäßig in so genannten *Arts in education labs* gemeinsam mit internationalen Künstlern nach neuen Wegen der Vermittlung.

Das Haus der Kulturen der Welt zu Gast bei der *Fête de la soupe* in Kreuzberg
Foto: Next Interkulturelle Projekte, Berlin

Alle diese Formate sind zunächst Teil einer Marketingstrategie, die im Kern auf die langfristige Bindung von zukünftigen Besucherschichten an das Haus der Kulturen der Welt ausgerichtet ist. Hier haben wir vor allem durch Partner aus Indien, Lateinamerika und China gelernt, die es gewöhnt sind, mit extrem geringen Ressourcen ihre Programme an ein neues Publikum zu bringen. In vielen Ländern wird diese Arbeit durch einen starken Reformwillen in den jeweiligen Bildungssystemen unterstützt. Zum Beispiel trafen die Bemühungen unserer Partner in Hongkong auf den Willen der Stadtregierung: Gemeinsam arbeiteten sie an einer umfassenden Bildungsreform: Weg von der Disziplinierung einer zukünftigen Industriearbeiterschaft und hin zur Bildung kreativer Fähigkeiten für die so genannten *creative industries*.

Wenn wir die momentane Situation in Deutschland betrachten, möchte man schon fast ideale Voraussetzungen für ähnliche strategische Partnerschaften zwischen Wirtschaft, Politik und Kultur vermuten. Es sind ermutigende Signale, wenn Unternehmensberatungsfirmen und Banken sich über ihre Stiftungen in den Bereich der kulturellen Bildung einbringen.

Die Signale der großen Kulturinstitutionen fehlen hier zurzeit: Aktivitäten, wie die der Berliner Philharmoniker oder des Hauses der Kulturen der Welt sind noch immer selten. Es überwiegen Einzelprojekte mit unsicheren Finanzierungen und nur geringer Nachhaltigkeit. Überwiegend unbeachtet bleibt zudem die Tatsache, dass die Besucher der Zukunft zumindest zu einem großen Teil einen Migrationshintergrund haben werden, mit dem sich Kulturinstitutionen auseinander zu setzen haben.

Ein wichtiges Mittel, um etwas über die kulturellen Vorlieben, Potentiale und Sehnsüchte dieser neuen, hinsichtlich Bildungsstandard und kultureller Herkunft, heterogenen Besucherschichten der Zukunft zu erfahren, ist ihre Beteiligung an den Programmen. Wir haben diese Partizipation im Bereich unserer Zusammenarbeit mit dem Haus der Kulturen der Welt bereits zum Teil realisiert: Sei es durch die Produktion einer Radiosendung oder einer Festivalzeitung oder in den Workshops. Hier erfahren wir von Blockaden, überraschenden kulturellen Interessen und ästhetischen Konflikten unserer multi-ethnischen Besuchergruppen. Die Präsentationen der Projektergebnisse zeigen eine große Vielfalt an eigenen künstlerischen Positionen und Darstellungen der Jugendlichen. Unterschiedliche Definitionen der Geschlechterrollen werden sichtbar; Konflikte zwischen den verschiedenen Migrantengruppen finden einen Ausdruck; die Selbstdefinitionen innerhalb der deutschen Gesellschaft werden deutlich. Gemeinsam sind allen aber die Freude am eigenen Ausdruck, die disziplinierte Zusammenarbeit mit den professionellen Künstlern und der gegenseitige Respekt. Nur die wenigsten Besucher werden aus diesen Projekten den Impuls mitnehmen, selber künstlerisch tätig zu werden. Was für alle bleibt, ist die nachhaltige

Erfahrung, mit einem professionellen Künstler aus einer fremden Kultur Vorgehensweisen, Inhalte und Formen zeitgenössischer Kunst und Kultur kennen gelernt und so ihr eigenes Lösungspotential für Probleme und Konflikte erweitert zu haben.

Jugendliche sollen die Möglichkeit erhalten, Projekte im Haus der Kulturen der Welt aktiv mitzuentwickeln und mitzugestalten. Dabei werden nicht nur zukünftige Besucherschichten hinter die Kulissen der Programmarbeit geführt, sondern wir erwarten auch, dass das Haus der Kulturen der Welt seine Besucher besser kennen lernt und seine Kommunikation zukunftsfähig erhält. Die Selbstäußerung einer Generation, die zunehmend multikulturell sein wird, soll auch im Programm einer wichtigen internationalen Kulturinstitution sichtbar werden.

Zur Person: Peter Winkels gestaltet zusammen mit Henrike Grohs (Agentur NEXT Interkulturelle Projekte) seit 1999 das Kinder- und Jugendprogramm am Haus der Kulturen der Welt in Berlin. Die Arbeit der Agentur für Kulturmanagement umfasst schwerpunktmäßig die Konzeption und Durchführung interkultureller Jugendkunstprojekte. Neben seiner Arbeit für das HKW ist er als Prozessbegleiter des Projekts "Ganztätig lernen" der Deutschen Kinder- und Jugendstiftung tätig und nimmt Lehraufträge am Institut für Kunst im Kontext an der UdK Berlin wahr.

"Hauptschule in Bewegung" in der Stadt Hannover
Arnold Busch

Der Bereich "Stadtteilkulturarbeit" der Landeshauptstadt Hannover hat einen Schwerpunkt seiner Arbeit auf die Förderung der kulturellen Bildung für Kinder und Jugendliche gelegt. In Verbindung mit den nachgeordneten, stadtteilbezogenen Kultureinrichtungen in unterschiedlichen Trägerschaften (Freizeitheime, Kulturtreffs, Kulturbüros und Bürgerhäuser) werden vielfältige kulturelle Aktivitäten durchgeführt. Insbesondere die Zusammenarbeit mit Schulen hat sich in den letzten Jahren intensiviert.

Die kontinuierliche Kooperation unter dem Projekt-Motto "Hauptschule in Bewegung" (www.hauptschuleinbewegung.de) besteht nunmehr seit elf Jahren. Es wird jährlich unter ein neues Thema gestellt, zu dem dann jeweils ca. 200 Schüler aus in der Regel zehn Hauptschulen aktiv künstlerisch tätig werden. Träger des Projektes ist die Landeshauptstadt Hannover in Kooperation mit den Schulen, Institutionen und freien Mitarbeitern aus den Bereichen Kunst, Kultur und Kulturpädagogik.

In Anlehnung an das Schuljahr findet die Planungs- und Entwicklungsphase des Projektes im Zeitraum von September bis Januar statt. Im Januar wird ein Tages-Workshop zur Einstimmung für und mit allen Projektbeteiligten zum Thema (im Jahr 2005 "Weltanschauungen") durchgeführt. Mit den im Workshop erarbeiteten Grundlagen entwickeln die beteiligten Schüler im Alter von 13 bis 18 Jahren Ideen weiter, erarbeiten Szenen, sind gestalterisch, tänzerisch, musikalisch und mit dem Medium Video unter fachlichter Begleitung tätig. Mit hohem Engagement setzen sie ihre eigenen Ausdrucksmöglichkeiten um. Dabei wirken die künstlerischen Bereiche interdisziplinär zusammen. In der Zeit von Februar bis Mai wird wöchentlich in zwei Stunden in insgesamt 15 Einzelgruppen sowie an drei Tagen in jeweils fünf Zeitstunden gearbeitet.

Die Schülergruppen sind sowohl jahrgangs- als auch schulübergreifend zusammengesetzt. Sie arbeiten während und auch außerhalb der normalen Unterrichtszeiten. Die Schüler können sich ihren individuellen Neigungen entsprechend den künstlerischen Disziplinen zuordnen. Dieses bedeutet einen erheblichen organisatorischen Aufwand für alle Beteiligten, aber fördert und fordert dabei jedoch in hohem Maß nicht nur die künstlerische Kreativität, sondern auch die sozialen und kooperativen Kompetenzen.

Die Ergebnisse der Arbeit werden zum Abschluss der Projektphase in Form von sieben Bühnenpräsentationen vor jeweils ca. 400 Besuchern in einem Kulturzentrum präsentiert. Nach der letzten Vorstellung findet eine Party für die aktiven Schüler statt.

Ziel des Projektes ist eine gemeinsame ästhetische Inszenierung der Einzelergebnisse, d. h. nicht nur der Prozess der Erarbeitung ist wichtig, sondern auch und gerade die Präsentation hat einen hohen qualitativen Stellenwert. Die kulturell-künstlerische Arbeit trägt dazu bei, dass die in ihrem Schulalltag mit diesem Bereich eher wenig vertrauten Jugendlichen, von denen mehr als zwei Drittel einen Migrationshintergrund haben, in ihrer Kreativität gefördert und gefordert werden. Die Beteiligung von außerschulischen Fachleuten und Institutionen, wie u. a. das renommierte Sprengel Museum Hannover, stehen für die Professionalität und künstlerische Vielfalt des interdisziplinären Projektes.

Die eigene kulturelle Identität zu erkennen, zu erleben und durch Darstellung für andere erfahrbar zu machen sowie die Kultur anderer Menschen zu verstehen, zu tolerieren und zu würdigen, sind Leitgedanken dieses Projektes, das sich als Beitrag zu kultureller Bildung mit allen Sinnen versteht. Natürlich spielt auch der Spaß an der Sache eine nicht unbedeutende Rolle. Das Projekt "Hauptschule in Bewegung" ist kurz gesagt: ein interkulturelles Netzwerk!

Die Gesamtkosten des Projektes belaufen sich pro Schuljahr auf ca. 40.000 €, davon sind ca. die Hälfte für Honorarzahlungen an die freien Mitarbeiter erforderlich. Finanziert wird das Projekt durch Stiftungsgelder und übrige Drittmittelgeber (ca. 50 %), durch Eintrittsgelder und Beteiligungen der Schulen (ca. 25 %), den Rest trägt die Kommune.

Viele Probleme, die immer wieder zu Beginn eines Projektes unter der Beteiligung einer Vielzahl von Mitwirkenden und Partnern auftreten, lassen sich durch konsequente Rahmenbedingungen zwar nicht gänzlich vermeiden, aber zumindest minimieren. Wichtige Kriterien hierfür sind:

- Gleiche Bezahlung für alle Künstler
- Kontinuität der beteiligten, aber auch die Einbindung neuer Künstler, um durch innovative Ideen das Projekt immer wieder zu beleben
- Planungsgespräche mit allen Projektbeteiligten - so wenig wie möglich, aber soviel wie nötig, z. B. kurzfristige Plena bei Konflikten einberufen
- Abstimmung zwischen einzelnen Künstlern und Lehrern nicht nur in der Sache, sondern auch der zwischenmenschliche Bereich muss stimmen (hierzu trägt u. a. ein gemeinsames Festessen zum Abschluss bei), sonst wirkt sich das negativ auf die Arbeit und insbesondere Motivation der Schüler aus
- Wichtig sind Künstler nicht-deutscher Herkunft, da über zwei Drittel der beteiligten Schüler einen Migrationshintergrund haben. Der künstlerische Leiter stammt im Übrigen aus Marokko.
- Die Disziplin der Schüler ist immer ein grundlegendes Problem, das nur in einem intensiven Zusammenspiel und dem Grundverständnis von möglichen "Sanktionen" zwischen den Künstlern sowie den Lehrern zu lösen ist.

Zum Schluss zwei Beispiele für Schule versus Kunst und soziales Lernen innerhalb des Projektes: Die künstlerische Freiheit steht über den pädagogischen Bedenken, z. B. bei der filmischen Darstellung einer Gewaltszene konnten Bedenken einiger Lehrer, die Szene zu brutal und realistisch fanden, nicht ausgeräumt werden, trotzdem blieb die Gewaltszene erhalten, weil die Videogruppe sowohl von Seiten der Künstler als auch von Seiten der beteiligten Schüler dieses für sich als ihren Beitrag zu der Thematik reklamierten: Das Thema war "Liebe und Gewalt".

Szene aus der Aufführung "Mensch Mehmet – Insan Meier" im Mai 2003, Foto: Stadt Hannover

Für die Erarbeitung und Darstellung einer Szene bei der öffentlichen Präsentation wurden insgesamt acht Schülerinnen gebraucht, u. a. wollte auch eine Schülerin muslimischen Glaubens, die ständig ein Kopftuch trägt, unbedingt an der Szene mitwirken. Da die Bühnenszene ein gleiches "Outfit" erforderte, entstand der Druck für die muslimische Schülerin, ohne Kopftuch aufzutreten, was ihr insbesondere bei einer öffentlichen Präsentation, im Beisein ihrer Eltern im Publikum, nicht möglich war. Es drohte das Scheitern ihrer Teilnahme für die Szene am "einheitlichen Outfit". Damit die Schülerin nicht zurücktreten musste, entschlossen sich die anderen Schülerinnen aus Solidarität einheitlich mit Kopftuch aufzutreten!

Zur Person: Arnold Busch leitet im Fachbereich Bildung und Qualifizierung der Stadt Hannover das Sachgebiet Stadtteilkulturarbeit und das Projekt "Kinder- und Jugendbildung", das neben Angeboten aus unterschiedlichen kulturellen Bereichen schwerpunktmäßig kreative Projekte mit vielfältigen Kooperationspartnern sowohl fördert als auch federführend durchführt.

"Pattevugel" – Ein Kulturherbst für Kinder, aber nicht für Jugendliche?

Ralf Convents

Im Jahr 2000 entstand im Haus der SK Stiftung Kultur der Sparkasse KölnBonn die Idee, einen Jugend-Kulturherbst ins Leben zu rufen. Insbesondere rund um die Herbstferien war das kulturelle Angebot für die junge Zielgruppe "dünn gesät". "Philosophie" eines Jugend-Kulturherbstes sollte sein, Kindern und Jugendlichen mit einem vielfältigen Angebot einen spielerischen Zugang zu den unterschiedlichen Bereichen der Kultur zu ermöglichen und damit einen Beitrag zur Persönlichkeitsbildung zu leisten. Die SK Stiftung Kultur kann auf ein langjähriges Engagement in Sachen Kinder- und Jugendkultur zurückblicken: Neben einem Kindertheaterprogramm im "Sommer Köln" setzt sie einen Schwerpunkt bei der Leseförderung: Stets im Frühjahr finden die "Internationalen Kinder- und Jugendbuchwochen" statt.

Das Programm des Jugend-Kulturherbstes sollte möglichst alle Genres der Kultur abdecken: Deshalb lag es auf der Hand, den Jugendkulturherbst von einer Veranstaltergemeinschaft aus SK Stiftung Kultur und freien Anbietern auszurichten. Neben Literatur und Theater speist die Stiftung auch Angebote aus ihren Arbeitsschwerpunkten Photographie, Tanz und Film in den Kulturherbst ein, wie z. B. die erfolgreiche Reihe "Dokumentarfilme gemeinsam sehen und darüber sprechen". Als Namen für die Veranstaltungsreihe wählten wir das kölsche Wort für Drachen, "Pattevugel" – in wortwörtlicher Übersetzung Papiervogel. Die Organisation und die PR für das Projekt liegen bei der SK Stiftung Kultur, die für die Werbemedien wie Programmheft, Plakat und Internetseite, sowie für die Rahmenveranstaltungen wie das Eröffnungsfest inhaltlich und organisatorisch verantwortlich ist und diese auch finanziert.

Der im Jahre 2000 erstmals veranstaltete Kulturherbst dauert maximal fünf Wochen. Das Eröffnungsfest findet stets am letzten Sonntag vor Beginn der Herbstferien statt: In den Schulwochen vor und nach den Ferien bieten wir vornehmlich Veranstaltungen an, die sich an Schulklassen richten – also für die Allgemeinheit "geschlossen" sind – und während der Herbstferien oder an den Wochenenden Angebote, die offen für alle sind. Beim *Pattevugel* kann man unter anderem Lesungen und Konzerte hören, Theater gucken, Dokumentarfilme sehen und anschließen darüber sprechen, an Führungen teilnehmen, in Workshops aktiv selber Musik machen oder tanzen.

Zwei unterschiedliche Zielgruppen

Von Beginn an war uns klar, dass wir es bei der Konzeption von Veranstaltungsangeboten für Kinder und Jugendliche mit zwei unterschiedlichen Zielgruppen zu tun haben, die auch einer unterschiedlichen Ansprache durch unterschiedliche Medien bedürfen. Für die Zielgruppe der Kinder hatten wir von Beginn an den optimalen Medienpartner gefunden: KÄNGURU – Das Stadtmagazin für Familien in Köln erscheint kostenfrei in einer stetig wachsenden Auflage (2005: 58.000 Exemplare). Das offizielle *Pattevugel*-Programmheft wird als 16-seitiger Beihefter im DIN-A-4-Format der Zeitschrift publiziert.

Nachdem wir bereits in den ersten beiden Veranstaltungsjahren festgestellt hatten, dass es schwierig war, Jugendliche für die offenen *Pattevugel*-Angebote zu gewinnen, fassten wir im dritten Jahr den Plan, Jugendliche stärker und direkter anzusprechen. Das Programmheft war diesmal in einem zweifarbigem Fond gehalten: Orange unterlegt waren die Angebote für Kinder, blau die für Jugendliche.

Die Suche nach einem kommerziellen Medienpartner, der unmittelbar unsere ältere Zielgruppe ansprüche, blieb erfolglos. Wir fanden – zumindest in Köln – kein solches lokales Medium explizit für Jugendliche, weder im Print, noch im Bereich der elektronischen Medien. Deshalb nahmen wir die Sache selber in die Hand: Wir druckten Informationskarten mit Hinweisen auf die entsprechenden Veranstaltungen, die wir in den Schulen sowie in Jugendzentren und anderen Treffpunkten verteilten. Darüber hinaus nahmen wir Kontakt mit den Redaktionen der Schülerzeitungen auf. Wir organisierten selber eine "*Pattevugel*-Internet-Redaktion", die wir als offenes Angebot ins Programm nahmen: Die Teilnehmer und Teilnehmerinnen konnten ihre Beiträge selber ins Netz stellen. Das Eröffnungsfest sollte mit "jugendlichen Attraktionen" wie Hip-Hop-Musik und sportlichen Angeboten stärker ins Bewusstsein der Kölner Jugendlichen treten. Dieser Plan ging aber nicht auf:

Statt der eingeladenen Teens kamen, wie in den beiden Jahren zuvor, Familien mit jüngeren Kindern. Glücklicherweise kam unser "jugendliches" Programm auch bei den Kleineren gut an, wenngleich Hüpfburg und Drachenmal-Aktion schmerzlich vermisst wurden...

Auf der anderen Seite wurde uns bewusst, dass das *Pattevugel*-Eröffnungsfest bereits im dritten Jahr einen festen Platz im Programm der Kölner Familien eingenommen hatte und sie kamen zu der Veranstaltung, obwohl wir doch eigentlich die Jugendlichen eingeladen hatten...

Es fiel uns wie Schuppen von den Augen: *Pattevugel* kommt von seiner Konzeption und von seinem Erscheinungsbild mehr als ein Kinder- als ein Jugendprogramm daher. Denn: Beginnend mit dem Titel, dem Logo (ein stilisierter Drachen) und dem Maskottchen "ES KA DU" (ein Zwitterwesen aus Vogel, Mensch und Drachen) spricht die Marke *Pattevugel* Kinder an, nicht Jugendliche. Natürlich finden Teens es auch total "uncool", an Veranstaltungen eines Festivals teilzunehmen, wo auch Jüngere – womöglich noch mit deren Eltern – anzutreffen sind.

Das Pattevugel-Programmheft 2002
© SK Stiftung Kultur

Ganz unabhängig davon erscheint es schwierig, Jugendliche für Kulturveranstaltungen zu gewinnen, die nicht über Multiplikatoren vermittelt werden bzw. im obligatorischen Rahmen der Schule stattfinden.

Leicht fiel uns die Entscheidung nicht, ab dem Jahr 2003 *Pattevugel* als ein reines Kinderprogramm zu präsentieren. Allerdings wurden einige Ideen und Projekte, die im Rahmen von *Pattevugel* angestoßen wurden, in einem anderen Zusammenhang weitergeführt. Ein gutes Beispiel hierfür ist die Förderung jugendlicher Nachwuchsautoren. Bereits im ersten Jahr gab es unter dem Titel "Freistil unter 18" einen Schreibwettbewerb: Junge Leute unter 18 waren dazu aufgerufen, zu schreiben, was sie über ihre Stadt denken, wo für sie die besonderen Reize Kölns liegen und was ihnen an ihrer Stadt nicht gefällt. Unter den zahlreichen Einsendungen wurden die besten Texte ausgezeichnet und später als Buch veröffentlicht. Der Wettbewerb war der Anstoß zu einer Schreibschule für Jugendliche: Dieses in Nordrhein-Westfalen einzigartige Projekt bietet Jugendlichen die Möglichkeit, in einer professionellen Atmosphäre und unter Anleitung eines Schriftstellers das literarische Handwerk zu lernen.

Durch solche speziellen Jugendprojekte "fangen" wir die *Pattevugel*-Kinder von gestern auf, die inzwischen älter geworden sind.

Zur Person: Dr. Ralf Convents ist Referent für Presse- und Öffentlichkeitsarbeit bei der Kölner SK Stiftung Kultur. Zugleich ist er für die Konzeption und Organisation des *Pattevugel*-Kinderkulturfestivals zuständig.

4.2 Musik

Zukunft@BPhil
Zur Education-Arbeit der Berliner Philharmoniker
Henrike Grohs

"Und abends in die Philharmonie…", diese oft zitierte Sentenz des ehemaligen Intendanten Stresemann verbinden viele langjährige Abonnementen mit einem Besuch der Philharmonie mit bewährtem Ablauf, der nicht erst mit dem abendlichen Konzert beginnt, sondern mit dem festlichen Ankleiden, dem Betreten des Gebäudes und Verweilen im Foyer. Gedecke sind arrangiert und manche treffen sich hier seit Jahrzehnten, um gemeinsam in eine andere Welt zu tauchen und fernab von Straßenlärm und Arbeitswelt sich der Musik hinzugeben.

Viele des überwiegend älteren Publikums genießen diese feststehenden Rituale, mit denen sie sich auf das Konzert einstimmen – und manch einem muss es fast wie ein Sakrileg vorgekommen sein, als nach Sir Simons Amtsantritt plötzlich Kinderstimmen im Foyer erklangen und die gewohnten Wege unterbrochen wurden. Kinder und Jugendliche aus allen Teilen der Stadt, ihre Familien und Bekannten – es war ein gänzlich anderes Publikum, das plötzlich im Foyer war und für das das eigentliche Konzert nicht im großen Saal stattfand.

Irritierend war auch, dass sich Berliner Philharmoniker unter der jungen Schar befanden und gemeinsam mit den Schülern musizierten – auf Xylophonen und Papier, zu Videoinstallationen und Puppenspielern. Angezogen von der Begeisterung und Ernsthaftigkeit des ungewohnten Orchesters erschloss sich für viele erst beim anschließenden Konzertbesuch, wie sehr diese eigenwilligen Kompositionen im Foyer mit dem Konzert im großen Saal verbunden waren

Nun sind bereits über drei Jahre seit diesem "Kulturschock" vergangen und immer mehr Menschen finden sich eigens zu den Education-Aufführungen im Foyer und an anderen Orten der Stadt ein, um die Präsentationen der Education-Projekte zu verfolgen. Eine andere Art der Auseinandersetzung mit Werken der klassischen und vor allem der neueren Musik, die weniger konkretes Wissen zur Musik, zum Komponisten und seiner Zeit vermittelt, als vielmehr Musik erfahrbar werden lässt - auch in ihrer Aktualität und Verbindung zur Lebenswelt junger Menschen in Berlin.

Die Education-Abteilung *Zukunft@BPhil* existiert seit dem Amtsantritt von Sir Simon Rattle 2002. Es war eine seiner Bedingungen für seine Tätigkeit in Berlin, dass sich das Goldene Haus in der Mitte der Stadt nach allen Seiten öffnen sollte, anstatt primär für ein interessiertes Bildungsbürgertum in bewährten Strukturen zu spielen. Sein Anliegen, das breite Zustimmung bei den Musikern fand, war es, die Arbeit des Orchesters und seine Musik einem möglichst breiten Publikum zugänglich zu machen. Es ging ihm um ein neues Selbstverständnis der Institution in Bezug auf Berlin, in Bezug auf die Möglichkeiten der Kunst und auf das Berufsbild des Künstlers bzw. Musikers. Ein wechselseitiger Lernprozess, der sich nicht nur nach außen richtet, sondern sich auch nach innen vollzieht.

"Zukunft@BPhil soll uns daran erinnern, dass Musik kein Luxus ist, sondern ein Grundbedürfnis. Musik soll ein vitaler und essenzieller Bestandteil im Leben aller Menschen sein."
Sir Simon Rattle

Dementsprechend wurde die neugeschaffene Abteilung nicht als Jugendprogramm betitelt und auch nicht als pädagogische Abteilung, sondern man entschied sich – in der Ermangelung eines geeigneten deutschen Titels – für den Begriff Education, der Erziehung, Bildung und Pädagogik umfasst. Ebenso wichtig ist der Begriff Zukunft – der sich sowohl auf die neue Generation bezieht, aber auch auf die Zukunft der Kunst und die Bedeutung von kreativen Prozessen.

Als Partner konnte die Philharmonie die Deutsche Bank gewinnen, die sich zunächst für drei Jahre mit einer größeren Summe verpflichtet hatte, die Education-Arbeit zu unterstützen, und die sich 2005 entschied, dieses Engagement bis 2010 fortzuführen.

"Jeder Mensch kann Musik machen. Jeder Mensch kann irgendwie komponieren. Wenn Kinder eine Sportart lernen, schauen sie nicht einfach zu, sondern spielen wirklich Fußball oder bekommen einen Tennisschläger in die Hand. Aber wenn wir sie mit Musik vertraut machen wollen, erwarten wir oft, dass sie stillsitzen. Das ist sicher nicht der richtige Weg!"
Sir Simon Rattle

Diesem Ansatz folgend, wurde der Fokus der Arbeit auf eine aktive und schöpferische Auseinandersetzung mit Musik gelegt. Die Vermittlung kanonisierter Wissensinhalte oder das Erlernen eines Instruments steht bei der Arbeit von Zukunft@BPhil nicht im Vordergrund – vielmehr geht es um das Erfahren von Musik und um die Unterstützung der Teilnehmer in ihrer eigenen Kreativität und Ausdrucksfähigkeit.

Die Vermittlungsarbeit der Berliner Philharmoniker basiert auf unterschiedlichen Projekten, die alle in das laufende Repertoire der Berliner Philharmoniker eingebunden sind. Die kunstformübergreifenden Projekte richten sich überwiegend an Schüler und werden von Musikvermittlern, Mitgliedern der Berliner Philharmoniker und Künstlern aus verschiedenen Bereichen angeleitet. So wurden z. B. gemeinsam mit drei Grundschulklassen eigene Wasserklangwelten zu Sequenzen aus dem Film "Deep Blue" geschaffen, inspiriert von Claude Debussys "La Mer". Das Thema Erinnerung wurde am Beispiel einer Neukomposition von Marc-Anthony Turnage mit Oberschülern kompositorisch erkundet.

Aufführung des Education-Projekts zu "La Mer" von Claude Debussy im Kammermusiksaal
Foto: Akinbode Akinbiyi

Das durch den Film "Rhythm is it!" bekannt gewordene Tanzprojekt ist das umfangreichste Vorhaben. Daneben werden im Jahr verschiedene Musikprojekte angeboten, in denen zumeist kompositorisch gearbeitet wird. Bestimmte Elemente des Werkes, seien es rhythmische Strukturen, eine bestimmte Instrumentation oder ein thematischer Bezug, dienen als Ausgangspunkte der eigenen kreativen Arbeit und werden in die Erfahrenswelt der Schüler übersetzt, zumeist ohne das Originalwerk vorher zu hören. Musikalische Vorkenntnisse sind dabei nicht notwendig - man erfindet nur das, was man auch spielen kann.

Bei der Workshoparbeit steht der Prozess im Vordergrund, in dem jeder seine Fähigkeiten und Vorerfahrungen einbringen kann. Der Möglichkeit der Zusammenarbeit mit professionellen Künstlern kommt dabei eine besondere Rolle zu. Auch für die Musiker bedeutet die Zusammenarbeit mit jungen Menschen eine besondere Herausforderung, die ganz andere Fähigkeiten von ihnen fordert als im Konzertbetrieb. Improvisieren und komponieren, unterschiedliche Fähigkeiten in Einklang zu bringen und nicht immer wissen, wohin die Reise geht. Erst zum Ende der Projekte findet ein Konzertbesuch in der Philharmonie statt, der durch die eigene Auseinandersetzung mit musikalischen Prozessen und persönliche Begegnung mit Musikern meist mit offeneren Ohren wahrgenommen wird.

Um junge Menschen für klassische Musik zu begeistern und Menschen anzusprechen, die keinen Zugang zur Welt der Musik haben, ist es notwendig, aus dem Haus zu gehen und sich mit der Stadt zu vernetzen. Und so führten die Wege die Philharmoniker in Schulen und Krankenhäuser, in Busdepots und Gefängnisse. Zum Aufbau nachhaltiger Strukturen arbeiten wir sowohl bezirks- als auch schulformübergreifend und sind längerfristige Partnerschaften, z. B. mit dem Berliner Stadtteil Buch, eingegangen.

Die eingangs erwähnten öffentlichen Abschlusspräsentationen in und außerhalb der Philharmonie bilden ein integrales Element der meisten Projekte und ermöglichen es den Mitwirkenden, ihre neuen Erfahrungen mit anderen zu teilen. Für viele Eltern bzw. Familien und Freunde, die zu den Aufführungen kommen, sind die Berliner Philharmoniker bzw. die von ihr repräsentierte Musikkultur unbekannt – die Begeisterung der Teilnehmer ist oftmals die Brücke, sich diesen "fremden" musikalischen Welten zu öffnen. Ein Faktor, der auch angesichts des großen Anteils von Schülern aus verschiedenen Kulturen nicht zu unterschätzen ist.

Ob die durch die Education-Arbeit der Berliner Philharmoniker erreichten Menschen jemals zu späteren Besuchern der Philharmonie werden, bleibt dahingestellt und ist auch nicht das vorrangige Ziel der Education-Arbeit. Vielmehr geht es darum, die Philharmonie als einen lebendigen Ort in der Stadt zu verankern und Musik als essentiellen Teil des Lebens erfahrbar zu machen.

Zur Person: Die studierte Ethnologin und Kulturmanagerin Henrike Grohs arbeit als Projekt-Managerin bei Zukunft@BPhil, der Education-Abteilung der Berliner Philharmoniker. Mit Peter Winkels ist sie Gesellschafterin von NEXT Interkulturelle Projekte, Agentur für Kulturmanagement, die neben anderen Projekten das Jugendprogramm am Haus der Kulturen der Welt in Berlin durchführt. Ferner ist sie als Lehrbeauftragte an der Universität der Künste Berlin tätig.

Bläserklassen – Vernetzung zwischen Musikschulen und Schulen
Hans Walter

Das Niedersächsische Kultusministerium und der Landesmusikrat setzen sich mit der Aktion "Hauptsache: Musik!" dafür ein, die Bedeutung musikalischer Bildung verstärkt in das Bewusstsein der Öffentlichkeit zu rücken und fachliche Kooperationen zwischen der schulischen Musikpädagogik und außerschulischen Institutionen der Musikkultur anzuregen und zu entwickeln. Zunehmend wird die Zusammenarbeit nicht nur mit den Musikschulen, sondern auch mit freien und institutionellen Partnern aus der gegenwärtigen kulturellen Szene sowie freien Musikgruppen und Vereinen mit ihrem breiten und perspektivenreichen Angebot erfolgreich realisiert. Insbesondere regt die Aktion "Hauptsache: Musik!" zu einem Musikunterricht an, der die Freude am aktiven Musizieren fördert. Hierfür hat sich der Klassenmusizierunterricht als Unterrichtsform sehr bewährt, wobei in Niedersachsen die Bläserklassen ein bereits sehr weit entwickeltes Kooperationsprojekt darstellen.
Startete 1996 die erste allgemein bildende Schule in Kooperation mit der örtlichen Musikschule in Hemmingen bei Hannover, so wird heute in ganz Niedersachsen Klassenmusizierunterricht mit Orchesterblasinstrumenten an über 100 Schulen aller Schulformen angeboten.
Dieser Unterrichtsform liegt ein didaktischer Paradigmenwechsel zu Grunde, weil über den handlungsorientierten Ansatz hinaus instrumentalsystematischer Unterricht integriert wird. Um fachliche Professionalität von Instrumentallehrerinnen und Instrumentallehrern für den schulischen Unterricht wirksam werden zu lassen, wird in Niedersachsen das Kooperationsmodell "Schule - Musikschule" bevorzugt. Der Schulmusiker übernimmt hiernach das gesamte Klassenorchester, wobei er trotz des hohen Instrumentalanteils gehalten ist, sich an den gültigen curricularen Vorgaben zu orientieren. Insofern unterscheiden sich Bläserklassen von dem Musikunterricht an Gymnasien mit musikalischem Schwerpunkt, zumal auch keine Änderung der Stundentafel vorgesehen ist. Schwerpunktbildungen durch Anbindung von Arbeitsgemeinschaftsstunden an den Musikunterricht werden in Einzelfällen schulintern geregelt.
Bläserklassenunterricht erfüllt den Anspruch, musikalisches Grundwissen versteh- und begreifbar in das aktive Musizieren einzubinden, in besonderer Weise. So werden in einer Bläserklasse sehr viele Inhalte, die von den Rahmenrichtlinien vorgegeben werden, besser umgesetzt als in einem Musikunterricht, der auf instrumentales Musizieren verzichtet. Stets muss aber auf eine gute Balance zwischen den beiden Polen eines lehrgangsorientierten und instrumentalsystematisch aufgebauten Unterrichts einerseits und den allgemein musikpädagogischen Erfordernissen und Zielen andererseits geachtet werden. Ein reiner Instrumentalunterricht wäre aus musikpädagogischer Sicht ebenso wenig vertretbar wie ein Unterricht, der völlig auf eine qualitätvolle musikalische Realisation verzichtet.
Auf der Basis eines verbindlichen Lehrwerkes ist der als Gruppenunterricht organisierte Instrumentalunterricht mit dem Klassenmusizierunterricht inhaltlich abgestimmt und koordiniert und findet in der Regel als freiwilliges Zusatzangebot der Musikschule nach dem Schulunterricht gegen Gebühr statt. Bei dieser Kooperation wird eine deutliche Trennung zwischen den Aufgaben des Personals der Musikschule und den Lehrerinnen und Lehrern der allgemein bildenden Schule vollzogen. So wird in der Schule die gesamte Bläserklasse unterrichtet, das Schwergewicht liegt hierbei auf dem Klassenmusizierunterricht, während die Musikschule den Instrumentalunterricht in Kleingruppen anbietet. Die Instrumente werden von den Trägern der Bläserklasse, den Schulen oder den Musikschulen, auf Leihbasis zur Verfügung gestellt.
Ein Klassenmusizierunterricht, der in dieser Form in Kooperation mit externen Partnern organisiert wird, findet auch in anderen Instrumentalbesetzungen wie mit Streichern, Keyboards, Percussion, Akkordeons, Gitarren, Blockflöten oder als Chorklassen bei Lehrern, Schülern und Eltern immer mehr Zuspruch.

An einigen niedersächsischen Standorten werden nach diesem Modell Kooperationen auch zwischen Schulen und Kirchen, Musikvereinen, Chören oder Privatmusikerziehern sehr erfolgreich realisiert. Voraussetzung für gelingende Partnerschaften sind allerdings stets qualitativ hochwertige musikpädagogische Angebote. Daher sollten in erster Linie Diplom-Musikpädagogen und staatlich geprüfte Musiklehrer eingesetzt werden. Insbesondere Lehrkräfte an öffentlichen Musikschulen und Mitglieder des Deutschen Tonkünstlerverbandes erfüllen diese Voraussetzungen. Darüber hinaus kommen auch vom Landesmusikrat lizenzierte Übungsleiter in Betracht.

Es wird davon ausgegangen, dass in ganz Niedersachsen in den vergangenen 10 Jahren an über 100 Schulen ca. 600 Bläserklassen aufgebaut wurden und so ungefähr 15.000 Schülerinnen und Schüler qualifiziert die Grundlagen eines Orchesterblasinstrumentes erlernt haben. Über 50 % dieser Schülerinnen und Schüler haben nach dem zweijährigen Grundkurs die Instrumentalausbildung privat fortgesetzt. Schulen, Musikschulen oder Musikvereine eröffnen diesen jungen Musikerinnen und Musikern neue zusätzliche Ensembleangebote in klassischen Orchestern oder jazz- bzw. poporientierten Bands. Dass sich aus einer derart konsequenten Breitenförderung auch musikalische Spitze entwickelt, zeigt die Mitwirkung von Schülerinnen und Schülern aus Bläserklassen in allen Jugendorchestern des Landes Niedersachsen, dem Jugendsinfonieorchester, dem Jugendjazzorchester und dem Jugendblasorchester sowie bei "Jugend musiziert". Niedersachsen gilt als Bläserklassen-Hochburg.

Für Schule bedeutet die Einrichtung von Bläserklassen eine Öffnung nach außen, nicht nur durch die Zusammenarbeit mit externen Fachstellen, sondern auch durch Konzerte und öffentliche Präsentationen. So können die Schüler selbst einen wichtigen, auch musikalisch ansprechenden Beitrag zur Bewusstmachung der Bedeutung des Faches Musik und ganz allgemein zur Imageverbesserung der Schule leisten. Zu einer besonderen Form der Präsentation kommt es bei dem alle zwei Jahre stattfindenden Niedersächsischen Bläserklassentag. Die deutlich ansteigenden Teilnehmerzahlen machen die rasante Entwicklung dieses erfolgreichen Konzeptes deutlich: Im Jahre 2000 in Barsinghausen waren es 500, 2002 in Hannover 1300 und 2004 in Bad Bevensen 1800 Bläserinnen und Bläser. Für 2006 werden in Osnabrück über 2600 junge Musikerinnen und Musiker erwartet. Inzwischen bedeutet die Austragung des Bläserklassentages für den jeweiligen Veranstaltungsort und die angrenzenden Regionen ein kulturelles Highlight und gilt als ein überzeugender Beitrag gelingender Kulturpolitik.

Zur Person: Hans Walter ist Koordinator für Musik im Niedersächsischen Kultusministerium und betreut dort das Kooperationsprogramm "Hauptsache: Musik!", dass das Ministerium mit dem Landesmusikrat Niedersachsen im Jahr 2000 ins Leben gerufen hat.

"gute noten!" – Das NETZWERK ORCHESTER & SCHULEN
Gerald Mertens

Das bundesweite NETZWERK ORCHESTER & SCHULEN ist eine gemeinsame Initiative der Deutschen Orchestervereinigung (DOV) mit dem Verband Deutscher Schulmusiker (vds), und dem Arbeitskreis für Schulmusik und allgemeine Musikpädagogik (AfS), die im September 2004 in Hannover gegründet wurde.

An einzelnen Orchester- bzw. Schulstandorten in Deutschland gab es bereits eine Zusammenarbeit engagierter Schulmusiker mit dem örtlichen Theater, Musiktheater oder Berufsorchester. Ebenso führten Orchester – teilweise seit Jahrzehnten – spezielle Schulkonzerte durch. Dies waren jedoch Einzelfälle, wie eine im Jahr 2003 als Vollerhebung durchgeführte bundesweite Umfrage[248] bei 149 professionellen Ensembles in Deutschland (Opern-, Konzert-, Kammer- und Rundfunkorchester sowie Rundfunkchöre und Big Bands) und den Landesverbänden des vds ergab.[249]

Auf der Grundlage der Umfrageauswertung in Zusammenarbeit der drei Initiatoren wurden dann von allen Ensembles Ansprechpartner benannt, die gegenüber interessierten Schulen und Schulmusikern für eine erste Kontaktaufnahme zur Verfügung stehen. Dabei wurde darauf Wert gelegt, zunächst aktive Musikerinnen und Musiker aus den Orchestern und Chören einzubinden. Soweit an einzelnen Standorten professionelle Theater-, Konzertpädagogen oder Dramaturgen vorhanden waren, wurden auch diese erfasst. Durch die teilweise Doppelbenennung soll sowohl die inhaltliche Kontinuität der Arbeit bei einer eventuellen Personalfluktuation abgesichert, als auch eine betriebsinterne Kommunikation und Abstimmung innerhalb der Orchesterbetriebe erleichtert werden.

Alle auf diese Weise erfassten Ansprechpartner der Ensembles erhielten ihrerseits sämtliche Kontaktadressen von Schulmusikern auf Bundes-, Landes- und Regionalebene aus den Bereichen des vds und des AfS übermittelt.[250] Diese Liste wird ständig erweitert und aktualisiert; sie enthält inzwischen sogar deutschsprachige Interessenten aus dem Ausland. Ergänzend wurden 322 allgemeinbildende Schulen in Deutschland mit dem Schwerpunkt Musik angeschrieben, auf das neue Netzwerk hingewiesen und mit allen erforderlichen Daten aller Ansprechpartner ausgestattet. Damit sind bundesweit Schulmusikabteilungen aller Schulebenen und -formen angesprochen und eingebunden.

Bei der Bundesschulmusikwoche 2004 in Hannover wurde im Rahmen einer Ausstellung ausgewählter Konzert- und Schulprojekte von deutschen Orchestern und Musiktheatern der offizielle Startschuss für das Netzwerk mit einer bundesweiten Plakat- und Flyerkampagne gegeben. Die Plakate und Flyer wurden sodann an Schulen und Musikpädagogen, Musiktheater und Orchester versandt, um so viele Interessenten wie möglich anzusprechen.

Wesentliches Ziel des Netzwerkes ist es, die Kontaktaufnahme zwischen allgemein bildenden Schulen und Orchestern, Rundfunkensembles und Musiktheatern anzuregen, zu erleichtern, eventuelle Schwellenängste und sonstige organisatorische und finanzielle Hindernisse zu beseitigen sowie bereits bestehende Kontakte zu intensivieren. Schülerinnen und Schüler sollen leichteren Zugang zu der Musik erhalten, die von deutschen Opern- und Konzertorchestern sowie

---

[248] Die Rücklaufquote betrug knapp 78 %.

[249] Karmeier, Hartmut/ Mertens, Gerald: Schulen, Schüler und Konzerte – Umfrageauswertung in: *Das Orchester* 2/2004; vgl auch www.dov.org/NETZWERK. Die Umfrageergebnisse sind in der Fachliteratur publiziert und auch an die Kultusministerkonferenz, an alle Kultusministerien und -behörden der 16 Bundesländer sowie die jeweils zuständigen Landtagsausschüsse übermittelt worden und haben dort ein ganz überwiegend positives Echo ausgelöst.

[250] Ansprechpartner der Landesverbände (vds) bzw. Bundes- und Landesvertreter (AfS) unter www.vds-musik.de und www.afs-musik.de.

Rundfunkklangkörpern (Rundfunk-Sinfonieorchester, Rundfunkorchester, Rundfunkchöre und Big Bands) gespielt wird. Das Netzwerk ist unmittelbar mit der Initiative KINDER ZUM OLYMP! der Kulturstiftung der Länder verbunden, die es sich zur Aufgabe gemacht hat, generell die musische Bildung von Kindern und Jugendlichen in Deutschland zu fördern.

Das Plakat zur Initiative, © DOV

Entscheidend bei der Realisierung sind Aufbau und Festigung lokaler und regionaler Kontakte zwischen Ansprechpartnern der Ensembles und der Schulen sowie Schulbehörden. Hierbei können regelmäßige Informationsveranstaltungen, Lehrerstammtische, Lehrplan- und Konzertplanabsprachen sowie gezielte gemeinsame Einzelprojekte und Projektwochen für beide Seiten Gewinn bringend sein. Über einen E-Mail-Verteiler werden regelmäßig aktuelle Informationen an alle benannten Ansprechpartner verteilt. Hierbei wird u. a. auf erfolgreiche neue Projekte, aktuelle Presseberichte sowie einschlägige Fort- und Weiterbildungen hingewiesen. Auf der Homepage des Netzwerkes (www.dov.org/NETZWERK) sind einzelne Projekte in Kurzfassung skizziert, werden Untersuchungen, Pressemeldstimmen und aktuelle Entwicklungen dokumentiert.

Schulungen und Fortbildungen dienen der Vertiefung gemachter Erfahrungen, Vermittlung erfolgreicher Praxisbeispiele, Entwicklung neuer Ideen und der Weiterbildung in allen Fragen zeitgemäßer Musikvermittlung. Als besonders begehrt und erfolgreich erweisen sich dabei Mehrtageskurse der Bundesakademie für kulturelle Bildung in Wolfenbüttel, die in inhaltlicher und finanzieller Kooperation mit der DOV angeboten werden. Aktive Orchestermusiker werden durch erfahrene professionelle Pädagogen und Moderatoren aus Deutschland und Großbritannien auf ihren Einsatz in Schule und Klassenzimmer vorbereitet. Die Nachfrage nach den ersten Seminaren war so erfreulich groß, dass die Bundesakademie diese Fortbildungsangebote in ihr regelmäßiges Schulungsprogramm aufgenommen hat. Viele Musiker, die diese Schulungen und andere Fortbildungsmöglichkeiten in ausgewählten Landesmusikakademien wahrgenommen haben, kommen als Multiplikatoren in ihre Orchester zurück und bringen neue Impulse für die Jugend- und Schularbeit vor Ort mit.

Signifikant ist die in jüngster Zeit wachsende Zahl neuer Initiativen und Projekte für Kinder, Jugendliche, Schulen und Schüler, insbesondere bei mittleren Orchestern wie z. B. in Jena, Würzburg, Regensburg, Ludwigshafen, Osnabrück, um nur einige wenige zu nennen. Während der Einsatz eines professionellen und hauptamtlichen Konzertpädagogen wie bei dem Projekt "Klasse Klassik" der Duisburger Philharmoniker oder gar die Einrichtung eines ganzen *education department* bei den Berliner Philharmonikern (Zukunft@BPhil, vgl. den Beitrag von Henrike Grohs in diesem Band) bundesweit noch Ausnahmecharakter haben, ist eine allgemeine Aufbruchstimmung nicht zu verleugnen. Und sei es, dass diese Arbeit ehrenamtlich, quasi "nebenbei", von engagierten Orchestermitgliedern initiiert und geleistet wird. Immer mehr Orchester ermöglichen auch das regelmäßige Ausprobieren von Instrumenten, Gespräche mit Dirigenten, Solisten und Orchestermitgliedern nach einer Probe oder setzen speziell vorbereitete Jugendliche selbst mit großem Erfolg als Konzert- oder Probenmoderatoren für ihre eigene *peer group*, ihre eigenen Klassenkameraden, ein.

Für den Rundfunkbereich hervorzuheben sind die Jugendkonzerte des WDR: Hier erhalten alle Musiklehrer über den Einzugsbereich der Stadt Köln hinaus zu Beginn der Spielzeit eine vorbildlich gestaltete CD und CD-ROM mit Hör- und Notenbeispielen sowie umfänglichen Unterrichtsmaterialenmaterialen übersandt, um Proben- und Konzertbesuche gründlich vorzubereiten; den Musikpädagogen werden wertvolle und praktikable Hilfestellungen gegeben (vgl. den Beitrag von Carola Anhalt in diesem Band). Über dieses und viele andere Projekte wird in das Netzwerk hinein informiert, um zur Nachahmung anzustiften und die Reflektion und Verbesserung der bestehenden örtlichen Projekte anzuregen.

Insgesamt kann das NETZWERK ORCHESTER & SCHULEN bereits nach kurzer Zeit eine hervorragende Eröffnungsbilanz vorlegen, die zum intensiven Verfolgen des eingeschlagenen Weges ermutigt.

Zur Person: Gerald Mertens ist als Rechtsanwalt und ausgebildeter Kirchenmusiker Geschäftsführer der Deutschen Orchestervereinigung (DOV), die das NETZWERK ORCHESTER & SCHULEN mit ins Leben gerufen hat. Er ist zudem Geschäftsführer der Deutschen Orchester-Stiftung (DOS) sowie leitender Redakteur der Zeitschrift *Das Orchester*.

Der Jugend-Opernclub *Rheingold* e.V. in Düsseldorf
Sabine Gabriele Breuer

Rheingold ist der Zusammenschluss junger Operninteressierter, die ihrem Hobby Oper gemeinsam nachgehen. *Rheingold* e.V. als Club ist ein Modell, das von allen Kunstinteressierten in Eigeninitiative umgesetzt werden kann. Es werden Gleichgesinnte in ehrenamtlicher, gemeinnütziger Arbeit auf dieser Plattform (www.rheingold-ev.de) zusammengeführt und Interessen gebündelt. So erfolgt eine nachhaltige Bindung junger Leute an Kultur im Allgemeinen und Oper im Besonderen.

Rheingold wurde am 11. März 1998 auf Initiative des kaufmännischen Direktors der Düsseldorfer Rheinoper Dr. Hellfritzsch und seines damaligen Assistenten Dr. Axel Baisch von jungen Leuten im Umfeld des Opernhauses gegründet. Die Grundidee stammt von dem Kulturmanager Gérard Mortier, dem derzeitigen Leiter der Opéra de Paris. Die ersten Kontaktpersonen waren – neben gründungswilligen jungen Leuten – führende Mitarbeiter der Rheinoper und Multiplikatoren wie Musiklehrer, Mitarbeiter der städtischen Musikschule, Mitglieder diverser Freundeskreise, Fördervereine der Schulen und Mitarbeiter der Rheinoper. Die ersten *Rheingold*-Mitglieder waren Musikschüler, Angehörige der Mitglieder des Rheinoper-Freundeskreises, Mitglieder des Opernchores und Interessierte, die davon aus den Medien erfahren haben. Bei vielen war die Begeisterung für die Oper durch das Elternhaus oder andere Familienmitglieder meistens schon sehr früh geweckt worden.

Bei der Gründung galt es, folgende Hauptprobleme zu bewältigen: Die Definition *Rheingolds*, also das Selbstverständnis und das künftige Auftreten, die Mitglieder-Gewinnung und die Finanzen. Es war zu klären, ob *Rheingold* langfristig für alle anfallenden Kosten würde aufkommen können. Einmalig entstehende Kosten (Werbematerial, Prospekte, die Anschaffung von PC, Bildschirm, Drucker) wurden von einem Sponsor übernommen. Variable Kosten (Druckkosten, Kontoführungsgebühren, Internet-Auftritt, Kosten aus dem Bildungsauftrag (Führungen bei Reisen) werden aus den Mitgliederbeiträgen und Spenden bestritten. Die Kosten für Telefon/Internet/Briefporto für Mitgliederbriefe/-Mails trägt die Rheinoper. Als Einnahmen stehen Mitgliedsbeiträge und Spenden zur Verfügung. Mitglieder in der Ausbildung, im Wehrdienst bzw. Zivildienstleistende, Arbeitslose/Sozialhilfeempfänger bezahlen 15 €/Jahr, Berufstätige 30 €/Jahr, Fördermitgliedern mindestens 30 €/Jahr. Weiterhin waren die künftige Verwaltung der Mitglieder, die Büroraum-Findung, die Festlegung des Stammtischs und die Identifizierung der Mitglieder beim Kartenkauf (fälschungssichere Mitgliedsausweise mit Foto, Mitgliederliste an der Rheinoper-Kasse) zu bestimmen.

Rheingold bietet seinen Mitgliedern u. a. ermäßigte Tickets (ohne Vvk) für gemeinsame Veranstaltungen, einen Stammtisch, Künstlertreffen, Probenbesuche, Reisen zu Festspielen/europäischen Operntreffen, Werkeinführungen/Produktionsbegleitungen, die *Rheingold*-Lounge und Rabatt im Opernshop. Zahlreiche Aktivitäten gehen über Stammtisch und Rheinoper-Besuch hinaus, seit der Spielzeit 2000/01 waren dies unter anderem: eine Opernparty in Duisburg, Tanz in den Mai-Party im Düsseldorfer Opernhaus, diverse Tagesausflüge (Brüssel, Amsterdam, Köln, Essen) und mehrere Opernwochenenden (Prag, Leipzig, Berlin, Utrecht/Amsterdam, Hamburg, Japanese Weekend in Amsterdam, Paris, "Take a Note"-Opernfestival in Brüssel, Wien). Es wurden mehrere europäische Operntreffen (Halloween-Weekend in Berlin, Nikolaus-Weekend in Düsseldorf) organisiert, und der Traviata-Opernball in Gent, das Shakespeare-Festival in Neuss sowie die RuhrTriennale (Treffen mit Gérard Mortier, dem künstlerischen Leiter der Festspiele) besucht, zudem gab es Weihnachtsfeiern und Kooperationen mit dem Freundeskreis der Rheinoper (Teilnahme an allen Freundeskreis-Premieren) und der Tonhalle Düsseldorf.

Es gibt Herausforderungen, die sich seit der Gründung immer wieder stellen. Dazu gehört zuerst die Altersstruktur. Es ist generell schwierig, ein gemeinsames Programm für 14- bis 30-Jährige zu finden. Eine Lösung stellt das breite Angebot dar. Der Nachteil liegt darin, dass einzelne Angebote schlechter besucht sind. Viele Veranstaltungen, die nach einem Opernbesuch stattfinden, können nur selten von jüngeren Mitgliedern besucht werden. Alternativ wird verstärkt versucht, Nachmittagsproben/Matineen anzubieten. Beim Stammtisch gibt es in Bezug auf Ort und Zeit Unstimmigkeiten; und da die Mitglieder wenig konsumieren, ist Nachsicht seitens des Lokals gefragt. Nur wenige Mitglieder engagieren sich, die meisten sind Konsumenten, die die Angebote nutzen, ohne selbst Ideen oder Manpower einzubringen. Aufrufe zur Mitarbeit haben nur wenig Resonanz. Reisen finden an (verlängerten) Wochenenden statt und kosten i. d. R. unter 150 €. Sie beinhalten u. a. Tickets, Übernachtung, ggf. Mahlzeiten und die günstigste Reisemöglichkeit. Tagesreisen liegen nie über 30 €. Trotz dieser ausgesprochen günstigen Angebote treten bei der Organisation der Reisen nicht selten Probleme auf, die auf die vielfach mangelhafte Zahlungsmoral der Mitglieder zurückzuführen ist. Das hält den ehrenamtlichen Vorstand aber nicht davon ab, unermüdlich neue Anreize zu schaffen.

Rheingolder im Kostümfundus der Rheinoper Düsseldorf, Foto: Sabine Gabriele Breuer

Rheingold hat heute (Oktober 2005) rund 230 Mitglieder – Tendenz steigend. Die Künstlertreffen erfahren großen Zuspruch und auch die Zusammenarbeit mit anderen Jugendclubs ist beliebt. Durch die Kooperation mit *Juvenilia* (Dachverband der europäischen Opernclubs, www.juvenilia.org) kann *Rheingold* ein großes Jahresprogramm bieten, ohne über die eigene Kompetenz hinauszugehen. Die Mitgliedschaft bei *Juvenilia* bedeutet durch die Teilnahme an europäischen Operntreffen, die nicht immer an eine Opernclub-Mitgliedschaft gebunden ist, interkulturellen Austausch. Durch die Kooperation mit dem Freundeskreis der Rheinoper wird älteren *Rheingoldern* ein Anreiz geboten, in den Freundeskreis überzutreten, so dass die enge Bindung an die Oper auch mit zunehmendem Alter bestehen bleibt.

Zur Person: Als 2. Vorsitzende von *Rheingold* e.V. war Sabine Gabriele Breuer bis 2005 maßgeblich an der Arbeit des Jugend-Opernclubs beteiligt. Sie ist heute Mitglied des Freundeskreises der Rheinoper Düsseldorf und Präsidentin des Juvenilia-Information-Centre (European Association of Young Opera Friends). Als freiberufliche Kulturmanagerin ist sie schwerpunktmäßig mit Evaluationen für Kultureinrichtungen in Deutschland befasst.

Der Wettbewerb "Jugend musiziert"

Hans Peter Pairott

Als 1964 der erste Bundeswettbewerb "Jugend musiziert" in Berlin mit dem Konzert der Preisträger endete, hatte wohl niemand erwartet, dass sich gut 40 Jahre später jährlich über 20.000 Kinder und Jugendliche den Jurys vorstellen würden. Ursprünglich als Instrument zur Förderung des Orchesternachwuchses in Deutschland konzipiert, nimmt sich "Jugend musiziert" heute ganz anderer Aufgaben an. Geblieben ist seit Beginn die Innovationsfähigkeit in der inhaltlichen Gestaltung der Wettbewerbe, die Jahr für Jahr Kindern und Jugendlichen, deren Lehrkräften und Eltern Motivation gibt, sich mit konventionellen und neuen Themen aktiv auseinander zu setzen. An einigen Beispielen soll im Folgenden demonstriert werden, wie "Jugend musiziert" sich entwickelt hat und entwickeln wird, und welche Herausforderungen damit für Teilnehmende, Lehrkräfte, Veranstalter und Partner verknüpft sind.

Mit dem Barometer ist es so eine Sache: Meistens wird das Wetter gut, wenn der Druck hoch ist! Einen gewissen Druck müssen wohl auch die Gründer von "Jugend musiziert" verspürt haben, denn relativ früh wurde, weil es eben gewünscht und sinnvoll war, neben den Solokategorien auch die "Ensemblemusik" im Wertungsprogramm angeboten. Nicht mehr alleine die Suche nach qualifiziertem deutschen Orchesternachwuchs, sondern auch der Anreiz zum gemeinsamen Musizieren der Kinder und Jugendlichen war Intention für die grundlegenden Gedanken der Gründungsväter und -mütter. Anfang der 90er Jahre dann mussten die Verantwortlichen im Deutschen Musikrat, dem Träger des Bundeswettbewerbes, auch strukturell auf die Forderungen einer sich schnell verändernden Gesellschaft Rücksicht nehmen. "Jugend musiziert" hatte sich bis zu diesem Zeitraum damit rühmen können, nicht nur auf musikalische und musikpädagogische Strömungen zu reagieren, sondern diese vielmehr zu initiieren oder zumindest mitzubestimmen. Um diesen wichtigen Aspekt, gewissermaßen eine Säule von "Jugend musiziert", wieder einmal – wie so häufig in der Vergangenheit – mit neuem Leben zu erfüllen, entschlossen sich die Ausschüsse zum so genannten "Drei-Jahres-Turnus".

Bis dahin hatten die Jugendlichen die Möglichkeit, sich mit ihren Instrumenten zum Teil alle zwei Jahre, zum Teil auch nur alle vier Jahre in der Solowertung zu beteiligen. 1996 wurde das neue Modell eingeführt: Die Solokategorien waren nur noch alle drei Jahre im Angebot, dann jedoch für alle Instrumente. In den Zwischenjahren konnten die Jugendlichen zwar auch mit ihrem Instrument teilnehmen, allerdings in Kammermusik- und Ensemblebesetzungen. Absicht dieser Umstellung war – ohne das Ziel "Finden und Fördern von Talenten" aufzugeben – Kinder und Jugendliche und damit auch deren Lehrkräfte, noch stärker zum gemeinsamen Musizieren zu bewegen. Das gemeinsame Erlernen und Praktizieren von Musik ermöglicht das Erreichen von Schlüsselqualifikationen. Es motiviert zur Übernahme von Verantwortung, es erfordert die Akzeptanz von partiellen Führungsaufgaben der Mitspielenden, es schult die Kommunikation durch die Notwendigkeit von Zuhören und Sich-verständlich-machen, es steigert die Leistungsfähigkeit und den Leistungswillen, es fördert die Streitkultur und fordert intensives, zielgerichtetes Arbeiten im Team. Zudem schafft es Freude und Freunde. Alle diese Eigenschaften werden dringend in der Gesellschaft benötigt, und der Transfer der erlernten Qualifikationen von der Musik in andere Bereiche des täglichen Lebens ist leicht möglich.

Die bundesweite Beachtung dieses gesellschaftspolitischen bzw. kulturpolitischen Aspekts wird durch die Struktur von "Jugend musiziert" sicher gestellt: Der Wettbewerb stellt sich als ein Netzwerk von 160 Regionen und 16 Ländern dar, in denen jährlich die erste und zweite Runde durchgeführt wird, bevor die besten Musikerinnen und Musiker in den Bundeswettbewerb delegiert werden. Die Durchführung auf allen drei Ebenen bedarf einer Absicherung durch viele Partner. Auf der Regionalebene sind es meistens Musikschulen, die sich für den Wettbewerb verantwortlich fühlen. Sie werden im Optimalfalle unterstützt durch ihre Städte, Gemeinden und Kreise, durch Stiftungen und den Hauptsponsor, die Sparkassen-Organisation. Die Landeswettbewerbe stehen häufig in der Trägerschaft der Landesmusikräte. Der Bundeswettbewerb schließlich erhält seine Grundförderung durch das Bundesministerium für Familie, Senioren, Frauen und Jugend. Der Bundeswettbewerb wird gefördert durch die gastgebenden Städte und das jeweilige Bundesland.

"Jugend musiziert", und das liegt nahe, trägt nicht nur kulturpolitische Verantwortung sondern zeichnet sich in erster Linie durch musikpädagogische Aktivitäten aus. Besonders beachtenswert ist dabei die in den letzten Jahren vorgenommene Öffnung hin zu aktueller Musik wie Musical und Pop.

Seit 2003 findet die Wertung "Musical" begeisterte Anhänger, sowohl auf Seiten der Teilnehmenden wie auch bei den Zuhörern. Hier wurde das Feld der klassischen Musik gänzlich verlassen. Wohl bemerkt: Sowohl Musical, als auch Pop- und Jazzmusik waren auch vorher in den Wertungsprogrammen vertreten, jedoch immer in Verbindung mit Kompositionen aus anderen musikhistorischen Epochen. Die Verantwortlichen haben mit der Integration des Musicals erreicht, dass in der Ausbildung der Kinder und Jugendlichen, sei es in Musikschulen oder auch im privaten Sektor, jetzt andere, meist höhere Anforderungen gelten – gehört doch zum Musical nicht nur eine gut beherrschte Stimme, sondern neben anderen Parametern auch Tanz, Sprache und Ausdruck.

Momentan hat der Deutsche Musikrat im Wettbewerb "Jugend musiziert" ein Pilotprojekt aktiviert, welches sich denjenigen Instrumenten widmet, die vornehmlich bzw. ausschließlich in der populären Musik anzutreffen sind: E-Bass, E-Gitarre, Keyboard, Drums, Vocals und DJs. Diese neuen Kategorien sind als Solowertung unter dem Dach von "Jugend musiziert" ausgeschrieben und werden in den Jahren 2006 und 2007 in ausgewählten Landeswettbewerben

Zwei der Teilnehmerinnen von "Jugend musiziert"
Fotos: "Jugend musiziert", Erich Malter

versuchsweise durchgeführt. Auch hier erwarten die Verantwortlichen, dass die Möglichkeiten der Teilnahme auch das Niveau der Ausbildung bestimmen werden.

In ähnlicher Weise innovativ, beweist "Jugend musiziert" seine Flexibilität im Angebot regional begrenzter Kategorien. So findet sich das Hackbrett in bayerischen Wettbewerb wieder, und in einigen ausgewählten Regional- oder Landeswettbewerben (z. B. in Berlin und Nordrhein-Westfalen) steht die türkische Bağlama auf dem Programm. Ob sich diese oder andere Instrumente bundesweit durchsetzen werden, wird im Moment noch bezweifelt. Ganz bestimmt aber werden diese Aktivitäten dazu beitragen, die Instrumente und deren Spielweise, vor allem aber die Musizierenden einer größeren Öffentlichkeit zu präsentieren

"Jugend musiziert" ist ein ganzheitliches System. Einzelne Aspekte sind u. a. musikpädagogische, musikpolitische und gesellschaftliche Ansätze, die in ihrer Kombination und Effektivität die Lebendigkeit dieser größten Maßnahme im Bereich der kulturellen Kinder- und Jugendbildung symbolisieren. Wie die Erfahrung zeigt, finden wir in den deutschen Orchestern zahlreiche ehemalige Preisträger wieder. Wenn auch die Rahmenbedingungen und die Schwerpunkte sich geändert haben und ändern werden: Immer standen und stehen die jungen Persönlichkeiten im Mittelpunkt, deren Qualität der Bildung und Ausbildung unbestritten einen direkten positiven Einfluss auf das gesellschaftliche Kulturbarometer hat.

Zur Person: Hans Peter Pairott ist Projektleiter der Wettbewerbe "Jugend musiziert" beim Deutschen Musikrat. Zugleich engagiert er sich im Vorstand der European Union of Music Competitions for Youth (EMCY), die unter anderem den "Europäischen Musikpreis für die Jugend" vergibt und europaweit Konzerte und Tourneen junger Musiker organisiert.

4.3 Bildende Kunst/Museen

Der DJ im Museum
Aktionen für junge Leute in der Kunst- und Ausstellungshalle
Maria Nußer-Wagner

Die Kunst- und Ausstellungshalle Bonn nimmt die Aufgabe, junge Menschen an Kunst und Kultur heranzuführen, auf vielfältige Weise wahr. So stehen auf dem Veranstaltungskalender regelmäßig die Ausstellung von und mit Kunststudenten, das "Festival der Schulkultur", zielgruppenspezifische Angebote des Pädagogischen Dienstes, die "Lange Museumsnacht" mit DJ und *Clubnight*, das "Museumsmeilenfest" und ganzjährig das Open-Air-Programm auf dem Museumsplatz. Bei einigen Angeboten ist die aktive Mitgestaltung des Programms durch Kinder und Jugendliche grundlegender Bestandteil der Konzeption. Bei anderen, wie dem Open-Air-Programm, geht es zunächst darum, Schwellenängste überwinden zu helfen und die Akzeptanz des Veranstaltungsortes herzustellen, um längerfristig über dieses Vehikel die Ausstellungen des Hauses den Kindern und Jugendlichen nahe zu bringen.

Ein Beispiel für die aktive Mitgestaltung ist der Bundeswettbewerb des Bundesministeriums für Bildung und Forschung "Kunststudentinnen und Kunststudenten stellen aus", der im Ausstellungskalender der Bundeskunsthalle traditionell alle zwei Jahre auf dem Programm steht. Beteiligt sind alle 23 deutschen Kunsthochschulen, die jeweils zwei Studenten auswählen. Die beteiligten Studenten können ihre Arbeiten in musealen Räumen präsentieren und sich unter professionellen Bedingungen im Ausstellungsbetrieb erproben, sich mit Kommilitonen aus anderen Hochschulen messen und der journalistischen Kritik stellen. Darüber hinaus haben sie im Rahmen des Wettbewerbs eine Chance auf Auszeichnung in Form eines attraktiven Stipendiums oder eines Geldpreises. Für die oft jungen Besucher dieser Schau wiederum ergibt sich eine spannende Gelegenheit, sich umfassend mit den Positionen der jüngsten Künstlergeneration auseinander zu setzen.

Auch das Festival "Bonner Schulkultur" setzt auf aktive Beteiligung, wobei hier der regionale Bezug im Vordergrund steht. Das Festival lädt jedes Jahr Bonner Schulen aller Typen ein, sich mit einer aktuellen Produktion des laufenden Schuljahrs aus den Bereichen Theater und Musik zu präsentieren. Das Festival stellt dann im Laufe einer Woche die Ergebnisse vor, die in Klassen, Theater-AGs, in Chören, Big Bands, Orchestern erarbeitet wurden. Die Ausstellung, die parallel alle zwei Jahre stattfindet, gibt Einblick in die kreative Vielfalt des bildnerischen Schaffens an Bonner Schulen. Zu diesem offenen Wettbewerb sind Schüler aller Schulen und Altersstufen eingeladen. Auch bei diesem Festival werden Preise ausgelobt.

Für viele Schüler ist eine Aufführung im Rahmen des Festivals die erste Gelegenheit, sich außerhalb der Schule in einem professionellen Umfeld zu präsentieren, was die Motivation der Beteiligten stärkt. Die Vernetzung mit der Bundeskunsthalle hat noch weitere positive Nebeneffekte: Bei zahlreichen Veranstaltungen des Hauses wurden zu einem späteren Zeitpunkt Beteiligte von Produktionen des Festivals, insbesondere aus dem Bereich der Musik, für Auftritte gewonnen, etwa beim "Museumsmeilenfest", der "Langen Museumsnacht" oder der "Bonner Kulturnacht".

Damit sind wir bei zwei Veranstaltungen angelangt, die sich zum Publikumsliebling entwickelt haben. Das "Museumsmeilenfest" ist als Familienfest angelegt und richtet sich vor allem an Kinder und ihre Eltern. Es findet über einen Zeitraum von vier Tagen statt und wartet mit einer Vielzahl von Veranstaltungen auf, die in der Mehrzahl kostenlos sind: Neben dem kostenlosen Ausstellungsbesuch am Wochenende mit Sonderführungen ermöglichen viele Attraktionen einen spielerischen und unterhaltsamen Zugang zur Kunst: Kindertheater, Kinderführungen, Musikeinlagen oder Internet-Café mit Ausstellungsquiz. Aber auch reine Erlebnis-Aktionen wie Kletterwand, Hüpfburg und Karussell sind mit von der Partie – die Mischung macht den Reiz der Angebote aus, die sich speziell an die junge Klientel richten. Das "Museumsmeilenfest" erschließt regelmäßig eine große Anzahl von neuen Besuchern: 40 % sind Erstbesucher. Dass es tatsächlich gelingt, Schwellenängste aufzuheben, zeigt die Nachhaltigkeit: Ein hoher Prozentsatz dieser Erstbesucher besucht die Kunst- und Ausstellungshalle wieder, und zwar nicht beim nächsten Fest, sondern um andere Ausstellungen zu sehen und/oder an Veranstaltungen teilzunehmen.

"Lange Museumsnacht" mit *Clubnight*

Eine erlebnisreiche Begegnung mit Kunst und Kultur bietet auch die "Lange Museumsnacht", die in der Kunst- und Ausstellungshalle mehrmals im Jahr stattfindet. Gerade beim jüngeren Publikum findet die "Lange Nacht" große Zustimmung, da Kultur und Bildung nicht verstaubt daherkommen, sondern unterhaltsam und gesellig. Kurzführungen, Musikprogramm, Folklore, Theater und Aktionen, die zum Mitmachen einladen, sind attraktive und unverbindliche Angebote, die regelmäßig auch ein jüngeres Publikum anziehen. Dabei ist die *Clubnight* mit DJ fester Bestandteil der "Langen Nacht."

Der Pädagogische Dienst des Hauses bietet zu fast jeder Ausstellung ein Workshop-Programm für Kinder und Jugendliche an. Besonders erwähnenswert ist das Programm, das bei Ausstellungen zeitgenössischer Kunst zusammen mit Anke Engelke für 13- bis 19-jährige entwickelt wurde, eine Altersgruppe, die sonst eher selten für Workshops zu erwärmen ist. Der Workshop war regelmäßig ausgebucht und die beteiligten Jugendlichen begeistert, nicht nur weil eine angesagte Prominente sich mit ihnen beschäftigt hat, sondern weil sie es auch verstand, bei ihnen Interesse für zeitgenössische Kunst zu wecken.

Anke Engelke mit Jugendlichen in der Kunst- und Ausstellungshalle, Foto: KAH Bonn

Für das Branding der Kunst- und Ausstellungshalle kommt dem Museumsplatz eine ganz besondere Rolle zu, insbesondere bei jungen Menschen. Viele von ihnen sind über die Veranstaltungen auf dem Platz, also über Konzerte oder die Eisbahn, zum ersten Mal mit dem Ausstellungshaus in Berührung gekommen und verbinden positive Erlebnisse damit. Ob Eislaufkurse im Winter oder Musik im Sommer – der Museumsplatz zieht. 40 Konzerte mit internationalen Stars aus den Bereichen Rock, Pop, Jazz, Blues, Chanson und Weltmusik locken jedes Jahr von Mai bis September bis zu 200.000 Besucher auf das Gelände zwischen Kunst- und Ausstellungshalle und Kunstmuseum. Das Publikum wird zunehmend jünger, was natürlich mit der Auswahl jüngerer Bands bzw. Künstler zusammenhängt. Das Konzertticket gilt gleichzeitig für den einmaligen Eintritt in die Ausstellungen der Bundeskunsthalle: Somit lassen sich wiederum neue Zielgruppen für das Ausstellungshaus erschließen. Auch die Eisbahn kann nach der ersten Saison 2004/05 eine sehr zufrieden stellende Bilanz aufweisen: 115.000 Besucher, darunter ein hoher Anteil von Jugendlichen, die nachweislich auch die Ausstellungen des Hauses besucht haben.

Zur Person: Maria Nußer-Wagner leitet als Kulturmanagerin und PR-Beraterin den Fachbereich PR/Marketing der Kunst- und Ausstellungshalle der Bundesrepublik Deutschland in Bonn.

Zielgruppe: Junge Erwachsene
Erfahrungen aus zwei Projekten der Stiftung Wilhelm Lehmbruck Museum, Duisburg
Cornelia Brüninghaus-Knubel/Andreas Benedict

Wie war das, als man selber "Jugendlicher" war? Waren Veranstaltungen speziell "für Jugendliche" nicht eher verdächtig als verlockend? Und jetzt wollen Jugendliche von gestern den Erwachsenen von morgen weismachen, dass es besonders lohnenswert sei, die Freizeit im Museum zu verbringen? Die Erfahrung der eigenen Jugend sagt einem, dass das keine leichte Aufgabe sein kann.

Im Wilhelm Lehmbruck Museum gibt es seit vielen Jahren ein spezielles Angebot für Jugendliche, den Jugend Kunst Klub, kurz: JKK. Zusätzlich wurde 2001 bis 2004 mit der Veranstaltungsreihe "Schönhaus: Noteingang" ein neues Format ausprobiert, um junges Publikum anzusprechen. Von beiden Angeboten soll im Folgenden die Rede sein.

Traditionell und unverwüstlich: der Jugend Kunst Klub

Der JKK wurde schon 1992 gegründet. Die erste Veranstaltung war eine Fahrt zur documenta 9. In der Folge fand sich ein engerer Kreis von Jugendlichen zusammen, die sich sowohl im Museum, als auch zu externen Aktivitäten mit jüngeren Mitarbeitern der Museumspädagogik trafen. In diesem Stil existiert der JKK bis heute fort. Die Mitglieder entrichten einen Jahresbeitrag von jeweils 10 € und erwerben eine ermäßigte Jahreseintrittskarte für 15 €. Sie sind somit Mitglieder des Freundeskreises des Museums und werden etwa einmal im Monat per Mail über die Angebote des JKK informiert. So erhalten sie regelmäßig den Veranstaltungskalender des Museums, Einladungen zu Ausstellungseröffnungen usw.

Der Jugend Kunst Klub arbeitet an einem Deckenbild mit eigenen Porträts, das später im Kindermuseum des Lehmbruck Museums gezeigt wurde. Foto: Jugend Kunst Klub

Etwa zweimal im Monat trifft sich der JKK mit jeweils einem der beiden Betreuer zu kurzfristigen Aktionen, z. B. zu Ausstellungsbesuchen, zu berufskundlich orientierten Gesprächen mit Kreativprofis sowie zu kleineren künstlerisch-praktischen Übungen oder auch nur zum Zusammensitzen, Kaffeetrinken und Besprechen unterschiedlichster Themen. Darüber hinaus stehen immer wieder aufwändigere bzw. längerfristige Unternehmungen an. Dazu zählen mehrtägige Workshops (z. B. Malen, Fotografie, Bildbearbeitung am PC, Video/Schnitt), größere Exkursionen (z. B. zur Expo, zur documenta, internationaler Jugendaustausch) oder die Einbindung in die museumspädagogische Arbeit (z. B. Mitkonzeption einer Ausstellung für Kinder, Praktikum). Außerdem können JKK-Mitglieder als pädagogische Aufsichten im Kindermuseum oder als Helfer bei Ferienworkshops Geld verdienen.

Der JKK verzeichnet meist etwa 15 zahlende Mitglieder. Doch die Zahl derer, die regelmäßig zu den Treffen erscheinen, ist oft deutlich geringer. Der "harte Kern" des JKK hat sich jedoch als hoch motivierte kleine Gruppe entpuppt, die aktiv am Museumsleben vor und hinter den Kulissen teilnimmt – was wir als Erfolg verzeichnen. Abgesehen von aller möglichen Selbstkritik erscheint es angesichts des reichen Freizeitangebots für Jugendliche und der starken Konkurrenz der kommerziellen Freizeitanbieter untereinander vielleicht nur realistisch, dass der Jugend Kunst Klub in seiner bisherigen Form lediglich eine Minderheit ansprechen kann. Dennoch können und sollen immer wieder Versuche unternommen werden, dem JKK mehr Dynamik zu verleihen, z. B. durch eine verbesserte Außendarstellung mit Einsatz elektronischer Medien und durch eine stärkere Einbeziehung der Mitglieder im Sinne einer Selbstorganisation. Umso mehr der JKK aus eigenem Antrieb und aus der eigenen Altersgruppe heraus agiert, desto glaubwürdiger und attraktiver wird er für die Zielgruppe.

Besonders effektiv ist jedoch auch die Arbeit mit und die Betreuung von Praktikanten und den Jugendlichen einzuschätzen, die das "Freiwillige Soziale Jahr Kultur" in unserem Hause ableisten (vgl. auch den entsprechenden Beitrag in Kapitel 3 in diesem Band). Mit diesen Jugendlichen hat sich über zum Teil viele Jahre eine langjährige Beziehung entwickelt, wir begleiten sie bei ihrer Berufsfindung, ihrem Studium – und nicht selten wachsen sie in Assistententätigkeiten im Museum hinein.

"Schräg" und experimentell: "Schönhaus: Noteingang"

Auf Grund der langjährigen Erfahrung mit dem JKK entstand in der Museumspädagogik des Lehmbruck Museums das Bedürfnis, den Kontakt zur Zielgruppe Jugendliche durch ein neues Angebot in Gang zu bringen. Der Kölner Künstlers Matthias Förster entwickelte die Veranstaltung "Schönhaus: Noteingang", die 2001 bis 2004 im Museum etabliert wurde, allerdings außerhalb der Öffnungszeiten und ohne didaktisches Auftreten. Ihre Besonderheit besteht in dem Nebeneinander von Kunstausstellung, Bar-Atmosphäre und Musikpräsentation durch DJs bzw. Livemusiker.

Der etwas sperrige Name lässt verschiedene Deutungsmöglichkeiten zu. Faktisch ist der Noteingang ein umfunktionierter Notausgang in maximaler Entfernung zum Haupteingang. Durch ihn gelangt der Besucher in einen Raum, der eher ein Außen als ein Innen verkörpert, da er, von alarmgesicherten Rolltoren begrenzt, keinen Zugang – nicht einmal einen Einblick – in die üblichen Ausstellungsbereiche ermöglicht. Er bietet die notwendigen sanitären Anlagen, gewährt den Verzicht auf museumsübliches Wachpersonal und ermöglicht bei schönem Wetter die Nutzung des Parks. Zudem erwies sich der im doppelten Wortsinne "schräge" Veranstaltungsraum als eine Herausforderung für Organisatoren und Künstler. Trotzdem kann der Ort als eine besondere Qualität der Veranstaltung gesehen werden, vermag er doch eine gewisse *underground*-Ästhetik zu befördern, was die Atmosphäre der "Schönhaus"-Abende positiv beeinflusst hat.

Die Präsentation junger bildender Künstler war zwar ein zentrales Anliegen, doch ohne Musik wäre die Veranstaltungsform undenkbar gewesen! Gerade in ihrem Halblive-Charakter – der Plattenaufleger nimmt geradezu die Rolle eines Künstlers ein – bildet sie den Stoff, der das Publikum bindet. Das Bar-Angebot komplettierte das mehrere Ebenen vermittelnde Konzept der Veranstaltungsreihe.

Die angemessene Art der Öffentlichkeitsarbeit erwies sich als ein Kernproblem des "Schönhaus"-Projekts. Junge Leute sind in der Regel keine Tageszeitungsleser und besuchen auch keine untypischen Veranstaltungsorte bloß wegen eines Terminhinweises. Als probates Werbemittel verteilten wir Gratis-Postkarten, deren Motive Neugierde weckten. Das sicherste Mittel ist jedoch die persönliche Ansprache bzw. Mundpropaganda. Als zusätzliche Informationsmöglichkeit wurde eine Website installiert, die mit der offiziellen Museumswebsite verlinkt wurde.

Zwischen 30 und 80 Besucher (mit leicht ansteigender Tendenz) haben die einzelnen "Schönhaus"-Abende bevölkert, nicht schätzbar hingegen sind die Museumsbesucher, die während der üblichen Öffnungszeiten die jeweiligen Installationen wahrgenommen und mit Interesse betrachtet haben. Von sachverständigem Publikum wurde meist Ermunterndes geäußert: Vor allem, dass viel Durchhaltevermögen zu wünschen und von Nöten sei, um mit der guten Idee einer solchen Veranstaltungsform kontinuierlich eine angemessene Publikumsresonanz zu erreichen.

Zu den Autoren: Cornelia Brüninghaus-Knubel und Andreas Benedict leiten in der Duisburger "Stiftung Wilhelm Lehmbruck Museum – Zentrum Internationaler Skulptur" den Bereich Kunstvermittlung/Museumspädagogik.

Kunst in die Schulen – Die Artothek
Ernst Wagner

"Das war toll, wie uns der Herr Kotter mit der Lichtanlage und der Kamera gezeigt hat, wie er seine Bilder macht!" Ištvans Augen leuchten, als er aus dem "Kunstworkshop" kommt. Ištvan ist sieben Jahre alt und Schüler einer Grundschule im Münchner Osten. Seine Klasse nimmt am Projekt "Artothek" teil.
Mit der Artothek versucht die Stiftung art131, eine Antwort auf ein Dilemma zu finden. Das Dilemma heißt: Kinder und Jugendliche haben zu wenig Zugang zur zeitgenössischen Kunst. "Und hier kommt die Schule mit ihrem Bildungsauftrag in die Pflicht," betont Michael Weidenhiller, der Geschäftsführer der Stiftung. "Besuche von Galerien und Museen im Rahmen des Unterrichts werden zunehmend schwierig. Und die Bedingungen in den Tempeln der Kunst für eine Arbeit mit Jugendlichen sind meist schlecht. Oft bleibt als Rettung – wenn eine Klasse es denn ins Museum geschafft hat – meist nur die klassische Führung. Das aber ist eine Vermittlungsform, die von allen die ineffizienteste ist."
Mit der Artothek wird die Richtung deshalb umgedreht. Nicht die Schüler kommen zur Kunst, sondern die Kunstwerke kommen in die Schule. Und die Werke werden begleitet von den Künstlern.
Das Konzept ist einfach: Sieben renommierte Künstlerinnen und Künstler (Thomas Bechinger, Albert Hien, Stephan Huber, Hans Kotter, M+M, Beate Passow und Bernd Zimmer) stellen ausgewählte Werke für die Artothek zur Verfügung. Diese Werke können von Schulen für den Zeitraum von ca. drei Monaten ausgeliehen werden. Die Schulen müssen sich jedoch um die Ausleihe mit einer eigenen Projektidee bewerben. Dieses Vorhaben soll zeigen, wie das jeweilige Kunstwerk in das Schulleben "integriert" wird, etwa durch Reflexion im Kunstunterricht, durch Theaterinszenierungen oder Lesungen, Workshops und vieles andere mehr. Wird die Projektidee vom Künstler akzeptiert, kommt es zu einem Gespräch zwischen Künstler und einer Delegation der Schule (betreuende Lehrkraft, beteiligte Schüler, Vertreter der Schulleitung), um das genaue Vorhaben zu klären. Am Schluss wird eine präzise Vereinbarung getroffen.
"Die Kosten der Ausleihe werden von der Stiftung art131 getragen", berichtet Michael Meuer, der Initiator, der die Idee "Artothek für Bürger" schon vor über 20 Jahren in München realisiert hat. "Der Künstler erhält ein Honorar, die Schule einen Zuschuss zu ihrem Projekt. Bei soviel Unterstützung sind unsere Erwartungen an die Projekte natürlich entsprechend hoch. Erste Ergebnisse aber zeigen, dass sich der Einsatz auszahlt. In den bislang geförderten Vorhaben haben alle Beteiligten, Schüler, Lehrer und Künstler begeistert von ihrer Erfahrung berichtet."
Zwei Projektlinien zeichnen sich mittlerweile ab: Auf der ersten Schiene vermitteln die Künstler ihre Arbeit, ohne weiter in das Unterrichtsgeschehen einzugreifen. Der Künstler berichtet den Schülern dann an der Schule oder in seinem Atelier von seiner Arbeit. Dazu haben sich die Schüler vorbereitet: Sie haben sich mit den Werken und der Biografie des Künstlers beschäftigt, sie haben versucht, Begriffe zur Beschreibung, vielleicht auch zur Interpretation zu finden, sie haben die Arbeiten mit anderen verglichen und sie haben sich Fragen notiert, die sie jetzt dem Künstler stellen und mit ihm diskutieren wollen.
Die zweite, häufiger gewählte Projektform, nutzt die an der Schule ausgestellten Werke zum Anlass für eigenes Gestalten. Der Künstler kommt dann zu maximal drei Workshops an die Schule. Im ersten wird das Vorhaben gemeinsam definiert, im zweiten werden die Entwürfe korrigiert und im dritten die Präsentation der Ergebnisse vorbereitet. "Die Schüler arbeiten dabei immer unter Anleitung der Lehrkraft. Das ist uns sehr wichtig, da die Impulse, die von einem solchen Projekt ausgehen können, nur von den Lehrern, nicht von den Schülern, nachhaltig ins System Schule eingespeist werden können", betont Rainer Wenrich, Koordinator der Artothek bei der Stiftung.

Screenshot der Website artothek.bayern.de

Nachhaltigkeit ist ein wichtiges Ziel für die Betreiber: Eine neue Form des Unterrichtens, neue Erfahrungen mit der authentischen "Aura" der Künstler, ungewohnte Ideen, denen sich alle Beteiligten vorsichtig nähern. "Wenn dann alle Schüler, alle Lehrer, der Hausmeister und die Sekretärin darauf gespannt sind, wie sich der Künstler den Fragen der Schüler stellt, wie er zu seinem Werk Stellung bezieht, dann ist etwas Tolles in den Köpfen passiert." Hans Kotter berichtet von seiner Erfahrung an der Münchner Grundschule: "Nach der ersten Besprechung wusste ich nicht so recht, wie sich die Sache entwickeln würde. Aber durch die Freude der Kinder bekam das Projekt eine Eigendynamik, mit der ich nie gerechnet hätte. Die Offenheit, das Interesse und der Spaß, mit dem nicht nur die Kinder auf meine Arbeiten reagierten, war eine fabelhafte Erfahrung."

Die Stiftung art131 ist eine Gründung des Bayerischen Staatsministeriums für Unterricht und Kultus zur Förderung der kulturellen Bildung an bayerischen Schulen. Sie, der Kulturfonds Bayern und das Museums-Pädagogische Zentrum München (MPZ) unterstützen das Projekt bei der Durchführung. E-ON Bayern ist Partner des Vorhabens. Detaillierte Informationen sind unter www.artothek.bayern.de zu finden.

Zur Person: Dr. Ernst Wagner ist beim Bayerischen Staatsministerium für Unterricht und Kultus für das Projekt "Artothek" zuständig. Eine weitere von ihm betreute Initiative ist das Modellprojekt "transform", das sich u. a. mit Architektur oder Produktdesign in Schulen beschäftigt. Es wird in Kooperation mit Bayern Design, der Bayerischen Architektenkammer und dem Bayerischen Staatsministerium für Wirtschaft, Verkehr, Infrastruktur und Technologie durchgeführt (www.transform-kunst.de).

4.4 Theater und Tanz

"Augenblick mal!" – Das Deutsche Kinder- und Jugendtheater-Treffen
Kinder als Experten

Gabi dan Droste

Das Deutsche Kinder- und Jugendtheater-Treffen in Berlin ist die Biennale des professionellen Kinder- und Jugendtheaters in Deutschland. Es erreicht jeweils ca. 6.000 Besucher, davon sind rund 500 Fachbesucher, die anderen sind Kinder und Jugendliche.

Den Kern des Festivals bilden zehn Aufführungen des deutschen Kinder- und Jugendtheaters. Es gibt ein internationales Programm und ein umfangreiches Rahmenangebot. Da "Augenblick mal!" das einzige nationale Theater-Festival für Kinder und Jugendliche ist, wurden bei der Konzeption eine Reihe von Erwartungen beachtet. Für die Fachleute stehen die Aufführungen und die Reflexion ästhetischer Aspekte im Vordergrund. Das Festival ist auch eine Leistungsschau der Kinder- und Jugendtheater-Szene und informiert die Öffentlichkeit über aktuelle künstlerische, kulturelle und pädagogische Potenziale.

Es richtet sich nicht zuletzt an das junge Publikum. Bei den letzten beiden Treffen 2003 und 2005 hat die theaterpädagogische Arbeit mit Kindern und Jugendlichen erheblich an Gewicht gewonnen. Bei beiden Festivals stand sie unter dem Motto "Kinderöffentlichkeit", womit sich das programmatische Bestreben verband, diese Arbeit in das Gesamtkonzept des Festivals einzubinden.

Ein Beispiel: Die Arbeit mit Patenklassen

Für das 7. Deutsche Kinder- und Jugendtheater-Treffen im Mai 2003 lud das Kinder- und Jugendtheaterzentrum eine 3. Klasse aus Berlin Kreuzberg als Patenklasse der Inszenierung *Fluchtwege* des Hans-Otto-Theaters aus Potsdam (Autor: Nick Wood, Regie: Yüksel Yolcu) ein. Die 27 Schülerinnen und Schüler sollten das Ensemble in verschiedenen Schritten begleiten, mit zwei Theaterpädagoginnen selbst zur Thematik des Stückes arbeiten und die Inszenierung beim Festival erleben.

Das Stück und die Aufführung

Das Drama *Fluchtwege* greift das Thema Flucht vor Krieg und Menschenrechtsverletzungen auf: Die Geschwister Riva und Andrea lebten früher in einem weit entfernten Land und stehen heute vor ihrer neuen Schule, um ein neues Leben zu beginnen. Doch zuvor erzählen sie die Geschichte ihrer Flucht. Sie erinnern sich an Streit und Verfolgung zweier ethnischer und religiöser Gruppen, an die Ermordung ihres Onkels, den Tod ihres Vaters auf der Flucht. Sie berichten darüber, was es heißt, Heimat und Freunde zu verlieren, und wie schwer ein Anfang in einem neuen Land ist.

Die Inszenierung setzt auf die Einfachheit der Theatermittel. Das Spielfeld ist eine rechteckige Arena, an deren Seiten die Zuschauer sitzen. Die beiden Schauspieler spielen im schnellen Rollenwechsel. Mit Hilfe weniger Requisiten verkörpern sie alle Figuren und lassen die Zuschauer an der Faszination der Verwandlung teilhaben. Zentrales Requisit ist ein Koffer.

Der Projektverlauf

An drei Projekttagen in der Schule arbeiteten die Theaterpädagoginnen mit den Kindern aus zwölf Nationen. Ein mitgebrachter Koffer enthielt Postkarten, Papier und Briefmarken. Zunächst wurde das Stück vorgestellt und die Kinder wurden angeregt, den Schauspielern Postkarten zu schicken. Bei der nächsten Begegnung war der Koffer mit Antwortkarten gefüllt, die vorgelesen wurden. Das bekannte Spiel "Kofferpacken" wurde mit der Frage "Was würdest Du mitnehmen, wenn Du fliehen müsstest und nur zwei ‚Dinge' mitnehmen könntest?" abgewandelt.

Zwei der Schülerinnen mit ihren "Mitnehmwünschen"
Fotos: Stefan Gloede

Jedes Kind bekam per Los einen eigenen Koffer zugeteilt, die "Mitnehmwünsche" wurden mit Hilfe von Papier zu Objekten gebildet und in den Koffer gelegt. Im Anschluss an die Aufführung sprachen die Schüler mit den Darstellern und schauten sich gemeinsam die Papierobjekte an, die im Foyer des Theaters ausgestellt waren. Einige Kinder nahmen die Schauspieler an die Hand und zeigten ihnen ihr Objekt.

Im Wechsel von Tun und Betrachten

In diesem vielschichtig angelegten Projekt begegnen die Kinder sich selbst, ihren Mitschülern und den Erwachsenen auf sehr unterschiedliche Weise. Sie spielen, sie sprechen miteinander, schreiben, formen und hören zu – sie werden auf vielfältige Weise angesprochen und können sich vielfältig ausdrücken.

Zeichen lesen lernen – Zeichen selbst produzieren

Die Mittel der Theaterpädagoginnen konzentrieren sich auf zwei wesentliche Dinge: das Papier und den Koffer. Der Koffer ist Ausgangs- und Mittelpunkt der Auseinandersetzung mit dem Thema. Für die Kinder ist er ein bekannter Gegenstand und wird benutzt, um sich der Thematik zu nähern. Er dient als 'Postauto', gleichzeitig ist er Geheimnisträger und birgt einen leeren Raum, den die Kinder mit eigenen Wünschen und Phantasie füllen können. Er bietet einen Schutzraum für ihre Äußerungen: Sie legen ihre Post hinein, ihre Mitnahmewünsche und ihre Papierobjekte, für die der Koffer abschließend auch die Ausstellungsfläche bildet.
Auch die Inszenierung setzt den Koffer als zentralen Gegenstand variabel ein: als Reiseutensil, als Schreibtafel oder als Schutz. Seine Konnotation für Vertreibung, Flucht und Einsamkeit wird in der Arbeit mit den Kindern wie auch in der Inszenierung evident. Bedeutungszuweisung und -veränderung sowie Verwandlung sind Wesensmerkmale von Theater schlechthin. Der Phantasie sind auf der Bühne keine Grenzen gesetzt, das Theater lebt vielmehr von dieser eigenen Zeichensetzung, die der Zuschauer entschlüsseln muss.
Das Spiel der Schauspieler zeigte dies auf eindrucksvolle Weise: Das Tragen eines Kopftuches und eine gebeugte Körperhaltung wurden zu Kennzeichen für eine ältere Frau. Setzte die Schauspielerin eine Brille auf und schrieb mit Kreide auf den Koffer, wurde sie zur Lehrerin.
Im Theater wird das Vermögen der Kinder, künstliche Zeichen zu lesen, ausgebildet. Die theaterpädagogische Arbeit im Vorfeld des Theaterbesuchs sensibilisierte die Kinder hierfür, indem die Theaterpädagoginnen ihnen Raum ließen, diese Welt zu erforschen und eigene Zeichen zu finden.
Das Lesen von künstlichen Zeichen auf der Bühne unterstützt die Kompetenz, Medien zu benutzen, so wie im Umkehrschluss die eigene Produktion von Medien die Rezeption von Zeichen unterstützt.

Eigenes ausdrücken – Fremdes kennen lernen

Das einfache, weiße Papier steht im Mittelpunkt des kreativen Prozesses. Christa Brenner-Nees, die Klassenlehrerin, beschreibt in einem Gespräch die Faszination, Ruhe und Intensität, mit der alle Kinder mit dem Material arbeiten. Die Beschränkung auf diesen "reizarmen" Werkstoff half den Kindern, einen Ausdruck ihrer Emotionen zu entwickeln und diese in das Material hineinzulegen.

Die Kinder konnten in der Auseinandersetzung mit den Äußerungen ihrer Mitschüler eigene Standpunkte finden. Über diesen Prozess konnten sie ein emotionales Verhältnis zur Thematik entwickeln und es für andere sichtbar machen. Im Theater konnten sie das Verhalten der Figuren beobachten und mit der eigenen Auffassung vergleichen. Den kindlichen Zuschauern sind sie Identifikationsfiguren, durch die sie die Geschichte der beiden Flüchtlingskinder nachempfinden können.

Die Kinder werden mit neuen und vielleicht auch irritierenden Erfahrungen konfrontiert und können andere Sichtweisen kennen lernen und einnehmen. Dadurch werden sowohl der reflexive Blick auf sich selbst wie auch der Blick auf den anderen und damit die Fähigkeit zur Empathie wesentlich gefördert. Dieses Zusammenspiel bezieht sich sowohl auf das Theaterstück wie auch auf die Situation in der Klasse selbst. Einige Schüler sind Migranten und konnten ihre eigene wie auch die Biographie ihrer Familie schildern. Das Verständnis der Kinder füreinander und der Zusammenhalt der Klasse wurden gefördert.

Theater kann im besten Fall – wie in diesem Beispiel – ein Ort sein, an dem die Kinder Experten ihres eigenen Lebens sind.

Zur Person: Gabi dan Droste ist ausgebildete Theaterwissenschaftlerin und Spiel- und Theaterpädagogin. Als Mitarbeiterin im Kinder- und Jugendtheaterzentrum in der Bundesrepublik Deutschland betreut sie Projekte im Bereich Aus- und Weiterbildung.

TUSCH – Theater und Schule Berlin
Ursula Jenni

... Ein sonniger, kalter Novembersamstag. Immer mehr Jugendliche finden sich im hellen, freundlichen Theaterraum ein. Gespannte Erwartungshaltung trifft auf rege Betriebsamkeit. Anfangsstimmung – 45 junge Akteure des TUSCH-Winterferien-Projekts 2006 treffen erstmals auf ihre Regisseure, Choreografen und auf die künstlerischen Mitarbeiter der vier teilnehmenden Theater und des TUSCH-Teams. Noch ist alle konkrete Theaterarbeit fern. Es geht darum, sich selbst und die Theaterhäuser kennen zu lernen, es geht darum, sich ein Bild zu machen von dem, was kommen wird: 10 Tage intensive Probenarbeit mit Theaterprofis, einen Inszenierungsprozess hautnah miterleben und mit gestalten und schließlich auf den Bühnen der vier Theater zu spielen, zu tanzen, zu performen ...

Die Jugendlichen, die sich hier treffen, kommen aus 20 unterschiedlichen Berliner Schulen. Sie kennen sich nur vereinzelt, dennoch sind sie kurze Zeit später in entspannte Gespräche vertieft. Sie tauschen sich über ihre Theatererfahrungen oder Idole aus, sie lernen Spielpläne kennen und machen ihre ersten Tanztheater-Schritte. MOVE ON! – so der Titel der Winterferien-Produktion 2006 – ist gestartet.

"Einstiege schaffen" - mit diesem Anspruch ist Renate Breitig, Referentin für Theater und ästhetische Bildung in der Berliner Senatsverwaltung für Bildung, Jugend und Sport, 1998 an den Start gegangen – Einstiege in eine für Kinder und Jugendliche oftmals sehr ferne Kunstform, ins Theater.

Die **Vision** war, eine Plattform zu etablieren, die eine unmittelbare und kreative Begegnung zwischen Schülern, Theatermachern und Pädagogen erlaubt. Gegenseitige Annäherung in der künstlerischen Praxis, die Möglichkeit zum Austausch über kulturelle Werte und Kunstverständnis, Einblicke in fremde Lebens-, Gefühls- und Arbeitswelten, die vielfältigen Aspekte, die Theater spannend machen, sollten sich in den Begegnungen und Projekten von TUSCH widerspiegeln.

Als **Netzwerk**, das einerseits auf Einzelpartnerschaften zwischen jeweils einem Theater und einer Schule basiert, andererseits durch gemeinsame Projekte die Zusammenarbeit aller mit allen anregt, bietet das TUSCH–Konzept (www.tusch-berlin.de) ausreichend Spielraum für die Impulse aller Beteiligten und kann dadurch leicht mit gesellschaftlichen und ästhetischen Entwicklungen Schritt halten. Die TUSCH-Idee wurde 2003 in Hamburg übernommen (www.tusch-hamburg.de) und ist in Sachsen-Anhalt seit 2004 unter dem Namen KlaTSch! (www.lanze-lsa.de) bekannt.

Herzstück des Projekts sind die **Einzelpartnerschaften**. Auf zwei Jahre angelegt, bieten sie jeweils einem Theater und einer Schule die Möglichkeit, speziell auf ihr Profil zugeschnittene Projekte zu realisieren. Aktuell verbinden sich 22 Theater mit 27 Schulen; weitere 25 Schulen aus den Vorjahren setzen eigenständig die bereits etablierten Partnerschaften fort. Mit dabei sind die drei Opernhäuser, die großen und kleinen Sprechtheater, die Off-, die Tanz- und die Jugendtheater. Die Formen der Kooperationen reichen von der parallelen Beschäftigung mit Stückvorlagen und Inszenierungen über gegenseitige Unterstützung bei Theaterproduktionen, Projekten und Studientagen bis zur Zusammenarbeit von Theatermachern mit Schülern für die Bühne und auf der Bühne.

Jede Spielzeit bringt neue Ideen hervor, die in den Schulen, in den Theatern und im Rahmen der **TUSCH-Festwoche** gezeigt werden. Dieses mehrtägige Theaterfestival, an dem gut 500 Schüler aktiv mitwirken, präsentiert einmal jährlich Ergebnisse aus allen TUSCH-Sparten. Oftmals springen hier schon wieder erste Funken für neue Projekte über.

Auch Präsentationen aus dem ca. 35 Werkstätten umfassenden **TUSCH-Werkstattprogramm** werden im Zuge der Festwoche vorgestellt. Wie bei allen partnerschaftsübergreifenden Angeboten können Jugendliche aus allen TUSCH-Schulen an den theaterpraktischen Kurz-Werkstätten teilnehmen. Methoden, Techniken und Erfahrungen aus sämtlichen Bereichen des komplexen Theaterbetriebs werden direkt von den Profis an die Schüler weitergegeben. Maske und Bühnenbild gehören ebenso zum Angebot wie Musical-Dance, Stockkampf und Improvisationstechniken.

Die Flexibilität des TUSCH-Konzeptes hat sich im Bereich der Werkstätten sehr gut bewährt. In den letzten Jahren zeigten insbesondere Schulen der Grundstufe verstärkt Interesse an dem Kooperationsvorhaben. Entsprechend wurde ein Programm entwickelt, das speziell auf die Bedürfnisse dieser Zielgruppe zugeschnitten ist.

Das eingangs erwähnte **TUSCH-Winterferien-Projekt** wiederum wendet sich an Schüler ab der 9. Klassenstufe, die eigeninitiativ eine produktionsorientierte, intensive Form der Zusammenarbeit mit Theatermachern suchen. Wechselnde inhaltliche und ästhetische Schwerpunkte – 2006 steht Bewegungs- und Tanz-Theater im Zentrum – eröffnen den Schülern einen direkten Zugang zu aktuellen Tendenzen in der Theaterarbeit. Die Probenphase findet in den Räumen der beteiligten Theaterhäuser statt, deren Profil in der Arbeit der (an-)leitenden Künstler seinen Ausdruck findet.

Schneeweiß & Russenrot – Eine TUSCH-Produktion in den sophiensaelen 2005, Foto: Jörg Lipskoch / I shot...

Auch in den **TUSCH-Theaterproduktionen**, die in Kooperation mit jeweils einer Berliner Bühne entstehen, proben Schüler aus den TUSCH–Schulen unter Leitung von professionellen Regisseuren und Choreografen. Die über einen längeren Zeitraum erarbeiteten abendfüllenden Inszenierungen werden anschließend in die Spielpläne der Häuser aufgenommen.

Ein neu entwickeltes TUSCH-Angebot beschäftigt sich mit der Kunst des Zuschauens. Beim monatlichen **TUSCH-Theater-Tag** treffen sich Schüler zum gemeinsamen Theaterbesuch. Hintergrund-Gespräche und theaterpraktische Workshops schaffen dabei ungewöhnliche Einblicke in Inszenierungen und vertiefen das gemeinsame Erlebnis.

> ... Vor dem Theater erinnert jetzt ein zarter Hauch von Glühwein daran, dass Wochenende ist, erster Advent. In der klirrenden Kälte nehmen 45 Schüler eine gespannte Starthaltung ein. MOVE ON! Komm aus dem Knick! Leg los! Mit voller Kraft rennen die Jugendlichen auf den Fotografen zu - Schnellstart fürs Pressefoto! Der Einstieg ist geschafft, ein neues Projekt von TUSCH – Theater und Schule Berlin ist auf den Weg gebracht...

Zur Person: Ursula Jenni ist an der Berliner Universität der Künste ausgebildete Theaterpädagogin (UdK) und seit 1998 als Theatervertreterin, Workshop- und Produktionsleiterin sowie bei der konzeptionellen Weiterentwicklung für TUSCH aktiv.

TanzZeit – Zeit für Tanz in Schulen
Renate Breitig

"Beim Tanzen kann ich meine Gefühle ausdrücken", betont der neunjährige Chris aus Berlin und erklärt damit, warum er den wöchentlichen Tanzunterricht schön findet. "Wenn ich morgens aufwache", ergänzt Luisa, "freue ich mich schon auf die zwei Stunden."
Das neue Berliner Projekt "TanzZeit – Zeit für Tanz" ist mit 37 Grundschulklassen von der ersten bis zur sechsten Jahrgangsstufe im August 2005 an den Start gegangen. Angesiedelt beim Dachverband Zeitgenössischer Tanz in Berlin, wird das Projekt von der Tänzerin und Choreografin Livia Patrizi und der Tanzpädagogin Cornelia Baumgart geleitet. Vorbild ist das seit 2003 existierende nordrhein-westfälische Projekt "Tanz in Schulen", das an offenen Ganztagsschulen neue, wertvolle Impulse setzt.
Nicht erst die PISA-Studie zeigte, dass Kinder Probleme haben, komplexe Informationen zu dechiffrieren und eigene Lösungswege zu entwickeln. Gesundheitsexperten, Neurobiologen, Erziehungswissenschaftler und Künstler argumentieren demgegenüber, dass Tanz und Bewegung umfassende Auswirkungen haben – sowohl auf die kreative, geistige und körperliche Entfaltung, als auch auf das soziale Lernen und die Stärkung der Persönlichkeit.
Nach nur wenigen Monaten regelmäßigen Tanz-Unterrichts berichten Berliner Lehrer begeistert von deutlichen Veränderungen. Ein besonderer Fall ist der eines autistischen Mädchens, von dem niemand bis dahin wusste, ob es geistig altersgemäß entwickelt war. "Und plötzlich stellten wir fest, dass es lesen konnte, und wir entdeckten, wie sich zusehends im Tanzunterricht sein Gesicht aufhellte."
Worin besteht nun der "Zauber", der von diesem Unterricht ausgeht? Kinder eignen sich die Welt über den eigenen Körper an, eine Fähigkeit, die sich besonders im großstädtischen Umfeld immer weniger herausbilden kann, die aber gerade der Tanz zurück zu holen vermag.
Eine besonderes Potential liegt in der Tatsache, dass alle Kinder einer Klasse beteiligt sind. Selbst diejenigen, die Tanz bei einer Option nicht gewählt hätten, entdecken neue Möglichkeiten: Sie setzen innere Bilder in Körpersprache um, gestalten und kombinieren Bewegungsabläufe und entwickeln ein räumliches Gedächtnis.
Der zweistündige Unterricht setzt sich aus einer so genannten Klassenlehrerstunde und einer Musik- bzw. Sportstunde zusammen. Der Tanzunterricht wird von zwei Tanzpädagogen geleitet und von der verantwortlichen Fachlehrerin begleitet. Diese Kombination ist ideal, weil die in der Institution Schule unerfahrenen Tänzer von den Lehrerinnen Feedback erhalten, die Lehrerinnen wiederum konkrete Anregungen für eine neue Tanz- und Bewegungsmethodik – eine "Motivationsspritze für den Schulalltag", wie eine Lehrerin sich ausdrückt.
In jeder Klasse werden unterschiedliche Themen und Strukturen umgesetzt, je nach Alter und Zusammensetzung der Schüler werden andere Akzente und Methoden gewählt. Gemeinsam ist allen Klassen, dass das eigene Gestalten im Mittelpunkt steht. Um sie in ihrem eigenen Können zu bestärken, wird bei der Lust und Neugierde der Kinder angesetzt. Diese Erfahrung überträgt sich auf die Lernmotivation und lässt Tanz zum Motor und Träger einer neuen Lernkultur werden.
TanzZeit befindet sich in der Pilotphase: Die Honorare der Künstler, die in 37 Grundschulklassen unterrichten, wurden im ersten Halbjahr zumeist von den beteiligten Schulen selbst aufgebracht – durch Fördervereine, Elternunterstützung, Stiftungs- oder Sponsorengelder. Die Berliner Kultursenatsverwaltung finanziert die organisatorische und konzeptionelle Arbeit für ein volles Schuljahr, die zweitägige öffentliche Präsentation sowie die begleitende Evaluation. Obschon die Honorare für das zweite Schulhalbjahr noch nicht vollständig gesichert sind, ist das Interesse an dem Projekt groß: Weitere 30 Schulen möchten sich an TanzZeit beteiligen. Es ist im Sinne der Nachhaltigkeit, dass die künstlerische Arbeit fortgesetzt wird.

Doch stellt sich die Frage, wie und wo Tanz in der Schule langfristig und nachhaltig verortet werden soll. "Die Kunstform zeitgenössischer Tanz soll schon im Kindesalter ins Bewusstsein rücken, um zukünftig eine breite Akzeptanz dieser Tanzform zu sichern [...] und einen wichtigen Beitrag zur ästhetischen Bildung zu leisten", heißt es im TanzZeit-Konzept.

Zeitgenössischer Tanz gehört zur Sparte der darstellenden Künste und sollte auch in der Schule dort verankert werden: "Darstellendes Spiel" wird an Berliner Oberschulen bereits als Wahlpflicht- und Grundkursfach angeboten, womit die curricularen Voraussetzungen geschaffen sind. In der Grundschule kann Tanz als Methode des darstellendes Spiels in den Unterricht einfließen, z.B. in Deutsch, Sachkunde oder im Fremdsprachenunterricht. Der Fokus richtet sich jedoch auf Verknüpfungen im Bereich der ästhetischen Bildung, heißt: Musik, Sport, bildende Kunst und insbesondere Theater, das in vielen Grundschulen in anspruchsvollen Unterrichtsprojekten durchgeführt wird und mittlerweile fester Bestandteil der Schulprogramme ist.

Berliner Grundschüler genießen ihre "TanzZeit"
Foto: David Sutherland und Elisabeth Kahn

Wie intensiv und kontinuierlich Tänzer und Tanzpädagogen den Unterricht gestalten, hängt einerseits von der Finanzierung der Künstler ab. Zum anderen legt das Schulgesetz fest, dass die Verantwortlichkeit des Pflichtunterrichts einzig in den Händen eines ausgebildeten Lehrers liegt und somit nicht einem Kulturpädagogen übertragen werden kann.

Sollen Künstler also weiterhin nur punktuell und projektorientiert den Unterricht bereichern? Oder sollen sie die Möglichkeit erhalten, eine umfassende pädagogische Ausbildung zu absolvieren, um die Künste als Fachlehrer in die Schule zu tragen? Ist eine universitäre Qualifizierung mit Bachelor oder Staatsexamen der einzige Weg? Oder sind auch andere Modelle denkbar, nach denen Fachlehrer mit Künstlern langfristig partnerschaftliche Unterrichtskonzeptionen entwickeln? TanzZeit praktiziert diese Modelle, und auch Beispiele aus England, Holland oder Dänemark bieten Impulse für neue Ansätze.

Auch wenn derzeit noch keine Langzeitperspektiven geschaffen sind, steht außer Frage, dass die gerade begonnene Arbeit mit dem Tanz-Projekt fortgesetzt werden muss. Argumente liefert nicht zuletzt auch die Begeisterung der Eltern:

"26 Kinder unterschiedlicher Herkunft, unterschiedlichen Geschlechts, Temperaments und mit unterschiedlicher Tanzmotivation haben ganz offensichtlich große Freude am sensiblen Miteinander, achten aufmerksam und respektvoll auf den anderen und reagieren mit individuellem Körperausdruck. [...] Uns Eltern ist transparent geworden, dass die Kinder in dieser spielerischen Lernsituation im sozialen und emotionalen Bereich eine enorme Förderung und Unterstützung finden, die die Klasse als lernende Gemeinschaft stark macht."

Zur Person: Renate Breitig ist Referentin für Theater und ästhetische Bildung in der Senatsverwaltung für Bildung, Jugend und Sport, Berlin. Sie leitet das in diesem Band vorgestellte Programm TUSCH, ist Mitbegründerin von TanzZeit und betreut weitere Projekte im Bereich der kulturellen Jugendarbeit der Stadt Berlin.

"Tanzen ist gut für meine Beine, aber noch viel besser für meinen Kopf."[251]
Einblicke in das Pionierprojekt "tanzmaXX" am *tanzhaus nrw*, Düsseldorf
Martina Kessel

Im Februar 2005 suchte das *tanzhaus nrw* 15 junge Menschen zwischen 14 und 20 Jahren, die gerne tanzen, rappen und schauspielern. Geplant war eine Tanzproduktion mit Jugendlichen, die ein Interesse an oder einen persönlichen Bezug zur islamisch-orientalischen Kultur haben. Es entstand daraus das Hip-Hop-Tanztheater "Kopf & Tuch" mit dreizehn Jugendlichen unter der Leitung des aus dem Iran stammenden Hip-Hop-Künstlers Farid M. Baroug, alias *Joker*, und dem Regisseur Franz Mestre. Die beiden künstlerischen Leiter arbeiteten ab Ostern 2005 mit den jungen Erwachsenen an der Produktion, die am 22. Juni 2005 im *tanzhaus nrw* im großen Saal Premiere feierte. Gearbeitet wurde an den Wochenenden und in den Ferienzeiten.
Thematisch beschäftigte sich die Produktion mit dem Kopftuch. Gibt es das nur im Islam? Welche Gründe sprechen für das Tragen eines Kopftuches? Welche dagegen? Gesucht wurden keine einfachen Antworten. Es ging vielmehr darum, sich in unterschiedliche Sichtweisen und Motivationen hinein zu versetzen, um so den Blick auf das Andere bzw. die Anderen zu differenzieren oder zu modifizieren. Neben der thematischen Auseinandersetzung, die während des gesamten Produktionsprozesses intensiv war, wurden die künstlerischen Erfahrungen, die die Teilnehmer im Laufe des Projektes machten, besonders wichtig.
Sie waren als Darsteller mit ihren tanztechnischen und schauspielerischen Fähigkeiten gefragt, die es im Rahmen dieses Projektes weiter zu entwickeln galt. Wie erarbeitet man eine Choreografie unter professionellen Bedingungen? Wie wird das gesamte Stück zusammengebaut? Wie wechseln sich Sprech- und Tanzszenen ab? Dies sind nur einige der Fragen zu künstlerisch-produktiven Aspekten, mit denen sich die Teilnehmer dieses Projektes beschäftigt haben.
"Kopf & Tuch" ist ein Beispiel für die Arbeit mit und für junge Menschen im *tanzhaus nrw*. Neben diesen Projekten existiert seit nunmehr vier Jahren unter der künstlerischen Leitung der Choreografin Ulla Geiges die Tanzkompanie "J.E.T." (Junges Ensemble am *tanzhaus nrw*), die in diesem Jahr ihre vierte abendfüllende Produktion präsentiert. J.E.T. bietet den jungen Talenten eine kontinuierliche Plattform, Tanz als Ausdrucksform und Kommunikationsmittel hautnah zu erfahren und selbst Stücke auf der Bühne zu präsentieren.
Vor dem Hintergrund der Tatsache, dass die Tanzkunst im deutschen Kultur- und Bildungssystem – anders als in anderen Ländern – eine wenig vermittelte und geförderte Kunstform darstellt, was insbesondere für die Sparte Tanz gilt, die sich an ein junges Publikum wendet, leistet das *tanzhaus nrw* mit der Initiative *tanzmaXX* eine wichtige Pionierarbeit. Da es an professionellen Produktionen für Kinder und Jugendliche im Bereich des zeitgenössischen Tanzes in Deutschland mangelt, unterstützt das *tanzhaus nrw* Aktivitäten in diesem Bereich. So entstand 2004 im *tanzhaus nrw* die Produktion "Wilderland" der Choreografin Sabine Seume für Kinder ab sechs Jahren. Weitere Produktionen sind perspektivisch geplant.
Neben diesen Auftragsproduktionen sollen Kinder und junge Erwachsene durch eine Vielzahl von Bühnentanz-Gastspielen, diversen Hip-Hop-Aktivitäten, Projekten und Workshops sowohl als Zuschauer als auch als aktive Tänzer an die Kunstform Tanz herangeführt werden.
Regelmäßig stattfindende internationale und nationale Gastspiele vermitteln die Vielfalt der Tanzkunst für junges Publikum. Präsentiert werden Stücke, die eigens für Kinder und Jugendliche sowohl in Inhalt als auch in jugendentsprechender ästhetischer Form entwickelt wurden. Im Mittelpunkt stehen häufig Themen, die dem Lebensalltag der Kinder und Jugendlichen entstammen. Über die Identifikation mit Inhalten wird das junge Publikum zum aufmerksamen Hinsehen geführt und erfährt so schrittweise den Tanz als spannende und fesselnde Kunstform.

---

[251] Jacques Holter (15 Jahre)

Szene aus der Aufführung "1, 2, 3...fugato" des "J.E.T. - junges Ensemble am tanzhaus nrw", Foto: Georg Schneider

Die Gastspiele und Produktionen für Kinder und Jugendliche werden i. d. R. auch vormittags programmiert, so dass Schulklassen die Veranstaltungen besuchen können. Es ist auf diesem Wege möglich, junge Menschen zu erreichen, die als Individualpersonen noch nie ein zeitgenössisches Tanztheater gesehen haben und voraussichtlich auch nicht gesehen hätten. Im Rahmen dieser Schulveranstaltungen ist das theaterpädagogische Zusatzangebot in Form einer Vor- und Nachbereitung der Veranstaltungsbesuche von Bedeutung: Kinder- und Jugendgruppen erfahren so z. B. während des Probenprozesses oder vor einer Vorstellung mehr über die jeweilige Thematik und den Tanzstil des Stückes. Nach der Vorstellung erhalten sie die Gelegenheit, das Erlebte auszudrücken, oder in einem Publikumsgespräch mit den Künstlern in Kontakt zu kommen. Probenbesuche bieten einen spannenden Einblick in die Entstehung eines Stückes und geben dem Choreografen die Möglichkeit, das Stück und dessen Wirkung an der jeweiligen Zielgruppe zu erkunden und gegebenenfalls Änderungen vorzunehmen. Nach dem Vorstellungsbesuch kann neben Gesprächen natürlich auch ein Workshop zu einem vertieften Verständnis des Gesehenen beitragen.

Diese und noch mehr Aktivitäten tragen dazu bei, dass junge Menschen Tanz als Kunstform wahrnehmen und verstehen lernen, denn "Tanzen ist gut für meine Beine, aber noch viel besser für meinen Kopf."

Zur Person: Martina Kessel studierte Tanzpädagogik und Ethnologie. Nach Lehrtätigkeiten an den Universitäten Göttingen und Köln ist sie seit 2003 Projektkoordinatorin am *tanzhaus nrw* für den Bereich "tanzmaXX - Tanz für junges Publikum". In diesem Rahmen organisiert sie Projekte für und mit Kindern und Jugendlichen, u. a. in Zusammenarbeit mit Schulen und diversen Kinder- und Jugendeinrichtungen.

4.5 Musiktheater

op|erleben in der Staatsoper Unter den Linden

Rainer O. Brinkmann

Die Staatsoper Unter den Linden bietet mit ihrer Abteilung **op|*erleben*** die Möglichkeit, das Erlebnis der Vorstellung zu erweitern und zu vertiefen. Lernen kann man mit der Oper, durch die Oper, in der Oper. Die Auseinandersetzung mit dem Werk geschieht durch das Begreifen des Entstehungsprozesses, das kennen lernen der Strukturen und das Spiel mit den Komponenten Musik, Sprache, Bewegung, Szene, Tanz und Bild. Der Zuschauer entwickelt sich vom Bildungskonsumenten zum partizipierenden Partner.

op|*erleben* wendet sich an jeden. In besonderem Maße jedoch soll Verantwortung für die Kinder und Jugendlichen in Berlin und Brandenburg übernommen werden. Oper, Ballett und Konzert wecken die Sinne und den Intellekt gleichermaßen. So wird neben der ästhetischen Erziehung das Bewusstsein für gesellschaftliche Prozesse (wie sie u. a. im Musiktheater dargestellt werden) geschärft, individuelle Handlungsweisen werden erprobt und reflektiert.

op|*erleben* nimmt die Kinderrechtskonvention der Vereinten Nationen ernst mit ihrer Forderung "Kinder haben ein Recht auf Kunst und Spiel." Die Angebote versuchen, durch Spiel den Weg zur Kunst zu ermöglichen und gleichzeitig Basiskompetenzen zu vermitteln: Sie bilden den Orientierungssinn und die Urteilsfähigkeit aus, regen an, Verantwortung für sich selbst und andere zu übernehmen, Fantasie und Kreativität zu entwickeln und helfen, Unterschiede auszuhalten und Konflikte zu lösen.

Um diese Ziele zu erreichen, entwickeln wir ständig Konzepte zu den Werken des aktuellen Spielplans, die in verschiedenen, nachfolgend beschriebenen Veranstaltungsformaten umgesetzt werden:

Kostenlose Workshops für Schüler

Für Schülerinnen und Schüler finden zu nahezu allen Stücken des Repertoires und zu allen Premieren kostenlose Workshops statt. Termine werden mit den Klassenlehrern und -lehrerinnen geplant. Innerhalb von vier Stunden bekommen die Schüler einen Einblick in das Stück, in dem sie sich selbst in die Rollen der jeweiligen Opernfiguren einfühlen und die Szenen selbst spielen bzw. entwickeln. In der Arbeit mit Text und Musik der Oper bekommen sie einen ihnen angemessenen Zugang zum Stück, das sie dann in einer der folgenden Vorstellungen sehen.

Fortbildungen für Lehrerinnen und Lehrer sowie Studierende

In diesen Kursen werden die Inhalte der Opern mit den *Methoden der Szenischen Interpretation von Musiktheater* (*nach ISIM – Institut für Szenische Interpretation von Musik + Theater*) erarbeitet. Ergänzend dazu beobachten die Teilnehmer eine Probe und diskutieren im Anschluss mit Künstlern des Inszenierungsteams. Nach zwei Basiskursen (zu zwei Opern) und zwei Aufbaukursen (Methoden-Kurs und Spielleitungs-Kurs) schließen die Teilnehmerinnen die Fortbildung mit dem Zertifikat *Spielleiter/-in* ab.

"Staatsoper Unter der Lupe"/"Spiel mal Oper"

Für Operninteressierte ab 15 Jahren wurde das Format *Staatsoper Unter der Lupe* entwickelt. Außerdem gibt es zu verschiedenen Opern und Balletten *Spiel mal Oper*, einen dreistündigen Workshop. Darin lernen Eltern und Kinder gemeinsam spielerisch das Stück kennen, das sie dann anschließend auf der Bühne erleben.

Opernrallye

Einmal pro Spielzeit verwandelt sich die Staatsoper in einen Rallye-Parcours. Mit der Opernrallye präsentiert die Staatsoper mit einem Stationsspiel über 13 Etappen ihr Haus, die Werke und die Mitarbeiterinnen und Mitarbeiter bzw. die Abteilungen des Hauses. Die Organisation und Durchführung dieser Aktion wird von **op|er*leben*** geleistet.

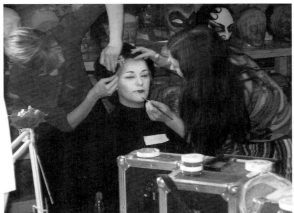

Eine Teilnehmerin der Opernrallye zu "Madame Butterfly" in der Maske, Foto: op|er*leben*

Probenbesuche/
Inszenierungsbegleitende Projekte

Die Organisation und Betreuung von Probenbesuchen bei der Staatskapelle in Generalproben und bei Wiederaufnahmeproben von Oper und Ballett ist ein weiterer Schwerpunkt der pädagogischen Arbeit. Vor der Probe stellen sich Künstlerinnen und Künstler den Fragen der Schüler und es gibt eine inhaltliche Einführung zu den geprobten Stücken und in den Probenprozess. Inszenierungsbegleitende Projekte werden aus der Perspektive der Staatskapelle und aus der szenischen Perspektive angeboten.

Workshops zur künstlerischen Tätigkeit

Spezielle Workshops runden das Programm ab: *SingSing* für Gesangsinteressierte, *TanzTanz* für Tanzbegeisterte und *SpielSpiel* für Kammerensembles. Betreut durch Sängerinnen und Sänger, Choristen und Choristinnen, Tänzerinnen und Tänzer oder Musiker und Musikerinnen der Staatskapelle wird an jeweils einem Nachmittag Laien die Möglichkeit eröffnet, sich auszuprobieren, Erlerntes vorzustellen und Gleichgesinnte kennen zu lernen.

Beratung und Information

Beratung und Information für Lehrerinnen und Lehrer bietet die Staatsoper zur Stückauswahl und zur Behandlung des Themas "Musik + Theater" im Musikunterricht sowie Unterrichtsmaterialien zu fast allen Produktionen und einen Newsletter mit pädagogischen Angeboten und Hinweisen auf Vorstellungen, für die es besondere Tickets gibt.

Durch diese Angebote, die so in der Schule nicht möglich sind, erreichen wir viele Menschen, für die der Opernbesuch eine große Hürde darstellt. Alle Angebote bieten die Chance, Oper als Bereicherung mit viel Spaß zu erleben. Dadurch werden Schwellenängste abgebaut und die Möglichkeit offeriert, sich inhaltlich mit den aktuellen Bezügen der Werke auseinander zu setzen.

Durch unterschiedlich zusammengestellte Gruppen arbeitet **op|er*leben*** Generationen übergreifend. Ältere erhalten Zugang zur Lebenswelt der Jüngeren, Kinder erleben ihre Eltern in Spiel und Gesang. Ebenso arbeitet das Team mit Gruppen behinderter Menschen und mit Gruppen aus verschiedenen kulturellen Zusammenhängen.

Response-Projekte

Zu ausgewählten Werken oder Themen des Spielplans realisiert **op|er*leben*** künstlerisch-pädagogische Projekte, in denen Schüler mit Künstlern des Hauses zusammen treffen und gemeinsam nach Wegen suchen, im Werk Bezüge zu den Alltagsrealitäten der Schüler zu entdecken. Diese werden thematisiert, ausgearbeitet und mit den eigenen ästhetischen Mitteln der Schüler umgesetzt. In der Regel werden Schulen aus verschiedenen Bezirken und Regionen zusammen gebracht, damit durch die künstlerische Arbeit Austausch, Abbau von Vorurteilen und interkulturelle Kommunikation ermöglicht werden. In diesem Bereich kooperiert **op|er*leben*** mit den anderen Häusern der Stiftung Oper in Berlin und mit der Senatsverwaltung für Bildung, Jugend und Sport (TUSCH – Theater und Schule). 2003/04 lautete das Thema der Projekte Berlin|Bohème, in der darauffolgenden Spielzeit 2004/05 waren die Opernfiguren Micaela|Carmen Gegenstand der Auseinandersetzung.

Zur Person: Rainer O. Brinkmann arbeitet als Musiktheaterpädagoge an der Staatsoper Unter den Linden, wo er das Besucherbegleitprogramm **op|er*leben*** betreut. Als Dozent an verschiedenen deutschen Universitäten und Musikhochschulen hat er die szenische Interpretation von Musiktheater als Schwerpunkt im Lehramtsstudium und dem Schulunterricht etabliert.

Jugendkunstschule Akki e.V.
Tanz, Theater, Akrobatik und Musik im offenen Ganztag
Christoph Honig

Kulturelle Bildung braucht die freiwillige Teilnahme, braucht ein eigenes Interesse, individuelle Motive, ohne die Lernprozesse in Eigenverantwortung nicht denkbar sind. Schließlich sind Kinder bekanntlich die Akteure ihrer eigenen Entwicklung und Bildung. Lehren heißt in diesem Kontext, für das selbstbestimmte Lernen strukturierte Räume zu schaffen. Kulturpädagogisch strukturierte Lernräume haben das Ziel, multidimensionale und komplexe Gelegenheiten für diese Selbstbildung zu schaffen, angereichert mit Material, Personal und verfügbaren Ressourcen, die für die Konkretisierung des Themas hilfreich sind. Sie handeln von Kunst aller Arten, von Hoch-Kultur, kulturellen Medien und Alltagskultur, von Lebenswelten, von Alltagserfahrungen, Kulturtechniken und kulturellen Kompetenzen und nutzen dafür die Komplexität informeller Bildungsprozesse.

Was macht also Akki an der Schule?

Im dreigliedrigen Schultag des offenen Ganztagsangebots (vormittags Schule, mittags Mittagessen und Hausaufgaben-Zeit, nachmittags Kultur und Bewegungsangebote) übernehmen wir die nachmittägliche Bildungs- und Betreuungsarbeit, und zwar Montag bis Donnerstag, jeweils von 14 bis 16 Uhr, das ganze Schuljahr hindurch als verlässlicher Partner von zwei Grundschulen in Duisburg (kath. Grundschule Fährmannschule Beeck, GGS Vennbruchstrasse Walsum).
Um die Qualitäten unserer außerschulischen Praxis auf schulische Verhältnisse zu übertragen, stellen wir das Schuljahr unter ein Leitthema, entwickeln künstlerische Workshops dazu, in denen unterschiedliche Teil-Aspekte des Themas erarbeitet werden können. Wir etablieren intensive künstlerische und alltagskulturelle Workshop-Phasen, die in einer Werkschau vor Publikum enden und am Schuljahresende eine bilanzierende Rückschau ermöglichen. Sie wechseln sich ab mit offenen Werkstätten, in denen thematisch ungebundene Spiele und offene Gestaltungsanlässe das Angebot bestimmen. Die unten beispielhaft geschilderten Projekte veranschaulichen diese Konzeption.
Unser Programm wird umgesetzt in eigens bereitgestellten Räumen: Eine Werkstatt, ein Bewegungsraum, ein Spielraum und je nach Bedarf und Wetterlage zusätzlich die Turnhalle oder der Schulhof. Die Räume erinnern inzwischen nicht mehr an Schule: Tafeln wurden abgebaut, Schulmöbel rausgeräumt. Der Bewegungsraum erhielt einen Vorhang, einen wandfüllenden Spiegel und Bühnenelemente für die Theaterarbeit. Die Werkstatt bekam ein großes offenes Materialregal, Werkbänke sowie eine Lagerstelle für Werkzeuge und sieht inzwischen aus wie ein kleines Atelier.
Auf 10 Kinder kommt ein Kulturpädagoge. Das Betreuungsverhältnis von 1:10 gilt für beide Schulen mit zur Zeit 50 und 70 Kindern. Jede Schule hat eine Standortbetreuerin, die Kontakt zu Schule und Akki hält, das kulturpädagogische Angebot vor Ort im Detail plant und koordiniert und die zahlreichen Kommunikationsanlässe, Konferenzen und Teamsitzungen offensiv nutzt und gestaltet: Akki ist fest eingebunden in die Schule und schulische Abläufe.

Akki experimentiert – Eine Schul-Revue

Im ersten Jahr haben wir mit den Schülern und den beiden Schulen gemeinsam eine Schul-Revue realisiert. Das Ganzjahres-Projekt machte die Produktion eines Bühnenprogramms transparent und gliederte das facettenreiche Thema in eine Abfolge von Tanz-, Musik-, Akrobatik- und Theater-Workshops mit Werkstätten für Bühnenbild, Requisiten und Ausstattung. Die Erarbeitung der Inhalte war nicht vorgegeben, sondern wurde mit den Teilnehmern gemeinsam entwickelt. Alle Ateliers und Werkstätten waren vernetzt und gleichermaßen daran beteiligt. Die

Angebote fanden zeitgleich in benachbarten Räumen statt, arbeiteten zusammen, inspirierten sich, ergänzten sich und beleuchteten das Thema insgesamt aus eigenem Blickwinkel. Nach den Osterferien wiederholte sich die Folge von Workshops, jedoch mit einer kürzeren Dauer von zwei Wochen. Hier konnten die Ergebnisse der ersten Erarbeitung aufgefrischt, vertieft, verfeinert, ergänzt oder verändert werden. Die letzte abschließende Arbeitswoche diente als Generalprobe und widmete sich dem reibungslosen Ablauf der Show und der Erarbeitung von Übergängen. Am Ende des Schuljahrs präsentierten sich die Arbeitsergebnisse in einer jeweiligen Schul-Gala und schließlich auch in einer Gesamtpräsentation aller Einzel-Shows als "Schul-Revue" in der Stadthalle Duisburg-Walsum.

Akteure der Schul-Revue an der Fährmannschule Duisburg-Beeck, Foto: Akki e.V.

Ein weiteres Experiment – Thema "Stadtteil"

Im zweiten Jahr hieß das Schwerpunktthema: "Stadtteil". Es gliederte sich in fünf Workshop-Phasen, in denen sich die beteiligten Künstler und Kinder dem Thema mit eigenen Sichtweisen und Ideen interdisziplinär näherten. Die Workshops waren nun in sich geschlossene Mini-Projekte, die mit dem Stadtteil im engen oder weiteren Sinn zusammenhingen. So entstanden Skulpturen auf dem Schulweg, Zirkusaufführungen für den benachbarten Kindergarten oder kleine Theaterstücke, die im Stadtteil gezeigt werden können. Exkursionen, Gäste und Untersuchungen der schulischen Nachbarschaft rundeten das Projekt ab. Akki bemüht sich zunehmend um die Einbeziehung der konkreten Lebensumwelt der Kinder im Stadtteil, betreibt die Öffnung von Schule hin zum Stadtteil und zur Stadt.

Für die Durchführung der künstlerischen Workshops ist es gelungen, zahlreiche Künstler und Künstlerinnen der unterschiedlichsten Disziplinen zu gewinnen. Aus Solingen, Witten, Wuppertal, aus Dortmund, Bochum und Düsseldorf kamen die engagierten Tänzerinnen oder Tänzer, Schauspieler und Schauspielerinnen, Musikerinnen und Musiker, Akrobaten, aber auch Bühnenbildner, Schreinerinnen, Kostümschneider und freie Kunstschaffende. Allen gemeinsam ist ihre Doppelkompetenz im künstlerischen und im pädagogischen Arbeiten.

Für die Workshop-Phasen wurden bewegungsorientierte Kunstsparten (Tanz, Akrobatik, Theater u. a.) mit eher handwerklichen Gestaltungsaufgaben (Bühnenbild, Requisite, Kostüme u. a.) verbunden, um die Mini-Projekte arbeitsteilig zu realisieren.

In welcher der zeitgleichen Arbeitsgruppen sie mitwirken wollen, konnten die Kinder täglich neu entscheiden. Sie hatten Zeit, ihre Interessen und Fähigkeiten herauszufinden und auszubauen. Die Arbeitsergebnisse wurden am Ende des Workshops in einer schulinternen Werkschau präsentiert. Die Form dafür war offen und wurde von den Kindern mitgestaltet und mitentschieden.

Nach Zeiten der Anspannung und Konzentration folgten Zeiten der Entspannung und der eigenen Arbeit. Zwischen den einzelnen Workshops fanden deshalb "Offene Werkstätten" statt, in denen die Teilnehmer die Workshopinhalte nacharbeiten, nach eigenen Vorstellungen weiter entwickeln oder etwas ganz anderes machen konnten. "Offene Werkstatt" heißt jedoch nicht "Beliebigkeit". Wie schon bei den Workshops wurden gleichzeitig bewegungsorientierte, spielerische oder gestalterische Angebote gemacht, die Kinder in ihren Interessen, Bedarfslagen und Fähigkeiten fördern und fordern.

Da die Zusammenarbeit mit den Grundschulen auf Langfristigkeit angelegt ist, werden die Projekte jeweils mit anderen thematischen Schwerpunkten, jedoch mit vergleichbarem konzeptionellen Aufbau, durchgeführt. Im Schuljahr 2005/06 lautet das wiederum interdisziplinär zu realisierende Motto "Gestaltung und Bewegung".

Zur Person: Der Kunstpädagoge Christoph Honig ist Gründer und langjähriger Leiter von AKKI – Aktion & Kultur mit Kindern e.V. in Düsseldorf. Das von ihm ins Leben gerufene Werkstatt-Programm "Kukuk" war einer der Vorläufer für die Kinder- und Jugendarbeit des *tanzhaus nrw*, die in dem Beitrag von Martina Kessel in Kapitel 4.4 vorgestellt wird.

4.6 Literatur

Jungs, ran an die Bücher! Leseförderung für Jungen
Ulrike Buchmann

Jeder aufmerksame Lehrer weiß es. Eltern, die selbst viel lesen, beklagen es: Viele Jungen lesen nicht gern und zu selten. PISA hat bestätigt, was eigentlich alle wissen: Dass etwas geschehen muss, wenn wir nicht weiter zusehen wollen, wie Jungen dadurch in der Wissensgesellschaft den Kürzeren ziehen und allmählich zu "kulturellen Analphabeten" werden.

Laut PISA waren im Jahr 2000 Jungen "auf den unteren Kompetenzstufen (Kompetenzstufe I und darunter) im Lesen überrepräsentiert und auf den Kompetenzstufen IV und V unterrepräsentiert."[252] "Die relative Schwäche […] betrifft hauptsächlich das Verständnis von kontinuierlichen Texten und scheint insbesondere darauf zurückzuführen zu sein, dass sie weniger Freude am Lesen haben und seltener freiwillig lesen als Mädchen. […] Es scheint ihnen also vor allem Schwierigkeiten zu bereiten, das Gelesene mit eigenen Erfahrungen, Wissensbeständen und Ideen in Beziehung zu setzen. Um ein tief gehendes Verständnis eines Textes zu erreichen, ist es jedoch notwendig, solche Verknüpfungen zwischen den Inhalten und dem eigenen Vorwissen herzustellen. Nur durch die Einbindung des Gelesenen in vorhandene Strukturen wird es möglich, sich einen Text so zu Eigen zu machen, dass seine Inhalte auch noch zu einem späteren Zeitpunkt im Gedächtnis verfügbar sind und genutzt werden können. Insofern ist es besonders wichtig, diesen Aspekt der Lesekompetenz zu entwickeln."[253]

51,8 % der 15-jährigen Jungen gaben an, nur zu lesen, wenn sie müssen (Mädchen 26,4 %).[254] Eine neuere Untersuchung aus dem Jahr 2004 spricht sogar von 62 %.[255] Aber: "Bei vergleichbarer Freude am Lesen sind […] keine signifikanten Leistungsunterschiede zwischen Jungen und Mädchen zu erwarten. Diese Befunde weisen darauf hin, dass die Geschlechterdifferenzen im Bereich Lesen zumindest zum Teil durch Unterschiede in motivationalen Merkmalen vermittelt sind."[256]

Lesen hat vor allem bei älteren Jungen ein "uncooles Image". Dies hat wohl mehrere Gründe:

Freizeit ist bei Jungen überwiegend nicht Lesezeit.

Die alltägliche Lebenswirklichkeit von Jungen – außerhalb der Schule – vermeidet typische Lese-Situationen. Freizeit wird überwiegend mit anderen Jungen außer Haus verbracht, z. B. beim Sport, bei der Lan-Party oder allein vor dem Computer bzw. Fernseher.

Lesen ist weiblich konnotiert.

Im Prozess der literarischen Initiation ist ein Kind auf erwachsene Vermittler angewiesen, die in unserem Kulturkreis überwiegend Frauen sind, mit denen Vorlese- und Lese-Situationen deshalb assoziiert werden. Die Initiation in die Männergesellschaft bzw. die Suche nach der männlichen Rollenidentität findet überwiegend über die Identifikation mit Gleichaltrigen und männlichen Vorbildern statt. Diese halten aber sehr selten ausgerechnet ein Buch in der Hand.

---

[252] PISA 2000. Basiskompetenzen von Schülerinnen und Schülern im internationalen Vergleich. Hg.: Deutsches PISA-Konsortium, Opladen 2001, S. 262

[253] Ebenda, S. 266

[254] Ebenda, S. 262

[255] Müller-Walde, Katrin: Warum Jungen nicht mehr lesen und wie wir das ändern können. Frankfurt/New York 2005

[256] PISA 2000., a.a.O., S. 265

Die Lektüreauswahl berücksichtigt zu wenig Jungen-Interessen.

Tatsächlich wählen auch Frauen meistens die Bücher für Jungen aus. Vor allem Lehrerinnen und Bibliothekarinnen im reiferen Alter haben dabei andere Präferenzen als kleine Jungen. Die kindliche Lieblingslektüre unterscheidet sich – dies erwies u. a. die Erfurter Grundschulstudie[257] – deutlich vom Literaturangebot in der Schule. Es verwundert daher nicht, dass die Freude am Deutschunterricht in der Grundschule kontinuierlich abnimmt – bei Jungen mehr als bei Mädchen.

Unterschiedliches Leseverhalten von Jungen und Mädchen

Bei der Lesemotivation gibt es unterschiedliche Entwicklungskurven, die bei der Unterrichtsgestaltung zu wenig Berücksichtigung finden: Von den in mehreren Studien festgestellten "Leseknicks" (vom 8. bis 10. und zwischen dem 11. und 13. Lebensjahr) sind Jungen viel stärker betroffen als Mädchen. Da Jungen immer früher von Print- zu elektronischen Medien wechseln, während die Mädchen die neuen Medien eher ergänzend nutzen, bleibt den Jungen naturgemäß weniger Zeit zum Lesen. Vielen fehlt deshalb auch die Übung, die sie zu kompetenten Lesern machen würde.
Im Gegensatz zu Mädchen, die so genannte "human-interest-stories" bevorzugen, mögen Jungen Spannung und Action. Sie lesen insgesamt mehr aus sachlichem Interesse, weniger um sich zu unterhalten.
Auf der Basis dieser Überlegungen sollten Erwachsene sowohl im privaten Rahmen als auch in kulturellen und pädagogischen Einrichtungen das Lesen thematisieren und die Hauptursachen der Lese-Unlust ergründen. Lesevorlieben sollten aufgegriffen und nicht in erster Linie bewertet werden. Leseförderung kann im Medienverbund betrieben werden, zugleich sollte für eine zeitliche Begrenzung der Nutzung elektronischer Medien gesorgt werden. Zusätzliche Lese- und Vorlese-Erlebnisse in Schule und Freizeit steigern die Motivation der Jungen.
Bei Lese-Unlust aufgrund mangelnder Vorbilder können Väter, Großväter oder Studenten als Vorlesepaten eingesetzt oder Jungen als Lesescouts für Jüngere eingespannt werden. Gemeinsame Lesespaß-Aktionen können ebenso motivieren wie der Hinweis auf lesende Männer in den Medien. Väter sollten auf die wichtige Funktion des Vorlesens aufmerksam gemacht werden.
Bei Lese-Unlust aufgrund des "uncoolen" Angebots sollten Lesevorlieben thematisiert und Wunsch-Bücher oder andere Medien für Jungen angeschafft werden. Die Jungen sollten ihre Lieblingsbücher vorstellen dürfen. Feste Vorlesestunden, auch mal getrennt für Jungen und Mädchen, schaffen eine anregende Atmosphäre. Auch auf die Vielfalt der Textsorten sollte geachtet werden: Texte aus elektronischen Medien und "Actionliteratur" sollten ebenso einbezogen werden wie Sachbilderbücher/Sachbücher, die im Unterricht oft zu wenig Verwendung finden.
Bei Lese-Unlust wegen einer Leseschwäche müssen die Ursachen ergründet und entsprechende Fördermaßnahmen ergriffen werden, etwa kontinuierliche Leseaufgaben über einen längeren Zeitraum (auch in den Ferien), gekoppelt mit einem Belohnungssystem, z. B. dem Erwerb eines Lesepasses o. ä. Hierbei ist auch ein gezieltes Lesetraining mit Leselernhelfern oder Schülermentoren hilfreich.

Materialien zur Leseförderung für Jungen u. a.: www.akademiefuerlesefoerderung.de

Zur Person: Ulrike Buchmann ist Referentin der Akademie für Leseförderung der Stiftung Lesen an der Gottfried Wilhelm Leibniz Bibliothek Hannover. Zu ihren Arbeitsschwerpunkten gehören die Lesekompetenz- und Lesemotivationsforschung, Praxis der Leseförderung in der Schule sowie die unterstützende Begleitung von regionalen Netzwerken zur Leseförderung.

---

[257] Richter, Karin/Plath, Monika: Lesesozialisation und Medien – Lesemotivation in der Grundschule. Empirische Befunde und Modelle für den Unterricht. Weinheim/München 2005

Das "Literatur Labor Wolfenbüttel"
Katrin Bothe

Der Ausgangspunkt der Stiftung Niedersachsen und der Bundesakademie für kulturelle Bildung Wolfenbüttel zur Einrichtung des "Literatur Labors Wolfenbüttel" war: Musische Betätigung und Förderung junger Leute kann sich nicht nur auf das Gebiet der Musik sowie darstellender und bildender Kunst beziehen, sondern muss auch die Literatur umfassen. Netzwerke von Musikschulen, theaterpädagogischen Einrichtungen und Malschulen gibt es, eine entsprechende außerschulische Förderung für Jugendliche auf dem Gebiet der Literatur ist, auch heute noch, viel weniger verbreitet.
Immer wieder berichteten uns junge Schreiberinnen und Schreiber davon, obwohl das kreative, literarische Schreiben in der Schule mittlerweile in so vielen Lehrplänen unterschiedlichster Bundesländer verankert ist und sich langsam auch an den Hochschulen durchsetzt, dass ihren Lehrern oft keine Zeit bleibt, sich den zum Teil recht umfangreichen Texten zu widmen und sie bei der Überarbeitung ihrer Texte zu beraten. Wenn überhaupt, findet eine derartige literarische Arbeit ohnehin lediglich an Gymnasien, allenfalls Gesamtschulen statt und erfährt dort entsprechende Unterstützung. Im Umfeld ihrer Altersgenossen fühlen sich die Schreibenden mit ihrem Hobby oft gleichfalls allein.
Das "Literatur Labor Wolfenbüttel" soll daher ein Treffpunkt für Schreiberinnen und Schreiber sein, um solche Gleichgesinnten kennen zu lernen, eigene Texte zu Gehör zu bringen und Reaktionen darauf zu erhalten, die eigene Textbearbeitungskompetenz zu steigern und das eigene Schreiben auszubauen, zu erweitern.
Die Konzeption sieht folgendermaßen aus: Die Kurse werden wie ein literarischer Wettbewerb ausgeschrieben, bei dem Jugendliche zwischen 16 und 21 Jahren bis zu zehn Seiten eigene Texte einreichen dürfen. Eine Jury wählt daraus zwölf Teilnehmer aus, denen drei viertägige Aufenthalte in Wolfenbüttel ermöglicht werden. Dort werden sie von drei Teamern (Friederike Kohn, Peter Larisch und mir) sowie von Andrea Ehlert, die den gesamten organisatorischen Rahmen verantwortet, betreut. Zuständig in der Stiftung Niedersachsen für das Projekt und mit ihm verbunden ist Linda Anne Engelhardt. Ziel der drei Treffen ist es, mit jedem Jahrgang eine Anthologie eigener Texte mit dem Namen "Destillate" zu produzieren, also ein tatsächliches Buch. Auf allen Treffen werden Texte geschrieben und überarbeitet.
Das erste Treffen dient dem individuellen wie kollektiven "Warmschreiben", dem gegenseitigen Kennenlernen und der (literarischen) Erkundung Wolfenbüttels. Zum zweiten Treffen besucht uns ein professioneller Autor oder eine Autorin (das waren bis jetzt Anne Duden, Doris Gercke, Dorothea Grünzweig, Katharina Höcker, Carsten Probst und Lutz Seiler). Sie arbeiten im Literaturlabor als gleichberechtigte Teamer mit. Das heißt, ihre Mitarbeit erschöpft sich nicht in einer bloßen Lesung eigener Texte. Das letzte Treffen steht immer im Zeichen der Endredaktion und Manuskripterstellung: Anstelle des Autoren/der Autorin begleitet nun eine Lektorin, Literaturkritikerin, Verlagsfrau unsere Arbeit (wie z. B. Monika Meffert, Angelika Overath oder Frauke Meyer-Gosau, die die Zeitschrift *Literaturen* gemeinsam mit Sigrid Löffler herausgibt).
Als wir mit der Arbeit des Literaturlabors begannen, bedeutete kreatives Schreiben zumeist noch die Animation und Motivation von Schreibprozessen. Zu diesem Zwecke hatten wir als Fachleute eine Vielzahl an Schreibaufgaben entwickelt und gesammelt. Schreibgruppen bekamen dann meist eine solche Schreibaufgabe gemeinsam gestellt. Von diesem Ausgangspunkt haben wir uns immer weiter weg entwickelt. Eine bloße "Schreibanimation" trat in den Hintergrund. Sie ist oft gar nicht mehr nötig: Diese Schreiber sind bereits zum Schreiben "animiert", schreiben aus eigenem Antrieb. Was "Schreibaufgaben" hier noch bringen können, ist eine immer neue Öffnung des Blicks in die weite Welt der Literatur mit ihren unüberschaubaren Möglichkeiten und eine Abarbeitung und Schulung der eigenen handwerklichen Mittel im Bewusstsein dieser Per-

spektive. Es spricht viel dafür, dass man erst den Entwicklungsstand, zumindest der jeweiligen eigenen Kunst kennen muss, ehe man diese Ordnung durchbricht und verlässt. Um solche Horizonterweiterungen zu ermöglichen, stecken wir mittlerweile aber nur Arbeitsschwerpunkte (wie z. B. Schreiben zu bildender Kunst, Lyrik, moderne Erzählformen etc.) ab, bieten dazu zwar Materialien an, überlassen aber den Teilnehmern die Auswahl der Aufgaben bzw. auch deren Abwandlung.

Kreatives Schreiben im wahrsten Sinne des Wortes
Foto: Bundesakademie Wolfenbüttel

In dieser Intensität neu am Literaturlabor ist die Betonung der individuellen Arbeit am Text: Zum festen Bestandteil unserer Kursarbeit sind die sogenannten "Textsprechstunden" geworden. Die Initiative dazu ging von den Teilnehmern selbst aus und widerlegt das verbreitete Vorurteil, zu nichts seien jugendliche, junge Schreiber so wenig zu bewegen wie zur Überarbeitung ihrer Texte. Die Teamer (einschließlich der prominenten Autoren und Lektoren) wurden zu "Textsprechstunden" aufgesucht, in denen Texte beraten, lektoriert, überarbeitet und wieder beraten wurden. Von einer typischen Werkstatt im "Kreativen Schreiben", die sich der "Schreibanimation" widmet, entwickelte sich das immer mehr weg, hin zu handfester literarischer Arbeit an mitgebrachten und Texten, die zwischen und während der Treffen entstanden, selten aber bloß situationell. Dies zeugt von der literarischen Ernsthaftigkeit der Teilnehmer.

Die literarische Tätigkeit vor Ort erlaubt es, Menschen auf andere Art und Weise kennen zu lernen als im Alltag, regt zu einer anderen Art von Kommunikation und Miteinander an und stiftet oft Freundschaften, die lange anwähren. Sie fordert ebenso heraus, die eigenen literarischen Fähigkeiten zu trainieren, wie längst entwickelte Techniken Anderer (auch historischer Vorläufer) kennen zu lernen, sie für sich auszuprobieren, mit ihnen zu experimentieren und neue, eigene zu entwickeln.

Ob daraus dann ein Lebensthema wird, dem ich alle meine anderen Interessen und Möglichkeiten unterordne, dem ich hartnäckig Tag für Tag folge, wird sich erst auf lange Dauer hin erweisen. Auch, ob ich Erfolg damit haben und vielleicht in die Öffentlichkeit treten werde, gar eine Profession daraus wird ... Und ob das alles überhaupt wünschenswert wäre ...

Zur Person: Katrin Bothe ist Hochschuldozentin für Deutschdidaktik an der Universität Kassel, ihre Forschungs- und Publikationsschwerpunkte sind Kreatives Schreiben, Schreibprozesse von Autoren, Literaturdidaktik sowie Kinder- und Jugendliteratur. Sie ist Vorsitzende des Segeberger Kreises - Gesellschaft für Kreatives Schreiben e.V., und betreut das "Literatur Labor Wolfenbüttel".

4.7 Kunst, Kultur und Neue Medien

animato [lat.-ital.] lebhaft, belebt, beseelt
Ein Medienprojekt der Kunstschule KLEX in Oldenburg
Deliane Rohlfs

Hintergrund

Digitale Medien beinhalten ein enormes Kreativpotenzial, wenn die fachliche, technische und finanzielle Infrastruktur gegeben ist. Die großzügige Unterstützung der EWE AG, eines lokal ansässigen Energiekonzerns, in Kombination mit der Landes- und Bundesförderung ermöglichte der Oldenburger Kunstschule einen hervorragenden Start in die digitale Gestaltungswelt mit den beiden Akzenten Spezialisierung und Kooperation.

Animato – ein Projektname, der treffender nicht sein konnte, denn das Projekt wurde belebt durch ein sehr großes, heterogenes Team aus Künstlern, Medienspezialisten und Pädagogen mit durchschnittlich sieben Personen. Insgesamt waren von 2001 bis 2003 vierzehn Dozenten und Lehrer an dem Projekt beteiligt. Dazu kamen an die 120 Teilnehmer zwischen 17 und 25 Jahren. Ein neuer, sehr gut ausgestatteter Medienraum und die Ateliers boten den notwendigen Raum für eine intensive Zusammenarbeit in und am Projekt *animato* mit dem Schwerpunkt der 2-D- und 3-D-Animation. Im Mittelpunkt stand die Entwicklung von interdisziplinären Arbeitsmethoden zwischen den Bereichen Kunst und Medien.

Dabei positioniert sich die Oldenburger Kunstschule für junge Menschen in ihrem Aufgabenprofil an der Schnittstelle zwischen Schule und Berufsausbildung, sowohl im angewandten wie im freien Bereich, also den gestaltenden Ausbildungsberufen, den Fachhochschulen oder den Kunstakademien. Bei der Akzeptanz der Kunstschulangebote durch junge Erwachsene spielt für sie der Aspekt der Berufsvorbereitung eine wesentliche Rolle – und zwar für alle Bereiche der Kunst. Hierbei nehmen die Medien immer mehr an Bedeutung zu. Die Kunstschule setzte auf anspruchsvolle Software wie Cinema-4-D, Premiere und Flash – Standardprogramme, die in Werbeagenturen, Multimediafirmen, Fach- und Hochschulen verwendet werden, und deren Beherrschen auch eine Qualifikation für das spätere Berufsleben der jungen Leute darstellte. Vor diesem Hintergrund sind junge Leute für das maßgeschneiderte Konzept des Projekts *animato* gezielt angeworben worden. Die Teilnehmenden, die bewusst die Kunstschule besuchten und das Projekt *animato* mitgestalteten, stellten ungefähr ein Drittel der Zielgruppe. Die anderen Teilnehmenden waren Schüler aus den 11. und 12. Klassen dreier Oldenburger Gymnasien, die mit ihren Kunstlehrern den Kunstunterricht in die Kunstschule verlagerten. Die Zusammenarbeit Schule/Kunstschule war so also ebenfalls ein Bestandteil des Projektes.

Bei der Technik standen anfangs 2-D- und 3-D-Animationen im Mittelpunkt. Im Projektverlauf wurden sie zusehends durch digitalen Filmschnitt und Fotografie ergänzt, auch damit die umfangreiche Technikvermittlung an hemmender Dominanz verlor. Die Kunstschule betrat mit ihren hohen Ansprüchen methodisches Neuland und es waren oftmals die schwierigsten Situationen, eine angemessene und praktikable Balance zu finden. Denn im Projekt *animato* basierte das künstlerische Forschen auf der interdisziplinären Arbeitsweise zwischen der klassisch künstlerischen Arbeit und dem experimentellen Umgang mit den neuen Medien.

Querdenken und quer handeln!

Was charakterisierte das Projekt *animato* im Hinblick auf die Verbindung von Kunst und digitalen Medien? Welche Methoden wurden entwickelt und erfolgreich angewendet?

Im Mittelpunkt stand: wenig abbilden – viel querdenken! Es wurden so wenig inhaltliche, thematische Vorgaben gemacht wie möglich, wobei die bildnerische Formgebung impulsgebend war. Mit diesem Prozess einhergehend, stand die Förderung von Abstraktionen im Denken und Gestalten im Mittelpunkt!

Denn gerade die Verbindung von Kunst und Technik und hier die Anwendung der Software, beinhaltete oftmals die Gefahr des (zeitintensiven) möglichst perfekten Abbildens. Die Kunst der perfekten Technik führte daher anfänglich zu großen Konflikten im gesamten Team. Das Potential von Kunst und Medien blieb somit oftmals auf die Kunst der perfekten Technik beschränkt.
Andererseits eröffnete der interdisziplinäre Gebrauch von Kunst und Medien für die Projektteilnehmer und -teilnehmerinnen anregende Gestaltungs- und Bildfindungs-

Foto: KLEX Kunstschule Oldenburg

prozesse. Das interdisziplinäre Handeln setzte die Kunst als Kommunikationsmittel intensiver ein, bzw. wurde dadurch erst die Stärke dieser Arbeitsweise sichtbar, so z. B. direkt zu beobachten bei interaktiven Installationen. Gerade der Einsatz elektronischer Medien beförderte neue Denk- und Gestaltungsweisen im Hinblick auf eine angestrebte Kommunikation mit Dritten.

Die Inszenierung einer ästhetischen Kommunikation

> "Für uns ist die Arbeit abgeschlossen, wenn die Datei gespeichert ist. Die weiteren Schritte wie angemessene, fantasievolle Präsentationen, die die digitale Arbeit um vielfaches qualitativ steigert wie in der Ausstellung gesehen – das habe ich von Peer Holthuizen [bildender Künstler, Anm. Kunstschule] gelernt." (Thomas Robbers, Grafikdesigner)

Ein weiterer entscheidender Faktor, der die Kombination von Kunst und Medien in ihrer produktiven Ergänzung forcierte, war die Präsentation der Ergebnisse in Form einer Ausstellung. Die dort stattfindende Kommunikation mit dem Publikum war von Beginn an methodisch eingebunden. In der Verknüpfung des Produktionsprozesses mit einer geplanten Präsentation liegen die Stärken der Interdisziplinarität zwischen Kunst und digitalen Medien und steigern die digitale Arbeit im Ausdruck um ein Vielfaches. Wie wird was mit zukünftigen Betrachtern kommuniziert? Hier liegt ein wesentliches Potenzial in der Kombination von Kunst und digitalen Medien: Die Kommunikationsebene mit dem Betrachter fordert heraus!!
Die Kunstschule nahm u. a. am internationalen Medienkongress "profile intermedia 7" in Bremen teil, wo der Stand überregional Aufsehen erregte. Für die dort gezeigte RFID-Installation (Radio Frequency Identification) wurden der Kunstschule kurzfristig von Nokia zwei Prototypen Telefone mit eingebauter RFID-Technologie zur Verfügung gestellt, die notwendigen SIM-Karten wurden von T-Online gesponsert. Die interaktive Installation, die sich mit den fließenden Grenzen zwischen realer und digital-virtueller Welt bei gleichzeitigem Verlust von Körperbewusstsein und eigener Identität beschäftigt, wurde in weniger als 14 Tagen konzipiert und realisiert. Die Teilnahme stellte für die fünf Kunstschüler und -schülerinnen ein Stipendium der Kunstschule dar, um ihnen für ihre herausragenden Arbeiten eine respektable Referenz und einmalige Praxiserfahrung als Vorbereitung auf ihr Studium mitzugeben.

Zur Person: Deliane Rohlfs ist Geschäftsführerin der Oldenburger Kunstschule KLEX, wo sie die Bereiche Projektentwicklung und Medien betreut. Als Beisitzerin im Vorstand des Landesverbandes der Kunstschulen Niedersachsen e.V. und Leiterin der Arbeitsgemeinschaft Kunst und Jugend innerhalb der Oldenburgischen Landschaft ist sie auch auf Landesebene in der künstlerischen Jugendbildung tätig.

"Ich höre was, was du nur siehst."
Gemälde werden zu Hörbildern – Ein Sonderschulprojekt im Museum und im Internet

Kerstin Gabriel-Jeßke

Das Bild "Nollendorfplatz bei Nacht" von Lesser Ury aus dem Jahre 1925: Zu sehen ist ein verregneter Abend am Berliner Nollendorfplatz. Man hört Verkehrslärm und Regen. Langsam blendet sich an der linken oberen Ecke ein vergrößerter Ausschnitt des Bildes ein: eine U-Bahn-Station. Gleichzeitig hört man das vertraute Türenschließen und die Ansage "Zurückbleiben, bitte". Dann verflüchtigt sich der Ausschnitt, man sieht wieder das ursprüngliche Bild bis sich der nächste vergrößerte Ausschnitt rechts daneben einblendet: ein Auto, man hört eine Hupe. Der "Nollendorfplatz bei Nacht" als Hörbild.

Jeder der acht an diesem Projekt beteiligten Schüler – alle leicht bis hochgradig schwerhörig – hatte am Ende ein solches eigenes Hörbild am Computer erstellt. Dazu hatten die Schüler die Alte Nationalgalerie in Berlin besucht, dort Gemälde digital fotografiert und später am PC bearbeitet. Im Internet hatten sie nach Geräuschen gesucht und diese mit den Gemälden kombiniert – und Hörbilder geschaffen. Die Schüler übten dabei nicht nur den Umgang mit Digitalkameras, sondern bekamen auch einen Einblick in die Kunstgeschichte und bauten ihre Kenntnisse über Bild- und Tonbearbeitung am Computer aus.

Beim Fotografieren in der "Alten Nationalgalerie" Berlin, Foto: Kerstin Gabriel-Jeßke

In der Alten Nationalgalerie sind vor allem Gemälde aus dem 19. und frühen 20. Jahrhundert zu sehen. Vor dem Museumsbesuch wurde daher zunächst anhand von Bildern und Textkarten der geschichtliche Hintergrund erarbeitet, besonders die wichtigsten Erfindungen des 19. Jahrhunderts: Telefon, Glühbirne, Eisenbahn, Auto...

Danach sahen die Schüler am Computer das oben beschriebene Beispiel-Hörbild. Daran wurde dann die Aufgabe für den bevorstehenden Museumsbesuch festgemacht: "Jeder sucht sich ein Bild aus, auf dem man viel hören kann."

Verschiedene Bilder wurden gezeigt und darüber diskutiert, ob sie genügend Hörbares enthalten. Ein reines Landschaftsbild gibt oft nicht so viele Geräusche her, wie ein Bild mit Menschen in Aktion.

Im Museum fotografierten die Schüler mit verschiedenen Digitalkameras, wobei jedoch kein Blitz benutzt werden durfte. Trotz dieser Einschränkung kamen einige brauchbare Aufnahmen zustande. Bei der Mehrzahl der ausgesuchten Gemälde musste allerdings auf die vorsorglich gekaufte Museums-CD-ROM zurückgegriffen werden.

Später, in der Schule, wurden aus den Bildern jene Ausschnitte ausgewählt und ausgeschnitten, die später im Hörbild vergrößert und mit einem Geräusch versehen aufscheinen sollten. Dies geschah mit einem Bildbearbeitungsprogramm.

Dann folgte der für die hörgeschädigten Kinder schwerste, aber auch interessanteste Teil: die Geräuschsuche. Es mussten nicht nur zu jedem Bildausschnitt die passenden Töne gefunden werden, sondern auch "Hintergrundatmosphäre". Im Internet gibt es dafür Geräuschdatenbanken wie z. B. www.hoerspielbox.de oder www.ljudo.com. Da dort jedoch nicht zu jedem Stichwort Geräusche vorhanden sind, mussten die Schüler Synonyme für ihre Suchbegriffe finden – was für die meisten schwerhörigen Schüler eine zusätzliche Herausforderung war, da ihr Wortschatz sehr eingeschränkt ist.

Auch stark hörgeschädigte Schüler haben ein Gefühl für Geräusche, was z. B. im Straßenverkehr sehr wichtig ist. Geräusche werden durch ihre einfachere Struktur sehr viel besser wahrgenommen als die oftmals komplizierte Sprache.

Nachdem alle benötigten Geräusche gefunden waren, folgte das Arrangieren der Bilder und Töne in einem Video- und Musikschnittprogramm. Dieses Programm bietet die Möglichkeit, Bilder, Videos und Töne auf einer Zeitleiste zu anzuordnen. Dazu stehen mehrere Bild- und Tonspuren zur Verfügung. Den Schülern war dieses Programm bereits aus einem vorherigen Projekt vertraut, sonst wäre eine längere Übungsphase nötig gewesen.

Auf die oberste Spur fügten die Schüler zunächst das Gemälde als Gesamtansicht ein und ließen es 30 Sekunden sichtbar sein. Auf einer weiteren Spur positionierten sie dann die Bildausschnitte. Diese Einblendungen sollten jeweils ungefähr zwei bis drei Sekunden lang sein und einen ebenso großen zeitlichen Abstand voneinander haben. Auch sollte ihre Anordnung auf dem Bildschirm einer Logik folgen: entweder von links nach rechts oder von vorn nach hinten bzw. umgekehrt. Jeder Ausschnitt wurde dann über den Menüpunkt "Video-Effekte" weiter bearbeitet: Er wurde im großen Bild positioniert und in der Größe so angepasst, dass er dem Betrachter ins Auge fallen muss. Außerdem entsteht durch sanfte Ein- und Ausblendung der Eindruck, dass die Ausschnitte aus dem Bild heraus vergrößert werden.

Dieser Arbeit folgte das Hinzufügen der Geräusche. Die Hintergrundgeräusche belegten die dritte Spur, die Einzelgeräusche die vierte. Da die Geräuschaufnahmen oft viel zu lang waren, mussten sie noch beschnitten werden. Zum Schluss regelten die Schüler die Lautstärken. Wie die Bilder wurden auch die Geräusche sanft ein- und ausgeblendet.

Die fertigen Hörbilder wurden für die Präsentation der Videos vor der Klasse als komprimierte AVI-Files gespeichert. Die Präsentation erfolgte im Klassenraum mit Hilfe eines Beamers im Großformat.

Das im Sommer 2003 durchgeführte Projekt hatte vor allem das Ziel, kulturelle Bildung in der Schule mit neuen Medien zu verbinden. Daneben spielte die Hörerziehung, die an der Schule für Schwerhörige ein durchgängiges Prinzip darstellt, eine wichtige Rolle. Ein weiterer Ansatzpunkt war die Annäherung der Kinder an ein Kunstmuseum. Viele Schüler verbinden damit eher das Attribut "langweilig". Durch den konkreten Arbeitsauftrag und den gleichzeitigen Gebrauch der Digitalkameras entstand ein Interesse, das bei den meisten Schülern über den Arbeitsauftrag hinausging. Die Schüler besichtigten sogar nachdem sie "ihr" Bild ausgesucht hatten, die anderen Stockwerke des Museums und waren von vielen Bildern beeindruckt.

Zur Person: Kerstin Gabriel-Jeßke ist Lehrerin für Schwerhörigen- und Sprachbehindertenpädagogik. Einer der Schwerpunkte ihrer Arbeit liegt im Bereich Multimedia: Neben dem hier geschilderten Projekt hat sie zum Beispiel mit dem Schülern der Reinfelder Schule für Schwerhörige in Berlin-Charlottenburg die Schülerzeitung als Online-Ausgabe eingerichtet.

V. Anhang

5.1 Methodenbeschreibung

Befragungszeitraum: Die Feldarbeit wurde in der Zeit zwischen dem 11.06. und 27.09.2004 abgewickelt. Speziell in der Ferienzeit der einzelnen Bundesländer wurde nicht befragt.

Durchführung: Durchgeführt wurde die Feldarbeit von der GfK Marktforschung.

Zielpersonen: Die Grundgesamtheit dieser Untersuchung umfasst Männer und Frauen im Alter von 14 bis 24 Jahren in Deutschland. Daraus wurde eine repräsentative Stichprobe im Umfang von insgesamt 2.625 Personen gezogen.
Eine erhöhte Fallzahl wurde dabei in den Bundesländern Berlin/Brandenburg (431), Niedersachsen (455) und Nordrhein-Westfalen (592) gezogen, um auch regionale Vergleiche anstellen zu können.

Methode: Dieser Untersuchung liegt methodisch eine Quotenstichprobe zugrunde. Die Ermittlung der Quoten erfolgte auf der Basis amtlicher Statistiken und eigener Berechnungen.
Für die Bestimmung der Auskunftspersonen wurden die Merkmale Geschlecht, Alter und Bildung direkt, die Merkmale Ortsgröße und Bundesland indirekt vorgegeben.

Befragungstechnik: Die Befragung der Auskunftspersonen erfolgte anhand eines strukturierten Fragebogens, der sich durch viele Filterführungen auszeichnete, unter Einsatz modernster Multimedia PenPads. Die Interviewer waren an die Fragenformulierung und an die Fragenreihenfolge gebunden. Die Antworten der Befragten waren im vollen Wortlaut zu notieren.

Interviewlänge: Aufgrund der Filterführung gestaltete sich die Interviewlänge der einzelnen befragten Personen individuell. Bei jungen Leuten, die wenig Kulturinteresse besaßen, wurden im Interview vor allem die Gründe hierfür ermittelt. Junge Leute mit vielen kulturellen Interessen wurden dagegen sehr ausführlich nach ihren Betätigungsfeldern in den einzelnen Sparten befragt. Die durchschnittliche Interviewzeit betrug daher etwa 30 Minuten, die in Einzelfällen jedoch bis zu 60 Minuten lang sein konnte

Interviewereinsatz: Insgesamt wurden 405 Interviewer bei dieser Untersuchung eingesetzt.

Kontrollmaßnahmen: Zur Sicherstellung eines hohen Standards an Datenqualität hat die GfK Marktforschung vor der Auswertung der erhobenen Daten umfangreiche, gezielte Kontrollmaßnahmen ergriffen. Diese reichen von einer EDV-gestützten Kontaktkontrolle, eines detaillierten Adressabgleichverfahrens zur Vermeidung von Mehrfachbefragungen über die Kontrolle des Auswahlverfahrens bis hin zu einer qualitativen Kontrolle der eingegangenen Interviews. Darüber hinaus werden ständig interviewerbezogene Auswertungen durchgeführt.

Auswertung: Für die endgültige Auswertung standen netto 2.625 Fragebögen zur Verfügung, deren Inhalt nach entsprechender Vorbereitung vercodet und in die Datenbank übernommen wurde. Es wurden insgesamt 881

	verschiedene Variablen ermittelt, die die unterschiedlichen Zielgruppen betreffen. Die Auswertung der Datenbank erfolgte von Seiten des Zentrums für Kulturforschung.
Ergänzende Erhebungen:	Neben der Jugendbefragung wurden ergänzend noch weitere Erhebungen durchgeführt. So wurden 2005 einige Fragen des Jugend-KulturBarometers, um diese vergleichen zu können, bundesweit an die erwachsene Bevölkerung ab 25 Jahre gestellt. Es wurden insgesamt repräsentativ 1.747 Personen dieser Zielgruppe in Deutschland befragt. Des Weiteren wurden einige Fragen in einer bundesweiten Umfrage 2005 auch an Eltern mit Kindern unter 25 Jahre gerichtet. Die Fallzahl betrug hier 1.054 Personen. Zudem wurde für interne Auswertungszwecke eine Projektdatenbank eingerichtet für Kinder- und Jugendprojekte im Kulturbereich. Einige der hier erfassten Projekte werden auch in Kapitel IV im Buch vorgestellt.

5.2 Mitglieder der Expertengruppe

Carola Anhalt	Musikredakteurin beim Westdeutschen Rundfunk Köln (WDR), verantwortlich für WDR-Jugendkonzerte
Cornelia Brüninghaus-Knubel	Leiterin der Abteilung Kunstvermittlung / Museumspädagogik der Stiftung Wilhelm-Lehmbruck-Museum – Zentrum Internationaler Skulptur, Duisburg
Dr. Karl Ermert	Direktor der Bundesakademie für Kulturelle Bildung Wolfenbüttel
Prof. Dr. Max Fuchs	Vorsitzender Bundesvereinigung Kulturelle Jugendbildung, Remscheid / Vorsitzender des Deutschen Kulturrats
Martina Gille	Referentin des Deutschen Jugendinstituts, München
Dr. Narciss Göbbel	Vorsitzender des Landesverbandes der Kunstschulen Niedersachsen
Dr. Maya Götz	Leiterin des Internationalen Zentralinstitut für das Jugend- und Bildungsfernsehen (IZI)
Christian Höppner	Generalsekretär des Deutscher Musikrats, Präsident des Landesmusikrates Berlin und u.a. Vorsitzender des Landesausschusses "Jugend musiziert", Berlin
Martina Kessel	Projektkoordinatorin am *tanzhaus nrw*, Düsseldorf
Britta Kollberg	Geschäftsführerin der Regionalen Arbeitsstelle für Ausländerfragen, Jugendarbeit und Schule e.V. Berlin
Jürgen Peter	Koordinator für "Kulturelle Bildung" bei der Bundesvereinigung Soziokultureller Zentren
Dr. Georg Ruppelt	Vorstandsvorsitzender der Stiftung Lesen/Sprecher der Bundesvereinigung Deutscher Bibliotheksverbände e.V. (BDB)/Direktor der Niedersächsischen Landesbibliothek, Hannover
Dr. Margarete Schweizer	Dozentin für Ethnologie an der Universität Bonn, Leiterin des Projekts "Kinder zum Olymp!" der Kulturstiftung der Länder
Dr. Gerd Taube	Leiter des Kinder- und Jugendtheaterzentrums der Bundesrepublik Deutschland, Frankfurt a. M.
Prof. Klaus Zehelein	Präsident des Deutschen Bühnenvereins, Köln, designierter Präsident der Bayerischen Theaterakademie, München

5.3 Teilnehmer der Fachtagung in der Bundesakademie Wolfenbüttel

"Zukunft gestalten mit Kultur – Jugend zwischen Eminem und Picasso", 02. bis 04. Februar 2005

1. **Anhalt**, Carola, Westdeutscher Rundfunk (WDR) Köln
2. **Bartella**, Raimund, Deutscher Städtetag, Köln
3. **Bauers**, Dana, Jugendkulturnetz MV, Rostock
4. **Baumann**, Dr. Sabine, ,Bundesakademie für kulturelle Bildung Wolfenbüttel, Fachbereichsleiterin Bildende Kunst, Wolfenbüttel
5. **Becker**, Michael, Niedersächsische Sparkassenstiftung, Hannover
6. **Becker**, Kerstin, Gerhart-Hauptmann-Schule, Springe
7. **Boros**, Adrienne, Geschäftsführung Freie Volksbühne Berlin, Berlin
8. **Breuer**, Sabine Gabriele, Rheingold e.V., Düsseldorf
9. **Brinkmann**, Petra, Stadt Minden, Museum, Minden
10. **Brinkmann**, Rainer O., Staatsoper Unter den Linden, Berlin
11. **Brüninghaus-Knubel**, Cornelia, Stiftung Wilhelm-Lehmbruck-Museum – Zentrum Internationaler Skulptur, Duisburg
12. **Busch**, Arnold, Kulturamt, Hannover
13. **Büttner-Mühlenberg**, Miriam, Musikschule AMK Salzwedel, Lemgow
14. **Chrusciel**, Anna, Berlin
15. **Cornelißen**, PD Dr. Waltraud, Deutsches Jugendinstitut, München
16. **Degener**, Susanne, Vorstand Bundesakademie Wolfenbüttel, Niedersächsisches Ministerium für Wissenschaft und Kultur, Hannover
17. **Deitmar**, Gerda, Stadt Braunschweig,Fachbereich Kinder, Jugend und Familie, Braunschweig
18. **Diouri**, Fettah, Stadt Hannover, Fachbereich Bildung und Qualifizierung, Hannover
19. **Doerr**, Monika, M.A., Kulturamtsleiterin Stadt Hilden, Hilden
20. **Drégelyi**, Márton, Weihmichl
21. **Ehlert**, Andrea, Bundesakademie für kulturelle Bildung Wolfenbüttel, Presse- und Öffentlichkeitsreferat, Wolfenbüttel
22. **Engelhardt**, Linda Anne, Stiftung Niedersachsen, Leiterin Förderungsabteilung, Hannover
23. **Ermert**, Dr. Karl, Direktor, Bundesakademie für kulturelle Bildung Wolfenbüttel, Wolfenbüttel
24. **Faber-Hermann**, Dr. Ulrike, Stadt Minden, Kulturbüro, Minden
25. **Ferchhoff**, Prof. Dr. Wilfried, Ev. Fachhochschule Rheinland-Westfalen-Lippe, Bochum
26. **Fett**, Dr. Sabine, Geschäftsführerin, Landesverband der Kunstschulen Niedersachsen e.V., Hannover
27. **Franke**, Julienne, Sprengel Museum Hannover, Hannover
28. **Frey**, Nikolaus, Musikschulleiter, Musikschule Fulda, Fulda
29. **Fricke**, Almuth, Projektmanagement, *die börse* Wuppertal, Köln
30. **Frommelt**, Dagmar, SOS-Mütterzentrum, Öffentlichkeitsarbeit, Salzgitter
31. **Frömming**, Werner, Kulturbehörde Hamburg, Hamburg
32. **Fuchs**, Prof. Dr. Max, Direktor, Akademie Remscheid für musische Bildung und Medienerziehung e.V., Remscheid
33. **Funke**, Corinna, Otto-Hahn-Gymnasium, Springe
34. **Giesen**, Andreas, Stadt Neuss, Kulturamt, Neuss
35. **Göbbel**, Dr. Narciss, Vorsitzender Landesverband der Kunstschulen Niedersachsen, Hannover
36. **Grau**, Ele, Schulleiterin, Johannes-Brahms-Schule, Detmold

37. **Grohs**, Henrike, Education-Abteilung der Berliner Philharmoniker, Berlin
38. **Grünewald Steiger**, Dr. Andreas, Bundesakademie für kulturelle Bildung Wolfenbüttel, Fachbereichsleiter Museum, Wolfenbüttel
39. **Hatting**, Gabriela, Referentin für bildende Kunst, Behörde für Bildung und Sport, Hamburg
40. **Hatzer**, Ulrike, TheaterFABRIK, Gera
41. **Hertrampf**, Rainer, Gymnasium Gaußschule, Braunschweig
42. **Heuer**, Hans-Dieter, Theater der Landeshauptstadt Magdeburg, Leiter Öffentlichkeitsarbeit, Magdeburg
43. **Hilsberg**, Hanna, Robert-Schumann-Philharmonie Chemnitz, Chemnitz
44. **Hoffmann**, Dr. Marhild, Bundeszentrale für politische Bildung, Fachbereich Multimedia/IT, Bonn
45. **Höppner**, Christian, Generalsekretär Deutscher Musikrat e.V., Berlin
46. **Hupp**, Alexandra, Kulturmanagerin der Stadt Wolfenbüttel, Kulturamt, Wolfenbüttel
47. **Jahnke**, Vicky, Otto-Hahn-Gymnasium, Springe
48. **Jansing**, Meinolf, Geschäftsführer, Kultursekretariat NRW Gütersloh, Gütersloh
49. **Jasper**, Martin, Braunschweiger Zeitung, Kulturredaktion, Braunschweig
50. **Just**, Michael, Storchennest e.V., Jugendkulturnetz MV, Rostock
51. **Kannenberg**, Lothar, Durchboxen im Leben e.V., Kassel
52. **Kantel**, Barbara, Schauspielhaus Hannover, Projekt "Tusch", Hannover
53. **Kessel**, Martina, Tanzhaus NRW / die werkstatt e.V., Düsseldorf
54. **Keuchel**, Dr. Susanne, Zentrum für Kulturforschung, Bonn
55. **Kneisel**, Christian, Intendant und Geschäftsführer Brandenburger Theater, Brandenburg
56. **Koch**, Hans Konrad, Ministerialdirigent Bundesministerium für Bildung und Forschung, Bonn
57. **Koch**, Martin, Generalsekretär Arbeitskreis Musik in der Jugend, Wolfenbüttel
58. **Köhnlechner**, Caroline, Zentrum für Kulturforschung, Bonn
59. **Kokoschka**, Claudia, Kulturbetriebe Dortmund, Kulturbüro 41/KB, Dortmund
60. **Kolland**, Dr. Dorothea, Bezirksamt Neukölln von Berlin, Kulturamt, Berlin
61. **Kolland**, Dr. Hubert, Carl-Philipp-Emanuel-Bach-Gymnasium, Berlin
62. **König**, Dr. Dominik Freiherr von, Generalsekretär Stiftung Niedersachsen, Hannover
63. **Kröger**, Franz, Kulturpolitische Gesellschaft, Bonn
64. **Kutzmutz**, Dr. Olaf, Bundesakademie für kulturelle Bildung Wolfenbüttel, Fachbereichsleiter Literatur, Wolfenbüttel
65. **Lang**, Thomas, Bundesakademie für kulturelle Bildung Wolfenbüttel, Fachbereichsleiter Theater, Wolfenbüttel
66. **Lange**, Brigitte, Kulturpolitische Sprecherin der SPD- Fraktion, Berliner Abgeordnetenhaus, Berlin
67. **Larisch**, Peter, Theodor-Heuss-Gymnasium, Wolfenbüttel
68. **Lemke**, Barbara, Kulturplanerin Stadt Recklinghausen, Recklinghausen
69. **Liebl-Kopitzki**, Dr. Waltraut, Stadtverwaltung Konstanz, Leiterin Kulturamt Konstanz
70. **Lienemann**, Insa, Geschäftsführerin Landesvereinigung kulturelle Jugendbildung Niedersachsen e.V. (LKJ), Hannover
71. **Liss**, Eckhart, Künstlerischer Leiter Hermannshof e.V., Springe
72. **Lücke**, Martin, Bochum
73. **Lüdke**, Markus, Bundesakademie für kulturelle Bildung Wolfenbüttel, Fachbereichsleiter Musik, Wolfenbüttel
74. **Ludwig**, Ann-Christin, Kulturbetriebe Dortmund, Kulturbüro 41/KB, Dortmund
75. **Mack**, Lisa, Otto-Hahn-Gymnasium, Springe
76. **Mack**, Christoph, Otto-Hahn-Gymnasium, Springe

77. **Mandel**, Birgit, Institut für Kulturpolitik der Universität Hildesheim, Hildesheim
78. **Meinecke**, Karin, Stadträtin Rat der Stadt Magdeburg, Magdeburg
79. **Meiners**, Janika, Zentrum für Kulturforschung, Bonn
80. **Melzer**, Bärbel, Referatsleiterin Ministerium für Wissenschaft, Forschung und Kultur, Potsdam
81. **Meynert**, Dr. Joachim, Fachbereichsleiter Bildung und Kultur, Stadt Minden, Minden
82. **Mieruch**, Gunter, Referent für darstellendes Spiel Behörde für Bildung und Sport, Hamburg
83. **Moeser**, Brigitte, Rahden
84. **Mohaupt**, Reinhard, Bundesministerium für Bildung und Forschung, Bonn
85. **Nellessen**, Gabriele, Dramaturgin Konzerthaus Berlin, Berlin
86. **Neuhäuser**, Ernst, Landesverband der Musikschulen Niedersachsen, Hannover
87. **Neumann**, Bernd, Referatsleiter Kulturelle Stadtteilarbeit Freie Hansestadt Bremen, Bremen
88. **Nogalski**, Gabriele, Kulturministerium Schleswig-Holstein, Kiel
89. **Nußer-Wagner**, Maria, Kunst- und Ausstellungshalle der BR Deutschland, Bonn
90. **Ockelmann**, Susanne, WDR Köln, Veranstaltungsmanagement Marketing und Promotion, Köln
91. **Ott**, Katja, Staatstheater Braunschweig Leiterin des Kinder- und Jugendtheaters Theaterspielplatz, Braunschweig
92. **Sauga**, Manfred, Geschäftsführer Landesmusikrat Niedersachsen e. V. im Deutschen Musikrat, Hannover
93. **Schafheutle**, Elisabeth, Köln
94. **Schmid**, Franz, Leitung Haus der Jugend Barmen, Wuppertal
95. **Schmidt**, Anja, Geschäftsführerin Stiftung Kulturregion Hannover, Hannover
96. **Schubert**, Isabel, Berlin
97. **Schüler**, Bernd, Journalist, Berlin
98. **Schulze**, Charlotte, Staatstheater Braunschweig, Braunschweig
99. **Schwandner**, Dr. Annette, Ministerialdirigentin Niedersächsisches Ministerium für Wissenschaft und Kultur, Hannover
100. **Sieben**, Gerda, Institut für Bildung und Kultur (IBK), Remscheid
101. **Sporkhorst**, Dr. Karin, Stadt Düsseldorf, Hetjens-Museum, Düsseldorf
102. **Steiner**, Dirk, Pressesprecher Gewandhaus zu Leipzig, Leipzig
103. **Stiehl**, Volker, Robert-Bosch-Gesamtschule Hildesheim, Elbe
104. **Sundmacher**, Nina, Hermannshof e.V., Springe
105. **Taube**, Dr. Gerd, Kinder- und Jugendtheaterzentrum Frankfurt/Main, Frankfurt
106. **Vaupel**, Anne Lotte, Universität Hildesheim, Hildesheim
107. **Wagner**, Dr. Ernst, Bayerisches Staatsministerium für Unterricht und Kultus, Wilhelms-Gymnasium München, München
108. **Walter**, Hans, Niedersächsisches Kultusministerium, Hannover
109. **Wesch**, Petra, Stiftung Preussische Schlösser und Gärten, Mueumspädagogik, Potsdam
110. **Wiesand**, Prof. Dr. Andreas J., Zentrum für Kulturforschung, Bonn
111. **Winkelmann**, Dr. Petra, Kulturamt Düsseldorf, Düsseldorf
112. **Winkels**, Peter, Haus der Kulturen der Welt Berlin, Berlin
113. **Wuschko**, Dirk, Geschäftsführer Sumpfblume Kultur- und Kommunikationszentrum e.V., Hameln
114. **Wyrwoll**, Regina, Generalsekretärin Kunststiftung NRW, Düsseldorf
115. **Zehelein**, Prof. Klaus, Deutscher Bühnenverein, Forum Neues Musiktheater der Staatsoper Stuttgart Stuttgart

5.4 Pressespiegel zum Jugend-KulturBarometer (Auswahl)

ZDF Theaterkanal, Donnerstag, 18. November 2004

Klassische Konzerte und Oper locken Jugendliche kaum

Berlin (ddp). Klassische Kulturangebote haben es bei Jugendlichen schwer. Wie das am Donnerstag in Berlin vorgestellte «Jugend-Kulturbarometer 2004» ergab, waren nur acht Prozent der Befragten häufiger in klassischen Konzerten und sechs Prozent in der Oper. Mehr Interesse haben Jugendliche allerdings für Kunstschauen und Design. 52 Prozent gaben an, im vergangenen Jahr mehrfach Ausstellungen besucht zu haben. Während sich die visuellen Künste bei Jugendlichen «großer Beliebtheit» erfreuten, seien andere klassische Kultursparten «vom Aussterben bedroht», sagte Projektkoordinatorin Susanne Keuchel bei der Präsentation der ersten Ergebnisse der Studie.

17 Prozent der Befragten gaben an, noch nie in einem Theater, Museum oder Konzert gewesen zu sein, 43 Prozent zumindest nicht im vergangenen Jahr. 54 Prozent bemängelten zu hohe Eintrittspreise, 37 Prozent vermissten ein jugendgerechtes Angebot.

Das «Kulturbarometer» ist den Angaben zufolge die erste bundesweite Studie, in der Jugendliche speziell zu ihren kulturellen Interessen befragt wurden. Für das Bundesministerium für Bildung und Forschung befragte das Zentrum für Kulturforschung 2625 Jugendliche zwischen 14 und 24 Jahren. An der Spitze der kulturellen Interessen steht nach Angaben von Keuchel populäre Musik, Film und Comedy. Nach den Worten des wissenschaftlichen Leiters des Zentrums, Andreas Johannes Wiesand, ist das Kulturinteresse bei den Jugendlichen in den neuen Bundesländern - mit Ausnahme von Thüringen - höher als in den alten Ländern.

Wie die Studie auch ergab, zeigten Jugendliche mit geringerer Schulbildung erheblich weniger Interesse an kulturellen Aktivitäten, insbesondere an den klassischen Kulturangeboten. Während Schüler in Gymnasien zu rund 73 Prozent gerade auch durch die Schule zum Museums- oder Theaterbesuch angeregt wurden, sind es bei den Hauptschülern nur etwa 40 Prozent. Ein ähnliches Gefälle gibt es auch bei eigenen künstlerischen Aktivitäten.

Dies sei eine Botschaft der Studie, die jetzt politisch angepackt werden müsse, sagte die Leiterin der Abteilung berufliche Bildung und Bildungsreformen beim Bildungsministerium, Veronika Pahl.

Kulturschaffende müssten sich neuer Formen und Ansprache an die Jugendlichen bedienen, fügte sie hinzu.

Von einem guten kulturellen Angebot erwarten die Jugendlichen laut Studie vor allem, gut unterhalten zu werden oder etwas «live» zu erleben. Dabei favorisieren sie Rockkonzerte oder «spartenübergreifende» Events.

RBB, "Abendschau", Donnerstag, 18. November 2004

Jugendkultur-Barometer

Das Bundesministerium für Bildung und Forschung wollte noch mehr als nur den Musikgeschmack der Jugend testen. Bundesweit wurde die Zielgruppe befragt. Heraus kam ein Jugendkultur-Barometer.
Erfreuliches Ergebnis aus der Hauptstadt: Berliner und Berlinerinnen haben demnach die größte Lust auf Kunst und Kultur.

Beitrag von Susanne Keuchel

www.giga.de, Donnerstag, 18. November 2004

KULTURJUGEND
Die Jugendlichen in Deutschland interessieren sich immer mehr für Kunst und Design, aber kaum für klassische Musik. Das ergab die Untersuchung "Jugend-Kulturbarometer" im Auftrag des Bundesbildungsministeriums. Jeder Sechste bekannte, noch nie einem Theater, Museum oder Konzert gewesen zu sein.

SWR2, Donnerstag, 18. November 2004

> **Info**
>
> **SWR2»**
>
> Donnerstag, 18. November 2004 um 18.40 Uhr
> **Kultur**
>
> **Die Themen:**
>
> Zwischen Enimen und Picasso: Das Jugend-Kulturbarometer 2004 erforscht das Interesse Jugendlicher an Kultur Gespräch mit Susanne Küchel, Zentrum für Kulturforschung
>
> "Ich, Lovis Corinth" - Selbstportraits in der Hamburger Kunsthalle Beitrag von Elske Brault
>
> Problem System: Eine neue Studie kritisiert das dreigliedrige Schulsystem in Deutschland Beitrag von Ralf Caspary
>
> Moderation: Kathrin Hondl Musik: Beefolk "Place Dramatique" (Material Records LC 12260 - MRE 009-2)
>
> 20 min.
>
> ⊠ FENSTER SCHLIESSEN

Deutschlandradio Berlin, Donnerstag, 18. November 2004

18.11.2004
Wie kulturinteressiert sind die deutschen Jugendlichen?
Jugendkulturbarometer 2004
Nach einem Gespräch mit Veronika Pahl vom Bundesministerium für Bildung und Forschung

Jugendkultur - eine eigene Sprache gehört auch dazu (Foto: AP)

Noch nie seien sie bei einer Theateraufführung, in einem Museum, einer Ausstellung oder geschweige denn in einem Konzert gewesen. Diese eindeutige, aber auch vernichtende Antwort gaben über 400 von insgesamt 2625 Jugendlichen, also 17 Prozent der Befragten. Diese Zahl ist nur ein Ergebnis der Studie Jugendkulturbarometer 2004, die das Bundesministerium für Bildung und Forschung beim Zentrum für Kulturforschung in Auftrag gegeben hat. Für die Studie, die erfassen sollte, wie kulturinteressiert die deutschen Jugendlichen sind, und die am Donnerstag in Berlin vorgestellt wurde, wurden die 14- bis 24-Jährigen befragt.

Veronika Pahl, Leiterin der Abteilung Ausbildung/Bildungsreform im Bundesministerium für Bildung und Forschung, benannte gegenüber Fazit die drei wichtigsten Ergebnisse der Studie: das Elternhaus sei die entscheidende Komponente dafür, ob Jugendliche sich für Kultur interessierten. Zweitens seien die Jugendlichen, die sich für Kultur interessieren, sehr viel offener und toleranter gegenüber anderen Kulturkreisen und verfügten über eine größere Toleranz gegenüber Jugendlichen mit Migrationshintergrund. Und drittens interessieren sich Jugendliche vordringlich für Kultur als Life-Event.

Lesen Sie zum gleichen Thema: Jugendkulturbarometer 2004 - Interview mit Prof. Andreas Wiesand, Direktor des Zentrums für Kulturforschung:

Frankfurter Rundschau Online, Donnerstag, 18. November 2004

NACHRICHTEN FÜR JUNGE LESER

So nutzen Jugendliche kulturelle Angebote

Frankfurt a.M. · 18. November · In Berlin wurde am Donnerstag das "Jugend-Kulturbarometer 2004" vorgestellt. Das ist eine Untersuchung, die im Auftrag der Bundesregierung erstellt wurde. Sie geht der Frage nach, wie deutsche Jugendliche Kultur nutzen, also wie oft sie in Ausstellungen, Museen, Konzerte, Opern- oder Theateraufführungen gehen.

Das Ergebnis: Deutsche Jugendliche interessieren sich immer mehr für Kunst und Design. Über die Hälfte der Befragten hatte vergangenes Jahr derartige Ausstellungen besucht.

Andere Kulturangebote locken die 14- bis 25-Jährigen jedoch kaum: So waren nur sechs von 100 Befragten auch mal in der Oper und acht von 100 im Konzert. Auch interessant: Jeder fünfte war noch nie in einem Theater, Museum oder Konzert, und die meisten Kulturfans finden sich unter den Gymnasiasten.

Von einem guten Kultur-Angebot erwarten Jugendliche in erster Linie gute Live-Unterhaltung. Als besonders abschreckend empfinden allerdings viele der Befragten die ihrer Meinung nach zu hohen Eintrittspreise.

Deutschlandradio Berlin, Donnerstag, 18. November 2004
(Manuskript des Interviews)

18.11.2004
Jugendkulturbarometer 2004
Interview mit Prof. Andreas Wiesand, Direktor des Zentrums für Kulturforschung
Moderation: Kirsten Lemke
Jugendkultur - eine eigene Sprache gehört auch dazu (Foto: AP)

Lemke: Popmusik und Videoclips das ist gemeinhin die Vorstellung von kulturellen Interessen junger Leute. Nun dann gibt es vielleicht noch diejenigen, die vom Elternhaus aus mit Klavierunterricht oder Theaterbesuchen traktiert werden. Alles Vorurteile, oder nicht? Das Bundesbildungsministerium wollte es etwas genauer wissen und hat eine Studie in Auftrag gegeben, die die kulturellen Interessen junger Leute zwischen 14 und 25 untersuchen sollte. Heute hat das Zentrum für Kulturforschung das Jugendkulturbarometer 2004 vorgestellt und dessen Direktor Andreas Wiesand ist jetzt am Telefon. Herr Wiesand, Raps statt Mozart, Videoclips statt alter Meister, trifft dieses Vorurteil den Kern ihrer Ergebnisse?

Wiesand: Nicht so ganz furchtbar gut. Nein, wir haben eigentlich eine ganz differenzierte Situation. Wobei man schon sagen kann, dass der Kulturbegriff der Jugendlichen ein eher 'konservativer' ist, also Mozart, das Museum und so weiter werden Sie da an ganz prominenter Stelle finden. Das heißt aber nicht, dass sie sich nicht für andere Arten der Popkultur und so weiter interessieren würden. Nur das zählen viele gar nicht zum kulturellen Bereich. Das ist eigentlich schon eines der, ich will nicht sagen gefährlichen, aber bedenklichen Ergebnisse, denn es läuft ein bisschen unter ferner liefen, steht dann nicht mehr so im zentralen Interesse, Kultur ist sozusagen abgehakt und das kann ihr eigentlich nicht gut tun?

Lemke: Also, abgehakt heißt, dass Jugendliche klassische Musik, lesen, Theater, Ausstellungen et cetera zwar zur Kultur zählen, aber sich nicht unbedingt dafür interessieren?

Wiesand: Ja jedenfalls nicht für alle diese Dinge. Speziell der Musikbereich leidet. Während die Bildende Kunst, Ausstellungen, gut gemachte Museumspräsentationen und so weiter deutlich zugelegt haben. Also das entwickelt sich da ein wenig ungleichzeitig.

Lemke: Ausstellung ist ja nicht gleich Ausstellung, wohin geht denn das Interesse da?

Wiesand: Das geht schon auf den Live-Event, auf die Vernissage, auf die spannende Präsentation, auf interessante Leute kennen lernen und so weiter. Das Unterhaltende in der Kultur spielt generell wieder eine sehr große Rolle, das heißt aber nicht, dass Kultur an sich uninteressant ist, sie muss eben nur ein bisschen anders präsentiert werden nach den Vorstellungen vieler Jugendlicher. Wobei man sagen muss, sie fallen auseinander in zwei Gruppen, eine sehr kleine Gruppe, vielleicht ein Zehntel oder so, die sich ganz und gar den traditionellen Kulturformen verschrieben haben und die auch eifrig nutzen, und dem großen Rest, der das dann eben nur macht, wenn es halt spannend wird, interessant oder unterhaltend oder einen die Leute mitschleppen.

Lemke: Kann man denn diese kleine Gruppe, die sich für Hochkultur interessiert, auch dem entsprechenden Elternhaus zuordnen oder wo kommt die Prägung her?

Wiesand: Da sprechen Sie was an. Das ist nämlich ein weiteres Hauptergebnis. Es wird ja oft, wenn es um Kultur und Jugendliche oder Schüler zum Beispiel geht, nach der Schule gerufen, die soll nun mehr machen und es sollen nicht so viele Stunden ausfallen. Das ist ja auch alles gut und schön. Nur die Schule allein bringt es nicht, das haben wir hier mal besonders ausführlich untersucht. Es müssen sozusagen Nutzerketten entstehen: Es muss das Elternhaus sehr stark dran arbeiten, es müssen die Bezugspersonen, die Gruppierungen in denen Jugendliche sich aufhalten oder die Freunde, mit denen sie zu tun haben, mit involviert sein. Erst dann erhöht sich die Zahl der Kulturnutzer drastisch, wenn das so funktioniert, wenn so eine Kette, so ein Netzwerk sich entwickelt. Das ist eins der zentralen Ergebnisse, man kann das also nicht alles an die Schule delegieren.

Lemke: Herr Wiesand, das ist ja nicht die erste Untersuchung dieser Art, haben Sie da Veränderungen ausmachen können und in welche Richtung gehen die Trends?

Wiesand: Ja der eine Trend, dass die Bildende Kunst, Design, Architektur, dass da ein deutlicher Zuwachs ist, das hat sich wirklich ganz schön hochgeschaukelt. Die Bildungsansprüche an Kultur sind durchaus größer geworden, das ist auch interessant. Also man verbindet schon auch Bildungsaspekte stärker mit Kultur: Dass das der dann immer nicht so gut bekommt, dass sie dadurch nicht so ganz attraktiv erscheint, ist natürlich die andere Seite, die Kehrseite der Medaille. Das muss man sehen und Bildung unterhaltend und spannend darzubieten, das wäre etwas. Was die Jugendlichen zum Beispiel anregen, ist auch, dass man auch in den Jugendmedien, den Medien, die sie nutzen, ein bisschen mehr macht. Wenn sie sich also mal so eine Girl-Zeitschrift oder auch die entsprechende Boys-Netzwerke angucken, auf dem Internet beispielsweise, dann ist das ein Bereich, der eigentlich fehlt. Es sei denn, Sie rechnen die ganze Pop-Kultur dazu - wir tun das selbstverständlich, die Jugendlichen aber nicht, das ist das Problem. Also da müssten Inhalte hinein, die die Kultur auch wieder spannender machen.

Lemke: Vielen Dank, das war Professor Andreas Wiesand, der Direktor des Zentrums für Kulturforschung über das Jugendkulturbarometer 2004

RP Online, Donnerstag, 18. November 2004

Jugendliche sind häufig Kulturmuffel

veröffentlicht: 18.11.04 - 14:46

Berlin (rpo). Wenn es um Oper oder Klassik geht, schütteln viele Jugendliche mit dem Kopf. Dass die meisten jungen Leute eher ungern klassische Kultur-Angebote wahrnehmen, gab eine jetzt vorgestellte Studie bekannt. Die visuellen Künste stehen da noch eher hoch im Kurs.

Das in Berlin vorgestellte "Jugend-Kulturbarometer 2004" ergab, dass nur acht Prozent der Befragten häufiger in klassische Konzerte und nur sechs Prozent in die Oper gehen. Mehr Interesse haben Jugendliche allerdings für Kunstschauen und Design. 52 Prozent gaben an, im vergangenen Jahr mehrfach Ausstellungen besucht zu haben. Während sich diese Künste "großer Beliebtheit" erfreuten, seien andere klassische Kultursparten "vom Aussterben bedroht", sagte Projektkoordinatorin Susanne Keuchel bei der Präsentation der ersten Ergebnisse der Studie.

17 Prozent der Befragten gaben an, noch nie in einem Theater, Museum oder Konzert gewesen zu sein, 43 Prozent zumindest nicht im vergangenen Jahr. 54 Prozent bemängelten zu hohe Eintrittspreise, 37 Prozent vermissten ein jugendgerechtes Angebot.

Das "Kulturbarometer" ist den Angaben zufolge die erste bundesweite Studie, in der Jugendliche speziell zu ihren kulturellen Interessen befragt wurden. Für das Bundesministerium für Bildung und Forschung befragte das Zentrum für Kulturforschung 2625 Jugendliche zwischen 14 und 24 Jahren. An der Spitze der kulturellen Interessen steht nach Angaben von Keuchel populäre Musik, Film und Comedy. Nach den Worten des wissenschaftlichen Leiters des Zentrums, Andreas Johannes Wiesand, ist das Kulturinteresse bei den Jugendlichen in den neuen Bundesländern - mit Ausnahme von Thüringen - höher als in den alten Ländern.

Wie die Studie auch ergab, zeigten Jugendliche mit geringerer Schulbildung erheblich weniger Interesse an kulturellen Aktivitäten, insbesondere an den klassischen Kulturangeboten. Während Schüler in Gymnasien zu rund 73 Prozent gerade auch durch die Schule zum Museums- oder Theaterbesuch angeregt wurden, sind es bei den Hauptschülern nur etwa 40 Prozent. Ein ähnliches Gefälle gibt es auch bei eigenen künstlerischen Aktivitäten.

Dies sei eine Botschaft der Studie, die jetzt politisch angepackt werden müsse, sagte die Leiterin der Abteilung berufliche Bildung und Bildungsreformen beim Bildungsministerium, Veronika Pahl. Kulturschaffende müssten sich neuer Formen und Ansprache an die Jugendlichen bedienen, fügte sie hinzu.

Von einem guten kulturellen Angebot erwarten die Jugendlichen laut Studie vor allem, gut unterhalten zu werden oder etwas "live" zu erleben. Dabei favorisieren sie Rockkonzerte oder "spartenübergreifende" Events.

Thüringer Allgemeine, Donnerstag, 18. November 2004

Oper ist uncool

Schulen schaffen es nicht mehr, Lust auf Kultur zu machen. Die Eltern sind es, die ihre Sprösslinge mit Kunst vertraut machen, ergab das erste Jugendkulturbarometer. Dazu eine TA-Korrespondenz aus Berlin:

BERLIN. Die Chancengleichheit in der kulturellen Bildung ist in der Bundesrepublik nicht mehr gewährleistet. Ob Kinder an Kultur herangeführt werden, hängt weitgehend von der Situation und der kulturellen Interessiertheit des Elternhauses ab. Die Schule besitzt nicht mehr die Kraft, Unterschiede auszugleichen. Zu diesem niederschmetternden Ergebnis kommt das Zentrum für Kulturforschung Bonn mit einer repräsentativen Umfrage, deren vorläufige Ergebnisse gestern in Berlin mit dem ersten Jugendkulturbarometer veröffentlicht wurden.

Die Jugend in den neuen Ländern ist weit interessierter an Kultur und nutzt sie auch häufiger als die Alterskameraden in den alten Bundesländern, mit einer Ausnahme: Thüringen. Der Freistaat liegt immer noch über Durchschnitt, hat aber mit den besten westdeutschen Regionen gleichgezogen. Der Chef des Forschungszentrums, Andreas Joh. Wiesand, will der exakten Auswertung, die derzeit erstellt wird, nicht spekulierend vorgreifen, vermutet aber innerhalb Thüringens frappierende Unterschiede bei der Kulturbildung.

Ob Kinder an Kultur herangeführt werden, hängt immer mehr von der Motivation des sozialen Umfeldes ab. 59 Prozent der Jugendlichen gaben an, dass die Eltern die bisherigen Begleitpersonen bei Kulturbesuchen waren, 41 Prozent waren mit Freunden unterwegs. Erst danach kommen die Schulen - je höher der angestrebte Abschluss, desto mehr wird für die Kulturbildung getan.

Museen und Ausstellungen werden von den Jugendlichen am meisten genutzt, während der Opern oder klassischen Konzerten ein enormes Maß an Desinteresse entgegengebracht wird.

Kultur wird von den Jugendlichen spontan am ehesten als die Kunst der Länder und Völker definiert, dann folgen Musik, Theater, Kunst und Sehenswürdigkeiten. Am wenigsten wird der Tanz als Kultur gesehen. Bildung und Benehmen stehen auf dem vorletzten Platz.

Symphonien von Mozart, Picassos Bilder und Schillers Theaterstücke besitzen in den Augen der jungen Generation den höchsten "Kunstgehalt". Den geringsten haben die Songs vom Schlager-Grand-Prix, die Comedy von Kaya Yanar ("Was guckst Du") und Madonnas Songs.

Alarm schlagen Kulturforscher bei der künstlerischen Selbstbetätigung. Von denen, die aktiv sind, tun das nur 26 Prozent im Rahmen eines Schulangebotes. Die meisten finden ihre Partner im Freundeskreis. Auch Eltern sowie die Musikschule wurden oft genannt.

Das Erlernen eines Instruments steht in Deutschland immer noch mit Abstand an der Spitze der künstlerischen Betätigung, gefolgt von Basteln und Gestalten sowie Malen.

Die Forscher stellten aber fest, dass aus finanziellen Gründen die Nutzung von Musik- und auch Ballettschulen rasant zurückgeht. Die Kinder werden statt dessen im Eltern- und Freundeskreis unterrichtet.

www.bildungsklick.de, Donnerstag, 18. November 2004

Kunstausstellungen und Live-Erlebnisse bei Jugendlichen "in"

Erste bundesweite Umfrage zum kulturellen Interesse bei Jugendlichen erstellt

Jugendliche interessieren sich verstärkt für Kunstausstellungen und Design. Andere klassische Kulturangebote locken sie dagegen weniger. Zu diesem Ergebnis kommt das "Jugend-Kulturbarometer 2004". Für das Bundesministerium für Bildung und Forschung (BMBF) hat das Zentrum für Kulturforschung jetzt erstmals in einer bundesweiten Studie 2.625 Jugendliche zwischen 14 und 25 Jahren speziell zu ihren kulturellen Interessen befragt. 52 Prozent der Befragten gaben an, im vergangenen Jahr mehrfach in Ausstellungen gegangen zu sein. Dagegen waren nur 8 Prozent häufiger in klassischen Konzerten und 6 Prozent in der Oper. Von einem guten kulturellen Angebot erwarten die Jugendlichen laut Studie vor allem, gut unterhalten zu werden oder etwas "live" zu erleben. Dabei favorisieren sie Rockkonzerte oder "spartenübergreifende" Events.

Gleichzeitig weist die Umfrage aus der jetzt erste Ergebnisse vorliegen darauf hin, dass kulturelle Bildung nicht nur die Kreativität von Jugendlichen fördere, sondern auch ihr Interesse am Zeitgeschehen und der Politik. 60 Prozent der Jugendlichen, die sich besonders für Politik interessieren, nehmen auch klassische Kulturangebote wahr, bei den Zeitgeschichtsinteressierten seien es sogar 65 Prozent. Gleichzeitig seien kulturinteressierte Jugendliche bedeutend offener gegenüber fremden Kulturen als "Kulturmuffel", so die Studie.

Dabei zeigten Jugendliche mit geringerer Schulbildung erheblich weniger Interesse an kulturellen Aktivitäten, insbesondere an den klassischen Kulturangeboten. Während Schülerinnen und Schüler in Gymnasien zu 73 Prozent gerade auch durch die Schule zum Museums- oder Theaterbesuch angeregt wurden, sind es bei den Hauptschülern nur 40 Prozent. Insgesamt nahm jeder fünfte Jugendliche im vergangenen Jahr öfter als dreimal ein kulturelles Angebot wahr, 5 Prozent sogar öfter als zehnmal. 17 Prozent der Befragten gaben an, noch nie in einem Theater, Museum oder Konzert gewesen zu sein; 43 Prozent zumindest nicht im vergangenen Jahr. 54 Prozent bemängelten zu hohe Eintrittspreise, 37 Prozent vermissten ein jugendgerechtes Angebot.

Das BMBF hat das "Jugendkulturbarometer 2004" mit 120.000 Euro unterstützt, weitere 160.000 Euro kamen von der Kunststiftung NRW, der Stiftung Niedersachsen sowie dem Sparkassen- und Giroverband Berlin.

Yahoo Nachrichten, Donnerstag, 18. November 2004

Kunstausstellungen bei Jugendlichen angesagt

Berlin (AP) Kunstausstellungen und Live-Events sind bei Jugendlichen angesagt, andere klassische Kulturangebote locken sie aber kaum. Zu diesem Ergebnis kommt das «Jugendkulturbarometer 2004» vom Zentrum für Kulturforschung, wie das Bundesbildungsministerium am Donnerstag in Berlin mitteilte. In der erstmals erstellten Studie wurden 2.625 Jugendliche zwischen 14 und 25 Jahren bundesweit befragt.

52 Prozent der Befragten besuchten den Angaben zufolge im vergangenen Jahr mehrfach Ausstellungen. Dagegen waren nur acht Prozent häufiger in klassischen Konzerten und sechs Prozent in der Oper. Von einem guten kulturellen Angebot erwarten die Jugendlichen vor allem, gut unterhalten zu werden oder etwas «live» zu erleben. Dabei favorisieren sie Rockkonzerte oder «spartenübergreifende» Events.

Insgesamt nahm den Angaben zufolge jeder fünfte Jugendliche im vergangenen Jahr öfter als drei Mal ein kulturelles Angebot wahr, fünf Prozent sogar öfter als zehn Mal. 17 Prozent gaben an, noch nie in einem Theater, Museum oder Konzert gewesen zu sein. 54 Prozent bemängelten zu hohe Eintrittspreise, 37 Prozent vermissten ein jugendgerechtes Angebot.

Jugendliche mit geringerer Schulbildung zeigen laut Umfrage erheblich weniger Interesse an kulturellen Aktivitäten. Während Schüler in Gymnasien zu 73 Prozent gerade durch die Schule zum Museums- oder Theaterbesuch angeregt würden, seien es bei den Hauptschülern nur 40 Prozent.

Gleichzeitig weist die Umfrage den Angaben zufolge darauf hin, dass kulturelle Bildung nicht nur die Kreativität von Jugendlichen fördert, sondern auch ihr Interesse am Zeitgeschehen und der Politik. 60 Prozent der Jugendlichen, die sich besonders für Politik interessieren, nehmen auch klassische Kulturangebote wahr, bei den Zeitgeschichtsinteressierten sogar 65 Prozent. Gleichzeitig seien kulturinteressierte Jugendliche bedeutend offener gegenüber fremden Kulturen als «Kulturmuffel».

Berliner Zeitung, Freitag, 19. November 2004

Eminem und Picasso

Neue Studie zum Kulturinteresse Jugendlicher vorgestellt

Ulrike Meitzner

Jugendliche interessieren sich für Kultur. Jedenfalls, wenn das Umfeld stimmt. Das ist der Tenor des "Jugendkulturbarometers 2004", das gestern in Berlin vorgestellt wurde. 2 625 junge Menschen zwischen 14 und 25 Jahren haben Mitarbeiter des Bonner Zentrums für Kulturforschung im Auftrag des Bundesbildungsministeriums nach ihren kulturellen Interessen "zwischen Eminem und Picasso" gefragt - und ein Gefälle zwischen Jugendlichen aus kulturinteressierten Elternhäusern und bildungsferneren Schichten festgestellt.

Nur zehn Prozent der Hauptschüler gehen künstlerischen Hobbys nach; fehlende "künstlerische Veranlagung in der Familie" wird von über 40 Prozent der Kulturmuffel als Grund für ihr geringes Interesse angegeben. Dagegen sind Jugendliche, deren Eltern sich privat mit Kunst und Kultur beschäftigen, zu über 70 Prozent selbst kulturell aktiv. Dass diese Jugendlichen dann zum Großteil das Gymnasium besuchen, schließt den Kreis. Befunde, die bei den Diskutanden sichtlich Ratlosigkeit auslösen. Jugendliche aus bildungsfernen Schichten könnten noch am ehesten über Vereine erreicht werden, so Susanne Keuchel, die Vertreterin des Zentrums für Kulturforschung; da müsste mehr vernetzt werden. Im Ministerium hingegen hofft man auf Ganztagsschulen und neue Vermittlungsformen. In der DDR etwa habe es weniger Schwellenangst zur Hochkultur gegeben. So lässt sich vielleicht auch erklären, dass Jugendliche im Osten sich mehr für Kultur interessieren als ihre Altersgenossen im Westen der Republik.

N24.de, Freitag, 19. November 2004

Jugendliche zieht es vermehrt in Ausstellunge (AFP)

19. November 2004

Öfter mal ins Museum

Studie: Ausstellungen bei jungen Leuten immer beliebter

Die Jugendlichen in Deutschland interessieren sich mehr und mehr für Kunstausstellungen und Design, lassen sich aber von anderen klassischen Kulturangeboten kaum beeindrucken. Bei dem am Donnerstag in Berlin vorgestellten "Jugend-Kulturbarometer 2004" gaben 52 Prozent der Befragten an, im vergangenen Jahr mehrfach in Ausstellungen gegangen zu sein. Dagegen waren nur acht Prozent öfters in klassischen Konzerten und sechs Prozent in der Oper. Von einem guten kulturellen Angebot erwarten die Jugendlichen laut Studie vor allem, gut unterhalten zu werden oder etwas "live" zu erleben. Dabei favorisieren sie Rockkonzerte oder "spartenübergreifende" Events.

17 Prozent noch nie im Theater

Aus der Studie geht auch hervor, dass Jugendliche mit geringerer Schulbildung erheblich weniger Interesse an kulturellen Aktivitäten, insbesondere an den klassischen Kulturangeboten, haben. Während Gymnasiasten zu 73 Prozent gerade auch durch die Schule zum Museums- oder Theaterbesuch angeregt wurden, sind es bei den Hauptschülern nur 40 Prozent.

Insgesamt nahm jeder fünfte Jugendliche im vergangenen Jahr öfter als dreimal ein kulturelles Angebot wahr, fünf Prozent sogar öfter als zehnmal. 17 Prozent der Befragten gaben an, noch nie in einem Theater, Museum oder Konzert gewesen zu sein; 54 Prozent bemängelten zu hohe Eintrittspreise, 37 Prozent vermissten ein jugendgerechtes Angebot.

60 Prozent der Jugendlichen, die sich besonders für Politik interessieren, nehmen auch klassische Kulturangebote wahr, bei den Zeitgeschichtsinteressierten waren es sogar 65 Prozent. Gleichzeitig zeigten sich kulturinteressierte Jugendliche bedeutend offener gegenüber fremden Kulturen als "Kulturmuffel".

Für das im Auftrag des Bundesbildungsministeriums erstellte "Jugend-Kulturbarometer 2004" hatte das Zentrum für Kulturforschung in einer bundesweiten Studie 2.625 Jugendliche zwischen 14 und 25 Jahren speziell zu ihren kulturellen Interessen befragt.

ZDF tivi, Freitag, 19. November 2004

Moderne Kunst ist in (ZDF-tivi 19.11.04)

Ein Abend in der Oper? Das ist eine echte Horrorvorstellung für viele Jugendliche. Zumindest steht das im "Jugendkulturbarometer 2004". Für diese Untersuchung wurden 2.625 junge Leute gefragt, welche kulturellen Veranstaltungen sie gerne mögen. Mit kulturellen Veranstaltungen waren zum Beispiel Besuche von Museen, Theatern und klassischen Konzerten gemeint.

Moderne Kunst kommt gut an. Jeder zweite Befragte war 2003 mehrmals in Ausstellungen. Bei Opern und klassischen Konzerten war es nicht mal jeder Zehnte. Es gibt aber auch viele, die mit Kultur gar nichts anfangen können. Fast jeder sechste der Jugendlichen gab an, noch nie in einem Theater, Museum oder Konzert gewesen zu sein

Bild von dpa

Weser Kurier, Freitag, 19. November 2004

Jugendliche wollen unterhalten werden

Berlin (ap). Kunstausstellungen und Live-Events sind bei Jugendlichen beliebt, andere klassische Kulturangebote locken sie aber kaum. Zu diesem Ergebnis kommt das "Jugendkulturbarometer 2004" vom Zentrum für Kulturforschung. In der erstmals erstellten Studie wurden 2625 Jugendliche zwischen 14 und 25 Jahren bundesweit befragt. 52 Prozent der Befragten besuchten den Angaben zufolge im vergangenen Jahr mehrfach Ausstellungen. Dagegen waren nur acht Prozent häufiger in klassischen Konzerten und sechs Prozent in der Oper. Von einem guten kulturellen Angebot erwarten die Jugendlichen vor allem, gut unterhalten zu werden oder etwas "live" zu erleben. Dabei favorisieren sie Rockkonzerte oder "spartenübergreifende" Events.
Weser-Kurier 19.11.04

Berliner Morgenpost, Freitag, 19. November 2004

Oper steht bei Jugendlichen nicht hoch im Kurs

Klassische Kulturangebote haben es bei Jugendlichen schwer. Wie das gestern in Berlin vorgestellte "Jugend-Kulturbarometer 2004" ergab, waren nur acht Prozent der Befragten häufiger in klassischen Konzerten und sechs Prozent in der Oper. Mehr Interesse haben Jugendliche demnach an Kunstschauen und Design. 52 Prozent gaben an, im vergangenen Jahr mehrfach Ausstellungen besucht zu haben.

Das "Kulturbarometer" ist den Angaben zufolge die erste bundesweite Studie, in der Jugendliche speziell zu ihren kulturellen Interessen befragt wurden. Im Auftrag des Bundesministeriums für Bildung und Forschung befragte das Zentrum für Kulturforschung insgesamt mehr als 2500 Jugendliche zwischen 14 und 24 Jahren. ddp
BERLINER MORGENPOST 19.11.04

BZ, Samstag/Sonntag, 05./06. Februar 2005

„Taschengeld ist für eine Opernkarte zu schade"

Jugendkultur zwischen Eminem und Picasso: Akademie-Tagung zu den Ergebnissen des Kulturbarometers 2004

Von Lore Schönberg

WOLFENBÜTTEL. Mit dem brisanten Thema „Zukunft gestalten mit Kultur" als Auswertung des Jugend-Kulturbarometers 2004 beschäftigte sich eine Fachtagung des Bonner Zentrums für Kulturforschung in Kooperation mit der Bundesakademie für kulturelle Bildung. Etwa 100 Teilnehmer aus der gesamten Bundesrepublik diskutierten intensiv über das Verhältnis Jugendlicher zu Kunst und Kultur.

Teilweise alarmierend

Akademie-Leiter Dr. Karl Ermert nannte die Stellung kultureller Bildung eines der wichtigsten Themen des 21. Jahrhunderts, dem bedauerlicherweise immer weniger Vermittlungszeit eingeräumt werde. Ministerialdirigent Hans Konrad Koch vom Bundesbildungsministerium in Bonn wies auf die Notwendigkeit hin, die teilweise alarmierenden Ergebnisse des Barometers – gravierende Unterschiede zwischen Befragten verschiedener Schulformen – zu verbessern. Hier müsse eine Bildungsreform ansetzen.

In einem eindrucksvollen Referat stellte Professor Dr. Wilfried Ferchhoff den Wandel der Begriffe dar, der seit den 50er-Jahren nicht nur das deutsche Bildungsbürgertum und sein Kunst- und Kulturideal ablöst, sondern in schneller Folge eine nahezu unübersehbare Vielzahl neuer Erscheinungsformen geschaffen habe – eine im ganzen überalterte Gesellschaft, in der die Familie ihre früher dominierende Rolle verloren habe. Jugendliche suchten ihre Identität in Peer-Gruppen und folgten dem rasch wechselnden Diktat der Mode und der Medien, wobei die Wünsche der Kinder stets ausschlaggebend seien.

Die Auswertung des Barometers zeigte richtungweisende Ergebnisse an, über die in den Arbeitsgruppen der Tagung diskutiert wurde: Der Einfluss des Elternhauses und, damit verbunden, die Schulform erscheinen als wichtigstes Kriterium beim Erwerb kultureller Bildung. Das Live-Erlebnis ist die bevorzugte Form, Unterhaltung und Kunst zu erleben. Bei klassischen Theaterstücken wird Wert gelegt auf die historisch korrekte Darbietung, im Theater auf entsprechende historische Ausstattung. Das Interesse an der Oper ist allgemein gering.

Tendenzen bestätigt

Diese Tendenzen wurden bestätigt in einer von Michael Becker von der Niedersächsischen Sparkassenstiftung geleiteten Podiumsdiskussion mit dem Thema „Wollen junge Leute E-Kultur? Und wenn ja, wie?" an der Schüler des Theodor-Heuss-Gymnasiums teilnahmen. Im Gespräch mit Vertreterinnen der Kulturarbeit in Braunschweig und Wolfenbüttel sowie dem Kulturchef unserer Zeitung, Martin Jasper, erklärten die jungen Leute, sie hätten „keine Angst vor Hochkultur", sondern gingen durchaus auch ins Theater. Ein Einwand lautete allerdings: „Das Taschengeld ist für eine Opernkarte zu schade." Eine andere Stimme milderte ab: „Vielleicht später, wenn ich Geld verdiene."

Der Informationsstand der jungen Leute über die Bandbreite kultureller Angebote schien etwas dürftig zu sein – was dazu führte, dass die eigentliche Frage der sonst lebhaften Diskussion nicht beantwortet wurde.

Diskutierten in der Schünemannsche Mühle (von links): Niels Pelka, Anne-Kathrin Bieber sowie Lena Kindler (beide verdeckt), Philipp Lammert, Ann-Kristin Krahn, Moderator Michael Becker, Katja Ott, Alexandra Hupp, Gerda Deitmar und Martin Jasper. Foto: Lore Schönberg

---

Das Parlament, Montag, 14. März 2005

Kultur sucht Jugend per SMS

Kids da abholen, wo sie stehen

Wie erreicht man die Jugend? Per SMS. Also besorgte sich das Kulturamt Berlin-Neukölln eine Liste mit Handynummern, um auf seine Veranstaltungen für junge Menschen hinzuweisen. Drei Tage vorher erhalten sie die erste Einladung, eine weitere wenige Stunden vor dem Ereignis. „Jugendliche entscheiden sich eben sehr spontan", weiß Amtsleiterin Dorothea Kolland. „Und sie schätzen es, wenn sie so persönlich eingeladen werden."

Der Aufbruch zur Zielgruppe Jugend tut Not: Wollen die Kultureinrichtungen den Nachwuchs für sich gewinnen, müssen sie neue Wege zu ihren Angeboten bahnen. Flyer auslegen oder warten, bis Schulklassen zu Museen und Theatern vorgefahren werden? Vorbei. Die Verantwortlichen des Hochkulturbetriebs treibt diese Aussicht zunehmend um. Das zeigte auch kürzlich eine Tagung in der Bundesakademie für kulturelle Bildung in Wolfenbüttel. Ausgiebig fahndete man nach geeigneten Marketing-Konzepten. Ihr hehres Ziel lautet: für Kunst und Kultur begeistern und alles nahe bringen, was damit verbunden ist – ob Kreativität, Selbstfindung oder Allgemeinbildung. Die neue Strategie: die jungen Leute da abholen, wo sie stehen.

Aber wo ist das? Laut des Jugend-Kulturbarometers, einer Umfrage zum kulturellen Interesse der 14- bis 25-Jährigen, die das Zentrum für Kulturforschung (ZfK) derzeit auswertet, interessieren sich für klassische Musik neun Prozent, für herkömmliches Theater sieben Prozent. Ziemlich wenig? Nein, vor 30 Jahren haben auch nicht mehr Jugendliche am Kulturleben teilgenommen, erklärt die Soziologin Susanne Keuchel. Für die Bildenden Künste erkennt sie sogar einen wachsenden Interessentenkreis. Und selbst aktiv sind auch viele. Nur ordnen sie es selten der „Kultur" zu, wenn sie Raptexte schreiben oder Comics zeichnen.

Kultur, das habe mit ihrem eigenen Leben wenig zu tun, beschreibt es die Kulturwissenschaftlerin Birgit Mandel. Da sähen viele nur Bildungsbürger vor sich, die weihevoll lauschen oder angestrengt zuhören. Ein Lebensstil, von dem sich Jugendliche eher abgrenzen. Laut Kulturbarometer wünschen sich lieber Live-Events in ungezwungenem Ambiente. Zwei Welten, die verbunden sein wollen.

Bernd Schüler

Leipziger Volkszeitung, Freitag, 3. Juni 2005

http://www.lvz-online.de

Leipziger Volkszeitung Online

http://www.lvz-online.de
http://www.lvz-online.de/lvz-heute/898.html
© 2005 LVZ-Online

«Leere Opernhäuser? - Talk über das Kulturpublikum»

© Leipziger Volkszeitung vom Freitag, 3. Juni 2005

Leere Opernhäuser? - Talk über das Kulturpublikum

Alles steht und fällt mit der Definition: Wer unter Kultur nur klassische Musik, schöngeistige Literatur, alte Kunst und institutionalisiertes Schauspiel versteht, mag Anlass finden, die Jugendlichen von heute als kulturlos zu beschimpfen.

Wer hingegen bereit ist, Film, populäre Musik, Literaturshows, HipHop und freie Szenen ebenfalls als Kultur zu begreifen, hat wenig Grund, Desinteresse bei Kids zu befürchten. Eher um eine Förderpolitik, die seltsame Schwerpunkte setzt. "Volle Clubs - leere Opernhäuser? Zur Zukunft des Kulturpublikums": diese zugespitzte Überschrift stand über dem 7. Kulturpolitischen Salon Dienstagabend in der Oper Leipzig.

Das Podium war klug bestellt: Jörg "Ich brauche kein Theater" Augsburg dürfte für den klassischen Bildungsbürger den Inbegriff des Banausen abgeben, andere schätzen ihn als Musikredakteur und Organisator der "Pop up". Jürg Keller von der Tonhalle Zürich saß da als ein Wundervollbringer: Knapp jeder fünfte Besucher seines Hauses ist jünger als 25.

Susanne Keuchel vom Zentrum für Kulturforschung Bonn wiederum konnte nach Bedarf mit empirischen Daten aufwarten - und Pessimisten beruhigen: "Eigentlich hat sich gar nicht so viel verändert." Gehe man von einem weiten Kulturbegriff aus, dann sei die heutige Jugend "tendenziell kulturinteressierter als die erwachsene Bevölkerung".

Die Moderation hatte Literaturkritiker Ulf Heise inne, der mit unorthodoxen Fragen überraschte, etwa der, ob das Erfolgskonzept der "Pop up" nicht auf eine Messe für Alte Musik übertragbar sei. Mehr Erfolg versprechen die Konzepte aus Zürich, wo Kinder "La Traviata" spielen können, während die Eltern der echten Oper lauschen, und wo die Reihe "Tonhalle Late" Topleute aus der Klassik und der DJ-Szene zusammenführt. In Zürich geht das Konzept auf. Mit den Worten eines Jugendlichen: "Wir wollen ein klassisches Konzert hören wie unsere Eltern, nur ohne unsere Eltern."

Vieles spricht dafür, dass gute kulturelle Offerten auch gut angenommen werden. "Das regionale Angebot bestimmt sehr stark die regionalen Interessen", so Susanne Keuchel.

hep

5.5 Literaturverzeichnis

Ateş, Şeref/Becker, Jörg/Çalağan, Nesrin: Bibliographie zur deutsch-türkischen Medienkultur. Teil I u. II. Hg.: Institut für Kommunikations- und Technologieforschung, siehe: www.komtech.org

Baacke, Dieter: Jugend und Jugendkulturen. Darstellung und Deutung. 4. Auflage, Weinheim/München 2004

Bacher, Johann: Clusteranalyse. 2., erg. Auflage, München/Wien 1996

Bastian, Hans Günther: Kinder optimal fördern – mit Musik. Mainz 2001

Beck, Ulrich: Risikogesellschaft: Auf dem Weg in eine andere Moderne. Frankfurt am Main 1986

Berg, Klaus/Ridder, Christa-Maria (Hg.): Massenkommunikation VI. Eine Langzeitstudie zur Mediennutzung und Medienbewertung 1964 – 2000. Baden-Baden 2002

Berth, Felix: Gespaltene Generation. Es gibt zwei Sorten Jugendliche im Land: die mit allen Chancen und die mit gar keinen. In: *Süddeutsche Zeitung*, 2.6.2006

Bourdieu, Pierre: Die feinen Unterschiede. Kritik der gesellschaftlichen Urteilskraft. Frankfurt am Main 1982

Brinkmann, Annette/Wiesand, Andreas Joh.: Künste – Medien – Kompetenzen. Abschlussbericht zum BLK-Programm "Kulturelle Bildung im Medienzeitalter". Bonn 2006

Büchner, Peter/Fuhs, Burkhard/Krüger, Heinz-Hermann (Hg.): Vom Teddybär zum ersten Kuß. Wege aus der Kindheit in Ost- und Westdeutschland. Opladen 1996

Brückner, Chris: Weiterentwicklung der Zusammenarbeit von Jugendhilfe und Schule. Hauptreferat beim Landeskongress Schulsozialarbeit, Nürnberg, 15. Januar 2005, siehe: http://www.forum-bildungspolitik.de/positionen/kongress_ssoz_05_01_brueckner.html

Bundesministerium für Familie, Senioren, Frauen und Jugend (Hg.): 10. Kinder- und Jugendbericht. Bericht über die Lebenssituation von Kindern und die Leistungen der Kinderhilfen in Deutschland. Bonn 1998

Bundesministerium für Familie, Senioren, Frauen und Jugend (Hg.)/von Rosenbladt, Bernhart: Ergebnisse der Repräsentativerhebung 1999 zu Ehrenamt, Freiwilligenarbeit und Bürgerschaftlichem Engagement. Bd. 1: Freiwilliges Engagement in Deutschland: Gesamtbericht. Stuttgart/Berlin/Köln 2000

Bundesministerium für Familie, Senioren, Frauen und Jugend/Statistisches Bundesamt (Hg.): Wo bleibt die Zeit? Die Zeitverwendung der Bevölkerung in Deutschland 2001/2002. Berlin/Wiesbaden 2003

Bundesministerium für Familie, Senioren, Frauen und Jugend (Hg.): 12. Kinder- und Jugendbericht "Bildung, Betreuung und Erziehung vor und neben der Schule". Berlin 2005

Bundesministerium für Bildung und Forschung (Hg.): 15. Sozialerhebung des Deutschen Studentenwerks. Bonn 1998

Bundesvereinigung Kulturelle Jugendbildung (Hg.): Der Kompetenznachweis Kultur – Ein Nachweis von Schlüsselkompetenzen durch kulturelle Bildung. Remscheid 2004

Bundesvereinigung Soziokultureller Zentren e.V. (Hg.): Soziokulturelle Zentren im Jahr 2004. Ergebnisse der Umfrage. o. O. 2005
Download unter: http://www.soziokultur.de/lagnw/_seiten/statistiknrw2004.pdf

Claus-Bachmann, Martina: Die musikkulturelle Erfahrungswelt Jugendlicher. Giessen 2005

Clement, Kai: Beats zwischen Buchdeckeln? – Literatur und große Wortformate bei Radio Eins Live. In: Cool – Kult – Kunst?! Jugendliche als Kulturpublikum. Dokumentation. Eine Tagung der Stiftung Kunst und Kultur des Landes NRW in Kooperation mit dem Kulturrat NRW. Düsseldorf, 3. – 4.7.2002

Chun, Sangchin: Bildungsungleichheit – eine vergleichende Studie von Strukturen, Prozessen und Auswirkungen im Ländervergleich Südkorea und Deutschland. Dissertation. Universität Bielefeld 2001

Dartsch, Michael: Musik und Transfer – ein weites Feld. Hans Günther Bastians Untersuchung und ihre Folgen. In: *neue musikzeitung* (nmz) 2003/02

Deutsche Shell (Hg.): Jugend 2002. Zwischen pragmatischen Idealismus und robustem Materialismus. 14. Shell Jugendstudie. 5. Aufl., Frankfurt a. M., 2004

Deutsches Jugendinstitut (Hg.): Themenheft "Jugendforschung" der Zeitschrift DISKURS, Heft 1/2003

Deutscher Kulturrat (Hg.): Kulturelle Bildung in der Bildungsreformdiskussion. Konzeption Kulturelle Bildung III. Berlin 2005

Dössel, Christine: Die Liebe zum Leichten. Man gönnt sich ja sonst nichts – in Deutschland erlebt das Musical mit kommerziellen und schrägen Produktionen eine Renaissance. In: *Süddeutsche Zeitung* vom 31. März 2006

Eimeren, Birgit van: Internetnutzung Jugendlicher. In: *Media Perspektiven* 2/2003

Engemann, Claudia/Hartmann, Sandra: Theater für junge Leute im TiP. In: Jugendliche als Kulturpublikum. Dokumentation. Eine Tagung der Stiftung Kunst und Kultur des Landes NRW in Kooperation mit dem Kulturrat NRW. Düsseldorf, 3. – 4.7.2002

Deutscher Bundestag (Hg.): Bericht der Enquête-Kommission "Zukunft des bürgerschaftlichen Engagements". Bürgerschaftliches Engagement: Auf dem Weg in eine zukunftsfähige Bürgergesellschaft. Opladen 2002. (Freiwilligensurvey 1999)

Falser, Alexander: Die normative Kraft der Freunde. Interview. In: *media & marketing* 6/1998

Ferchhoff, Wilfried/Neubauer, G.: Patchwork-Jugend. Eine Einführung in (post)moderne Perspektiven, Opladen 1997

Ferchhoff, Wilfried: Jugend zu Beginn des 21. Jahrhunderts. Lebensformen und Lebensstile. 3., vollständig überarbeitete Auflage, Wiesbaden 2006

Fisher, Rod/Viejo-Rose, Dacia: International Intelligence on Culture. In: Whose Culture is it? Trans-generational approaches to Culture. Reader zum CIRCLE Round Table, Barcelona 2004

Fohrbeck, Karla/Wiesand, Andreas Johannes: Künstler-Report. Wien 1973

Fohrbeck, Karla/Wiesand, Andreas Johannes: Kulturelle Öffentlichkeit in Bremen. Hg.: Senator für Wissenschaft und Kunst der Freien Hansestadt Bremen. Bremen 1980

Fuchs, Max: Jugend, Jugendkultur und Gesellschaft. Rahmenbedingungen von Jugendkulturarbeit. Remscheid 1992

Fuchs, Max: Kulturelle Bildung im Spannungsfeld von Leben und Kunst. Reflexion der Fachtagung vor dem Hintergrund unseres Modellprojektes "Lernziel Lebenskunst". In: Kulturelle Bildung und Lebenskunst. Ergebnisse und Konsequenzen aus dem Modellprojekt "Lernziel Lebenskunst". Hg.: Bundesvereinigung kulturelle Jugendbildung, Remscheid 2001

Fuchs, Max: Was bedeutet der kulturelle Wandel bei Jugendlichen für Kulturinstitute? Auf der Suche nach den Zielgruppen. Vortrag beim Kulturkongress 2003 "Jugend-Kultur vs. Senioren-Kultur?!" in Rendsburg,
siehe: www.akademieremscheid.de/publikationen/aufsaetze_fuchs.php

Garbe, Christine: Mädchen lesen ander(e)s. Für eine geschlechterdifferenzierende Leseförderung. In: *JuLit* – Informationen des Arbeitskreises für Jugendliteratur, Heft 2/2003

Garbe, Christine: Alle Mann ans Buch! Aufgaben einer geschlechterdifferenzierenden Leseförderung. In: *JuLit* – Informationen des Arbeitskreises für Jugendliteratur, Heft 3/2003

Garbe, Christine: Warum lesen Mädchen besser als Jungen? Zur Notwendigkeit einer geschlechterdifferenzierenden Leseforschung und Leseförderung. In: Deutschdidaktik und Deutschunterricht nach PISA. Hg.: Ulf Abraham u.a., Freiburg i. Br. 2003

Garbe, Christine: Warum lesen Mädchen besser? Aus Lesemotivation und -praxis wird Lesekompetenz. In: Mädchen und Knaben – selbstbewusst und gefühlvoll. Broschüre des Amtes für Volksschulbildung des Kantons Luzern, 2003

Gensicke, Thomas: Individualität und Sicherheit in neuer Synthese? Wertorientierungen und gesellschaftliche Aktivität. In: Deutsche Shell (Hg.): Jugend 2002. 14. Shell-Jugendstudie Hamburg 2002

Gille, Martina/Krüger, Winfried (Hg.): Unzufriedene Demokraten. Politische Orientierungen der 16- bis 29jährigen im vereinigten Deutschland. DJI-Jugendsurvey 2. Opladen 2000.

Grabosch, Annette/Zwölfer, Almut (Hg.): Frauen und Mathematik. Die allmähliche Rückeroberung der Normalität. Tübingen 1992

JIM 2002: Jugend, Information, (Multi-)Media. Basisuntersuchung zum Medienumgang 12- bis 19-jähriger. Medienpädagogischer Forschungsverbund Südwest. Baden-Baden 2003

Jungwirth, Helga: Unterschiede zwischen Mädchen und Buben in der Beteiligung am Mathematikunterricht. In: Interpretative Unterrichtsforschung. Hg.: Bauersfeld, Heinrich/Maier, Hermann/Voigt, Jörg, Köln 1991

Greve, Martin: Die Musik der imaginären Türkei. Musik und Musikleben im Kontext der Migration aus der Türkei in Deutschland. Stuttgart 2003

Groschopp, Horst: Kulturelle Jugendarbeit in der DDR. Herkommen, Struktur und Verständnis. In: Woher – Wohin? Kinder- und Jugendkulturarbeit in Ostdeutschland. Hg.: Bundesvereinigung Kulturelle Jugendbildung e.V., Remscheid 1993

Groschopp, Horst: Kulturhäuser in der DDR. Vorläufer, Konzepte, Gebrauch. Versuch einer historischen Rekonstruktion. In: Kulturhäuser in Brandenburg. Eine Bestandsaufnahme. Hg.: Ruben, Thomas/Wagner Bernd, Potsdam 1994

Hafez, Kai: Türkische Mediennutzung in Deutschland. Chance oder Hemmnis der gesellschaftlichen Integration? Eine qualitative Studie im Auftrag des Presse- und Informationsamtes der Bundesregierung. Hg.: Presse- und Informationsamt der Bundesregierung, Hamburg/Berlin 2002

Hamann, Thomas K.: Die Zukunft der Klassik. In: *Das Orchester* 9/2005

von Harrach, Viola: Audience Developement in England. In: Kulturvermittlung zwischen kultureller Bildung und Kulturmarketing. Hg.: Birgit Mandel, Bielefeld 2005

Hartmann, Peter H.: Lebensstilforschung. Darstellung, Kritik und Weiterentwicklung. Opladen 1999

Hepp, Gerd: Wertewandel und bürgerschaftliches Engagement – Perspektiven für die politische Bildung. In: *Aus Politik und Zeitgeschichte*, B 29/2001

Hitzler, Ronald/Bucher, Thomas/Niederbacher, Arne: Leben in Szenen. Formen jugendlicher Vergemeinschaftung heute. Opladen 2001

Hoffmann, Hilmar: Kultur für alle. Perspektiven und Modelle. Frankfurt am Main 1979

Hoffmann-Lange, Ursula (Hg.): Jugend und Demokratie in Deutschland. DJI-Jugendsurvey 1. Opladen 1995

Horstkämper, Marianne/Faulstich-Wieland, Hannelore: 100 Jahre Koedukationsdebatte – und kein Ende. In: *Ethik und Sozialwissenschaften* 4/1996

Hradil, Stefan: Der Wandel des Wertewandels. In: *Gesellschaft – Wirtschaft – Politik* (GWP) 4/2002

Hurrelmann, Klaus: Lebensphase Jugend. Eine Einführung in die sozialwissenschaftliche Jugendforschung, Weinheim-Basel 2004 (7., vollständig überarbeitete Auflage)

Husman, Udo/Steinert, Thomas: Soziokulturelle Zentren. Rahmenbedingungen und Grundfunktionen, Berufsfeld und Qualifikationsvoraussetzungen. In: Texte zur Kulturpolitik Bd. 3, Hg.: Kulturpolitische Gesellschaft e.V., Essen 1993

Inkei, Peter: Cultural habits of the Hungarian Youth 2003. In: Whose Culture is it? Trans-generational approaches to Culture. Reader zum CIRCLE Round Table Barcelona 2004

Institut für Kultur- und Medienmanagement, Hochschule für Musik und Theater Hamburg/Birnkraut, Gesa/Hein, Ines E./Loock, Friedrich: The voluntary cultural year in Germany: Possible outcomes for volunteers, society and institutions. Future ways for civic service in the arts. Hamburg, April 2004

Institut für Entwicklungsplanung und Strukturforschung der Universität Hannover: Familien und Kinderfreundlichkeit: Die Zukunft der Kommunen. Tagungsdokumentation von Michaela Hellmann und Maike Schaarschmidt. Hannover 2001

Kamp, Peter: Antworten zum Fragenkatalog der Enquête-Kommission "Kultur in Deutschland" des Deutschen Bundestages, 8. März 2004, Download unter: https://.../gremien/kommissionen/archiv15/kultur_deutsch/bericht/materialband/43matband/K_-Drs__15-038.pdf

Keuchel, Susanne/Wiesand, Andreas Johannes (Hg.): Kulturelle Bildung in Deutschland. Bonn 2000

Keuchel, Susanne: Der Klassik-Purist als Auslaufmodell. Ergebnisse einer repräsentativen Umfrage zum 7. KulturBarometer. In: *neue musikzeitung* (nmz) 2/2002

Keuchel, Susanne: Rheinschiene – Kulturschiene. Mobilität – Meinungen – Marketing. Hg.: Zentrum für Kulturforschung (ZfKf), Bonn 2003

Keuchel, Susanne: Das Kulturpublikum von morgen – mobil, nicht-spezialisiert, eventorientiert…? Ergebnisse einer Bevölkerungsumfrage in der "Rheinschiene" zum kulturellen Verhalten. In: Dokumentation der Tagung "Cool – Kult – Kunst?! Jugendliche als Kulturpublikum" der Stiftung Kunst und Kultur des Landes NRW. Düsseldorf 2003

Keuchel, Susanne: Das Kulturpublikum in seiner gesellschaftlichen Dimension. Ergebnisse empirischer Studien. In: Kulturvermittlung zwischen kultureller Bildung und Kulturmarketing, Hg.: Birgit Mandel, Bielefeld 2005

Keuchel, Susanne: Den Klassikdialog mit der Jugend intensivieren. Ergebnisse aus dem "Jugend-KulturBarometer 2004". In: *Das Orchester* 6/2005

Keuchel, Susanne: Status quo und Entwicklung im Kulturverhalten älterer Bürger. Trends aus Bevölkerungsumfragen des Zentrums für Kulturforschung. In: Dokumentation zur Konferenz "Senoirenwirtschaft in Europa. Neue Produkte und Dienstleistungen. Status-quo und Perspektiven in Europa.", Bonn 17. – 18. Februar 2005

Keuchel, Susanne: Wer befruchtet wen? Empirische Befunde zur Kooperation zwischen Schule und Kultur. In: Schule und Kultur. Künstler in die Schulen – Wege Ziele, Perspektiven. Dokumentation der Fachtagung vom 23.11.2005, Hg.: NRW KULTURsekretariat

Keuchel, Susanne/Aescht, Petra: KULTUR:LEBEN in der Ganztagsschule. Hintergründe, Beispiele und Anregungen für die Praxis. Erschienen in der Publikationsreihe der Deutschen Kinder- und Jugendstiftung im Rahmen von "Ideen für mehr! Ganztägig lernen!". Berlin 2005

Keuchel, Susanne: Der Untergang des Abendlands. Oder: eine Erkenntnis zur rechten Zeit? Zu den Ergebnissen des 2. "KulturBarometers". In: *Das Orchester* 4/2006

Keuchel, Susanne: Bildende Kunst als Baustein im Ganztag. In: *Kultur Politik*. Zeitschrift für Kunst und Kultur. Bundesmitteilungsblatt des Bundesverband Bildender Künstlerinnen und Künstler in Deutschland. Heft 3/2006

Klages, Helmut: Wertedynamik. Über die Wandelbarkeit des Selbstverständlichen. Zürich 1988

Klein, Markus: Gibt es die Generation Golf? Eine empirische Inspektion. In: *Kölner Zeitschrift für Soziologie und Sozialpsychologie* (KZfSS), Jg. 55, Heft 1/2003

Kliewer, Anette/Schilcher, Anita (Hg.): Neue Leser braucht das Land! Zum geschlechterdifferenzierenden Unterricht mit Kinder- und Jugendliteratur. Hohengehren 2004

von König, Dominik: Aus der Mitte der Gesellschaft. In: *kultur – kompetenz – bildung*. Beilage zu *politik und kultur*, Hg. Deutscher Kulturrat, 3/2006, S.4

Kröger, Franz: Situation und Aufgaben der interkulturellen Kulturarbeit in Nordrhein-Westfalen. Kulturpolitische Gesellschaft/Eigenverlag, Bonn 2003

Kulturstiftung der Länder/Kulturstiftung des Bundes/Kulturbehörde der Freien und Hansestadt Hamburg (Hg.): "Kinder zum Olymp!" Lernen aus der Praxis. Europäischer Kongress zur kulturellen Bildung Hamburg, 22. – 24. September 2005. Berlin 2006

Lammert, Norbert (Hg.): Alles nur Theater? Beiträge zur Debatte über Kulturstaat und Bürgergesellschaft. Köln 2004

Landesregierung NRW (Hg.): 8. Kinder- und Jugendbericht. Kinder und Jugendliche fördern – Bildung und Erziehung als Aufgabe der Kinder- und Jugendhilfe. Düsseldorf 2005

Landesstelle für Museumsbetreuung Baden-Württemberg (Hg.): Begegnung mit dem Fremden. Ein museumspädagogischer Modellversuch. Stuttgart 1998

Landeszentrum für Zuwanderung Nordrhein-Westfalen (Hg.): Migration in NRW. Adressen – Selbstorganisationen von Migrantinnen und Migranten. Wuppertal 2001

Lindler, Werner: Ich lerne zu leben. Evaluation von Bildungswirkungen in der kulturellen Kinder- und Jugendarbeit in Nordrhein-Westfalen. Qualitätsanalyse im Wirksamkeitsdialog. Hg.: Landesvereinigung Kulturelle Jugendarbeit NRW e.V., Dortmund 2003

Lüdtke, Hartmut: Methodenprobleme der Lebensstilforschung. In: Lebensstil zwischen Sozialstrukturanalyse und Kulturwissenschaft. Hg.: Schwenk, Otto G., Opladen 1996

Mandel, Birgit: Einstellungen zu Kultur. Ergebnisse einer Bevölkerungsumfrage in Hildesheim. In: *politik und kultur*, Zeitschrift des Deutschen Kulturrats, März/April 2006

Mannheim, Karl: Das Problem der Generationen. In: *Kölner Vierteljahreshefte für Soziologie*, 6. Jg., Heft 2/1928, S. 157 – 185; Heft 3/1928

Mertens, Gerald: Zukunftssicherung durch Kulturvermittlung. Konsequenzen für Musiktheater und Orchester aus dem aktuellen KulturBarometer. In: *kultur kompetenz bildung*. Beilage zur Zeitschrift *politik und kultur* des Deutschen Kulturrats, März/April 2006

Müller-Walde, Katrin: Warum Jungen nicht mehr lesen und wie wir das ändern können. Frankfurt/New York 2005

Mustroph, Tom: Sehnsucht nach Erfahrung. Das Festival Politik im Freien Theater. November 2005, siehe: http://www.goethe.de/kue/the/thm/de939580.htm

Oehrens, Eva-Maria: Komparation – Operation – Kooperation. Schule, Bildung und Kultur im öffentlichen Selbstversuch. In: *Jahrbuch Kulturpädagogik der Akademie Remscheid*, Remscheid 2003

Oertel, Martina/Röbke, Thomas: Reform kommunaler Kulturverwaltungen. Ergebnisse einer Umfrage in Kommunen über 30.000 Einwohnern, Heft 5 der Materialien des Instituts für Kulturpolitik, Kulturpolitische Gesellschaft/Eigenverlag, Bonn 1999

Olbertz, Jan-Hendrik: Bildung ist stets auch "kulturelle Bildung". In: "Kinder zum Olymp!" Wege zur Kultur für Kinder und Jugendliche. Hg.: Welck, Karin von/ Schweizer, Margarete, Köln 2004

Opaschowski, Horst W.: Wachstumsgrenzen des Erlebnismarktes. Folgen für die Kulturpolitik. Vortrag im Rahmen des 3. Kulturpolitischen Bundeskongresses "publikum.macht.kultur" am 24. Juni 2005 in Berlin, siehe: http://www.kupoge.de/kongress/2005/doku.htm

Otte, Gunnar: Sozialstrukturanalysen mit Lebensstilen. Eine Studie zur theoretischen und methodischen Neuorientierung der Lebensstilforschung. Wiesbaden 2004

Petsche, Hellmuth: Musik – Gehirn – Spiel. Beiträge zum 4. Herbert von Karajan-Symposium Heidelberg 1989

Petsche, Hellmuth: Musikalität im Blickwinkel der Hirnforschung. In: Persönlichkeitsentfaltung durch Musikerziehung. Hg.: Scheidegger, Josef/Eiholzer, Hubert, Aarau 1997

Pinl, Claudia: Wo bleibt die Zeit? In: *Aus Politik und Geschichte*, B 31-32/2004

PISA 2000. Basiskompetenzen von Schülerinnen und Schülern im internationalen Vergleich. Hg.: Deutsches PISA-Konsortium, Opladen 2001

Pisa 2000 – Ein differenzierter Blick auf die Länder der Bundesrepublik Deutschland. Hg.: Baumert J./Artelt, C./Klieme, E./Neuband, M./Prenzel, M./Schiefele, U./Schneider, W./Tillmann, K.-J./Weiß, M., Opladen 2003

Rau, Johannes: Grußwort zur Kongresseröffnung. In: "Kinder zum Olymp!" Zur Notwendigkeit ästhetischer Bildung von Kindern und Jugendlichen. Dokumentation zur Tagung im Rahmen der Jugendkultur- und -bildungsinitiative am 29. bis 30. Januar 2004 im Gewandhaus Leipzig. Hg.: Kulturstiftung der Länder/PwC-Stiftung, Berlin 2004

Reimann, Michaela/Rockweiler, Susanne: Handbuch Kulturmarketing. Strukturierte Planung. Erfolgreiche Umsetzung. Innovationen und Trends aus der Kulturszene. Berlin 2005

Richter, Karin/Plath, Monika: Lesesozialisation und Medien – Lesemotivation in der Grundschule. Empirische Befunde und Modelle für den Unterricht. Weinheim/München 2005

Richter, Sigrun/Brügelmann, Hans (Hg.): Mädchen lernen anders – anders lernen Jungen. Bottighofen 1995

Rink, Dieter: Beunruhigende Normalisierung. Zum Wandel von Jugendkulturen in der Bundesrepublik Deutschland. In: *Aus Politik und Zeitgeschichte*, Heft 5/2002

Romeiß-Stracke, Felizitas: Abschied von der Spaßgesellschaft. Freizeit und Tourismus im 21. Jahrhundert. München/Amberg 2003

Sachverständigenkommission 10. Kinder- und Jugendbericht (Hg.): Kulturelle und politische Partizipation von Kindern. Interessenvertretung und Kulturarbeit für und durch Kinder. München 1999

Schader Stiftung/Deutscher Städtetag/difu u. a. (Hg.): Zuwanderer in der Stadt. Empfehlungen zur stadträumlichen Integrationspolitik. Darmstadt 2005

Schedtler, Susanne: Das Eigene in der Fremde. Einwanderer-Musikkulturen in Hamburg. Erschienen in der Reihe *Populäre Musik und Jazz in der Forschung* Band 6, Hamburg 1999

Scheuch, Erwin K./Zehnpfennig, Helmut: Skalierungsverfahren in der Sozialforschung. In: Handbuch der empirischen Sozialforschung Band 3a. Hg.: Rene König. 3. Auflage, Stuttgart 1974

Schiller, Friedrich: Über die ästhetische Erziehung des Menschen. Neuauflage Stuttgart 1965

Schulze, Gerhard: Die Erlebnisgesellschaft. Kultursoziologie der Gegenwart. Frankfurt am Main 1992

Schumacher, Ralph: Macht Mozart schlau? Die kognitiven Effekte musikalischer Bildung. Hg.: Bundesministerium für Bildung und Forschung, Berlin 2006

Schümer, G./Tillmann, K.-J./Weiß, M. (Hg.): Die Institution Schule und die Lebenswelt der Schüler – vertiefende Analysen der PISA 2000-Daten zum Kontext von Schülerleistungen. Wiesbaden 2004

Schweitzer, Helmuth/Zander, Margherita: Ist die soziale Arbeit mit ihrem Deutsch am Ende? Perspektiven interkultureller Orientierung in der Stadt. In: *Sozial Extra*, Mai 2005

Şen, Faruk/Halm, Dirk: Kulturelle Infrastrukturen türkischstämmiger Zuwanderer in Deutschland. Zwischen Akkulturation, Interkulturalität und Multikulturalität. In: *Jahrbuch für Kulturpolitik* 2002/03. Essen 2003

Sievers, Norbert/Wagner, Bernd (Kulturpolitische Gesellschaft) und Wiesand, Andreas Joh. (ERICarts-Institut): Objektive und transparente Förderkriterien staatlicher Kulturfinanzierung – Vergleiche mit dem Ausland. Gutachten für die Enquête-Kommission "Kultur in Deutschland" des Deutschen Bundestags, Bonn Dezember 2004 (unveröffentlicht)

Solga, Heike/Wagner, Sandra: Beiwerk der Bildungsexpansion: Die soziale Entmischung der Hauptschule. Independent Research Group working paper 1/2000. Hg.: Max Planck Institute for Human Development, Berlin 2000

Statistisches Bundesamt (Hg.): Bildung und Kultur 4.1: Studierende an Hochschulen. Wiesbaden 2005

Stockhammer, Helmut: Sozialisation und Kreativität. Theorien, Techniken und Materialien. Wien 1983

Streit, Alexander von: Einfach jung. Warum die Jugendlichen deutlich weniger zum Pessimismus neigen als ihre Eltern. In: *Frankfurter Rundschau*, 23.04. 2005

Strohmeier, Klaus-Peter: Demografischer Wandel im Ruhrgebiet. Bevölkerungsentwicklung und Sozialraumstruktur im Ruhrgebiet. Hg: PROJEKTRUHR. Essen 2002

Thornton, Sarah: Club Cultures. Music, Media and Subcultural Capital. Hanover 1996

TNS Infratest Sozialforschung/Picot, Sibylle: Freiwilliges Engagement in Deutschland 1999 – 2004. Freiwilliges Engagement Jugendlicher im Zeitvergleich. Ergebnisse der repräsentativen Trenderhebung zu Ehrenamt, Freiwilligenarbeit und bürgerschaftlichem Engagement.

Durchgeführt im Auftrag des Bundesministeriums für Familie, Senioren, Frauen und Jugend. München 2005 (Freiwilligensurvey 2004)

Tomatis, Alfred: Klangwelt Mutterleib. München 1994

Trepte, Sabine/Scherer, Helmut: What do they really know? Differentiating opinion leaders into dazzlers and experts. Hamburger Forschungsbericht zur Sozialpsychologie 60, Hamburg 2005

Tschong-Dae, Kim: Goethe in der koreanischen Kultur. Goethe-Rezeption in sozio-kultureller Betrachtung; siehe: http://www.info.sophia.ac.jp/g-areas/DE-GoetheSymKim.htm

Verband deutscher Musikschulen (Hg.): Statistisches Jahrbuch der Musikschulen in Deutschland 2003. Bonn 2004

Verband deutscher Musikschulen (Hg.): Arbeitshilfe und Materialsammlung zur Kooperation von Musikschule und Ganztagsschule (in offener, teilgebundener und vollgebundener Form). Bonn 2005

Wagner, Bernd: Zwischen Staat und Markt. In: *rundbrief*. Zeitschrift für Soziokultur in Niedersachsen, Nr. 40/August 2001

Wahl, Klaus (Hg.): Skinheads, Neonazis, Mitläufer. Täterstudien und Prävention. Opladen 2003

Wiesand, Andreas Johannes: Musiktheater und Konzerte. Mehr Rückhalt in der Bevölkerung. In: *Das Orchester* 6/1995

Wiesand, Andreas Johannes: Das BLK-Programm "Kulturelle Bildung im Medienzeitalter". In: Dt. Kulturrat: Kulturelle Bildung in der Bildungsreformdiskussion, a.a.O.

Wirth, Anke: Integration und Medien. Protokoll. Eine Veranstaltung des Presse- und Informationsamtes der Bundesregierung in Zusammenarbeit mit dem Institut für Ausländerbeziehungen (ifa). Bonn-Bad Godesberg, 15./16. April 2002 (Manuskript)

Zech, Christian/Lorenz, Christian: Musikfestivals in Niedersachsen. Hg.: Niedersächsisches Ministerium für Wissenschaft und Kultur, Hannover, November 2002

Zentrum für Kulturforschung (Hg.): Frauen im Kultur- und Medienbetrieb III. Fakten zu Berufssituation und Qualifizierung. Bonn 2001

Zentrum für Kulturforschung (Hg.): 7. KulturBarometer. Tabellenband. Bonn 2001

Zentrum für Kulturforschung (Hg.): 8. KulturBarometer. Tabellenband. Bonn 2005

Zentrum für Kulturforschung (Hg.): Eltern-KulturBarometer. Tabellenband. Bonn 2005

Zentrum für Kulturforschung (Hg.): Kulturelle Bildung im Medienzeitalter. Abschlusskonferenz des BLK-Programms *kubim*. Bonn 2005

Zima, Peter V./Wertheimer, Jürgen: Strategien der Verdummung. Infantilisierung in der Fun-Gesellschaft. München 2001

Zinnecker, Jürgen/Behnken, Imbke/Maschke, Sabine/Stecher, Ludwig: "null zoff & voll busy" – Die erste Jugendgeneration des neuen Jahrhunderts. Opladen 2002

Zinnecker, Jürgen: Alles ist möglich und nichts gewiss. Deutschlands erste Jugendgeneration im 21. Jahrhundert. In: Coolhunters. Jugendkulturen zwischen Medien und Markt. Hg.: Neumann-Braun, Klaus/Richard, Birgit, Frankfurt a. M. 2005

Zybok, Oliver: Aussichtslose Unabhängigkeiten. Kein Ende des Jugendwahns. In: Coolhunters. Jugendkulturen zwischen Medien und Markt. Hg.: Neumann-Braun, Klaus/Richard, Birgit, Frankfurt a. M. 2005